Las construcciones suspendidas en español

Linguistic Insights

Studies in Language and Communication

Edited by Maurizio Gotti,
Emeritus Professor,
University of Bergamo (Italy).

Volume 307

Víctor Pérez Béjar

Las construcciones suspendidas en español

Un paradigma en gramática del discurso

PETER LANG
Lausanne - Berlin - Bruxelles - Chennai - New York - Oxford

Información bibliográfica publicada por la Deutsche Nationalbibliothek
La Deutsche Nationalbibliothek recoge esta publicación en la Deutsche Nationalbibliografie; los datos bibliográficos detallados están disponibles en Internet en http://dnb.d-nb.de.

Catalogación en publicación de la Biblioteca del Congreso
Para este libro ha sido solicitado un registro en el catálogo CIP de la Biblioteca del Congreso.

ISSN 1424-8689
ISBN 978-3-0343-4799-0 (Print)
E-ISBN 978-3-0343-4802-7 (E-PDF)
E-ISBN 978-3-0343-4803-4 (E-PUB)
DOI 10.3726/b21410

Publicado por Peter Lang Group AG, Lausanne, Switzerland

info@peterlang.com
http://www.peterlang.com/

A Pau.

Índice

Índice de figuras

PRÓLOGO

Por Catalina Fuentes Rodríguez

La sintaxis del discurso sigue siendo aún hoy un capítulo discutido de la gramática del español. No abundan los estudios que se centren en la descripción de estructuras superiores a la oración. De ahí la relevancia del libro que tenemos en las manos. No solo nos abre la puerta para conocer los enunciados suspendidos, de los que encontramos poca información en las obras al uso, sino que muestra un análisis impecable de la construcción del discurso. En estas páginas hay toda una metodología de descripción de las comunicaciones realizadas. Los suspendidos constituyen enunciados, claro está, no existen como tal fuera de una situación comunicativa. El hablante se adecua a ella y expresa su subjetividad ahorrando esfuerzos, sin verbalizar aquello que el oyente puede recuperar fácilmente del entorno interactivo.

La clave del estudio tanto de estas construcciones como de otros aspectos de sintaxis del discurso es la multidimensionalidad. Y así lo muestra el autor en su propuesta metodológica y en la descripción de cada uno de estos enunciados suspendidos. En ellos sintaxis, combinatoria, distribución, entonación, inferencias e intención comunicativa interactúan para producir estas construcciones.

Víctor Pérez Béjar realiza aquí un inmenso trabajo, revisando todas las propuestas de gramática del discurso que existen en el panorama internacional, exponiendo sus avances para, a partir de ellos, tomar una voz propia, rigurosa, que defiende sus presupuestos teóricos y aplica detenidamente a cada tipo de construcciones suspendidas. Estas tienen que definirse, como actos comunicativos que son, por su rentabilidad informativa y argumentativa, muestra de la intención del hablante y de su adecuación al oyente. Estas dimensiones macroestructurales son las que predeterminan la construcción, su combinatoria, su tonema en suspensión, su adecuación a la situación. Vemos cómo atienden a funciones pragmáticas muy concretas: expresar causa conocida, reforzar los supuestos pragmáticos que se ponen en juego en la conversación y que permiten al receptor llegar a conclusiones. Muestran los *topoi* o conocimientos compartidos, pero también las causas del decir, las condiciones o supuestos de la aserción. Por otro lado, se utilizan para presentar objeciones, como las respectuales, que actúan como marco argumentativo. Otras son empleadas como estrategias de ponderación.

Desde el punto de vista argumentativo son recursos fundamentales para la expresión de la atenuación, intensificación y marco, así como señalan la secuencia necesaria entre argumento-conclusión. Para estos efectos argumentativos el hablante recurre a estas estructuras no prototípicas, abriendo la macrosintaxis a patrones que no son exactamente los de oración simple y compleja. Nuevos patrones sintácticos para nuevas necesidades comunicativas. De este modo, consigue el autor ampliar el campo de trabajo de la sintaxis.

En su descripción Víctor Pérez sigue la metodología lingüístico-pragmática de manera ordenada, reflexiva y rigurosa, para mostrar que es necesario este enfoque macrosintáctico para describir su objeto de estudio y que la existencia de estos enunciados suspendidos son una prueba más de que la sintaxis no termina en la hipotaxis o parataxis entre oraciones.

La obra que prologamos es un estudio maduro, en el que el autor ha invertido tiempo y reflexión, se ha documentado, ha tenido en cuenta las diferentes aristas del fenómeno y ha aplicado una visión poliédrica, necesaria en el discurso. A partir de aquí solo queda avanzar y ampliar esta macrosintaxis con nuevas estructuras, tarea en la que ya está el autor implicado. Nos quedan las relaciones discursivas, objeto del proyecto REDISC que estamos desarrollando.

Para terminar, quiero dar a Víctor las gracias por invitarme a escribir este prólogo. Lo hago con el máximo placer, porque este campo de trabajo es el que nos ocupa desde hace más de diez años. Proyecto tras proyecto, publicación tras publicación, vamos reivindicando y construyendo la macrosintaxis del español. Cada vez más interesados, porque tras describir la estructura del enunciado, hemos analizado tipos específicos de ellos: parentéticos, suspendidos, intervenciones reactivas, etc. Hemos definido marcadores y operadores discursivos, construcciones que están a medio camino del proceso de fijación (cooptación), y que nos muestran, en primera fila, el proceso creativo del lenguaje. A la vez nos hacen ver los factores que intervienen en el proceso: la extraproposicionalidad, las relaciones intersubjetivas, los diferentes matices a través de los cuales el hablante se manifiesta como constructor del discurso, como controlador de las inferencias del receptor y como jerarquizador de las informaciones. Hemos visto cómo el objetivo persuasivo (argumentación) guía muchas de estas nuevas producciones, en las que la entonación y la fonética tienen mucho que decir. Lo suprasegmental, lo supraoracional y lo periférico actúan al unísono para generar esas nuevas formas que necesita el hablante para expresar todos los matices de su pensamiento.

En los proyectos MEsA (Macrosintaxis del español actual) hemos hablado mucho, discutido, sembrado y creo que avanzado. Gracias a Víctor y a otros investigadores natos como él, que no ponen límites a su curiosidad y que dialogan con otras metodologías, la sintaxis del discurso está ahora en su mejor momento: reclamando más estudios que continúen los avances ya logrados. No hemos hecho más que empezar. Adelante.

Capítulo 1 Introducción

1.1. Presentación de las construcciones suspendidas

Sin duda, uno de los fenómenos dentro de la lingüística en español que ha llamado más la atención sobre los límites del enunciado son los llamados *enunciados suspendidos* (*cfr.* Hidalgo, 2011; Pérez Giménez, 2012, 2014; Fuentes Rodríguez, 2014a; Briz, 2018). Nos referimos a esta clase de enunciados:

(1) -Pienso que cada vez somos más rencorosos, ¿no?, que nos cuesta más entablar amistades que teníamos saberlas mantener. No, lo que, no lo estoy diciendo por ti.
-Vale. Sigue.
-*Como me mira con esa cara.*
-Pero vamos a ver, tú con violencia, ¿a qué te refieres?
(CREA, oral. Formalidad baja)

(2) -Renunciamos a demasiadas cosas las mujeres con esta gaita de nuestra "liberación" entre comillas. Manda al cuerno el doctorado y quédate más tiempo con los niños. *¡Para lo que te va a servir!* Te puntúan más para un traslado una caricatura de cursillo pedagógico que una tesis doctoral publicada -dice, inesperadamente, Cuqui, que ha estado silenciosa toda la noche, un poco ajena, se ve, a este entorno familiar, en el que no debe sentirse, parece, suficientemente integrada.
(CREA, 2002. Gregorio Salvador Caja, *El eje del compás*)

El interés en este tipo de estructuras de la literatura especializada se justifica por varias razones:

a) No son estructuras que la tradición gramatical haya considerado oracionalmente completas, pero actúan como enunciados completos: dentro de los esquemas descritos en las gramáticas tradicionales suponen la elisión de una de las partes que deberían constituir la oración. En los ejemplos (1) y (2) nos encontramos ante estructuras consideradas por la tradición como bimembres (con dos cláusulas) a las que falta un segundo miembro. En (1), estamos ante una oración causal con *como* a la que le falta el enunciado (considerado) principal: *Como me mira con esa cara, [quería aclarar que no me refería a usted].* En (2), también nos encontramos con que solo se dice una parte de la estructura bimembre[1]: *para lo que te va a servir, [es mejor que no hagas el doctorado].* Sin embargo, la elisión de esta segunda parte no supone la pérdida de eficacia comunicativa y tanto el emisor como el receptor las entienden como enunciados completos. Por esta razón, en la ortografía adoptada en (2), el uso de la cláusula entre signos de exclamación no da a entender que la estructura esté incompleta. Al contrario, cumple con creces su objetivo y es completamente funcional dentro del discurso. De hecho, la adición de una segunda parte supondría estar ante un enunciado distinto que tendría un funcionamiento pragmático diferente.

b) A pesar de considerarse un enunciado completo, su entonación no corresponde a lo que tradicionalmente se ha relacionado con un cierre prosódico; por lo general, el cierre de un enunciado declarativo (como enunciado prototípico) se asocia con el descenso del tono al final de su curva entonativa. En cambio, las construcciones suspendidas presentan una entonación final en ascenso o con mantenimiento del tono, que se relacionan con la expresión de continuidad en el discurso. Este hecho tiene una serie de repercusiones en la interpretación de los enunciados suspendidos, ya que la entonación desencadena inferencias nuevas en contraposición a las correspondientes "estructuras completas".

c) Los límites de la suspensión no han sido establecidos con precisión y las estructuras que corresponden a este grupo resultan difíciles de clasificar y de integrar en una organización

1 Este tipo de estructuras entran dentro de lo que Santos Río (2000a) llama "complementación respectual".

gramatical: no hay acuerdo en determinar a qué tipos de estructuras afecta la suspensión o en si hay rasgos gramaticales que propicien su aparición. También resulta necesaria una reconsideración de la propia naturaleza del enunciado suspendido. Si ya no se trata de una oración al uso, ¿ante qué tipo de unidad nos encontramos? Se deben exceder los límites oracionales para conocer cómo se insertan estas estructuras dentro del código del español (y de otras lenguas en las que exista un fenómeno similar).

d) La aparición de la suspensión en lugar del elemento elidido tiene una serie de repercusiones en el discurso que ayudan al hablante a cumplir sus objetivos comunicativos. El funcionamiento de estas estructuras en el texto afecta a diversos planos del discurso (a veces, al mismo tiempo) y consigue crear ciertos efectos o desencadenar diversas implicaturas que no serían posibles de otro modo. Muchos estudios se han acercado a la suspensión como un mecanismo más de la oralidad, una forma más de elisión o de indirección, y es ahora cuando empiezan a surgir análisis que se acercan a los enunciados suspendidos como una unidad más de la estructuración del discurso diferenciada de otras construcciones. Estas estructuras generan sentidos particulares que las convierten en un grupo propio y, aunque muchos valores se relacionan con una construcción bimembre "completa", las investigaciones están sacando a la luz nuevas posibilidades que no han sido analizadas en profundidad. Quedan todavía bastantes funciones que hace falta describir, ya que se trata de un grupo de enunciados vivo, característico de la lengua cotidiana y que está en constante evolución.

Estos dos últimos puntos justifican, a nuestro parecer, la elaboración de un estudio profundo sobre las estructuras suspendidas que dé cuenta de una descripción formal y funcional en las diferentes situaciones comunicativas en las que aparece. Por ello, unido al interés que nos produce observar cómo estas estructuras surgen continuamente en la lengua viva de los hablantes, nos proponemos realizar una descripción detallada de los enunciados suspendidos desde un enfoque funcional y pragmático-gramatical, de tal manera que puedan ser entendidos como un paradigma reconocible en el código lingüístico español. Como grupo propio, nos encontramos ante unidades con unos valores específicos y con una serie de comportamientos discursivos que las ponen en relación con el resto de las unidades del texto. Será nuestra labor determinar estos usos y comportamientos.

Nuestro objetivo con este estudio será, por tanto, lograr una descripción pragmagramatical completa de las estructuras suspendidas como un fenómeno propio de la gramática del discurso. Para ello, será necesario dar cuenta de diversos aspectos: describir el rasgo entonativo de la "suspensión" en estas construcciones, ya que es uno de los principales elementos constituyentes de estas estructuras y una característica delimitadora de otras construcciones; defender su estatus como enunciados independientes que adquieren un sentido pleno y son capaces de desempeñar una serie de funciones asentadas en la convencionalización; definir las funciones y los valores que estos enunciados adquieren como "suspendidos"; analizar los factores de realización de las estructuras suspendidas y sus contextos de aparición, así como determinar los tipos textuales propios en los que aparecen; finalmente, integrar estas estructuras en una gramática del discurso, a la que llamamos macrosintaxis, que permita dar sentido y un lugar al fenómeno en una descripción lingüística del español.

Con el objetivo de lograr esta descripción pragmagramatical, esta obra se dividirá en tres apartados principales, más allá de esta introducción, en la que planteamos una definición básica de las estructuras suspendidas. En primer lugar, se describirán la metodología y las herramientas teóricas que se han llevado a cabo durante el análisis (capítulo § 2). En segundo lugar, dedicaremos un capítulo (§ 3) a la delimitación y descripción general del fenómeno de las estructuras suspendidas, para definirlas como un paradigma específico dentro de una gramática del discurso y diferenciarla de otros fenómenos colindantes. En tercer lugar, en los capítulos § 4, § 5, § 6 y § 7 se hará una descripción exhaustiva de cada tipo de estructura suspendida, tanto en sus rasgos constituyentes y microestructurales como en sus funciones y valores discursivos. La obra se cerrará con unas conclusiones y las líneas futuras de investigación que deja abiertas este estudio.

1.2. ¿QUÉ SON LAS ESTRUCTURAS SUSPENDIDAS?

1.2.1. Cuestiones terminológicas previas

En la bibliografía consultada no hemos encontrado una clasificación específica de las estructuras suspendidas. La terminología es variada cuando se refiere al fenómeno de la suspensión. Las etiquetas más frecuentes son "enunciados suspendidos" (Herrero, 1996; Briz, 2001 [1998]: 86; Fuentes Rodríguez, 2014a: 149; Pérez Béjar, 2019a, 2019b), "oraciones suspendidas" (Seco, 1973; Vigara, 1992: 415 y ss.), "construcciones" o "estructuras suspendidas" (Narbona, 1989b, 1990, 2015; Herrero, 1996; Hidalgo, 2001: 285; Bedmar y Pose, 2005; Pérez Béjar, 2018) o "actos suspendidos" o "truncados" (Hidalgo y Padilla, 2006; Pérez Giménez 2012, 2014; Briz, 2018). En la bibliografía en inglés podemos encontrar otros términos como "suspended clauses" (Ohori, 1995), "free constructions" o "free X clauses" (Lombardi, 2010). En el marco de la insubordinación (Evans 2007; Evans y Watanabe, eds. 2016) se refieren a ellas como un tipo de estructuras o construcción *insubordinada* (*cfr.* Lastres López, 2018, 2021), un término que las engloba, pero que no se ajusta concretamente a las suspendidas, ya que abarca toda estructura que posee una marca de subordinación pero que actúa como una principal[2].

En general, los distintos términos se usan prácticamente como sinónimos, y la variación del sustantivo depende, en muchos casos, del modelo gramatical de unidades que se siga. Así, los que trabajan con construcciones, como el modelo de la gramática de construcciones (*cfr.* Fillmore, 1988; Goldberg, 1995, 2003) preferirán el término "estructura" o "construcción". También se utilizan estos términos en aquellos modelos gramaticales que buscan alejarse del término "oración", ya que se trata de una unidad restringida al ámbito de la sintaxis más tradicional. En esta línea, también el término "enunciado" se utiliza para marcar una diferencia con la unidad sintáctica oración y para dar a entender que nos situamos en un plano más allá de ella,

2 Deulofeu (2011: 736) hace mención de un concepto similar: "[s]ubordonnées fonctionnant comme principales".

en una sintaxis del discurso o macrosintaxis (*cfr.* Berrendonner, 1990, 2002a, 2002b; *cfr.* Blanche-Benveniste, 2000, 2002; Fuentes Rodríguez, 1993, 2017[2000], 2013a, 2015a). La etiqueta "acto" proviene de modelos que siguen la línea pragmática de la teoría de los actos de habla de Austin (1990 [1962]), que parten del criterio de que la unidad sea capaz de desempeñar una acción (lingüística) por sí misma y que, por tanto, pueda constituir una intervención totalmente funcional. Este término fue adaptado para designar la unidad básica de la conversación en varias corrientes como el análisis del discurso, el análisis de la conversación o la pragmática dialógica (Gallardo Paúls, 1993a: 19 y ss.). El grupo Val.Es.Co. (*cfr.* Briz, 2001 [1998]; Hidalgo y Padilla, 2006; Pons, 2016), especializado en el estudio de la lengua coloquial, también hace uso de esta etiqueta en su sistema de unidades de la conversación. En nuestro caso, vamos a usar como sinónimos toda esta variedad de términos, aunque mostramos nuestra preferencia por "enunciado", "construcción" o "estructura", ya que es nuestra intención alejarnos de la identificación con "oración" y considerar este fenómeno como propio del discurso.

Por otro lado, dentro de los diferentes acercamientos a los enunciados suspendidos, en pocas ocasiones hemos encontrado un estudio exclusivo de ellos (sirva como excepción Herrero, 1996). Se suele estudiar como un fenómeno más del registro coloquial (*cfr.* Seco, 1973; Narbona, 1989a, 2015; Vigara, 1992; Briz, 2001 [1998]), como una forma más de elipsis (*cfr.* Beinhauer, 1978 [1964][3]; *NGLE*, 2009), como un tipo de estructura truncada (*cfr.* Bedmar y Pose, 2005), como un tipo de construcción "incompleta" (*cfr.* Pérez Giménez, 2012), como un mecanismo de atenuación (*cfr.* Briz, 1995), intensificación (*cfr.* Albelda, 2007) o ambos (*cfr.* Briz, 2001 [1998], 2018), como una estructura insubordinada (*cfr.* Evans, 2007; Gras, 2010; Lombardi, 2016; Schwenter, 2016), etc. Estas clasificaciones dan una idea bastante precisa de cómo se inserta el fenómeno de la suspensión en el español y sus funciones como mecanismo al servicio de la expresión de diversos contenidos pragmáticos.

Estos análisis suelen enfocar las estructuras suspendidas como parte de un fenómeno mayor y no como uno diferenciado. De este

3 Para Beinhauer (1978 [1964]: 370 y ss.) se trata de una "elipsis aparente".

modo, no suelen dar verdadera cuenta de la extensión del fenómeno ni de cuáles son sus límites. No plantean una clasificación sistemática de las estructuras suspendidas y en muchas ocasiones solo ofrecen algunos ejemplos en los que no se explica con profundidad el valor de la suspensión. También es frecuente que se mezclen estructuras con características muy diferenciadas dentro del grupo de las suspendidas porque no se han definido bien sus rasgos. Pero, en cualquier caso, la intuición de los autores suele ser atinada y, a pesar de la ausencia de una caracterización concreta, suelen discriminar con bastante acierto lo que se puede considerar suspensión de lo que no. Así, aunque la entonación suspendida, tal y como la describen Navarro Tomás (1974), Quilis (1993) o Cantero y Font (2010), se ve como un mantenimiento o un ascenso moderado del tono en la inflexión final de la curva melódica, no se incluyen entre las construcciones suspendidas todos los enunciados que poseen este rasgo prosódico. De este modo, no se consideran enunciados suspendidos construcciones como las enumeraciones abiertas (*tenemos que limpiar la cocina, el salón, los baños...*), los anacolutos (*cfr.* Bedmar y Pose, 2005; Pérez Giménez, 2012), los titubeos, las vacilaciones, los cortes o los truncamientos no intencionales (*cfr.* Vigara, 1992; Pérez Giménez, 2012; Briz, 2018). Más bien, la suspensión se relaciona con los casos que Vigara (1992: 416) considera "medios ya fijados en la lengua":

a) "La elipsis voluntaria del segundo miembro de un refrán": *-Sí claro, ya sabes, quien a buen árbol se arrima... [buena sombra le cobija].*
b) "La supresión de la apódosis": Bueno, ya sabéis, si queréis venir a tomar una copa luego... [se reitera la invitación]. La mayor parte de los estudios considera, de forma más o menos intuitiva, que esta es la forma prototípica de la suspensión.
c) "La expresión de lo imponderable mediante procedimientos de entonación y supresión": *Eso ya es tener...* (*idem*).

Nuestro estudio se centra, principalmente, en el punto b) que describe Vigara, ya que la suspensión (como entonación y como elipsis) afecta sistemáticamente a las estructuras bimembres en las que no se enuncia, por lo general, la apódosis (la cláusula principal) y en las que se mantiene solo la prótasis (la cláusula marcada que precede, normalmente, a la apódosis). Centrándonos únicamente en este grupo, es posible categorizar mejor cómo funcionan las construcciones suspendidas prototípicas y evitar confusiones con otros paradigmas cercanos. Así, se puede establecer con más precisión la extensión del fenómeno dentro de unos criterios concretos, comprobar a qué estructuras afecta y especificar qué reglas o elementos motivan su aparición.

1.2.2. Definición general de la construcción suspendida

Para delimitar de forma precisa la extensión de nuestro fenómeno y centrarnos en aquellas suspendidas que surgen de la elisión de la apódosis en los periodos bimembres, es necesario establecer una definición clara y exhaustiva:

> ***Construcción suspendida*:**
> Enunciado caracterizado por un tonema final ascendente (al que llamamos *suspendido*) y que surge tras la no enunciación de una parte de este, generalmente lo que sería la cláusula principal que se sustituye por ese tonema. Corresponde a estructuras comparativas, consecutivas, condicionales, causales o respectuales truncadas. Falta el segundo miembro, pero pervive el nexo o parte de él. Este, junto con la entonación ascendente, constituye la marca de la construcción.
>
> Son estructuras completas con un sentido pleno en el discurso, aunque exigen la participación del receptor para recuperar del contexto la información no explicitada, que obtiene por implicaturas. El hablante no considera necesario emitir dicha información, pues considera que no hay dificultad en reponerla.

Todos aquellos fenómenos que encajan en esta definición son los que denominamos *construcciones suspendidas*, aunque somos conscientes de que el término puede ser utilizado para designar otros hechos lingüísticos con características similares, como los identificados por Vigara (1992: 416). Según nuestra definición, presentamos en esta tabla los tipos de construcciones que consideramos como suspendidas y que analizaremos a lo largo de esta obra:

TIPO	VARIANTES	EJEMPLOS
Causales suspendidas	Introducida por *como*	No podemos salir. *Como no para de llover...*
	Introducida por *ya que*	¿Quieres venir? *Ya que estás tirado en el sofá...*
Condicionales suspendidas	Introducida por *si*	No tengo lápiz, pero *si quieres un boli...*
	Introducida por *como*	*Como no me toque la lotería...*
Respectuales suspendidas	Introducida por *para*	No quiero ir. *Para lo que hay que ver...*
Ponderativas suspendidas	Con marca de consecutivas	*Es un libro tan interesante...*
	Con marca de comparativas	*Tu amigo es más seco...*

Figura 1. Tipos de estructuras suspendidas

Las estructuras suspendidas son un fenómeno perteneciente al ámbito de la argumentación, principalmente. Los distintos tipos que mostramos en la Figura 1 afectan a la organización de los argumentos en el texto. De hecho, podemos clasificar los distintos tipos de estructuras suspendidas según su valor predominante en este plano. Así, identificamos tres grupos:

1) *Construcciones suspendidas de coorientación argumentativa.* Se trata de las estructuras suspendidas cuyo funcionamiento principal es introducir un argumento coorientado en la estructura argumentativa a la que pertenece dentro del texto. Lo introducido supone, así, un argumento más junto a otros que van encaminados a una determinada conclusión. A este grupo corresponden aquellas suspendidas que poseen, debido a sus marcas introductoras, un sentido de causa, ya sea asertada (*causales suspendidas*) o no asertada (*condicionales suspendidas*). El sentido de causa es el que permite mostrar el argumento coorientado, pero para constituirse como suspendida no puede ser cualquier tipo de causa, sino aquella que expresa una relación necesaria que permita llegar a una conclusión de forma predecible. Para que funcione este proceso,

el argumento introducido debe sustentarse en un *topos* o un conocimiento del mundo compartido por los interlocutores.

2) *Construcciones suspendidas de suficiencia argumentativa.* A este grupo pertenecen aquellas estructuras suspendidas que introducen un argumento con la suficiente fuerza para llegar a una determinada conclusión. Este grupo está representado por las *respectuales suspendidas* introducidas por *para*.
3) *Construcciones suspendidas de cuantificación o de ponderación*: Son aquellas que establecen una valoración basada en una cuantificación elevada de un hecho o en el encarecimiento extremo de una cualidad. Esta valoración se erige como un argumento intensificado al que se le ha potenciado su fuerza y se sitúa en un punto elevado de la escala. La marca prototípica de estas construcciones es un grupo cuantificativo que incluye la primera parte de un nexo correlativo propio de los periodos consecutivos y comparativos.

Estos tres tipos corresponden a los tres fenómenos relacionados con la argumentación: *orientación, fuerza* y *suficiencia argumentativa* (Anscombre y Ducrot, 1983)[4]. Este hecho las convierte en herramientas al servicio de este plano discursivo, de tal forma que nuestro objeto de estudio bien podría denominarse *argumentación suspendida*[5]. Estamos tratando, pues, con argumentos suspendidos, que se identifican en el discurso por estar caracterizados por el efecto que la entonación suspendida tiene sobre ellos, que los particulariza y los hace funcionar dentro del sistema lingüístico del español.

Por último, es conveniente añadir que en este trabajo nos centramos, principalmente, en el estudio de las suspendidas del español peninsular y analizamos el fenómeno desde esta variedad. El análisis de distintas variedades diatópicas al mismo tiempo trae dificultades añadidas que no entran en los objetivos de este trabajo. Así, las diferencias entonativas, con amplia variación en toda la realidad hispanohablante, pueden hacer que acabemos mezclando datos de sistemas

4 Reflexionaremos sobre estos tres fenómenos o aspectos de la argumentación en el apartado § 2.1.3.4.

5 Agradecemos a Martin Hummel esta denominación tan certera de nuestro fenómeno.

fonológicos diferenciados que permitan realizar una estructura suspendida de distinto modo. No negamos el interés que tendría realizar un estudio que diese cuenta de las posibles formas de realización de una estructura suspendida desde el enfoque de la variación diatópica, pero su estudio requeriría otra metodología y análisis que excederían las intenciones de este trabajo.

1.3. Unas breves consideraciones metodológicas: el corpus de análisis

Antes de comenzar con el análisis, creemos conveniente precisar que este trabajo sigue una metodología lingüística basada en corpus que recogen hechos de habla reales en diversos tipos de texto, tanto orales como escritos. Nuestro corpus está constituido por ejemplos procedentes de varias bases de datos y corpus generales de referencia del español:

- COLAm: Corpus Oral del Lenguaje Adolescente (Madrid). (Jørgensen *et al.* Proyecto COLA, 2001–2021).
- Los corpus de la Real Academia Española: CORPES, CREA, CORPES XXI.
- El corpus de conversaciones orales del grupo Val.Es.Co. Versión 2.0 (Pons, 2019).
- El corpus MEsA de comunicación mediada por ordenador (Proyecto MEsA, 2017).

A estos hay que añadir un corpus "de laboratorio" creado *ad hoc* para esta investigación con el objetivo de obtener material auditivo de calidad para la descripción acústica de los enunciados suspendidos.

La consulta de diversos corpus para el análisis entraña la dificultad de hacer frente a los diferentes criterios que tomaron sus creadores para transcribirlos y etiquetarlos. Este escollo se acentúa cuando el material transcrito proviene de grabaciones orales reales, como el COLA, el corpus Val.Es.Co., algunos subcorpus del CREA y el CORPES. Para tratar de unificar los criterios de representación en los ejemplos expuestos en esta obra, se ha optado por adaptar todos los ejemplos de la oralidad a la simbología del grupo Val.Es.Co. (Briz y grupo Val.Es.Co., 2002) que es ampliamente utilizada en el ámbito hispánico (siempre y cuando, las marcas originales hayan permitido la adaptación). Sin embargo, hemos realizado una pequeña modificación en la simbología original del grupo para evitar ciertas confusiones con la cursiva, que se utiliza en este trabajo como énfasis del elemento crítico en nuestros ejemplos. El grupo Val.Es.Co. utiliza la cursiva para marcar el discurso referido y los relatos conversacionales. En su lugar, hemos preferido marcar estos cambios de enunciador con las comillas ("") y que la cursiva se utilice únicamente para poder establecer el énfasis.

El uso del corpus MEsA también precisa de una consideración previa para una correcta interpretación de los ejemplos extraídos de ahí. Este corpus reúne material de diferentes sitios web como foros, mensajes de Twitter[6] (microblog), publicaciones de Facebook e Instagram o conversaciones de mensajería instantánea[7], donde es habitual que se den faltas de ortografía (intencionales o no) y alejamientos de la norma escrita académica en general. Con el objetivo de adulterar lo menos posible la forma original del texto y la intención comunicativa, en los ejemplos se reflejan estas incorrecciones tal y como se enunciaron por el emisor. En el caso de que pueda haber algún elemento que, transgrediendo la norma, dificulte la comprensión del sentido del mensaje, se realizará una breve explicación junto al ejemplo.

---

6 Actualmente, existe una pretensión de la compañía en denominar a esta red social X. Como los ejemplos se recopilaron antes del cambio de nombre, se seguirá usando como referencia en este trabajo Twitter y otros términos derivados ya recogidos en el *DLE* (2022 [2014]) como *tuit* y *tuitear*.

7 El uso de un corpus de esta naturaleza nos permite incrementar los resultados de contextos comunicativos de un alto grado de inmediatez comunicativa (*cfr.* Koch y Oesterreicher, 2007 [1990]), ya que los ejemplos orales reales suelen ser bastante más escasos que el material escrito propios de la distancia comunicativa. Como describen Yus (2010, 2011) o Tascón (2012), la interacción en la web social se basa en que cada usuario puede crear contenidos, y esto genera que se establezcan dinámicas muy cercanas a la interacción coloquial. Además, la multiplicidad de identidades que puede manejar un mismo usuario en internet (*cfr.* Yus, 2001, 2010, 2011; Pano y Mancera, 2014, para Twitter) relativiza las distancias jerárquicas más marcadas en la realidad física, y permite incrementar el grado de familiaridad entre dos interlocutores cualesquiera.

Capítulo 2 La lingüística pragmática y la macrosintaxis: un modelo para el análisis de las estructuras suspendidas

2.1. La lingüística pragmática como modelo de lingüística del discurso

La lingüística pragmática es un modelo teórico de lingüística textual propuesto por la profesora Catalina Fuentes Rodríguez (2017 [2000], 2013a, 2017). Su modelo parte de los principios del modelo de Ginebra de lingüística textual y segmentación discursiva (Roulet, 1991a, 1991b, 1997; Filliettaz y Roulet, 2002; Adam, 2008 [2005]), y también de las propuestas de análisis del discurso de Van Dijk (1992 [1977], 1992 [1978], 1980). El modelo hace hincapié en un hecho relevante para la descripción de las estructuras suspendidas: la integración de gramática y pragmática. La pragmática se ve como una perspectiva de análisis de la lengua. Desde esta perspectiva, se sobreentiende que el contexto y la intención del hablante influyen en todos los niveles lingüísticos. Dicho en otras palabras, no podemos describir la lengua si no es en un contexto determinado y con un uso específico. Si entendemos las estructuras suspendidas como unidades propias del discurso, su uso debe regirse, entonces, por factores contextuales y cognitivos que permiten seleccionarlas como apropiadas para la construcción del mensaje y favorecen su adecuada interpretación.

Podemos resumir en dos las características básicas del modelo de lingüística pragmática: el enfoque pragmático y el carácter multidimensional frente al modular. Estas características hacen que sea un modelo completo capaz de atender tanto a la estructura general del texto como a los fenómenos que se desarrollan en los niveles inferiores. Las fuentes principales que utilizaremos para describir este modelo corresponden a los trabajos de Fuentes Rodríguez (2017 [2000], 2013a, 2017).

2.1.1. Enfoque pragmático

En los estudios de lingüística, la *pragmática* adquiere un carácter polisémico. Sus orígenes se remontan a Morris (1985), que la consideraba una corriente de la semiótica junto a la sintaxis y a la semántica. Entiende Morris (*idem*: 67) que la pragmática es "la ciencia de la relación de los signos con sus intérpretes". De esta forma, como corriente o disciplina la entienden la mayoría de autores: Levinson (1989: 8) que la define como "el estudio de aquellas relaciones entre el lenguaje y el contexto que están gramaticalizadas, o codificadas en la estructura de una lengua"; Calvo (1994: 32), que la considera una "ciencia destinada a servir de conexión entre el lenguaje y el mundo"; Escandell (2013 [1996]: 16) la entiende como "una disciplina que toma en consideración los factores extralingüísticos que determinan el uso del lenguaje, precisamente todos aquellos factores a los que no puede hacer referencia un estudio puramente gramatical"; Reyes (1996 [1995]: 23) defiende que es una subdisciplina dentro de la lingüística "y su objeto el significado del lenguaje en uso", mientras que Gutiérrez Ordóñez (2015 [2002]) considera que la disciplina pragmática engloba a la lingüística[8].

Hay autores que también la ven como una competencia, como Chomsky (1980: 224–225), Infantidou (2014) o Gutiérrez Ordóñez (2015[2002]: 91 y ss.), y suele ser habitual que sea tratada como un nivel más de la lingüística, añadido al fonético-fonológico, morfosintáctico y léxico-semántico. La visión de la pragmática como nivel puede verse en los trabajos de Van Dijk (*cfr.* 1992 [1977], 1992 [1978], 1979) o en el modelo de la gramática discursivo-funcional de Hengeveld y Mackenzie (2008, 2011). Estos últimos autores (2008: 46) hablan del

8 "La Pragmática transciende las fronteras de la Lingüística, pero no las anula. Las incorpora e incluso las potencia. Ambas disciplinas deberán avanzar en la misma cordada" (Gutiérrez Ordóñez, 2015 [2002]: 75); "la Pragmática se presenta como una disciplina que incluye, que presupone y que utiliza la codificación lingüística como uno de los datos de entrada que maneja en la gestión del sentido" (*idem*: 146).

"interpersonal level", pero reconocen que "[t]he properties of interactions that follow from their strategic, purposive nature are studied in a range of disciplines that fall under the general headings of rhetoric and pragmatics". En estas perspectivas como nivel de lengua, suele darse una total separación entre *lingüística* y *pragmática,* de tal manera que tratan de diferenciar lo que pertenece al ámbito oracional ("lo lingüístico"), de lo que pertenece al ámbito discursivo por encima de la oración ("lo pragmático"). Esa es la diferencia que hace Roulet (1991a, 1997) en su separación de distintos tipos de módulos, pero también es posible ver esta separación en Pons (2014: 5), que diferencia entre análisis del discurso con un acercamiento "sintáctico" y un acercamiento "basado en el uso"; o en Gutiérrez Ordóñez (2012) cuando hace una distinción entre "enunciado lingüístico" y "enunciado pragmático". Esta diferencia permite a estos autores separar fenómenos que corresponden a ámbitos distintos. Como comenta Gutiérrez Ordóñez (2012: 421) a propósito de los enunciados pragmáticos:

> En principio, los actos de habla no deberían formar parte de la sintaxis, por constituir magnitudes pragmáticas, no lingüísticas. Sin embargo, la lengua codifica hechos o relaciones pragmáticas. [...] Desde hace algunos años vengo defendiendo que las unidades que se relacionan en la sintaxis de muchas oraciones subordinadas no son cláusulas, ni siquiera enunciados lingüísticos, sino enunciados pragmáticos.

Lo que Gutiérrez Ordóñez está marcando es la relación entre lingüística y pragmática y cómo lo que consideramos relativo al uso y al contexto (nociones extralingüísticas) tienen su codificación en el sistema (lingüístico).

Por contra, Fuentes Rodríguez (2017 [2000], 2013a, 2017), en la descripción del modelo de la lingüística pragmática, hace constante hincapié en la integración total de la lingüística y la pragmática. Como indica la autora, hay muchas perspectivas que optan por una separación entre ellas dos, de tal manera que tratan de diferenciar lo que pertenece al ámbito oracional ("lo lingüístico"), de lo que pertenece al ámbito discursivo por encima de la oración ("lo pragmático"). La lingüística pragmática defiende que no es necesario hacer tal distinción. No es posible explicar ninguna comunicación, ningún fenómeno lingüístico si no es en relación con su uso. De otro modo parecería que no hay lingüística más allá de la oración o que no existen sistematizaciones entre las unidades más altas del discurso. ¿No forma parte de la competencia lingüística de un hablante, aparte de formar oraciones, relacionar enunciados, construir párrafos en torno a un tema o crear determinados tipos textuales que se ajustan a una situación comunicativa? Fuentes Rodríguez comenta al respecto:

> No se entiende que haya una organización sintáctica en unidades (oraciones, sintagmas, palabras...) y otra en el nivel discursivo que sea "textual" (acto de discurso o enunciado, intercambio...). ¿Es que el texto comienza en el enunciado? Y los sintagmas, ¿no componen el texto? Es una necesidad el integrar ambos para proponer una organización discursiva total, desde el mínimo al máximo componente. Lo que está en la base de esta separación es el prejuicio de distinción Pragmática / Gramática que no nos deja avanzar en la teoría (Fuentes Rodríguez 2017 [2000]: 22).

> Si el nivel textual no es propiamente lingüístico, entonces la descripción de los niveles más altos del discurso es "pragmática", como dicen algunos, no propiamente lingüística. Y esto no es así. Hay niveles, unidades específicas... y marcas para ello. Por tanto, lo lingüístico tiene que describirse también los niveles altos, en la organización superior (*idem*: 31).

> Una perspectiva de análisis desde el uso, desde la producción comunicativa, exige, por una parte, entender todas las unidades desde la realización (perspectiva pragmática) y, por otra, llegar hasta la máxima unidad comunicativa, el texto, dando cabida a unidades superiores. Estas tienen su propia organización, aunque utilicen como base natural las unidades estructurales. Es decir, construimos los mensajes con oraciones y palabras, pero consideradas desde la producción generan enunciados y textos (2013a: 18).

La autora plantea, en el fondo, que la pragmática debe considerarse como un enfoque con el que se puede observar el hecho lingüístico en cualquier nivel, tal y como defiende Verschueren (1987: 5), pues para él es "a *perspective* on any aspect of language, at any level of structure". También es la visión de la pragmática defendida por Portolés (2004: 26 y ss.). De esta forma, cualquier elemento en cualquier nivel, desde un rasgo entonativo hasta un párrafo, pueden verse y analizarse desde la consideración de su uso. De hecho, cualquier unidad está orientada a la construcción de mensajes o textos reales y todas ellas pueden integrarse en una misma gramática basada en el uso de la lengua. En el caso de las estructuras suspendidas, y como veremos en el capítulo § 3, estas tienen capacidad de realizar por sí mismas un acto de habla al integrarse en la estructura de un texto, pero no se puede obviar que estas también están constituidas por elementos oracionales como conjunciones, formas verbales o tonemas finales.

En cualquier caso, admitimos como Adam (2004: 119–120) que la diferente concepción de la pragmática ha generado ambigüedades con respecto a su ámbito de acción. Ante la pregunta de si podemos hablar de una "pragmática textual", el autor responde lo siguiente:

> Si la pragmatique a pour ambition d'étudier cette dimension des faites de discours, alors linguistique textuelle et analyse des discours ont quelque chose à voir avec la pragmatique. Mais si la pragmatique est plus une théorie de l'esprit qu'une science sociale, alors la linguistique textuelle, comme sous-domaine de l'analyse des pratiques discursives, n'a que peu à voir avec cette discipline que certains d'ailleurs situent résolument hors du champ de la linguistique.

Tenemos en cuenta, por tanto, que las consideraciones de la pragmática son variadas y que no todos la consideran integrada (que es diferente a decir "no incluida") en la lingüística. Como Adam comenta, solo en el caso en el que la pragmática se considere que da cuenta directamente de los fenómenos discursivos (y, por tanto, se erija como ciencia) podemos considerar que una lingüística pragmática tiene sentido.

2.1.2. Modularidad y multidimensionalidad

La atención al análisis del discurso se ha justificado por los límites del estructuralismo y de la sintaxis oracional, además del interés despertado por los fenómenos de la lengua coloquial. Ciertamente, las herramientas de la sintaxis tradicional se muestran insuficientes para el análisis de la estructura discursiva y se han mostrado muy rentables los análisis por módulos que permiten la integración de fenómenos de distinta naturaleza que actúan conjuntamente. El modelo de Fuentes Rodríguez (2017 [2000], 2013a, 2017) parte también de las consideraciones de los modelos modulares.

Una de las principales propuestas de un modelo modular es la de la escuela de Ginebra, cuyo principal defensor es Roulet (1991a). De esta propuesta toma sus bases Fuentes Rodríguez. Los módulos se conciben desde la definición de Nølke (1994: 76):

> [Le module] peut être conçu comme une mini-théorie qui comprend un ensemble de règles (locales) relatives à la bonne formation et/ou à la signification de la phrase. Les règles des différents modules collaborent alors selon certaines **métarègles** pour donner comme output une description de la signification de la phrase et du degré d'acceptabilité de son énoncé.

Como indica Nølke, muchos de estos módulos suelen ser adaptaciones de teorías anteriores, pero deben amoldarse a un par de criterios metodológicos (*idem*: 77):

> -chaque module doit fournir une description du dispositif dont il traite qui sont exhaustive, cohérente, maximalement économique et notionnellement indépendante des autres modules;
>
> -chaque module doit être construit de manière à assurer la compatibilité maximale avec les autres modules, ce qui permet l'établissement d'un nombre maximal de métarègles.

La pretensión de Roulet (1991a, 1997; Roulet, Filliettaz y Grobet, 2001; Filliettaz y Roulet, 2002) con este modelo es tratar de explicar todos los factores que intervienen en la organización del discurso, independientemente de si se trata de una forma oral o escrita, de si es dialógico o monológico o si pertenece a cualquier tipo de género (Filliettaz y Roulet, 2002: 371). Para ello, entiende que el discurso es un tipo de acción comunicativa y que debe explicarse teniendo en cuenta el contexto y otros factores, pero con ciertos matices:

> [W]e assume that contextual analysis should not consist of a mere description of parameters associated with one particular situation (the context, number of participants, goals, etc.). Rather, it should be articulated with a systematic inquiry into the conceptual domain of *social action*. That is, an understanding of how social actions are being carried out and negotiated constitutes a significant source of new insights for describing how contextual information shapes discourse structures. (Filliettaz y Roulet, 2002: 372)

Con esta filosofía, Filliettaz y Roulet (*idem*: 375) defienden que es necesario el uso de herramientas teóricas específicas y, de hecho, comentan cómo parten de diversos acercamientos que dan cuenta de fenómenos discursivos como "la toma de turno", "los actos de habla", "los marcadores discursivos", "la teoría de la imagen", etc.

Finalmente, el modelo se compone de tres niveles de análisis (*lingüístico, textual* y *situacional; idem*: 374) y dos categorías teóricas (*idem*: 376): "módulos" (*'modules'*) y "formas de organización" (*organization forms*). Los módulos son, como refería Nølke (1994), compendios de reglas independientes que se circunscriben en un determinado ámbito discursivo. Distintos módulos se corresponden con el análisis aislado de las estructuras sintácticas o léxicas, por ejemplo. Por otro lado, las formas de organización son metarreglas que surgen por la combinación de diversos módulos. Esta categoría le sirve a este modelo para explicar fenómenos que no pueden ser vistos únicamente a través de un solo módulo. Filliettaz y Roulet (2002: 376–377) ejemplifican este hecho diciendo que no es posible explicar la organización semántica de las proposiciones si no se tienen en cuenta los módulos sintáctico y léxico. Ni tampoco es posible hacer un análisis de la polifonía, la estructuración temática o las estrategias discursivas si no se combinan los módulos de los niveles lingüístico, textual y situacional.

Filliettaz y Roulet (2002: 377), finalmente, quieren diferenciar entre lo que aporta un modelo basado en módulos frente a uno por niveles. Mientras que el análisis por niveles[9] da un compendio ecléctico de distintos ámbitos, un análisis por módulos implica, además, establecer relaciones entre esos ámbitos para explicar fenómenos discursivos complejos que afectan a varias dimensiones o ámbitos a la vez. Se trata de un modelo *heterárquico*, como defienden los que apoyan este modelo (Roulet, 1991a, 1997; Roulet, Filliettaz y Grobet, 2001; Filliettaz y Roulet, 2002). Este hecho supone, para nosotros, una gran ventaja y rentabilidad en el análisis de las estructuras suspendidas, ya que la formación y uso de este tipo de enunciados solo puede entenderse actuando en distintos niveles al mismo tiempo; ¿cómo es posible entender, por ejemplo, la entonación ascendente (como forma entonativa) si no es en respuesta a las intenciones del hablante, que no quiere explicitar más información y que le pasa la responsabilidad interpretativa al oyente? ¿Es posible justificar la aparición de esta entonación sin tener en cuenta que desencadena todo este proceso? Sin embargo, a pesar de que se trate de un modelo muy completo, apoyamos el pensamiento de Fuentes Rodríguez (2017 [2000]) de que falta cubrir ciertos aspectos como el ámbito argumentativo, que es determinante también en la configuración textual. Por ello, esta autora reanaliza la propuesta modular

9 Un ejemplo de modelo por niveles es la gramática discursivo-funcional de Hengeveld y Mackenzie (2008).

del modelo ginebrino y la reinterpreta en un sistema multidimensional ligado a tres niveles.

Fuentes Rodríguez (2017 [2000]: 29 y ss.) matiza que lo verdaderamente rentable en los análisis de Roulet son las relaciones entre los módulos, pero que el autor no deja claro qué aporta cada uno de ellos por su cuenta. Para la autora, esto da a entender que lo que realmente es productivo son las organizaciones entre módulos o las estructuras que crean estos combinados. Por ello, más que como módulos separados, la autora plantea una organización del discurso estructurada y jerarquizada en tres niveles que se relacionan entre sí. De este modo, el modelo podría dar cuenta de la organización de la frase (microestructura), del discurso (macroestructura) y del molde textual en el que se asientan (superestructura). Los tres niveles se consideran *lingüísticos* en sentido estricto, no únicamente el nivel microestructural, y están influenciados por la situación comunicativa, pues esta determina la selección de los elementos constitutivos del discurso y permite interpretar su sentido e intención comunicativa de forma adecuada. En la Figura 2 puede verse el modelo representado de forma esquemática:

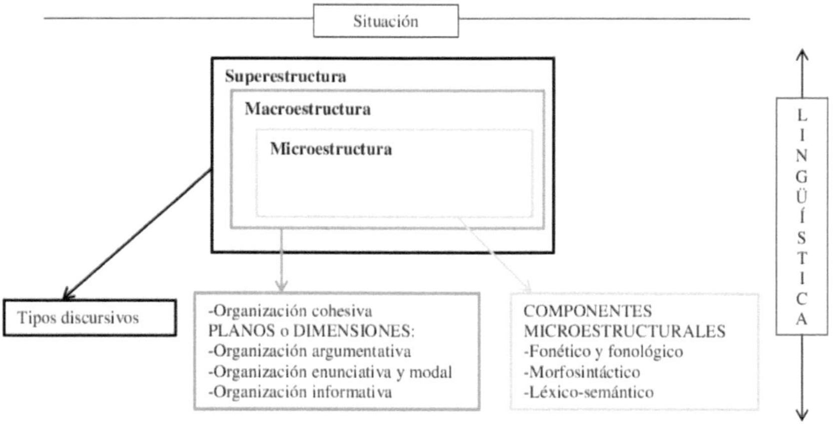

Figura 2. Esquema del modelo de lingüística pragmática adaptado de Fuentes Rodríguez (2017 [2000]: 52)

Fuentes Rodríguez (2017 [2000]) pretende que todos los componentes del discurso puedan integrarse desde el mismo enfoque en el sistema comunicativo: el hablante, con una intención comunicativa en una situación determinada, genera un discurso-mensaje usando componentes microestructurales (fonemas, morfemas, palabras, sintagmas...) que organiza en unidades superiores a la oración (macroestructura: intervenciones, intercambios, párrafos...) y los ajusta a un molde textual propio de una tradición discursiva (superestructura: secuencias y tipos textuales). Esta es la base de la lingüística pragmática.

Desde esta perspectiva comunicativa, podemos definir los distintos componentes que afectan a la construcción del discurso-mensaje (Fuentes Rodríguez, 2017 [2000]: 50 y ss.):

a) *Situación*. Corresponde al módulo situacional de Roulet (1991a, 1997). Se trata de las circunstancias comunicativas que rodean la emisión del discurso, como los roles adoptados por los participantes y la imagen personal mostrada por ellos (Goffman, 1956, 1959), la distancia comunicativa entre ellos, el estado psicológico de los participantes, la cultura de ambos, etc. La situación afecta a cada una de las dimensiones del esquema, ya que los participantes de una conversación controlan cada componente del mensaje atendiendo a las circunstancias de la comunicación.
b) *Superestructura*. Se identifica con aquellos rasgos y fenómenos lingüísticos que nos permiten identificar ante qué tipo de discurso nos encontramos. El término proviene de Van Dijk (1992 [1978]: 142), que define este concepto como "estructuras *globales* que caracterizan el *tipo* de un texto". Según Van Dijk (*idem*: 143) son una serie de reglas que forman parte de nuestra capacidad comunicativa; a un hablante se le presupone la capacidad de generar narraciones, descripciones u otro tipo de textos para una correcta transmisión de su mensaje. Estas reglas conforman un molde que se encuentra en la mente del hablante y a este molde se ajustan todos los elementos de la macro- y microestructura. Por otra parte, Adam (2001, 2002, 2004) ha trabajado bastante sobre este aspecto dentro de una perspectiva estructural. El autor profundiza en una unidad directamente relacionada con la superestructura, la "secuencia". Esta unidad representa distintos "moldes" de tipos textuales dentro de un texto, de tal forma que estos se ven no

como un tipo discursivo único y homogéneo, sino como una mezcla heterogénea de secuencias que se van alternando y que conforman su propia estructura. En el modelo de Roulet, la superestructura se ve reflejada en las formas de organización secuencial y composicional.

c) *Macroestructura*. Es la estructura en la que se apoya la organización de las unidades del discurso (Fuentes Rodríguez 2013a: 17–18). Hablamos del enunciado, el párrafo, la secuencia y otras que veremos en el apartado § 2.2.1. Como es posible dividir el texto en unidades y establecer relaciones entre esas unidades (aunque sean de naturaleza distinta a las del nivel oracional) se hace pertinente hablar de una sintaxis, gramática del discurso o *macrosintaxis*. Esta organización de unidades discursivas corresponde al módulo jerárquico de Roulet.

La organización de estas unidades discursivas no responde a criterios de rección que Berrendonner (2002b: 33) considera arbitrarios y propios de la sintaxis de las cláusulas. Más bien, de forma equiparable a la sintaxis de períodos del autor, la organización de los elementos de la macroestructura responde a motivos que sobrepasan lo lingüístico y que se relaciona con factores pragmáticos:

> [I]l y a en fait une grosse différence entre l'ordre des signifiants dans la clause et l'ordre des énonciations dans la période. Le premier est arbitraire. Si l'article, par exemple, précède toujours le nom, il n'y a pas à cela de raison particulière. Le même sens pourrait aussi bien être exprimé par l'ordre inverse, comme en danois ou en roumain ; c'est pure affaire de convention sémiotique imposée par la langue. L'ordre des énonciations dans la période, en revanche, apparaît motivé par une logique des actions qui déborde largement le domaine du langage : on ne peut pas déterminer un référent avant de l'avoir posé, comme on ne peut pas faire une addition sans avoir des nombres, ni planter un clou sans avoir le clou ; d'une manière générale, effectuer une opération présuppose qu'on en ait d'abord les opérandes. Derrière la linéarité apparemment monotone des textes, se cachent ainsi deux modes d'enchaînement bien différents : sémiotiques et arbitraires dans la clause, praxéologiques et motivés dans la période.

Por este motivo, en la macroestructura entran en juego cuatro dimensiones que ayudan a organizar los componentes discursivos: enunciativo, modal, informativo y argumentativo. Los dos primeros muestran la intervención del hablante en su producto comunicativo. Los otros dos van dirigidos al oyente. Estas dimensiones se corresponden en gran medida con los módulos textuales de Roulet (1991a, 1997).

d) *Microestructura*. Corresponde a lo que Berrendonner (2002b) llama la sintaxis de la cláusula, una sintaxis de rección. En esta dimensión nos encontramos todos aquellos componentes que ha tratado la gramática tradicional, cuya unidad máxima de análisis es la oración. Los tres niveles básicos de análisis gramatical son el fonético-fonológico, el morfosintáctico y el léxico-semántico. Estos ofrecen los componentes básicos de las unidades superiores que acabarán conformando el discurso.

En este nivel, adquiere especial relevancia el componente entonativo dentro del módulo fonético-fonológico, por su proyección macroestructural como marca delimitadora de unidades macrosintácticas. Blanche-Benveniste (2000, 2011) y Berrendonner (2002b, 2011) apuntan que es un criterio esencial para identificar y establecer los límites de los "períodos", que constituyen las unidades básicas de su modelo de macrosintaxis. Muchos otros modelos de segmentación discursiva también se han basado en la entonación para la segmentación de unidades o la identificación de fenómenos de este nivel. En esta línea se puede destacar la *grammaire de l'intonation* de Morel y Danon-Boileau (1998), la organización de la estructura informativa a través de patrones acústicos de Gagliardi, Lombardi y Tamburini (2012) o Lombardi (2014), los trabajos de integración de sintaxis y prosodia de Degand y Simon (2008, 2009), el estudio de la entonación de los enunciados parentéticos de Dehé (2014) o las investigaciones de Hidalgo (2003, 2006, 2016), Hidalgo y Pérez Giménez (2004), Cabedo (2014) o Pons (2016) en el funcionamiento de la prosodia en el eje sintagmático, es decir, en la función demarcativa para determinar las fronteras de las unidades discursivas acto y subacto del modelo de análisis de la conversación de Val.Es.Co. La prosodia, y principalmente la inflexión final, también es un

> elemento imprescindible en la descripción macrosintáctica de las estructuras suspendidas, ya que la anticadencia marca el límite del enunciado y lo caracteriza como suspendido. Así lo interpreta el oyente gracias a la entonación.

Lo que permite estructurar todas las partes del modelo son las dimensiones o planos del discurso que Fuentes Rodríguez (2017 [2000], 2013a, 2017) asocia al nivel de la macroestructura: enunciativo, modal, informativo y argumentativo. Son estas cuatro dimensiones las que sirven de interfaz entre la situación comunicativa y el discurso, y ofrecen un marco explicativo al funcionamiento de los mecanismos de construcción textual en cualquier nivel. No en vano, la macroestructura en la que se circunscriben estas dimensiones está en el centro del modelo (*vid.* Figura 2) e influye en los otros dos niveles. A través de estos planos, el hablante encuentra criterios válidos para organizar su discurso (organizar los argumentos y las tesis, distribuir la información relevante y la secundaria, seleccionar los actos de habla oportunos o distribuir los enunciadores o voces del texto), y el lingüista puede determinar gracias a ellos las funciones que adquieren los distintos componentes. Estos criterios de construcción textual responden a la adopción de un marco específico, a la adhesión a una tradición discursiva conocida por el hablante y en la que es competente. A su vez, sabe que debe seleccionar los elementos microestructurales que le sean más eficaces o los más oportunos para construir un texto que responda a su intención comunicativa y planificación mental. Por ello, las dimensiones del discurso afectan a todos los niveles y dan cuenta de las funciones de sus unidades y de la arquitectura general del texto. La lingüística pragmática es, así, un modelo multidimensional.

La multidimensionalidad no debe entenderse únicamente en que existe una multiplicidad de criterios para entender la construcción textual. También deber entenderse que estas dimensiones pueden actuar al mismo tiempo y de forma simultánea: se solapan, complementan y se afectan unas a otras. De este modo, se puede atender a factores como la intensificación argumentativa cuando afecta a la focalización de la información, o la modalidad cuando caracteriza la forma de enunciar, o como la polifonía cuando introduce distintas fuentes que validan los argumentos esgrimidos. Así, es posible tener en cuenta también la polifuncionalidad de los elementos en el discurso que, más allá de cumplir una única función o afectar a una única dimensión, suelen desencadenar distintos efectos al mismo tiempo. Hay, por tanto, una organización poliédrica de las dimensiones, que no se sitúan de forma superpuesta, sino en constante relación y con un gran número de aristas que implican una gran multiplicidad de orientaciones de sentido y efectos simultáneos.

La multidimensionalidad del modelo permite dar cuenta de las construcciones suspendidas que analizamos a lo largo de este estudio. Como veremos en los sucesivos capítulos, no será posible establecer una descripción completa de ellas sin atender a los efectos que producen en los diferentes planos que configuran el discurso.

2.1.3. Las dimensiones o planos del discurso

El carácter multidimensional del modelo de la lingüística pragmática de Fuentes Rodríguez (2017 [2000]) se ve reflejado en las cuatro dimensiones que identifica la autora para la construcción del discurso: enunciativo, modal, informativo y argumentativo. Estas cuatro dimensiones intervienen en el proceso de construcción del discurso y al receptor en el proceso de interpretación; dan cuenta de los valores y funciones propias de los elementos en el nivel del discurso (el nivel de la macroestructura, en su macrosintaxis); finalmente, se ajustan al marco de un género textual asentado en una situación comunicativa concreta, y permiten ajustar la organización secuencial determinado por la tipología.

Muchos de los acercamientos a la estructura del texto parten de un criterio informativo (*cfr.* Daneš, 1974; Cresti y Firenzuoli, 2002; Hidalgo Downing, 2003; Ferrari y Borreguero Zuloaga, 2015; etc.). Principalmente, lo informativo se aplica a la identificación del *tema* y el *rema* en el enunciado, y cómo este progresa a lo largo del texto o en enunciados sucesivos. También se aplica en la estructura general textual, al identificar temáticas, asuntos y su organización en el texto (*cfr.* Van Dijk, 1980, 1992 [1978]; Cortés, 2014). Sin embargo, con la aplicación de los cuatro planos propuestos por la aplicación de la lingüística pragmática, podemos analizar la arquitectura textual incorporando más factores más allá de la mera organización temática. El modelo no rechaza este plano, sino que lo incorpora a un sistema más complejo y lo pone en relación con otros que intervienen al mismo nivel. Por ello, se ha de considerar que las cuatro dimensiones actúan al mismo tiempo y de forma simbiótica; su delimitación sirve, únicamente, como mecanismo de análisis en la discriminación de la naturaleza de los diferentes fenómenos que actúan en el texto simultáneamente. En este apartado, veremos qué fenómenos textuales se relacionan con cada uno de ellos. Su caracterización servirá para comprender las diversas funciones que adquieren las estructuras suspendidas en las cuatro dimensiones.

2.1.3.1. La dimensión enunciativa

Esta dimensión parte de las consideraciones sobre el concepto de enunciación tratado por Benveniste (1974), Bally (1965 [1944]) y por Ducrot (1984, 1989), entre otros. Para Benveniste (1974: 80–81) "[l]'énonciation est cette mise en fonctionnement de la langue par un acte individuel d'utilisation. [. . .]. [C]'est l'acte même de produire un énoncé et non le texte de l'énoncé. [. . .] L'énonciation suppose la conversion individuelle de la langue en discours". Es una concepción que viene de la distinción de *lengua* y *habla* de Saussure (1995 [1916]) y que trata de explicar el paso del uso de la lengua para convertirse en discurso, es decir, en una realización de 'habla' real: ". . . l'énonciation suppose la conversion individuelle de la langue en discours" (Benveniste, 1974: 81). Se distingue, así, entre lo enunciado y el acto de enunciarlo.

En la dimensión enunciativa encontramos dos hechos principales: la organización de las voces que intervienen en el texto y los elementos que afectan al proceso de enunciación. El primero de ellos permite dar cuenta de la estructura polifónica[10] del discurso y de los diferentes tipos de voces que intervienen en su producción[11]. La diferenciación que establece Ducrot (1984) entre la persona que produce materialmente el texto (sujeto empírico), la figura a la que se atribuye su autoría (locutor) y los enunciadores (voces o puntos de vista a los que se les atribuye la responsabilidad de lo dicho) permite discriminar a los diversos actores del proceso de enunciación y establecer la organización de voces (principalmente, de enunciadores) en el texto.

10 La estructura polifónica es una de las formas de organización principales del discurso para Roulet, Filliettaz y Grobet (2001).

11 El interés por la polifonía de los textos comienza con los estudios de Bajtín (2004 [1936]) sobre las obras de Dostoievski.

De esta forma, es posible explicar fenómenos discursivos como el uso del discurso referido, el uso de argumentos de autoridad, la cohesión producida por la repetición de elementos en el mensaje de nuestro interlocutor, etc. (*cfr.* Ducrot, 1984, 1989; *cfr.* Roulet *et al.*, 1991; *cfr.* Fuentes Rodríguez y Alcaide Lara, 2002: 109 y ss.).

Por otro lado, la enunciación se relaciona con un funcionamiento metalingüístico o epilingüístico (Culioli, 1999). La propia actividad discursiva permite incidir sobre el propio proceso de enunciación caracterizándolo o modificándolo. Así, podemos influir en nuestra enunciación con diversas actitudes modales (por ejemplo, con sinceridad con operadores enunciativos como *sinceramente*), podemos indicar condiciones o causas de enunciación (*si te puedo decir una cosa*. . .), o introducir o marcar movimientos enunciativos como la reformulación, la corrección o la precisión en lo dicho (*cfr.* Blanche-Benveniste, 1984, 2010; Garcés Gómez, 2011, 2017; Pons, 2013; Narbona, 2015; etc.). También se tiende a relacionar la enunciación con la modalidad epistémica (el grado de expresión de la certeza de que ocurra un hecho en la realidad o no), la evidencialidad (la fuente de la información o la expresión de la evidencia de que un hecho ocurra en la realidad, *cfr.* Cornillie, 2009) o la aserción (el grado de compromiso del hablante con lo dicho, *cfr.* Fuentes Rodríguez, 2014b).

2.1.3.2. La dimensión modal

La modalidad se concibe en lingüística[12] desde la tradicional división de Bally (1965 [1944]) del enunciado en dos elementos: el *dictum* y el *modus*. Mientras el *dictum* corresponde al contenido proposicional, el *modus* nos remite al sujeto que enuncia, al sujeto modal, que dota de sentido y valor comunicativo al enunciado. Para el autor, se trata de un componente fundamental de la frase[13]. Desde esta consideración previa,

12 Sin embargo, el origen de los estudios y las reflexiones sobre la modalidad parten del ámbito de la filosofía y de la lógica, como hacen notar casi todos los autores que se dedican a ella (*cfr.* Benveniste, 1974; Palmer, 1986; Alcaide Lara, 1992; Ramos Sañudo, 2017; etc.).

13 "[L]a pièce maîtresse de la phrase, celle sans laquelle il n'y a pas de phrase, à savoir l'expression de la modalité, corrélative à l'óperation du sujet pensant. La modalité a pour expression logique et analytique un verbe modal (p. ex. *croire, se réjouir, souhaiter*), et son sujet, *le sujet modal*; tous deux constituent le *modus*, complémentaire du *dictum*" (Bally, 1965 [1944]: 36).

se tiende a considerar que la modalidad pertenece al ámbito de la sintaxis de la comunicación, del discurso, y suele definirse siempre de la misma forma, como la expresión de la actitud subjetiva del hablante o su punto de vista ante lo que dice (*cfr.* Gili Gaya, 1970: 40; Palmer, 1986: 16; Cervoni, 1987: 65; Fuentes Rodríguez, 1991a: 93; González Calvo, 1993: 47; Gutiérrez Ordóñez, 1997c: 343; *NGLE*, 2009: 3113; etc.). Sin embargo, no suele haber consenso en las formas de expresión concretas de esta modalidad y los acercamientos son múltiples. Las taxonomías de los valores de esta modalidad y los recursos que permiten expresarla suelen estar muy diversificados en los diferentes estudios.

Por lo general, una de las clasificaciones más asentadas de modalidad en lingüística es la de Palmer (1986), que diferencia entre *modalidad epistémica* y *deóntica.* La modalidad epistémica se relaciona con la expresión del grado de probabilidad que considera el hablante de que pueda ocurrir un hecho. La modalidad deóntica incluye los sentidos de deber, deseo u obligaciones que el hablante expresa según quiera o perciba que debe ocurrir un hecho. Para muchos autores, en esta modalidad se incluye también la expresión de la afectividad ante estos hechos, como la lástima, el alivio, la sorpresa... (*cfr.* Martín Zorraquino y Portolés Lázaro, 1999).

Cualquiera de estas formas de modalidad se ha asociado a multitud de recursos o hechos lingüísticos. En el nivel microestructural, es habitual que se relacione con el modo verbal (*cfr.* Palmer, 1986; Hummel, 2004) y con las llamadas perífrasis modales (*cfr. NGLE,* 2009: § 28.6). Además, la modalidad es el criterio que se utiliza para definir tipos de enunciados como los declarativos, los interrogativos, los exhortativos, los dubitativos o los desiderativos (*cfr.* Gili Gaya, 1970: 40 y ss.; González Calvo, 1993: 47 y ss.; Gómez Torrego, 2011 [1997]: 256–257; Alarcos, 2006: 318; *NGLE*, 2009: 3113 y ss.)[14]. Para muchos, esta modalidad de frase permite definir la fuerza ilocutiva del mismo, y lo que permite que la oración se convierta en un enunciado como unidad comunicativa

14 Para muchos autores, además, el recurso más relevante para la expresión de estas modalidades de frase es la entonación (*cfr.* Navarro Tomás, 1974 [1944]; Quilis, 1993; Hidalgo, 1998, 2001, 2006; Alarcos, 2006; Hidalgo y Quilis, 2012).

(*cfr.* Otaola, 1988; Igualada Belchí, 1990; Fuentes Rodríguez, 1991a; Hermoso, 1996).

En el nivel macroestructural, encontramos marcadores discursivos especializados en la expresión de sentidos modales. Son los llamados *modalizadores* (*cfr.* Portolés, 1993; Briz, Pons y Portolés, 2008; Loureda Lamas y Acín Villa, 2010) u *operadores modales* (Fuentes Rodríguez, 2009) del tipo *lamentablemente, por suerte, ojalá* y otros similares. Son elementos que se sitúan en la periferia del enunciado, pero que determinan el punto de vista adoptado a la hora de expresar un contenido proposicional y dan cuenta de la actitud del hablante en la construcción de su mensaje.

Finalmente, algunos autores ven la modalidad en estrecha relación con el fenómeno de la intensificación-atenuación (Meyer-Hermann, 1988; Briz, 1995, 2001 [1998], 2003; Albelda, 2007). Para Meyer-Hermann (1988: 283), el proceso de intensificación-atenuación supone siempre una escala graduada en la que se potencia o se debilita el carácter de un determinado elemento comunicativo. De esta forma, a través de la modalidad se puede intensificar o atenuar hechos de diferentes niveles o ámbitos del texto: el valor cuantitativo de un elemento semántico, la aserción, la fuerza ilocutiva, las amenazas a la imagen en el carácter social y cortés de la lengua o la argumentación.

2.1.3.3. La dimensión informativa

Gutiérrez Ordóñez (1997a: 18) define la actividad de *informar* como "una actividad semiológica por medio de la que un *emisor* (E) se dirige a un *destinatario* (D) para modificar su estado de conocimientos, transmitiéndole, por medio de algún instrumento significativo, datos que supone que de algún modo le son nuevos". Partiendo de esta definición, "[p]odríamos decir, pues, que hay una organización informativa motivada por la adecuación del hablante a su oyente. El hablante no comunica lo que desea exactamente, sino aquello que cree que el hablante no sabe. En virtud de ello dispone jerárquicamente su material lingüístico" (Fuentes Rodríguez, 1999a: 9). La dimensión informativa se considera, por tanto, uno de los pilares en los que se apoya la organización de la arquitectura del texto. Bajo esta naturaleza se han agrupado muchos fenómenos y aspectos "relacionados con el orden de constituyentes del enunciado, la progresión temática y, más recientemente, la ordenación discursiva y la densidad informativa" (Carmona Yanes, 2015: 207).

Uno de los primeros fenómenos informativos analizados proviene de la llamada escuela de Praga. A partir del concepto de Mathesius (1939, 1975) de *tema*, para referirse a la información conocida, surge su contraparte, el *rema*, para designar la información nueva[15]. Estos conceptos sirvieron para identificar dentro de un enunciado qué información ya es conocida o compartida o si se da un nuevo aporte para transmitir al interlocutor[16]. Se consigue dar así una estructura informativa específica del enunciado[17]. Sin embargo, Daneš (1974) también hace uso de estos conceptos para establecer tres tipos de progresión temática en la concatenación de los enunciados en el texto. Dependiendo de si el rema pasa a ser tema en el siguiente enunciado, si se repite el mismo tema en varios de ellos o si hay un tema principal ramificado, se suele hablar de progresión lineal, de progresión de tema constante o de progresión de tema derivado.

En la dimensión informativa, también ha adquirido relevancia el concepto de *tópico*, que a veces se confunde con la noción de *tema*[18].

---

15 Gutiérrez Ordóñez (1997a: 20 y ss.) prefiere hablar de *soporte* y *aporte* en lugar de *tema* y *rema*.

16 Se suele relacionar el sujeto con el tema, con la información conocida, y el predicado con el tema, pero no siempre tienen por qué coincidir. Para reconocerlo, se suele recurrir al uso de preguntas de un diálogo fingido. La pregunta fija el tema y la información que comparten los interlocutores. Toda la información añadida en la respuesta se considera *rema*: – ¿Qué hace Lourdes? -Lourdes (tema) baila salsa todas las tardes (rema) / – ¿Cuándo baila salsa Lourdes? – Lourdes baila salsa (tema) todas las tardes (rema) (*cfr.* Jiménez Juliá, 1986: 58; Gutiérrez Ordóñez, 1997a: 20 y ss.).

17 Esta perspectiva de análisis se denominó *Functional Sentence Perspective* (FSP) y fue seguida por diversos autores de la escuela de Praga (Firbas, 1964; Daneš, 1974; Mathesius, 1975).

18 Como indican Hidalgo Downing (2003: 42) o Carmona Yanes (2015: 216), el término ha sido usado a menudo como sinónimo de *tópico.* Debido a diversas traducciones del inglés, se ha podido adoptar uno y otro. Sin embargo, consideraciones como las de Moreno Cabrera (2000: 729 y ss.), Gutiérrez Ordóñez (1997a) o las de Hidalgo Downing (2003) nos orientan a pensar en la pertinencia de diferenciar ambos conceptos para dar cuenta de dos fenómenos con implicaciones distintas.

El tópico suele considerarse un elemento periférico a la izquierda del enunciado en el que se especifica aquello sobre lo que se habla en el enunciado (“*La casa*, no habíamos tenido tiempo de verla entera”)[19]. Gutiérrez Ordóñez (1997a: 40) utiliza el término *circunstante*, y propone toda una tipología que incluye a varios tipos de prótasis de periodos bimembres como las causales o las condicionales. La capacidad de que estas prótasis puedan quedar suspendidas podría deberse, por tanto, a su naturaleza como tópicos en el enunciado. Además, el tópico también ha servido de referencia para delimitar la estructura del enunciado y sus unidades internas, pues presenta unos límites funcionales, sintácticos y entonativos que lo separan del contenido proposicional nuclear (*cfr.* Cresti y Firenzuoli, 2002; Hidalgo, 2003; Hidalgo y Padilla, 2006; Fuentes Rodríguez, 2007).

La focalización y el foco constituyen otro de los elementos centrales del tratamiento de la información en el texto. Escandell y Leonetti (2009: 14) definen la focalización como “la puesta en relieve de un constituyente que se destaca con respecto al resto de la estructura, que representa el fondo”. Se caracteriza por ser un fenómeno propio del eje paradigmático (Gutiérrez Ordóñez 1997a: 34), pues con su uso se implica que el constituyente destacado se opone a otros dentro del mismo paradigma que quedan invalidado: “*pan* es lo que tienes que comprar” (y no queso o leche). La focalización puede desencadenarse por recursos muy diversos, como ciertos operadores informativos (*principalmente*), construcciones de focalización (“es el profesor el que debe avisar a los alumnos”), el orden de los constituyentes (“las manos las tiene sucias”)[20], la entonación (“tiene NUEVE hijos”), etc. Por otro lado, como es habitual, el foco tiende a verse como una función dentro del enunciado, un constituyente que queda destacado semántica e informativamente frente al resto. Sin embargo, Fuentes Rodríguez (1999a, 2016a) defiende que es posible extender esta visión de foco más

19 López Serena (2012) destaca la dificultad de distinguir el tópico de otras funciones que se desarrollan en el margen izquierdo del enunciado, y propone el término *base* como un hiperónimo que incluye las funciones de tópico, foco y otras similares.

20 Aunque el foco tiende a relacionarse con la posición inicial, autores como Heidinger (2013) opinan que, en español, al menos, no siempre se da ahí, y se pueden encontrar focos al final del enunciado.

allá, y que hay informaciones que quedan destacadas no únicamente frente a otros constituyentes del enunciado, sino también frente a otras unidades del texto. De hecho, como veremos a lo largo de este trabajo, las construcciones suspendidas parecen tener esta función.

Finalmente, la organización de la información se suele tomar como uno de los criterios principales para la organización de la macroestructura textual. La distribución informativa del texto puede ponerse en relación con las macroproposiciones de Van Dijk (1980), unidades que sintetizan la información esencial de las distintas partes de un discurso y que representan los distintos temas que trata un texto. De forma similar, el párrafo, entendido como una unidad macroestructural caracterizada por constituir un subtópico textual (Fuentes Rodríguez, 2017 [2000]), es un componente esencialmente informativo y son los pilares sobre los que se sostiene cualquier discurso para organizar la arquitectura informativa general y hacer progresar la información. En este ámbito, también es posible destacar los mecanismos y recursos concretos que hacen avanzar la información en el texto. Más allá de los tipos de progresión temática que apuntaba Daneš (1974), se debe mencionar la densidad informativa, la relación entre la cantidad de información aportada y el material lingüístico utilizado para expresarla. La densidad informativa puede relacionarse con distintos tipos de textos: los textos orales se relacionan con una baja densidad informativa y los escritos con un grado elevado (Koch y Oesterreicher, 2007: 33), y suele relacionarse con mecanismos lingüísticos como los *shell nouns* (Schmid, 2000) o los encapsuladores (Borreguero Zuloaga, 2006, 2018).

2.1.3.4. La dimensión argumentativa

La argumentación se erige como una de las dimensiones más relevantes para entender el funcionamiento discursivo de muchos fenómenos, y para descubrir el esquema textual y las formas de relación entre enunciados. Escandell (2013 [1996]: § 6) defiende que hay dos formas de entender la argumentación, aunque están relacionadas entre sí. Una de ellas aúna al conjunto de estrategias y recursos en el discurso destinados a persuadir a alguien de algo; la otra se centra en las relaciones entre enunciados que constituyen una serie de argumentos orientados a una determinada conclusión. De una forma u otra, argumentar se suele entender como un acto o macroacto de habla (*cfr.* Moeschler, 1985; Eggs, 1994; Lo Cascio, 1998 [1991]; Van Eemeren *et al.*, 2014; etc.) compuesto de actos más simples, pero que implica una actividad comunicativa compleja, que integra elementos cognitivos, sociales y, por supuesto, lingüísticos.

Sin embargo, ambas perspectivas no son incompatibles y pueden darse en niveles distintos de elaboración discursiva. Desde un marco macrosintáctico, esta compatibilidad puede esquematizarse del siguiente modo (Figura 3):

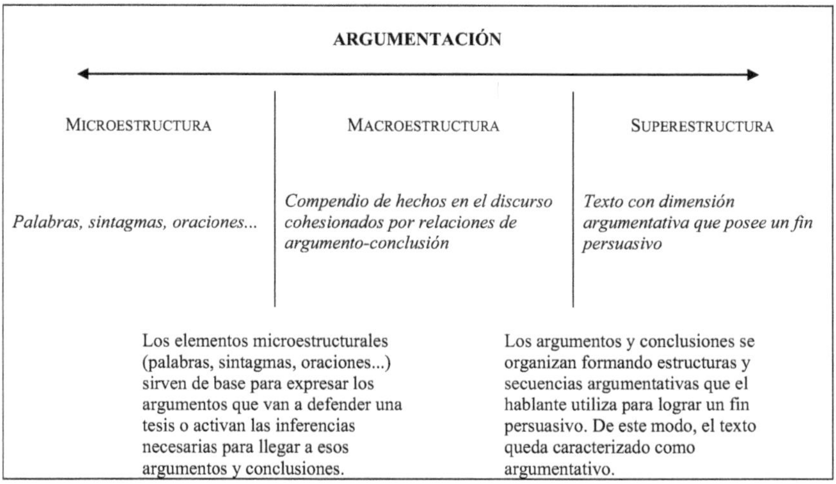

Figura 3. La argumentación en la lingüística pragmática

En el paso de la microestructura a la macroestructura, es posible observar cómo los enunciados se van ligando entre sí por relaciones argumentativas y conforman la arquitectura general del texto. Los enunciados que actúan de argumentos, junto con otros elementos que afectan a la argumentación, son los que activan las inferencias necesarias para que se produzca la conexión con otros enunciados que sirven de conclusiones. En el paso de la macroestructura a la superestructura, podemos observar cómo la organización de los argumentos y la influencia de otros elementos lingüísticos de la argumentación permiten conformar estrategias discursivas para persuadir al hablante de algo. En este uso persuasivo, el tipo textual específico adquiere un carácter argumentativo.

Entre los trabajos que profundizan en las estrategias y los recursos lingüísticos, destaca la corriente de la *nueva retórica* de Perelman y Olbrechts-Tyteca (1992), que trata de modernizar los preceptos de la retórica clásica, aunque también se pueden incluir los estudios de Eggs (1994), Plantin (1990), Fuentes Rodríguez y Alcaide Lara (2002) o Fuentes Rodríguez (2022). La otra perspectiva de la argumentación se centra en conocer los componentes de la argumentación y la organización de estos en el texto. Autores como Lo Cascio (1998 [1991]) o Fuentes Rodríguez y Alcaide Lara (2002, 2007) plantean un esquema de la argumentación que sirve para entender el funcionamiento de esta actividad y la organización de sus componentes. En estos trabajos, se habla de argumentos que llevan a conclusiones gracias a una ley de paso o *topos*, una serie de conocimientos o valores sociales que dan validez a los argumentos. Este proceso se desarrolla en un marco argumentativo en el que adquieren validez los argumentos y, normalmente, queda caracterizado por el tipo de receptor al que se dirige la argumentación. En el siguiente esquema (Figura 4) queda ejemplificado este proceso y la relación entre los componentes habituales de la argumentación:

Argumentos → Conclusión
↑ topos y base argumentativa
——————— marco argumentativo ———————

Figura 4. El esquema argumentativo. Obtenido de Fuentes Rodríguez y Alcaide Lara (2007: 25)

En esta misma línea, se inscribe la teoría de la argumentación de Anscombre y Ducrot (1983, 1989), que persigue entender las relaciones entre enunciados y la estructura del texto a través de criterios argumentativos. En este enfoque, son capaces de determinar propiedades de la argumentación que permiten dar cuenta de las conexiones entre enunciados (entre dos enunciados que expresan argumentos o entre enunciados que expresan un argumento y su conclusión) y de los valores discursivos de ciertos elementos que repercuten sobre la argumentación, como los conectores y los operadores argumentativos (*cfr.* Ducrot, 1983) y los modificadores realizantes y desrealizantes (*cfr.* Ducrot, 1995). Desde su teoría, se han desarrollado tres propiedades de la argumentación que ayudan a entender el funcionamiento de muchos de los fenómenos de la construcción textual. En primer lugar, la *orientación argumentativa*, que adquiere relevancia en las relaciones entre enunciados y el tipo de conexión que se establece entre ellos. Si dos enunciados conducen a la misma conclusión, se dice que están coorientados, y si conducen a conclusiones distintas están antiorientados. La segunda propiedad de la argumentación es la *fuerza argumentativa*. Hay algunos argumentos que se consideran que tienen mayor capacidad que otros para llegar a esa conclusión y poseen un grado de valor elevado que la refuerza. Estos son los argumentos de mayor fuerza argumentativa[21]. El doble fenómeno de la intensificación/atenuación, según nuestro modelo, afecta al grado de fuerza de los argumentos y puede constituirse como una estrategia para caracterizar el discurso y conseguir ciertos propósitos comunicativos (*cfr.* Fuentes Rodríguez, 2016b). Relacionada con la fuerza argumentativa encontramos, finalmente, la propiedad de la *suficiencia*. Esta es descrita por Portolés (1998) como la capacidad de un argumento de mostrarse suficiente o insuficiente para llegar a una determinada conclusión, es decir, si posee la suficiente fuerza (o no) para poder sustentar una conclusión determinada. Las construcciones suspendidas que analizamos en esta obra quedan definidas por su capacidad para coorientar argumentos o afectar a su fuerza argumentativa.

21 Esta fuerza genera escalas argumentativas (*échelles argumentatives*, Anscombre y Ducrot, 1983: 51 y ss.) que permiten situar los argumentos más fuertes en la parte superior de la escala y los más débiles para llegar a la conclusión en la más baja. En este ámbito de la argumentación, se desarrollan los fenómenos de la intensificación y atenuación (*cfr.* Briz, 2003; Albelda, 2007; Fuentes Rodríguez, 2015c).

2.2. La macrosintaxis

El modelo de lingüística pragmática integra lo que puede llamarse como una *macrosintaxis* (*cfr.* Fuentes Rodríguez, 2017; Fuentes Rodríguez y Gutiérrez Ordóñez, 2019; Fuentes Rodríguez, 2021a; González Sanz y Pérez Béjar, 2019; etc.). La macrosintaxis se ve como una sintaxis propia de la macroestructura del discurso que sobrepasa los límites oracionales. En ella se configuran unidades, funciones y categorías propias que actúan funcionalmente en la construcción del discurso. Aunque en sus inicios (*cfr.* Berrendonner, 1990, 2002b; Blanche-Benveniste, 2000, 2002, 2003) se concibiera, principalmente, como un medio para dar cuenta de los elementos que se encontraban en la periferia del enunciado, más allá de la estructura oracional, su sentido se ha ampliado para abarcar, también, las relaciones entre enunciados, las configuraciones de unidades superiores a esta y la estructuración general del discurso. También se suele incluir dentro de la macrosintaxis los tipos de relaciones entre unidades discursivas, como las relaciones retóricas de Mann y Thompson (1988) o las relaciones de discurso de Duque (2016)[22].

Para entender la configuración de esta *macrosintaxis* o sintaxis discursiva, veremos en este apartado qué unidades pueden integrarla y cómo se constituye su unidad básica, el enunciado. Este segundo

22 El estudio de las relaciones entre enunciados y otras unidades superiores es un campo muy amplio para la investigación. No suele haber mucho consenso en definir la naturaleza de estas relaciones. Algunos autores las equiparan con las relaciones del ámbito oracional y, por tanto, podemos encontrar parataxis e hipotaxis (Garrido, 2011; Garrido y Rodríguez Ramalle, 2015) o relaciones equivalentes a los sentidos de adición, causales, temporales o adversativos (*cfr.* Canestrelli, Mak y Sanders, 2013). Otros piensan que se trata de relaciones retóricas (*cfr,* Mann y Thompson, 1988; Duque, 2016), de progresión informativa (*cfr.* Daneš, 1974), semántica (*cfr.* Van Dijk, 1980, 1992 [1977], 1992 [1978]) o argumentativa (Anscombre y Ducrot, 1983). Asimismo, también hay corrientes de estudio que se centran exclusivamente en las relaciones de las unidades de la conversación y en la dimensión social que afecta a la toma de turno (*cfr.* Sacks, Schegloff y Jefferson, 1974; Fraser y Nolen, 1981; Briz, 2000; Hidalgo y Padilla, 2006; Pons, 2007).

punto será relevante para entender la naturaleza de las estructuras suspendidas.

2.2.1. Las unidades por encima del nivel oracional

Si consideramos que la organización de los componentes de la macroestructura puede llamarse macrosintaxis, debe establecerse una serie de unidades en el nivel del discurso que representen estos componentes (Fuentes Rodríguez, 2017 [2000]: 31, 2013a: 18). Para Fuentes Rodríguez y otros autores es importante que la consideración de estas nuevas unidades se haga desde un punto de vista distinto al de las unidades de la microestructura. Tanto Benveniste (1966) como Berrendonner (2002b) defienden que, por encima de la oración, la naturaleza de las unidades y de la gramática cambia y, por ello, no pueden servir las mismas herramientas y categorías de la sintaxis oracional. Este cambio de naturaleza atiende más a factores pragmáticos y comunicativos. Deulofeu (2011: 737) critica, precisamente, el hecho de que en el marco estructuralista no se haya prestado más atención a la lengua como una forma de comunicación y observar las unidades que componen la lengua desde este enfoque:

> [F]orce est de constater que, la majorité des chercheurs travaillant dans le cadre structuraliste n'ont jamais totalement assumé, ni tiré les conséquences méthodologiques, de la définition du langage comme outil de communication: on a étudié les unités distinctives et les unités significatives, rarement les unités communicatives.

Ver estas nuevas unidades de este modo implica ir más allá de la sintaxis de rección (Bally, 1965 [1944]; Berrendonner, 1990, 2002b; Fuentes Rodríguez, 2017 [2000], 2013a, 2017) y tener en cuenta otros criterios (pragmáticos) que Fuentes Rodríguez refleja en los distintos planos que afectan a la macroestructura (*vid.* § 2.1.3).

La literatura sobre unidades discursivas es amplia. Gutiérrez Ordóñez (2016: 525) o Pons (2014) destacan dos direcciones que coinciden en un terreno común, que podríamos denominar el enunciado. Por un lado, están las perspectivas que, partiendo de la sintaxis oracional, encuentran fenómenos que se desarrollan fuera de ella. Por lo general, describen un núcleo informativo al que se acoplan otros elementos mediante relaciones distintas a la parataxis o la hipotaxis (*cfr.* Berrendonner, 1990, 2002a, 2002b, 2011; Blanche-Benveniste, 2000, 2002). Aunque estos modelos no suelen analizar unidades producidas por la interacción entre los participantes, o unidades conformadas por las relaciones entre numerosos enunciados como el párrafo, ofrecen una descripción bastante detallada de los componentes que conforman la estructura del enunciado. Estas descripciones ayudan a superar problemas habituales de la gramática tradicional como la caracterización de las subordinadas adverbiales impropias (*cfr.* Rojo 1978; Narbona, 1990).

Por otro lado, nos encontramos con los trabajos del análisis del discurso y de la conversación que parten desde "arriba", desde el propio texto, y que tratan de encontrar sus componentes. Gallardo Paúls (1993a: 19 y ss.) hace un exhaustivo compendio de acercamientos a la estructura discursiva desde que comenzaron sus estudios en torno a los años 60 del siglo XX. La autora destaca los aportes de las corrientes del análisis el del discurso[23], la pragmática dialógica desarrollada en Lyon y en Ginebra, y la corriente sociológica del análisis conversacional etnometodológico. De las dos primeras escuelas se han heredado términos como "acto", "movimiento" o "transacción" para designar los distintos bloques o compendios de bloques que conforman el discurso. De los etnometodólogos, con un corte mucho más sociológico, se han desprendido fenómenos de carácter más social que se relacionan con el discurso como la legitimidad de la toma de palabra ("turno") o los roles desempeñados en la interacción (Goffman, 1959). De esta corriente, también es de especial relevancia el concepto de "par adyacente" (*adjacency pair*) de Schegloff y Sacks (1973), que da cuenta de la estructura y los componentes de interacciones parciales en la conversación.

En el ámbito hispánico del análisis de la conversación, destacan los trabajos del grupo Val.Es.Co., en el que tienen gran relevancia los elementos de carácter estructural y social (Briz, 2001 [1998], 2000; Hidalgo y Padilla, 2006; Pons, 2007, 2016; Cabedo, 2014; Estellés y Pons, 2014; grupo Val.Es.Co., 2022; etc.). Proponen que la unidad básica estructural de análisis es el *acto* que se apoya en el carácter de acción comunicativa que adquieren las unidades discursivas a diferencia de las consideraciones tradicionales de la sintaxis oracional. Para

23 Tomando como referente a Stubbs (1987).

delimitar esta unidad, hacen uso de criterios entonativos, informativos y de dependencia, principalmente. En el análisis de la conversación, también es posible destacar la propuesta de Cortés (2014), que permite atender a las interacciones orales de la estructura de intervenciones extensas. Integrando criterios ilocutivos e informativos, distingue unidades en el plano enunciativo (enunciados, macroactos, actos y subactos) y en el plano secuencial (secuencias de inicio, desarrollo y cierre, subsecuencias, temas y asuntos).

Existe, además, un tercer tipo de análisis que intenta incorporar tanto el nivel microestructural como el macroestructural, así como dar cuenta de textos dialogales como monologales. Tiene por tanto un carácter holístico que trata de abarcar el discurso en su totalidad desde diversas direcciones, y también integrador de los componentes oracionales y discursivos en un mismo modelo. Es el caso de las propuestas modulares del modelo de Ginebra (Roulet, 1991b, 1997; Filliettaz y Roulet, 2002) y el modelo de Fuentes Rodríguez (2017 [2000], 2013a, 2017). Estos dos modelos parten de la consideración de los avances del análisis del discurso para designar las unidades de la macroestructura y de la gramática tradicional para la microestructura. Otro modelo global es el de sintaxis de enunciados de Gutiérrez Ordóñez (2016, 2018, 2019) en el que las unidades superiores de cada nivel conforman las unidades básicas del siguiente. La unidad superior que el autor considera es el microdiscurso, que adquiere un carácter funcional para diferenciarlo de la ambigüedad del término general "discurso". Con la pretensión también de dar cuenta de la organización general del texto, Garrido (2011, 2016, 2017) y Garrido y Rodríguez Ramalle (2015) defienden de que los textos poseen sus propios constituyentes y relaciones entre estos, que son equivalentes a los de la oración y, por tanto, pueden explicarse con los mismos elementos y mecanismos. Finalmente, en esta línea, podemos nombrar la gramática discursivo-funcional de Hengeveld y Mackenzie (2008, 2011), que en su nivel interpersonal contempla unidades como el acto discursivo (*discourse act*), con fuerza ilocutiva propia, y la combinación de estos de forma relacionada en movimientos (*move*).

A pesar de la disparidad de enfoques e intereses, estas perspectivas, como comenta Gutiérrez Ordóñez (2016: 525), tienen un mismo punto de encuentro en sus direcciones enfrentadas. Ese punto de encuentro es lo que podríamos llamar *enunciado* o *acto*, que pasa a ser considerado como la unidad básica de análisis del discurso o de la macrosintaxis. Centrándonos en el modelo de Fuentes Rodríguez (2017 [2000]), podemos describir las distintas unidades de la macroestructura:

(1) *Texto.* Unidad máxima de comunicación caracterizada por un tópico textual.
(2) *Secuencia.* Está constituida por un párrafo o por un conjunto de ellos pertenecientes a un determinado tipo discursivo.
(3) *Párrafo.* Unidad constituida por varios enunciados. Refleja una parte del tópico textual.
(4) *Intercambio.* Unidad dialogal compuesta por un conjunto de intervenciones en torno a una intervención iniciativa.
(5) *Intervención.* Unidad dialogal compuesta por un enunciado o más de uno emitida por un único participante en el uso de su turno de palabra.
(6) *Enunciado.* "Unidad mínima de comunicación de un hablante en unas circunstancias enunciativas" (Fuentes Rodríguez, 2017 [2000]: 94). El enunciado es la unidad a la que se ajustan las estructuras suspendidas. Debido a la complejidad de su estructura, lo analizaremos con más detalle en el apartado siguiente.

Las construcciones suspendidas se consideran un tipo de *enunciado* ("actos suspendidos" para otros; *cfr.* Hidalgo y Padilla, 2006) y se perciben como una unidad mínima de comunicación con fuerza ilocutiva propia. Por ello, es un fenómeno propio de la macrosintaxis y se relaciona con el resto de las unidades del discurso. Como enunciado, se considera que comparte la estructura y los constituyentes propios de esta unidad, que debe ser analizada de forma diferenciada.

2.2.2. La estructura del enunciado y las categorías de la macrosintaxis

2.2.2.1. La estructura general del enunciado y sus componentes en distintas perspectivas

En nuestro análisis, las estructuras suspendidas son consideradas como enunciados independientes que actúan dentro de un determinado discurso. El enunciado lo consideramos como unidad básica de análisis dentro de la conversación, equiparable a lo que otros llaman "acto" o "período". Esta unidad básica se define en gran parte gracias a su estructura, pero recibe diferentes consideraciones dependiendo de si partimos desde un enfoque *arriba-abajo* del discurso o *abajo-arriba*, usando la concepción de Gutiérrez Ordóñez (2016). En otras palabras, depende de si orientamos la atención a analizar todo tipo de discursos, de si nos interesa más la segmentación de la conversación o si nos centramos en unidades que se escapan de los esquemas oracionales. Para autores como Berrendonner (1990, 2002a, 2002b, 2011, 2012a) o Blanche-Benveniste (2000, 2002, 2010) la organización de los componentes del período o de la reagrupación máxima, equiparable al enunciado, es la principal ocupación de la macrosintaxis.

Por lo general, la estructura de la unidad básica se compone de un núcleo y de elementos que se insertan en la periferia de ese núcleo. Para marcar las fronteras entre el núcleo y los elementos periféricos se tienen en cuenta varios criterios. Por un lado, el concepto de *enunciación* (*cfr.* Ducrot, 1984; Kerbrat-Orecchioni, 2002 [1999]) que remite al propio hecho de decir y que muestra la actitud del hablante ante lo que dice. Para Bally (1965 [1944]) el *modus*, en relación con el *dictum*, es el auténtico corazón del enunciado; la actitud que tomamos ante lo que decimos es a veces más importante que lo que decimos, aunque "lo dicho" se entiende como el núcleo estructural del enunciado. Así, los elementos que se encuentran en la periferia son los que suelen afectar a la forma de decir algo de varias formas: expresando la actitud subjetiva del hablante en su enunciación, marcando el nivel de compromiso que adquiere con lo dicho, estableciendo circunstancias de la enunciación o dando informaciones de naturaleza metadiscursiva que ayudan regular las inferencias para la interpretación del enunciado. La esquematización de la estructura de esta unidad básica se ha hecho de diversas formas según las concepciones metodológicas de los modelos que han tratado este asunto. Ejemplificaremos con algunos modelos consultados.

Para la gramática discursivo-funcional (Hengeveld y Mackenzie, 2008, 2011), la unidad básica de análisis es el acto discursivo. Su estructura se puede reflejar del siguiente modo (Figura 5):

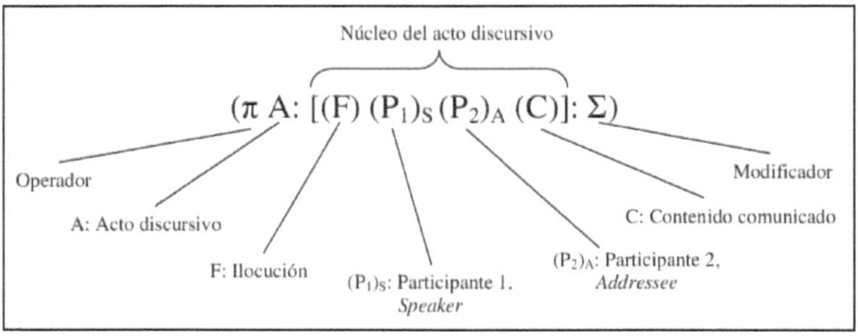

Figura 5. Estructura del acto discursivo en la GDF. Esquema adaptado de Hengeveld y Mackenzie (2008)

Básicamente, el acto discursivo es reflejo del nivel interpersonal de la lengua, es decir, está caracterizado por la interacción entre participantes. Por ello, su núcleo está constituido por una ilocución abstracta o explícita (F)[24] que alberga la información sobre la intención comunicativa (Hengeveld y Mackenzie, 2008: 68 y ss.), dos participantes (P) correspondientes al emisor y al receptor (y que se reflejan en el acto a través de los pronombres, principalmente), y un contenido comunicado (C) que es la evocación de un determinado contenido proposicional. La "periferia" de este núcleo corresponde a las categorías "operador" (π) y "modificador" (Σ). Es una distinción que creemos bastante rentable en el análisis periférico; los operadores corresponden a elementos gramaticalizados como los adverbios enunciativos o conectores interoracionales, mientras que los modificadores, con un funcionamiento similar, poseen naturaleza léxica y pueden estar constituidos por distintas unidades no fijadas.

En los modelos que denominamos supraoracionales de Berrendonner (1990, 2002a, 2002b, 2011, 2012a, 2012b, 2012c) y Blanche-Benveniste (2000, 2002, 2003, 2010) observamos una combinación de elementos que no pueden considerarse ni argumentos ni adjuntos de un verbo principal, sino que configuran relaciones fuera de la naturaleza oracional. Para Berrendonner (2002b) y Blanche-Benveniste (2002) el uso de estos segmentos se establece fuera de los límites de la rección

24 Este es el único componente obligatorio del acto discursivo.

propia de la microsintaxis oracional. Para Blanche-Benveniste (2000, 2002, 2003) existe un segmento que constituye el núcleo (*noyau*), unidad mínima de su macrosintaxis, y elementos que se sitúan de forma dependiente delante o detrás de ese núcleo. Estos últimos conformarían la "periferia". Dependiendo de la posición con respecto al núcleo y el tipo de entonación (de cierre o no), plantea el siguiente esquema de unidades del período (Figura 6):

Período, reagrupación máxima		
Prefijo (*Préfix*)	Núcleo (*noyau*)	Sufijo (*Suffix*)
		Posfijo (*Postfixe*): tras el cierre entonativo del núcleo o el sufijo.

Figura 6. Estructura del período. Esquema con las consideraciones de Blanche Benveniste (2003) y adaptado del esquema comparativo de Deulofeu (2011: 739)

Berrendonner (2012b) tiene en cuenta estas estructuras de períodos de tres miembros, tanto la de Blanche-Benveniste como la de Morel y Danon Boileau (1998) en *preámbulo, rema* y *posrema* o la de Cresti y Firenzuoli (2002) en *tópico, comentario* y *apéndice*. Sin embargo, el autor defiende que esta división tripartita puede presentar problemas cuando estamos ante períodos de cierta extensión y que suelen presentar una delimitación bastante arbitraria. Por tanto, tanto él como el grupo de Friburgo (Berrendonner, 2012b: 154) se decantan por partir de las formas de organización de las enunciaciones y macrosintagmas que conforman los períodos e identifican cuatro rutinas. Estas rutinas constituyen el corazón de su concepción de macrosintaxis:

Rutina 1	Preparación (*préparation*) + (≈ prefijo, tópico)	Acción (*action*) (≈ núcleo, comentario)	(≈ sufijo/posfijo, apéndice)	
		Acción (*action*) +	Confirmación (*confirmation*)	**Rutina 2**
		Acción (*action*) +	Continuación (*continuation*)	**Rutina 3**
		Acción (*action*) +	Reparación (*réfection*)	**Rutina 4**

Figura 7. Rutinas de la gramática del período del grupo de Friburgo. Adaptado de Berrendonner (2012b: 154)

Por otro lado, tanto Blanche-Benveniste (2010: 174 y ss.) como Berrendonner (2012c: 321–322) también se plantean la posibilidad de que exista una posición "periférica" más, ni delante ni detrás del núcleo, sino intercalada. Hablamos de los paréntesis. Blanche-Benveniste los entiende como enunciados propiamente dichos que se insertan en un enunciado huésped sin destruirlo. Para el segundo, el tratamiento de los parentéticos implicaría el establecimiento de una quinta subrutina en el esquema visto arriba que insertaría una enunciación interrumpiendo a la unidad *acción*.

Para Gutiérrez Ordóñez (1997c) la periferia del enunciado puede ser entendida en varios niveles distintos, de tal forma que podemos hablar de una Periferia I con componentes que afectan al nivel del enunciado lingüístico y su contenido proposicional (principalmente lo que él llama "circunstantes"), y una Periferia II (1997b, 1997c) que afecta al verbo enunciativo, explícito o implícito, y que normalmente integra los complementos de modalidad enunciativa. El autor establece el siguiente esquema (Figura 8) para reflejar a qué punto de la estructura del enunciado afectan los componentes periféricos:

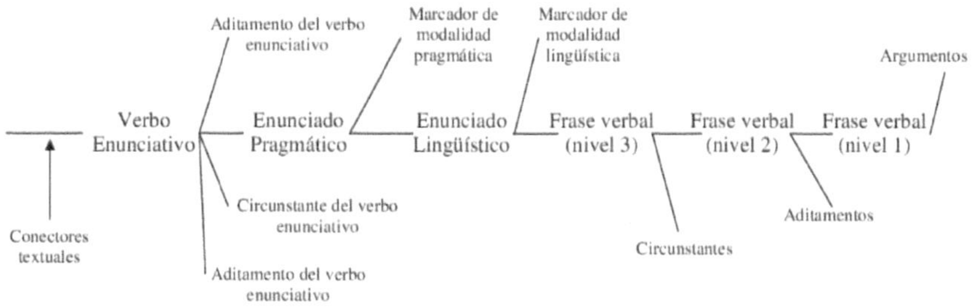

Figura 8. Estructura del enunciado. Esquema tomado y adaptado de Gutiérrez Ordóñez (1997c: 422)

Un modelo como el de Gutiérrez Ordóñez tiene la ventaja de delimitar diferentes elementos considerados periféricos que afectan de distinta forma a la unidad y en distintos niveles de esta. Este esquema parte de las concepciones de la diferencia de Bally (1965 [1944]) entre el *modus* y el *dictum* de la frase y la gramática de la enunciación, que permiten diferenciar elementos lingüísticos que afectan a la forma de enunciar la frase (*modus*) o a su contenido (*dictum*).

En el análisis de la conversación podemos destacar el modelo del grupo Val.Es.Co. dentro del ámbito hispánico (Figura 9):

SSD: Subacto Sustantivo
SSS: Subacto Sustantivo Subordinado
SA: Subacto Adyacente

Figura 9. Estructura del acto (Val.Es.Co.). Esquema adaptado de Pons (2016: 555)

El acto es la unidad básica de la conversación en este modelo y su sentido reposa en la acción a través de la palabra, en una fuerza ilocutiva concreta. Los criterios principales de identificación de este son la *aislabilidad* (pueden actuar de forma independiente) y la *identificabilidad* (tiene límites reconocibles) (Briz, 2000; Hidalgo y Padilla, 2006), aunque Pons (2016) tiene en cuenta la existencia de criterios secundarios que ayudan también a la identificación de los actos. Uno de los criterios más importantes es la prosodia y la identificación de una juntura terminal de cierre (Hidalgo y Padilla, 2006; Hidalgo, 2016; Pons, 2016). Dentro de esta unidad base, es posible reconocer una serie de constituyentes: los subactos. Los subactos sustantivos directores (SSD)[25] y subordinados (SSS) llevan la carga del contenido proposicional y, en cierto modo, constituyen el núcleo de la unidad. La "periferia" está abarcada por los subactos adyacentes (SA). De estos últimos, distinguen cuatro tipos: subactos adyacentes textuales (SAT), subactos adyacentes interpersonales (SAI), subactos adyacentes modalizadores (SAM), subactos adyacentes de encuadre (SAE). Estos componentes pueden identificarse por tener un sentido procedimental (*cfr.* Blakemore, 1987). Como se puede ver en el esquema, los subactos adyacentes se asocian a

25 Son los únicos que pueden actuar como un *acto* independiente.

una posición externa a la proposición (de forma "adyacente") y pueden aparecer tanto precediendo a la proposición como siguiéndola. Es una estructura que presenta gran versatilidad a la hora de analizar transcripciones de conversaciones reales.

En el modelo de Fuentes Rodríguez (2017 [2000], 2007, 2013a, 2017) encontramos una integración de dos periferias que representan también dos niveles de actuación de los complementos periféricos, como en el modelo de Gutiérrez Ordóñez (1997c). Pero, además, tiene en cuenta la posición en la que estos complementos aparecen: margen izquierdo, margen derecho y posición intercalada o parentética (Fuentes Rodríguez, 1999b, 2013b, 2015a, 2017). La autora plantea la siguiente estructura (Figura 10):

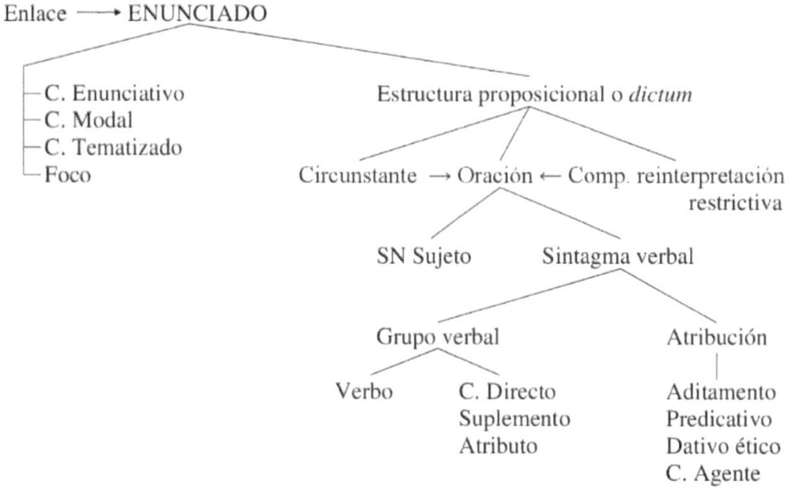

Figura 10. Estructura del enunciado en la lingüística pragmática. Esquema adaptado de Fuentes Rodríguez (2007: 18, 2017)

Como vemos en la Figura 10, la estructura del enunciado integra tanto elementos que se sitúan por encima del esquema oracional como los que se insertan dentro de este. De esta forma, los componentes de la microestructura no se desvinculan de los de la macroestructura y ambos actúan unilateralmente en la formación de un determinado enunciado. Por este motivo, la estructura oracional se erige como una parte principal del enunciado, en una posición nuclear si lo comparamos con los esquemas de los períodos de Blanche-Benveniste o Berrendonner. Para esta autora, la periferia se divide en dos tipos. El primero de ellos integra los elementos que actúan de marco oracional o de *circunstante* o elementos de reinterpretación restrictiva. Estos elementos no actúan sobre el enunciado, sino sobre el contenido proposicional o *dictum*. Para Fuentes Rodríguez (2007: 20), estos elementos "[c]onstituyen el contexto de lo afirmado, el ámbito en el que tienen lugar o pueden afirmarse estos hechos, y el marco argumentativo en que funcionan". Sería, pues, la posición habitual de las prótasis causales, condicionales y otras que pueden actuar como suspendidas. La segunda periferia sí afecta al enunciado y se divide en dos ámbitos. El primero es el *informativo*, en el que podemos encontrar un elemento destacado informativamente (el *foco*) o uno que establezca el tema (*complemento tematizado*). El segundo ámbito es el enunciativo, que está abarcado por elementos en los que se expresa el grado de compromiso del hablante ante lo dicho (*complemento enunciativo*) o su actitud subjetiva (*complemento modal* o *de modalidad*). Estos elementos ocupan un hueco sintáctico-funcional que se refleja en tres posiciones distintas: margen izquierdo, margen derecho y parentético. Estas posiciones corresponden, hasta cierto punto, a los prefijos y sufijos de las reagrupaciones de Blanche-Benveniste (2003) o a las macroproposiciones del grupo de Friburgo (2012). Cada una de estas posiciones se relaciona con unas funciones determinadas, que Fuentes Rodríguez (2015a: 50) resume en la Figura 11:

Unidades, planos y funciones periféricas				
UNIDADES	**FUNCIONES PERIFÉRICAS**			**PLANOS**
	MI	PARENT	MD	
OPERADORES SINTAGMAS ORACIONES	Operador o Complemento enunciación	-Operador o Complemento enunciación -"Reduced Parenthetical Clauses" (RPC) y "Comment Clauses" (CC) -Enunciado parentético	Operador o Complemento enunciativo	ENUNCIACIÓN
	Operador o Complemento modal	-Operador o Complemento modal -RPC y CC -Enunciado parentético	-Operador o Complemento modal -Estructura de comentario	MODAL
	Operador o Complemento informativo	-Operador o Complemento informativo -Enunciado parentético	-Operador o Complemento informativo	INFORMATIVO
	Operador o Complemento argumentativo	-Operador o Complemento argumentativo -Enunciado parentético	-Operador o Complemento argumentativo -Reinterpretación -Addenda	ARGUMENTATIVO

Figura 11. Compendio de categorías y funciones de la macrosintaxis según el modelo de lingüística pragmática. Tabla tomada de Fuentes Rodríguez (2015a: 50)

Una parte esencial de la macrosintaxis es, por tanto, comprobar cuáles son los elementos que constituyen el enunciado y cómo se crean las relaciones entre ellos. Para ello, se necesitan nuevas categorías que den cuenta de estas relaciones macrosintácticas, al mismo tiempo que no se dejan de lado las categorías de la microsintaxis. Fuentes Rodríguez (2015) plantea que los huecos macrosintácticos de la periferia del enunciado pueden ser ocupados tanto por unidades microestructurales que afectan a la macroestructura (recordemos la relación de simbiosis entre ellas) y unidades específicas de la macroestructura que cubren estos huecos funcionales y posiciones. Estas categorías específicas de la macroestructura son, para Fuentes Rodríguez, los *operadores*, que inciden sobre el *modus*, y los *conectores*, que relacionan enunciados[26].

26 Para entender la diferencia de estas dos categorías, *operador* y *conector* y su rentabilidad en una perspectiva macrosintáctica del enunciado, puede consultarse Fuentes Rodríguez (2003). Para conocer un listado exhaustivo de estos, puede verse Fuentes Rodríguez (2009).

En recientes investigaciones de la autora y su grupo de investigación, se han incorporado las construcciones del discurso como otra categoría más de la macrosintaxis (González Sanz y Pérez Béjar, 2019; Fuentes Rodríguez, 2020; Fuentes Rodríguez, 2021a, 2021b; Fuentes Rodríguez, Brenes Peña y Pérez Béjar, 2021; etc.). Incorporando ciertos aspectos de la gramática de construcciones (Fillmore, 1988; Goldberg, 1995, 2003; Gras, 2010, 2016, 2021; Gras y Sansiñena, 2015; etc.), estos estudios han identificado que, más allá de los operadores totalmente gramaticalizados, existen patrones sintácticos con elementos fijados y otros libres o abstractos ("construcciones"), que pueden desencadenar valores discursivos de forma similar a otras categorías macrosintácticas. Las estructuras suspendidas serían un ejemplo de este tipo de fenómeno.

No todas estas perspectivas son coincidentes en cuáles son las fronteras de la unidad básica. Es complicado determinar fronteras fijas cuando su interés está en analizar en un fenómeno u otro, o cuando se parte de perspectivas u orientaciones distintas, ya sea el interés de determinar una estructura del discurso o superar los límites de la oración tradicional. Pero existen ámbitos comunes a los que llegan estas distintas perspectivas, aunque partan de un ámbito u otro. Por esto mismo, es posible comparar unas estructuras con otras y llegar a la conclusión de que existen ciertos patrones que se repiten en todos estos modelos: el de un núcleo del enunciado y una periferia que lo modifica.

2.2.2.2. Las estructuras suspendidas como enunciados

Una de las preguntas que nos hacemos después de conocer los esquemas estructurales de los enunciados, actos o períodos como unidades básicas es saber si las estructuras suspendidas se ajustan a esta unidad. Desde una perspectiva oracional, las cláusulas de las que parten originariamente las estructuras suspendidas han ocupado tradicionalmente el hueco de los adverbios (o las oraciones subordinadas adverbiales), los aditamentos o los complementos circunstanciales (*cfr.* Alarcos, 2006; Gómez Torrego, 2011 [1997]). Exceptuamos las consecutivas y las comparativas que merecen mención aparte y que analizaremos con más detenimiento en el capítulo § 7. Esquemáticamente, una oración como *Si Pedro se va a Francia mañana, no podrá venir a la fiesta* se podría analizar del siguiente modo:

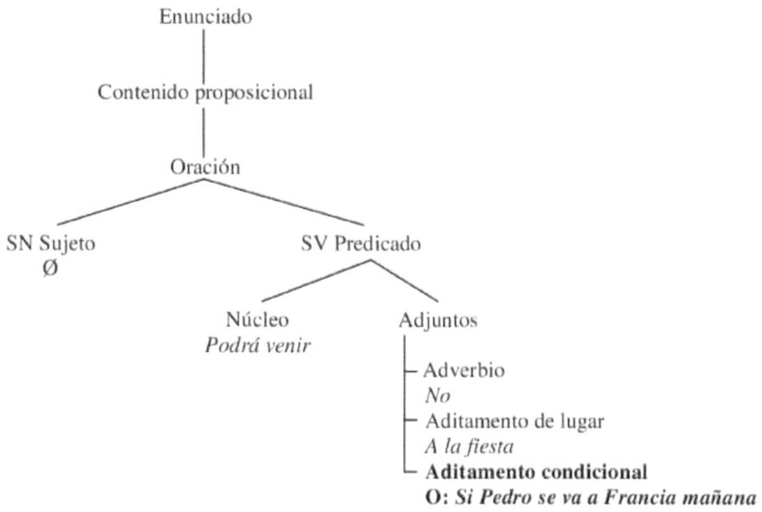

Figura 12. Análisis del enunciado "Si Pedro se va a Francia mañana, no podrá venir a la fiesta"

Desde un punto de vista que trata de superar los límites puramente (micro)sintácticos u oracionales, es posible interpretar que las prótasis de estas estructuras actúan como circunstantes de la oración principal, en el caso de las llamadas causales y condicionales de la enunciación (*cfr.* Perona, 2001) o de acto de habla (*cfr.* Sweetser, 1990). Constituirían, así, un "marco en el que se sitúa lo dicho" (Fuentes Rodríguez, 2007: 18). Las prótasis casuales con *como* o *ya que*, las condicionales consideradas como tópicos (Haiman, 1978) o como marco enunciativo (Ducrot, 1972; Montolío, 1999b), o los elementos de complementación respectual que describe Santos Río (2000a) pueden ser considerados circunstantes del núcleo del enunciado proposicional (*cfr.* Gutiérrez Ordóñez, 1997c; Fuentes Rodríguez, 2007), que realiza un acto de habla solo activado si se cumple la condición previa de la prótasis. Una frase como *Como tienes la tarde libre, ¿podrías ayudarme con mi trabajo?* se representaría del siguiente modo:

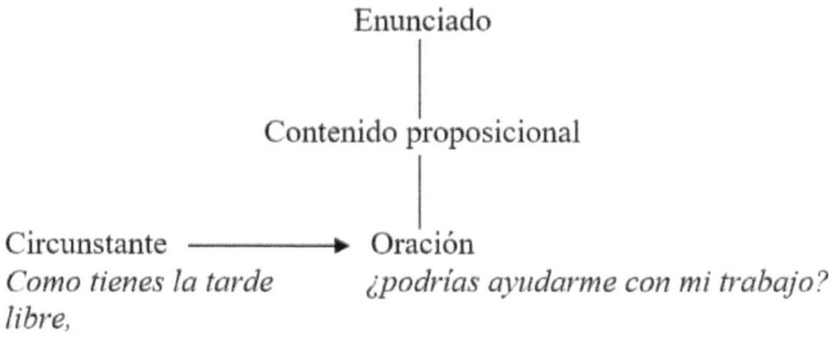

Figura 13. Prótasis causal como circunstante

Pero ya sea como complemento adjunto del núcleo oracional o como circunstante del enunciado proposicional, lo cierto es que estas prótasis, que son susceptibles de quedar suspendidas, no suelen considerarse nunca como núcleos en ningún nivel del enunciado. Nuestra pregunta, entonces, es saber si, verdaderamente, esas construcciones pueden conformar por sí mismas un núcleo del enunciado a pesar de que el código parece haberlas codificado como complementos en un nivel u otro. Pero casi todos los autores que se acercan a las suspendidas están de acuerdo en que se trata de enunciados completos (Narbona, 1989b, 1990; Vigara Tauste, 1992; Herrero, 1996; Briz, 2001 [1998]; etc.). En palabras de Narbona (1990: 94), son estructuras que "han de verse *completas* en cuanto suspendidas, y no les 'falta' nada". Es también nuestra perspectiva ya que son capaces de constituir una unidad de acción por sí mismas, albergar un contenido proposicional pleno y contener fuerza ilocutiva propia. Este es nuestro criterio principal para considerar las estructuras suspendidas como enunciados al mismo nivel que los enunciados de las Figuras 12 y 13. Así, veamos un enunciado suspendido:

(3) HIJO: Siempre igual, en esta casa se tiene que entrar en globo.
ANDREA: Me paso el día lavando lo que vosotros ensuciais (*sic*). Toda la vida así. *Para lo que dura limpio...*
HIJO: Que te ayude tu hija, que ya puede; en vez de irse a pendonear por ahí.
(CREA, 1977. Miguel Signes Mengual, *Antonio Ramos, 1963*)

Este ejemplo (3) lo analizamos del siguiente modo, constituyendo un núcleo de enunciado:

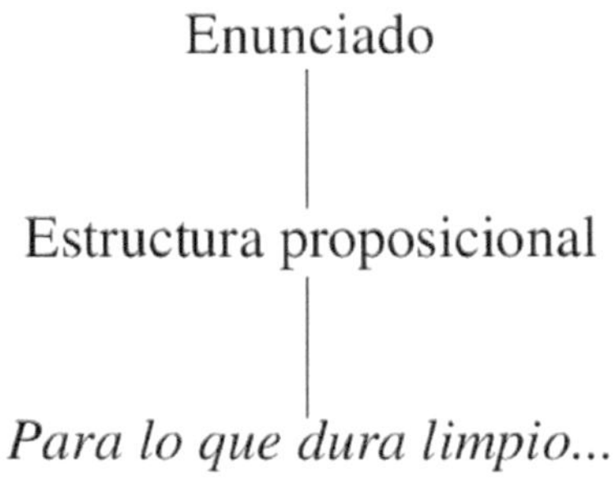

Figura 14. Análisis de una respectual suspendida como enunciado

Un análisis en este sentido encaja de forma muy acorde con la definición que da Fuentes Rodríguez (2017 [2000]: 94) de enunciado:

> *Enunciado*: unidad mínima de comunicación de un hablante en unas circunstancias enunciativas. Tiene unos límites entonativos y pausas, una modalidad, establecidos por el hablante y percibidos por el oyente. Constituye un solo acto de decir, un acto de enunciación, que es recibido y aceptado por el oyente. Realiza un acto de habla, tiene fuerza ilocutiva, expresada en la modalidad. Gramaticalmente puede estar formado por una o varias oraciones (caso más frecuente), una interjección, un sintagma, o incluso una palabra.

Como se desprende de esta definición, el enunciado puede estar conformado de unidades de distintos rangos o niveles. Es decir, el esquema sintáctico de una suspendida, que corresponde a una oración, o cualquier otra unidad que especifica Fuentes Rodríguez pueden constituir el núcleo de la unidad enunciado y conformar uno independiente; se trata de su núcleo, siguiendo el enfoque de Blanche-Benveniste (2000, 2003) o de la unidad *acción* en la que se apoyan todas las rutinas de los períodos de Berrendonner (2012c; *vid.* Figura 7). A este "núcleo", como a cualquier otro enunciado, es posible añadirle complementos periféricos o unirse a otros enunciados a través de conectores:

(4) A: Bueno, entonces ¿tengo tu permiso↑ o lo borro?↓
B: Todo eso lo borras
A: Vale pues.

C: Hombreeee. ¿Que más te da?↑
B: No lo digo por. *Bueno, a mí si no lo enseñas*↑
A: Te lo prometo.
(COLA, maesb2-01b)

También puede llevar un circunstante o tópico:

(5) A: Yo es que no iba a decir nada en mi casa. Porque le digo ehh me voy un fín de semana a París. Y me mandan a tomar por culo. Y entonces no sé. *Este año como me he metido a hacer locuras*↑. Que nadie se sabe que me voy a la feria de Sevilla. Y estoy↑ por no decirlo si me voy solo una noche↑. Le voy a decir que me voy a a a
B: [A dormir a casa de una amiga]
A: [A tu casa]. Me voy a tu casa
(COLA, maesb2-05a)

Con estos elementos, podemos plantear el siguiente análisis tomando como ejemplo los casos de (4) y (5):

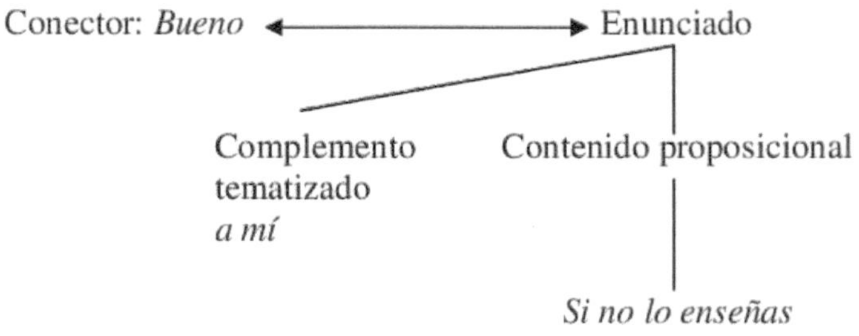

Figura 15. Análisis del enunciado "Bueno, a mí si no lo enseñas" (4)

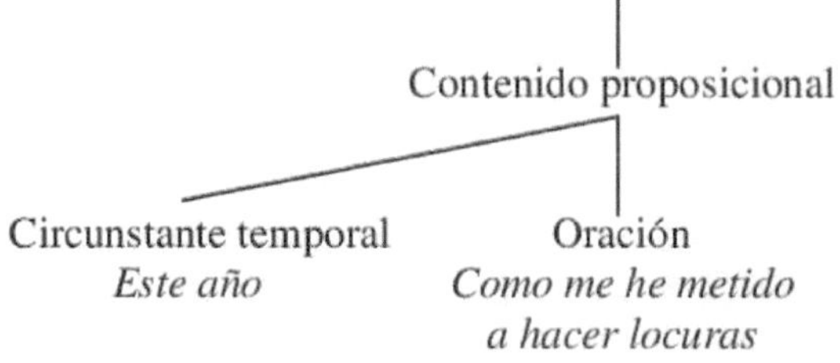

Figura 16. Análisis del enunciado "Este año, como me he metido a hacer locuras" (5)

Ciertos elementos, como vemos en la Figura 14, actúan por encima del contenido proposicional. Es el caso de *a mí*, que afecta al plano informativo y expresa que todo el enunciado debe ser entendido desde la visión o la perspectiva del hablante. En la Figura 15, el complemento *este año* nos sitúa en una referencia temporal que sirve de marco para situar en el tiempo el sentido del contenido proposicional. En cualquiera de los casos, se erige una estructura prototípica de enunciados: núcleo (representado por la suspendida) y elementos periféricos.

Siguiendo estos esquemas de análisis, también es posible plantear que existan coordinaciones de estructuras suspendidas dentro de un mismo enunciado y que constituyan un enunciado proposicional con dos "núcleos", como se esquematiza en la Figura 17:

(6) JOSEFA.- Sí, ya no me meto contigo. Pues lo del piso, Amparo, qué quieres que te diga, la verdad es que con el telegrama de Anselmo me he puesto más contenta. Pero deberíamos esperar un poco más... (AMPARO hace una mueca.) *Pero por no hacerte el feo y si tú eso lo ves fácil...*

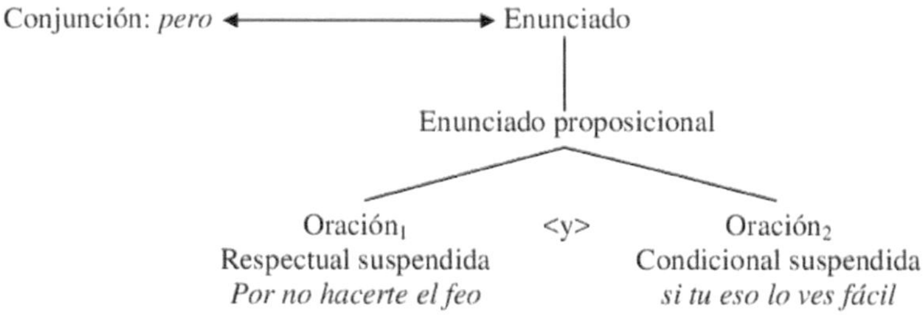

Figura 17. Análisis del enunciado "Por no hacerte el feo y si tú eso lo ves fácil" (6)

Debido a que el comportamiento de las estructuras suspendidas se asimila al comportamiento habitual de un enunciado tanto en su macroestructura como en la microestructura oracional, consideramos que las estructuras suspendidas son enunciados completos e independientes. Como tales, poseen su propia estructuración constituida por componentes microestructurales y se relacionan con otros enunciados del discurso para conformar unidades superiores como la intervención, el intercambio, el párrafo, la secuencia y el discurso. Cada uno de ellos posee su propia fuerza ilocutiva y pueden conformar unidades superiores por sí mismas.

2.3. Un marco metodológico complementario para el análisis acústico de la entonación suspendida

La caracterización formal de las suspendidas la hemos llevado a cabo a través de una metodología complementaria de análisis acústico basada en el modelo *Melodic Anlysis of Speech* propuesto por Cantero (2002) y desarrollado en trabajos sucesivos por varios autores. De este modelo, hemos tomado y adaptado sus herramientas de análisis para adecuarlas a nuestro objeto de estudio e integrarlas en el marco de la lingüística pragmática. Nuestra metodología pragmagramatical, gracias a su naturaleza multidimensional, permite la incorporación de métodos complementarios que favorecen el análisis de cada uno de los niveles y dimensiones o planos que componen el discurso. Nuestro principal objetivo con la caracterización formal de la curva melódica de las suspendidas es establecer una relación entre un elemento microestructural, la entonación, con su funcionamiento en la macroestructura del discurso a través de las estructuras suspendidas.

Por otro lado, somos conscientes de que existen otros estudios sobre la caracterización fonética de las unidades del discurso o la conversación (*cfr.* Cresti y Firenzuoli, 2002; Hidalgo y Pérez Giménez, 2004, Hidalgo y Padilla, 2006; Cabedo, 2009; Blanche-Benveniste, 2011; Berrendonner, 2011; Hidalgo, 2016; etc.) de las insubordinadas (*cfr.* Elvira-García, 2016; Kaltenböck, 2016) o directamente sobre los actos truncados (Pérez Giménez, 2012). Nuestra intención con esta aproximación fonética no es rebatir estos estudios, sino tomarlos como punto de partida para alcanzar también nuestra propia caracterización y adaptarla a nuestra metodología. Analizar nuestro propio material sonoro desde otro modelo entonativo permitirá complementar los resultados que ya existen desde otros enfoques, corroborar o precisar algunas descripciones acústicas y profundizar en aspectos que han sido abordados en menor medida.

2.3.1. La importancia de la entonación en la caracterización de las construcciones suspendidas: el modelo Melodic Analysis of Speech

La curva entonativa de las estructuras suspendidas resulta un componente esencial en su configuración. Por ello, es importante integrar un análisis acústico que permita realizar una descripción formal completa de ellas. Las variaciones tonales que configuran la entonación quedan definidas por su frecuencia fundamental o F_0 (*cfr.* Martínez Celdrán, 1994 [1984]; Quilis, 1993; Hidalgo y Quilis, 2004, 2012; Llisterri, en red; etc.), y los cambios de esta en las construcciones suspendidas serán la variable dependiente que tengamos en cuenta en su caracterización y en la identificación de un patrón concreto. En cualquier caso, debemos recordar que la frecuencia y los cambios tonales son hechos de la realidad física, pero lo verdaderamente eficiente para nuestro análisis es ver cómo poseen una interpretación lingüística estos valores, el carácter fonológico de la entonación. Solo de esta forma podemos darle un valor lingüístico a la entonación suspendida para caracterizar nuestras estructuras. La F_0 nos ofrece los valores absolutos, pero la melodía, como sucesión de las variaciones de la F_0, debe establecerse en valores relativos. Son estos valores relativos los que deben ser interpretados como poseedores de un valor lingüístico o no. Para efectuar un análisis de la suspensión es necesario encontrar un determinado patrón melódico que sea prototípico de esta etiqueta. El mayor problema al que nos enfrentamos es que la entonación y la melodía se consideran tradicionalmente rasgos suprasegmentales[27] que, a diferencia de los segmentales, no resulta tan fácil dividir en unidades menores que definan su composición. Se hace necesario, pues, un modelo que permita integrar el carácter acústico y (por tanto) formal de la entonación, que tenga en cuenta el carácter relativo de los cambios tonales y que ayude a identificar patrones entonativos que se puedan asociar a un valor fonológico.

27 "Los denominados *rasgos suprasegmentales* son aquellos que no afectan a un único segmento (sonido o fonema), sino que inciden sobre unidades lingüísticas superiores como la sílaba, la palabra, el sintagma, la oración, etc. Tradicionalmente su estudio ha venido asignándose a la Prosodia, por lo que también se les suele denominar *rasgos prosódicos*" (Hidalgo y Quilis, 2012: 253).

Para el análisis de la entonación existen varios modelos (*cfr.* Prieto, 2003), como el modelo métrico autosegmental, muy seguido en la actualidad en este campo[28]. En nuestro estudio, hemos partido de una adaptación del modelo *Melodic Analysis of Speech* (MAS), que parte de la tradición de la escuela holandesa (*cfr.* 't Hart, Collier y Cohen, 1990) y que ha sido desarrollado en un gran número de trabajos: Font y Cantero (2009), Cantero y Font (2010), Mateo (2010), Cantero y Mateo (2011), Font (2011), etc. El modelo MAS comparte el mismo objetivo que la escuela holandesa de realizar una descripción formal de distintos patrones melódicos en cualquier lengua mediante una metodología experimental. Es un modelo estrictamente fonológico que trata de despreciar los movimientos tonales que considera irrelevantes para lograr una curva estandarizada con la que se pueda efectuar un análisis lingüístico posterior basado únicamente en cambios verdaderamente funcionales. Pero, a diferencia de la escuela holandesa, Cantero (2002: 147) habla sobre la necesidad de no quedarnos en una perspectiva puramente "holística" del contorno melódico, sino de tener en cuenta otros elementos segmentales que afectan a la caracterización de la entonación, como la importancia de las vocales en la constitución de "bloques fónicos", la poca relevancia de las consonantes en la formación del contorno melódico relevante o "el carácter central de las vocales tónicas con respecto a las átonas, pues es en ellas donde ocurren los movimientos tonales relevantes, en forma de inflexión tonal".

El modelo tiene en cuenta una serie de rasgos que definen lo que sus autores llaman el "contorno entonativo" (Cantero y Mateo, 2011: 114–115): *primer pico, declinación o cuerpo* e *inflexión final o núcleo* (Figura 18).

28 El modelo métrico autosegmental fue denominado así por Ladd (1996) pero sus bases fueron planteadas por Pierrehumbert (1980). En este modelo solo se dan dos niveles relativos de los acentos del tono: uno alto (H) y otro bajo (L). En nuestro campo, es destacable el estudio de Elvira-García (2016), que sigue este modelo para el análisis de un gran número de construcciones insubordinadas en español (incluyendo algunas suspendidas).

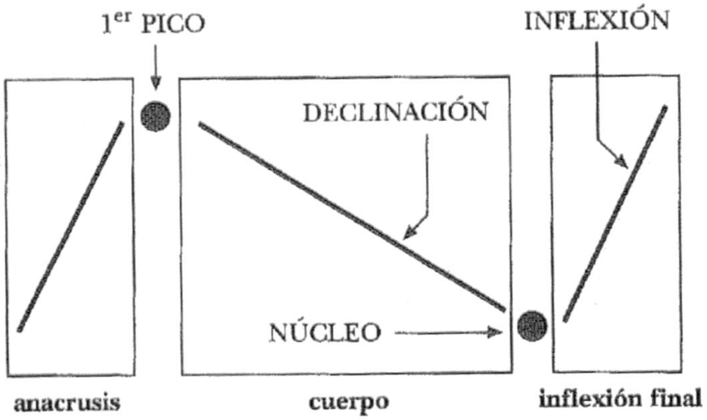

Figura 18. Esquema del contorno entonativo según el modelo MAS. Cuadro obtenido de Cantero y Mateo (2011: 114)

A partir de estos rasgos se pueden llegar a caracterizar diversos patrones melódicos a través de la medición de distintos aspectos:

- porcentaje de ascenso del anacrusis;
- valor relativo del primer pico y localización (en la vocal tónica o en la postónica)
- porcentaje de descenso, inflexiones internas, localización de las inflexiones, etc., de la declinación;
- porcentaje de descenso o ascenso de la inflexión final, inflexión circunfleja, localización del inicio de la inflexión (vocal tónica, pretónica. . .), etcétera. (Cantero y Mateo, 2011: 115)

Los resultados de estas mediciones dan lugar a caracterizar patrones entonativos de los resultados y crear una tipología de ellos (*idem*: 121).

En combinación con el modelo MAS, tendremos también en cuenta algunos aspectos propios de la escuela española instaurada por Navarro Tomás (1974, 1989). Haremos uso de la terminología propia de esta escuela, como los *tonemas*, cuya clasificación en cadencia, suspensión y anticadencia, nos servirá para terminar de describir el patrón entonativo de las construcciones suspendidas.

2.3.2. La adaptación del modelo MAS al estudio y la descripción del diseño experimental

Para efectuar nuestro análisis hemos llevado a cabo un pequeño diseño experimental comparativo adaptando parte del modelo MAS. Este experimento está destinado a establecer las diferencias entonativas entre los enunciados suspendidos que analizamos y las prótasis de las construcciones bimembres de las que parten. El experimento consiste en la grabación de la voz de hispanohablantes españoles durante la lectura dramatizada de una serie de textos que emulaban la coloquialidad y en los que se insertaban los elementos críticos camuflados. Posteriormente, los análisis acústicos de estas grabaciones serían comparados con los análisis de algunas grabaciones del corpus COLA. La hipótesis de partida es que si se dan diferentes patrones entre las suspendidas y las prótasis de construcciones bimembres significaría que estamos ya ante enunciados diferenciados que cumplen funciones distintas en el discurso. Como datos medibles, hemos recogido la elevación de la frecuencia fundamental (en Hz) de la inflexión final de estos fenómenos, así como el porcentaje de elevación existente entre uno y otro, siguiendo los patrones del modelo MAS (Font y Cantero, 2009; Cantero y Font, 2010; Mateo, 2010; Cantero y Mateo, 2011; Font, 2011). La distribución de variables y elementos críticos se muestran en las Figura 19 y 20:

Variables independientes			**2) Contextos**	
			Contexto A	Contexto B
1) Composición del enunciado	**Causales con *como***	Variante 1: *Bimembre*	*Como tenía administrativo, era cuestión de tiempo que encontrase trabajo.*	*Como siempre está solo, no se relaciona con nadie.*
		Variante 2: *Suspendida*	*Como tenía administrativo...*	*Como siempre está solo...*
	Causales con *ya que*	Variante 1: *Bimembre*	*Ya que la hemos pagado no nos vamos a ir con una mancha.*	*Ya que estaba no me costaba nada preparar el asunto.*
		Variante 2: *Suspendida*	*Ya que la hemos pagado...*	*Ya que estaba...*
	Condicionales con *si*	Variante 1: *Bimembre*	*Si supieras el tute que nos hemos dado, te cansarías hasta de escucharlo.*	*Si te animas puedes venirte con nosotros sin problema.*
		Variante 2: *Suspendida*	*Si supieras el tute que nos hemos dado...*	*Si te animas...*
	Condicionales con *como*	Variante 1: *Bimembre*	*Como me vuelvas a insultar te vas a enterar.*	*Como te toque trabajar a pleno sol vas a acabar fatal.*
		Variante 2: *Suspendida*	*Como me vuelvas a insultar...*	*Como te toque trabajar a pleno sol...*
	Respectuales con *para*	Variante 1: *Bimembre*	*Para lo que te importa mejor que no me preguntes.*	*Para lo que nos queda ya es tontería coger el bus.*
		Variante 2: *Suspendida*	*Para lo que te importa...*	*Para lo que nos queda ya...*
	Ponderativas con *tan / tanto* en posición no final de cláusula	Variante 1: *Bimembre*	*A veces tu opinión me resulta tan irrelevante que ya no sé lo que me quieres decir.*	*Se toma tanta confianza que molesta.*
		Variante 2: *Suspendida*	*A veces tu opinión me resulta tan irrelevante...*	*Se toma tanta confianza...*
	Ponderativas con *tan / tanto* en posición final de cláusula	Variante 1: *Bimembre*	*Fue hace tanto que es difícil recordarlo todo.*	*Que apareciese me amargó tanto que no quise saber nada de nadie.*
		Variante 2: *Suspendida*	*Fue hace tanto...*	*Que apareciese me amargó tanto...*

Figura 19. Relación de variables independientes y elementos críticos

Variables dependientes	Altura tonal (*pitch*) del inicio de la inflexión final de la F_0 (en Hz)	→	Cálculo: -Diferencia en Hz de los extremos de la inflexión. -Porcentaje de elevación (o descenso). -Diferencia en semitonos (*tono* como unidad de percepción).
	Altura tonal (*pitch*) de la de la inflexión final de la F_0 (en Hz)		

Figura 20. Relación de variables dependientes

La variable independiente central de este experimento es la *composición del enunciado* de la estructura, que nos ofrece dos variantes por cada una de las estructuras analizadas en este trabajo: una estructura oracional bimembre y su correspondiente suspendida. Para no extender el experimento más de lo imprescindible, hemos partido únicamente de los nexos más representativos de cada estructura suspendida. La segunda variable independiente consiste en un cambio de contexto del elemento crítico. Para que los resultados no dependan únicamente de un ejemplo por tipo de estructura, hemos añadido al experimento dos contextos comunicativos para cada uno de ellos. De esta forma, conseguimos que cada informante haya leído cada uno de los elementos críticos sin repetir contexto o tipo de variante.

Los datos principales que obtenemos en este experimento son relativos, como determina el modelo MAS para describir los cambios en la altura tonal de la melodía de tal forma que los cambios irrelevantes queden fuera del análisis. Esto es, principalmente, el porcentaje de elevación de la inflexión final desde su inicio hasta el final del grupo fónico. Además, también efectuamos el cálculo de la diferencia en semitonos para un enfoque más perceptivo[29]. Estos valores relativos se obtienen a partir de dos valores absolutos, que dependen de la frecuencia de la F_0 (*pitch*) en los extremos de esta inflexión final. A partir de estos datos

29 La importancia del aspecto perceptivo en la consideración de la entonación lingüística es notable, pues para que cualquier cambio en la F_0 adquiera valor fonológico tiene que ser claramente perceptible por el receptor (*cfr.* Marrero, 2008). Por lo general, para la adquisición de este valor fonológico se suele hablar de *diferencias mínimas perceptibles* (*J. N. D., Just Noticiable Differences*, *cfr.* 't Hart, Collier y Cohen, 1990: 27) y cuándo estas diferencias se consideran útiles para la comunicación lingüística. Por ello, en nuestro análisis vamos a ofrecer no únicamente los valores porcentuales, sino también la diferencia en semitonos (*tono* como unidad de percepción, *cfr.* Hidalgo y Quilis, 2012: 114–115) de nuestros elementos críticos analizados para usar también el grado de perceptibilidad de la entonación como forma de caracterización de las estructuras suspendidas. Así, podemos tomar como referencia el umbral mínimo perceptible de 1,5 semitonos establecido por Pamies *et al.* (2002). La distancia (D) en semitonos entre dos frecuencias es calculada de forma relativa al rango de frecuencias en el que se produce la inflexión. Los autores 't Hart, Collier y Cohen (1990: 24) ofrecen la siguiente fórmula para el cálculo de la diferencia de semitonos: $D = 12 \log_2 F_1 / F_2 = 12 / \log_{10} 2 \cdot \log_{10} F_1 / F_2$.

obtenidos, efectuaremos los cálculos de estadística descriptiva que nos permitan comparar las tendencias de las prótasis en oraciones bimembres y de las suspendidas, así como de cada tipo semántico (causales, condicionales, respectuales y consecutivas) entre sí.

La inflexión final se ha delimitado siguiendo las premisas del modelo MAS (Font y Cantero, 2009; Mateo, 2010):

> When a stressed vowel contains a tonal inflection, we have to establish a value of two tonal segments constituting the inflection [. . .]. These values are calculated from the initial or final stable values, or from extreme values of the inflection (if there is no tonal stability).
>
> On other occasions, the tonal inflection begins with a stressed vowel and ends with an unstressed vowel, for example, in the final inflections that coincide with a word with the stress on the penultimate syllable. See the Spanish example *¿Tienes **hijos**?* "Do you have children?" and the Catalan example *Has comprat **oli**?* "Have you bought olive oil?"
>
> [. . .]
>
> When the final inflection ends with a tonal vowel followed by a nasal or a lateral consonant, this consonant usually constitutes the last total segment of the inflection. (Font y Cantero, 2009: 36).

Las grabaciones de audio se realizaron en una cabina insonorizada del Laboratorio de Fonética de la Facultad de Filología de la Universidad de Sevilla[30]. En las grabaciones han participado un total de 36 parejas de hispanohablantes en las cuales solo ha sido evaluado uno de los informantes. Se trata de hombres y mujeres españoles, mayoritariamente andaluces o de la parte meridional de la península, con un rango de edad comprendido entre los 18 y 40 años, que se presentaron como voluntarios al experimento firmando un consentimiento informado. Entre todos los audios obtenidos, ha sido posible utilizar entre 30 y 34 audios por elemento crítico, lo que hace un total aproximado de 512 audios analizados. El resto ha sido descartado por errores en la grabación o debido a que los hablantes no realizaban una correcta lectura y no tenían en cuenta las pausas ortográficas que se les marcaban.

30 Para las grabaciones se utilizaron una grabadora digital profesional Marantz PMD 671 y dos micrófonos cardioides (uno para cada pista), obteniendo archivos sin compresión con una frecuencia de muestreo de 44100 Hz y 16 bits.

Todos los hablantes desconocían el objeto de estudio y, al finalizar las grabaciones, se les entregó un certificado de colaboración con la investigación.

La altura tonal de la frecuencia fundamental ha sido obtenida gracias al programa de análisis acústico Praat, desarrollado por Boersma y Weenink (2018) en la Universidad de Ámsterdam.

Capítulo 3 ¿Qué es una construcción suspendida?: características y delimitación

3.1. Consideraciones iniciales

Uno de los objetivos de este estudio es plantear una clasificación de las construcciones que consideramos suspendidas. Establecer un paradigma de este tipo permitiría ver el fenómeno de la suspensión desde una perspectiva holística y facilitaría la inclusión de estas construcciones en una gramática del discurso. Sin embargo, marcar los límites de este paradigma no es tarea sencilla, y aunque existen construcciones suspendidas que podemos considerar prototípicas, hay casos fronterizos o rasgos concretos que no siempre son fáciles de clasificar. En este capítulo, por tanto, revisaremos los principales aspectos que suponen una dificultad en la agrupación de las estructuras suspendidas en una misma categoría, y defenderemos aquellos aspectos, rasgos y propiedades que parecen justificar su inclusión dentro de un mismo paradigma.

3.2. Problemas terminológicos

Los primeros problemas que nos encontramos a la hora de delimitar las estructuras suspendidas son de carácter terminológico. Los términos *estructura* o *construcción suspendida* no poseen un sentido unívoco en ninguna de las dos lexías que lo componen. *Estructura* acaba siendo una palabra comodín para hablar de una unidad que no se tiene bien definida. Una estructura o construcción puede designar tanto un patrón oracional, un compendio de fonemas, las diversas partes de un texto o todo un sistema lingüístico[31]. En la mayoría de los casos no se especifica si en realidad estamos tratando con un elemento oracional o no. La unidad básica de análisis del discurso por la que optamos para designar la naturaleza de las construcciones suspendidas es la de *enunciado* (*vid.* § 2.2.2), aunque este tampoco posee una designación bien delimitada. Kerbrat-Orecchioni (2002 [1999]: 33) realiza un compendio de diversas definiciones de enunciado que establecen límites más amplios o más reducidos y que implican elementos muy diversos. En la definición de Fuentes Rodríguez (2017 [2000]: 94), que vimos en § 2.2.1, ya dábamos cuenta de las características que debía tener un elemento gramatical para constituirse como tal unidad. Siguiendo esta definición, una estructura suspendida cumple con los requisitos mínimos para ser considerada un enunciado: es una estructura conformada por una estructura oracional (hay una predicación con todos sus componentes sintácticos), constituye un solo acto de decir y posee una fuerza ilocutiva propia definida por sus contextos de uso. Esta capacidad para realizar un acto de habla es la que permite que pueda desempeñar un papel como unidad mínima de comunicación y lo que la define, en última instancia, como un enunciado al mismo nivel que cualquier otro.

Pero, en cualquier caso, categorizar las construcciones suspendidas como enunciados no nos da una idea de su estructura interna o de sus constituyentes, ni tampoco dice nada de la especificidad de estas estructuras frente a otros enunciados. Siguiendo los criterios gramaticales de Fuentes Rodríguez (2007), lo más lógico es pensar que las construcciones suspendidas son oraciones, ya que expresan por sí mismas una predicación verbal. Sin embargo, la entonación suspendida indica, en cierto sentido, que “falta algo” y junto con la conjunción constituyen la huella de una oración compuesta en la que la oración principal no se expresa. Así, su consideración como oración no está exenta de ciertos dilemas. De hecho, las construcciones de dos proposiciones o cláusulas de las que parten las suspendidas (las condicionales, las causales y las consecutivas, principalmente) plantean muchos problemas para su caracterización como oraciones prototípicas al no

31 Considerar el código lingüístico como un sistema o una estructura es la base del *estructuralismo*.

ajustarse a las relaciones básicas de esta unidad estructural; se suele considerar que las relaciones entre sus dos cláusulas no responden a los esquemas prototípicos de coordinación y subordinación (*cfr.* Rojo, 1978; Narbona, 1989b). Rojo (1978) habla de bipolares para referirse a este tipo de oraciones cuyas cláusulas se encuentran en una relación de mutua dependencia; Montolío (1999b) en la *Gramática descriptiva* y la *NGLE* (2009) descartan ya el término de oraciones subordinadas y hablan de *construcciones* causales o consecutivas, o *períodos* condicionales, término que implica una relación de continuidad entre sus dos elementos. "Período" o "bipolaridad" son conceptos que continúan expresando algún tipo de dependencia (algunos autores siguen considerando estas oraciones como subordinadas; *cfr.* Gili Gaya, 1970; Gómez Torrego, 2011 [1997]) e indicarían que son necesarias dos partes para poseer un sentido completo.

Si consideramos, pues, que las estructuras suspendidas que analizamos son análogas a estas bimembres, aún falta un análisis más profundo que dé cuenta de la capacidad de independencia que adquieren estas estructuras, si parte de una relación de subordinación o de dependencia mutua. Los estudios sobre insubordinación (Evans, 2007; Evans y Watanabe, eds. 2016) se han volcado en este fenómeno y han analizado la estructura de enunciados independientes con marcas de insubordinación. En el caso de las suspendidas, es necesario tener en cuenta, además de su estructura, las inferencias que provocan, su relación con el resto de componentes del texto y el fenómeno de coconstrucción del discurso en el que cobra relevancia la colaboración de los interlocutores (Fuentes Rodríguez, 2014a). Briz (2018), de forma similar, pretende distinguir los casos en los que se produce un corte intencional o no en estas construcciones producidas en la interacción coloquial. Las suspendidas, por lo general, sí presentan un corte intencional y poseen una función discursiva concreta; en cambio, los patrones sintácticos truncados que no poseen dicha función pueden considerarse elementos residuales de la conversación.

Por otro lado, tampoco hay consenso en lo que es 'suspensión'. 'Suspendida' (o 'suspensiva') es un adjetivo que designa tradicionalmente el mantenimiento del tono al final de la curva entonativa (Navarro Tomás, 1974: 51). Quilis (1993: 423) equipara la suspensión con una juntura terminal en ascenso y considera que esta unidad entonativa es propia de enunciados con "sentido incompleto". En esta definición pueden integrarse tanto las estructuras suspendidas que nosotros analizamos como los enunciados con enumeraciones abiertas del tipo *Aquí puedes comprar mucho material de oficina: carpetas, bolígrafos, grapadoras...* Además, esta entonación también puede relacionarse con formas inacabadas incidentales, con estrategias discursivas como los reinicios o con una función fática, pues puede otorgar al hablante tiempo para pensar lo que va a decir a continuación. Pérez Giménez (2012), teniendo en cuenta esta variedad, da muestras de *actos truncados*[32] intencionales y no intencionales, como hace Briz (2018), que corresponden a este tipo de juntura terminal 'suspendida'. Sin embargo, no parece pertinente decir que todas estas estructuras a las que nos referimos planteen el mismo sentido de *apertura* (al menos no en los mismos términos). Tampoco creemos conveniente considerar que todas tienen la misma entonación. No hace falta ser un oyente avezado para darse cuenta de que una entonación de una enumeración abierta no corresponde exactamente a una de las estructuras que analizamos en este estudio:

> *Hay helados de fresa, melón, chocolate* →
> *Ya que estás de pie* ↑

Aparte de tener una entonación, en principio, diferente, las funciones que corresponden a uno y otro ejemplo son distintas. En el primer caso, la enumeración se inserta en un contexto descriptivo. El hablante puede continuar o cerrar la enumeración añadiendo más elementos lingüísticos sin alterar demasiado el sentido ni la intención comunicativa. En cambio, en el segundo ejemplo la estructura solo podría quedar "completada" con un único elemento más, la segunda parte de la estructura causal. Pero si esta llega a aparecer se perdería tanto el sentido de la suspensión como, incluso, la verdadera intención discursiva del hablante.

Ante todo lo expuesto, entendemos que las etiquetas tradicionales no tienen una precisión perfecta para delimitar las estructuras que

---

32 El término acto es utilizado por esta autora siguiendo el modelo de unidades de la conversación del grupo Val.Es.Co. de la Universidad de Valencia (*cfr.* Briz, 2000, 2002-2004).

analizamos en esta investigación y no están exentas de generar ciertos equívocos con fenómenos colindantes. Hay que entender que cuando nosotros hablamos de *estructura* o *construcción* nos referimos a un esquema *sintáctico* que constituye una unidad que funciona en el discurso (al igual que lo haría una oración, pero sin ajustarse a los moldes tradicionales de esta). Desde la gramática de construcciones (*cfr.* Fillmore, 1988; Goldberg, 1995, 2003, 2006; Kay, 2004; Gras, 2010) y la lingüística cognitiva (*cfr.* Croft y Cruse, 2004) se observa que existen combinaciones de elementos lingüísticos que se relacionan con valores concretos de forma convencionalizada por los hablantes. Las suspendidas pueden entenderse como una de estas combinaciones convencionalizadas y, de hecho, las aproximaciones de la insubordinación (Evans 2007; Evans y Watanabe eds. 2016) observan ciertas rutinas asociadas con valores específicos en aquellas estructuras que, aun poseyendo marcas de subordinación, actúan como una principal. Por tanto, si las suspendidas responden a una rutina convencionalizada, pueden constituir por sí mismas unidades independientes dentro del discurso. Estas unidades, según el modelo de Fuentes Rodríguez (2017 [2000], 2013a, 2017), corresponden a lo que llamamos *enunciado*. El término *enunciado* permite entender que las condicionales suspendidas constituyen una unidad funcional dentro del discurso y que cumple un objetivo lingüístico específico. En otras palabras, entendemos que las estructuras suspendidas son estructuras o construcciones gramaticales asociadas a determinados sentidos aceptados y reconocidos de forma tácita por los hispanohablantes y, por ello, pueden actuar como unidades independientes dentro del discurso, es decir, como enunciados.

Finalmente, la etiqueta *suspensión* la entendemos en términos principalmente fonológicos. Es posible ver cierta relación con lo sintáctico si vemos este fenómeno relacionado con la elipsis de la segunda parte de una estructura bimembre. Sin embargo, la mayoría de las descripciones de la suspensión se ha hecho con criterios entonativos (*cfr.* Navarro Tomás, 1974; Quilis, 1993) y nosotros también consideramos que este es el enfoque apropiado, ya que la inflexión final es uno de los elementos constituyentes principales de las estructuras suspendidas.

3.3. Desarrollo y conformación de las construcciones suspendidas

Uno de los aspectos sobre el que se suele incidir a la hora de analizar las estructuras suspendidas es su formación, es decir, cómo han logrado constituirse como enunciados independientes y si, efectivamente, hay una estructura de partida de la que han evolucionado. Beinhauer (1978 [1964]: 306–307), por ejemplo, achaca la creación de enunciados suspendidos a la aposiopesis, producida porque al hablante no se le ocurre en ese momento una segunda parte por la cual completar la estructura. De igual forma, los estudios de insubordinación también se han interesado por este tema y han tratado de dar explicación a por qué oraciones con marcas de subordinación se desprenden de su principal para dar lugar a un enunciado independiente (Evans, 2007; Sansiñena, De Smet y Cornillie, 2015; Evans y Watanabe, 2016; Cristofaro, 2016). El modelo de evolución más conocido (aunque a veces criticado) de las insubordinadas es el de Evans (2007: 370 y ss.) (Figura 21):

Subordination	Ellipsis	Conventionalized ellipsis	Reanalysis as main clause structure
Subordinate construction	Ellipsis of main clause	Restriction of interpretation of ellipsed material	Conventionalized main clause use of formally subordinate clause (Constructionalization)

Figura 21. Cuadro de formación de construcciones insubordinadas. Tabla tomada de Evans (2007: 370)

Evans, de forma similar a los análisis de procesos de gramaticalización, da cuenta de estas etapas progresivas en el proceso de formación de estas estructuras. Hopper y Traugott (2003 [1993]: 6 y ss.), en sus estudios de gramaticalización, hablan de transiciones (*clines*) que se van desarrollando en una lengua y que permiten que un determinado elemento léxico pueda adquirir nuevos valores, incluidos los de elementos de procesamiento. De este modo, en un ejemplo puesto por los autores, un adjetivo como *full* en inglés puede pasar a convertirse en un morfema derivativo: *a basket* full (*of eggs*) > *a cup*ful (*of water*) > *hope*ful. En este proceso, se produce un reanálisis del elemento y pasa a formar parte del código lingüístico también como morfema derivativo (Hopper y Traugott, 2003 [1993]: 39 y ss.). Con premisas similares, Evans plantea una progresión de transiciones en la que finalmente hay un reanálisis de la estructura que los hablantes identifican como un fenómeno distinto a la estructura subordinada original. Desde la perspectiva de la gramática de construcciones, parece posible este tipo de formaciones, ya que parten de la premisa de que una construcción es la unión convencionalizada de una determinada combinación de elementos con un significado (Goldberg, 1995, 2003, 2006). Según Traugott y Trousdale (2013), en el proceso de *construccionalización*[33] se da un *neoanálisis* que permite asociar una nueva interpretación al sentido de un determinado patrón cuando aparece en contextos de uso similares. Así pues, desde esta perspectiva es posible plantear un proceso de formación de suspendidas como construcciones, como considera Evans (2007) con las insubordinadas. Ohori (1995: 216), desde un punto de vista similar, contempla las *suspended clauses* en japonés como construcciones que han adquirido un estatus como construcciones totalmente individualizadas:

> [S]uspended clauses can be aptly considered as constructions in their own right, in the sense of Fillmore (e.g. 1988; also cf. Fillmore, Kay, and O'Connor 1988). That is, suspended clauses have their own discourse functions that are not manifest in a non-suspended version, and their well-formedness conditions must be specified as a set of features that pertain to particular lexico-grammatical configurations.

Sin embargo, creemos necesario matizar el proceso de establecimiento de las suspendidas como grupo de construcciones individualizado, ya que no están sometidas a un proceso de fijación tan profundo como los descritos en los casos de *construccionalización*.

33 La construccionalización es el fenómeno que permite explicar la génesis de nuevas construcciones en la lengua, tal y como las entiende la gramática de construcciones.

El modelo de Evans de evolución de las insubordinadas (*ut supra*) ha sido criticado en varios puntos. Por un lado, es polémico el valor central que le da el autor a la elipsis en la formación de insubordinadas. Algunos trabajos (*cfr.* Sansiñena, De Smet y Cornillie, 2015; Evans y Watanabe, 2016; Cristofaro, 2016) hablan de esta dificultad de considerar la elipsis como único elemento de génesis de las insubordinadas, sobre todo, cuando se considera que son enunciados completos e independientes. De hecho, las descripciones actuales sobre las suspendidas las reconocen como "completas", precisamente, porque son suspendidas[34] (Narbona, 1989b, 2015; Herrero, 1996). No negamos que la elipsis haya sido el fenómeno que haya dado pie a la aparición de estructuras suspendidas, pero en la situación actual en la que se encuentran no parece muy rentable considerar que sean simples elisiones de una segunda parte. Por otro lado, tampoco se produce un reanálisis absoluto en ellas, ya que es común seguir denominándolas causales, condicionales, consecutivas o comparativas suspendidas, términos que nos remiten a las estructuras bimembres correspondientes, designación que no ofrece un sentido unitario como grupo. Las suspendidas mantienen los mismos componentes y restricciones que las cláusulas de las que parten, lo que hace difícil pensar en un cambio absoluto de estructura. Además, parte de su sentido parece derivarse aún de la composicionalidad que surge de la combinatoria de sus elementos. Así pues, en la "trayectoria" de Evans, nuestras suspendidas no se encontrarían en ninguno de los polos del proceso, pero tampoco es fácil situarlas en un estadio intermedio, ya que esto supondría considerar que están en proceso de evolución y esta consideración resulta imprecisa, pues su patrón construccional sí parece fijado[35].

Pensamos que las estructuras suspendidas han ocupado un hueco funcional dentro del sistema lingüístico del español y solo pueden adquirir ciertos valores cuando los hablantes las reconocen como moldes constructivos específicos. No creemos, por ejemplo, que haya motivos para pensar que el tonema en (semi)anticadencia, propio de las suspendidas, acabe desapareciendo simplemente porque se trata de la marca prototípica de la "no completud" (*cfr.* Quilis, 1993: 423) y que la

---

34 "[H]an de verse *completas* en cuanto suspendidas" (Narbona, 1989b: 94).

35 Esto no obsta para que alguna construcción pueda dar lugar a un operador discursivo, como observa Fuentes Rodríguez (2021b).

evolución natural de las estructuras que se reconocen como independientes tiendan a "cerrar" el enunciado con el descenso entonativo[36]. De hecho, no tener en cuenta la oposición entonativa nos haría perder ciertas diferencias funcionales, como ocurre entre las condicionales suspendidas con *si* y los enunciados con *si* replicativos[37]: [Una persona da argumentos a otra para salir a dar una vuelta] *Si no tienes nada que hacer...* (↑) ≠ *¡Si no tienes nada que hacer!* (↓). El primer enunciado resulta adecuado en un contexto en el que se propone al receptor dar un paseo porque le apetece hacer algo y no se le ocurre qué. En cambio, el segundo se adapta mejor a un contexto en el que el receptor no quiere salir y se le reprocha su actitud.

Otro problema de la aplicación del esquema evolutivo de Evans a las estructuras suspendidas es que no hay evidencias suficientes para considerar que, efectivamente, las estructuras bimembres son previas a ellas[38]. Desde el enfoque sincrónico actual, lo que observamos es que todas las etapas que describe el autor son formas de realización que se pueden dar perfectamente en el español presente, conviviendo y oponiéndose funcionalmente. Las construcciones suspendidas son una *versión* sintáctica más de los enunciados causales, condicionales, respectuales, consecutivos y comparativos, al igual que otra versión es un enunciado bimembre de dos cláusulas. Si tomamos como ejemplo las condicionales, podemos obtener tres patrones sintácticos distintos de las mismas:

1) *Como no traiga Luis el dinero que me debe, no puedo ir al cine.*
2) *Como no traiga Luis el dinero que me debe, ¡uf!*
3) *Como no traiga Luis el dinero que me debe...*

Se trata de tres posibilidades de realización de una condicional con *como*, por tanto, construcciones distintas con parte del sentido compartido al surgir de un patrón constructivo anterior similar, pero que

36 Kaltenböck (2016) sugiere la tendencia al descenso entonativo con cierto tipo de "insubordinate *if*-clauses".

37 Las estructuras con *si* de réplica han sido ampliamente analizadas por autores como Porroche (1998), Montolío (1999a) y Schwenter (1999). Volveremos sobre ellas en varias ocasiones sobre este trabajo.

38 En cualquier caso, abrimos la puerta a una nueva investigación sobre la aparición de suspendidas a lo largo de la historia del español.

adquieren especificaciones de funcionamiento por sus peculiaridades en su enunciación. Dicho de otro modo, las tres construcciones surgen como tres versiones de realización distintas de una condicional. Ocurre lo mismo con una consecutiva con *tanto*:

1) *Habla tanto que ya no puedo aguantarlo más.*
2) *Habla tanto que ¡vaya!*
3) *Habla tanto...*

El hablante tiene a su disposición diversas formas de completar una estructura ponderativa: añadir una cláusula más (conformando una consecutiva bimembre), terminar el enunciado con una interjección o un elemento no oracional, o cerrar la estructura con una entonación suspendida. Las diferentes versiones que vemos (1, 2, 3 y otras) las consideramos *posibilidades de realización* que constituyen distintos *patrones sintácticos* de la oración caracterizada por un marcador causal, condicional, consecutivo o comparativo, y cada una de estas opciones conforma su propia "construcción" sin perder el vínculo con la noción que expresa el marcador. Este enfoque permite entender que todas estas formas de realización son igualmente válidas y, de momento, no podemos afirmar que ninguna es anterior o posterior a otra, sino que todas funcionan en el sistema en igualdad de condiciones y se oponen funcionalmente entre sí. El uso de la variante bimembre y suspendida puede esquematizarse como aparece en la Figura 22:

Causales con *como* y *que*	Bimembre: *Como no para de llover no salgo.*
	Suspendida: *Como no para de llover...*
Condicionales con *si* y *como*	Bimembre: *Si quieres un boli toma este.*
	Suspendida: *Si quieres un boli...*
Respectuales con *para*	Bimembre: *Para lo que hay que ver, prefiero no ir.*
	Suspendida: *Para lo que hay que ver...*
Ponderativas	Bimembre: *Es tan bueno que todo el mundo lo toma por tonto* (consecutiva); *Este libro es más interesante que otras cosas que he leído* (comparativa)
	Suspendida: *Es tan bueno...; es más bueno...*

Figura 22. Comparativa de constitución de estructuras bimembres y suspendidas

Considerar las suspendidas como posibilidades de realización de un patrón sintáctico ofrece varias ventajas a su descripción:

- Supera el concepto de elipsis tan problemático para justificar la independencia de las estructuras suspendidas. Así, consideramos que, en una suspendida, la cláusula principal no tiene por qué estar elidida, sino que se sustituye por un tonema final en anticadencia.
- Al presentarse la suspensión como un posible final sintáctico de una oración causal, condicional, respectual, etc., se justifica mejor la independencia de estos enunciados sin perder el vínculo con sus significados básicos.
- Supera la concepción cronológica que se plantea en los estadios de evolución. El problema de plantear puntos evolutivos es que suele dar a entender que una construcción "reanalizada" ha debido pasar por una serie de procesos determinados hasta convertirse en un fenómeno nuevo. Pero no todas las construcciones pasan por los mismos procesos (como se dan cuenta Sansiñena, De Smet y Cornillie, 2015, o Cristofaro, 2016) o los estadios intermedios no tienen por qué ser temporales, sino que pueden continuar produciéndose en oposición a los fenómenos de otros estadios. Conviven, así, elementos de escalas evolutivas distintas en el sistema lingüístico y constituyen también construcciones distintas.

Teniendo en cuenta estas consideraciones en la descripción de las suspendidas, excluimos de nuestro análisis otras estructuras que pueden asociarse a varios de los estadios de construccionalización propuestos por Evans (2007):

- No incluimos el análisis de las estructuras bimembres compuestas de dos estructuras oracionales, una subordinada a la otra. Esta es otra posibilidad de realización de una oración causal, condicional…
- Las suspendidas no son anacolutos (*cfr.* Bedmar y Pose, 2005) o simples aposiopesis. Son fruto de una enunciación intencionada a diferencia de las autointerrupciones o las vacilaciones en el proceso de enunciación: *No creo que pueda ir al cine. Tengo tan poco tiempo, que… Mira, mejor me quedo en casa.*
- Tampoco incluimos las construcciones producto de un reanálisis completo que nos indique que nos encontramos frente a una

estructura que ya nada tiene que ver con la causa, la condición o la comparación. En estos casos, además, la entonación suspendida suele desaparecer. El ejemplo más habitual de este hecho son las construcciones con *si* de réplica, estructura acabada con tonema en cadencia que pierde el valor condicional con el que normalmente se asocia su origen (*cfr.* Montolío, 1999a; Schwenter, 1998–1999, 1999; Gras, 2010). Otro caso de este reanálisis total es el caso de las gramaticalizaciones de *s'il vous plaît* o *sisplau* < *si us plau* (*cfr.* Alturo y Chodorowska, 2009), que provienen también de una construcción condicional que actúa como un operador independiente.

3.4. La composición de las construcciones suspendidas. La microestructura: elementos internos

En este punto, delimitaremos formalmente las estructuras suspendidas como enunciados que constituyen una variante de realización posible de oraciones causales, condicionales, respectuales, comparativas o consecutivas, en la que la apódosis se sustituye por una entonación en anticadencia. Tal como indicamos en la introducción, identificamos los siguientes tipos:

a) *Causales suspendidas.* Se incluyen las introducidas por las conjunciones *como* y *ya que*, principalmente, análogas a las bimembres con prótasis antepuesta. Se excluyen los casos con la conjunción prototípica de la causa, *porque*, debido a que no pueden aparecer con una entonación en anticadencia.
b) *Condicionales suspendidas.* Los casos más prototípicos de estas suspensiones son los que llevan las conjunciones *si* y *como.* Sin embargo, también es posible encontrar cláusulas suspendidas con otros conectores como *mientras, cuando, con tal de que…*
c) *Respectuales suspendidas.* En la terminología de Santos Río (2000a), la "complementación respectual" engloba a cláusulas y sintagmas que actúan como complemento oracional

indicando algo sobre el tema sobre el que versa el enunciado. Como estructura suspendida, los casos más claros son los introducidos por la preposición *para*: *No quise quedarme mucho en la reunión. Para lo que tenían que decir...*

d) *Consecutivas y comparativas suspendidas (ponderativas suspendidas).* Las estructuras suspendidas de este tipo son análogas a las estructuras comparativas y consecutivas bimembres que presentan una correlación. Las consecutivas suspendidas aparecen prácticamente con cualquier tipo de marca correlativa prototípica a este sentido y son bastante frecuentes en el habla cotidiana. Las comparativas son menos frecuentes y solo suelen darse en registros muy informales. Incluimos ambos tipos dentro del mismo grupo ya que poseen un funcionamiento similar de intensificación y, por este motivo, tenderemos a denominarlas *ponderativas suspendidas.*

Todos estos tipos poseen una estructuración interna similar en muchos aspectos y hay elementos coincidentes que permiten establecer ciertos patrones de composición de las estructuras suspendidas. A continuación, analizaremos cuáles son los elementos más constantes de las construcciones suspendidas que, a su vez, definen su microestructura. El interés por este aspecto va más allá de la mera delimitación de las suspendidas, ya que, además, los componentes internos de estas estructuras van a determinar, en última instancia, los usos de las suspendidas en la macroestructura del discurso. O, también, estos componentes internos pueden ser seleccionados o afectados desde las características del contexto discursivo.

Tanto en este apartado como en los capítulos correspondientes a cada tipo de suspendida, analizaremos los siguientes elementos relevantes a su constitución como construcciones y que constituyen su patrón construccional: 1) la conjunción que introduce o marca la estructura; 2) la selección de formas verbales de la proposición; y 3) la terminación entonativa suspendida.

3.4.1. La conjunción o marca semántica de causa, condición, respectualidad o ponderación

Es un elemento esencial para identificar el contenido semántico inherente en las estructuras suspendidas y que va a determinar el tipo de suspendida con el que estamos tratando. Hablamos de las conjunciones o marcas como *ya que, si, como, tanto*... que poseen un significado procedimental y nos hacen interpretar todo el contenido proposicional como una hipótesis, una causa, una ponderación elevada, etc.

No todas las conjunciones de los tipos mencionados pueden introducir una estructura suspendida. Dentro de las causales encontramos principalmente *como*, pero también es frecuente el uso de *ya que*. En las condicionales, las conjunciones prototípicas de la suspensión son *si* y *como*, pero también es posible encontrar casos de suspensión con otros conectores e incluso con estructuras impersonales que expresan condición (*mientras, con tal (de) que,* construcciones con gerundio, etc.). Aunque estas últimas suelen presentar un menor grado de frecuencia. Entre las consecutivas correlativas de ponderación, prácticamente cualquier marca prototípica permite la suspensión: [*tan, tanto, cada, un* + sustantivo], [*de* + adjetivo/sustantivo], etc. En estos casos, es el adverbio o la partícula ponderativa la que aparece (*tan, tanto*...) y no la conjunción de subordinación (*que*). En cuanto a las comparativas, la partícula se reduce a *más*, aunque en estas construcciones hay un marcado carácter de registro informal. Tanto en las consecutivas como en las comparativas, nos encontramos solo la primera parte de un nexo que es correlativo y constituye un elemento que no es una conjunción, sino un adverbio, una preposición o un presentador con un sentido cuantificador. Esta especial naturaleza cuantificadora o ponderativa de la marca hace que esta posea una función en la estructura oracional más allá de impregnar a la cláusula de un sentido consecutivo o comparativo. Más bien, su funcionamiento en el enunciado se orienta a la intensificación cuantitativa o cualitativa de un elemento. En cuanto a las respectuales, Santos Río (2000a) enumera muchos tipos de marcas para este tipo de complementación. Sin embargo, en el corpus analizado solo las estructuras introducidas por la preposición *para* parecen tener la suficiente entidad (al menos, de forma más evidente) para introducir una proposición suspendida.

Queda preguntarse qué carácter en común reúnen todas estas conjunciones para permitir el rasgo suspensión y por qué otras no lo permiten. Todas estas marcas son también propias de las estructuras bipolares según la perspectiva de Rojo (1978), pero no todas las bipolares son susceptibles de aparecer como una estructura suspendida, como ocurre con las concesivas: **Aunque no vengas...* (↑). Sin embargo, el hecho de que sean prototípicas de las relaciones bipolares en enunciados nos da cierta idea de la naturaleza de los enunciados que pueden realizarse como suspendidos.

En primer lugar, la bipolaridad plantea una relación entre dos cláusulas que se suele asociar al esquema causa-consecuencia. En las suspendidas, solo la cláusula que expresa la causa de un hecho queda explicitada (y constituye la estructura suspendida); la consecuencia es la cláusula elidida que se considera altamente predecible y poco relevante informativamente y, por ello, queda sustituida por una suspensión. Este hecho permitiría excluir del grupo de suspendidas a las concesivas, que no pueden realizarse como tales, porque constituyen una causa no efectiva (*cfr.* Ziti y Champagnol, 1992), es decir, se expresa un hecho del que no se desprende una consecuencia esperada, sino la contraria. El sentido de causa es altamente predictivo, lo que permite que un receptor que comparta un grado de conocimiento similar al hablante pueda llegar a la consecuencia o conclusión incluso si no llega a expresarse explícitamente. En cambio, las concesivas no permiten este mismo grado de predictibilidad. A pesar de que muchos autores las han incluido dentro del sentido de causa en una especie de *continuum* que pasa por la temporalidad, la causalidad, la finalidad, la condición, la concesión y la consecuencia (*cfr.* Galán, 1999: 3599; Montolío, 1999b: 3716; Perona, 2001: 159), los procesos mentales no favorecen el procesamiento de causa no efectiva para reponer la información que pueda faltar. Sanders (2005) habla del procesamiento de los sentidos causales en la lengua por parte de los hablantes y de cómo es uno de los mecanismos mentales que tienen para poner en relación dos enunciados sucesivos en el discurso cuando no hay una marca explícita de conexión. La interpretación causal, según teoriza el autor, parece tener un procesamiento más rápido y efectivo que otro tipo de conexiones.

Por otro lado, no parece que cualquier sentido causal sea válido en el fenómeno de la suspensión, como así demuestra el hecho de que no todas las conjunciones con este valor puedan introducir un enunciado suspendido. La conjunción *porque*, prototípica de la causa, constituye uno de estos casos. La información que introduce se entiende directamente como *causa,* pero carece de otro matiz significativo que sí poseen las que pueden quedar suspendidas. Esto es la causa *necesaria*. Una cláusula no puede suspenderse si no refleja algún tipo de relación necesaria que permita la continuidad del pensamiento. Sin este sentido, el carácter predictivo de la estructura puede perderse y causar que el hablante considere incompleta la estructura, ya que no puede reponer la información que falta, y espere más información por parte de su interlocutor. Se trata, por tanto, de que los dos interlocutores compartan una realidad intersubjetiva en la que los dos entiendan que hay un hecho que se desprende de forma necesaria como consecuencia de lo dicho. Si el hablante y el receptor asocian lo dicho al mismo conocimiento del mundo, la suspendida podrá cumplir con su objetivo comunicativo. Si bien hay que tener en cuenta que el desprendimiento de la consecuencia no tiene por qué venir dado exclusivamente de la información de la cláusula suspendida, sino también del contexto. Si comparamos el funcionamiento de *porque* y *como*, vemos clara esta diferencia en la expresión de la *causa*:

a) *No puedo cenar todavía,* porque *tengo mucho trabajo.*
b) *No puedo cenar todavía.* Como *tengo mucho trabajo...*

En a), el hablante considera 'nueva' la información que transmite como causa: 'tener mucho trabajo'. Al menos, piensa que el oyente no tiene por qué considerarla un motivo esencial para no comer. Podemos interpretar que el oyente piensa en otras causas además del trabajo: la cantidad de hambre del hablante, el hecho de que no sea la hora adecuada, etc. En b), el enfoque cambia. El hablante transmite que el trabajo es una causa evidente y suficiente para que se cumpla la consecuencia de la primera cláusula: 'no ceno porque es lógico pensar que, si tengo mucho trabajo, no tengo tiempo para cenar'.

Otro factor relacionado con el uso de ciertas conjunciones frente a otras es que los marcadores que permiten la suspensión introducen cláusulas que en una estructura bimembre prefieren la posición antepuesta. La tendencia a la anteposición parece un rasgo base que debe ser considerado en la realización de estas cláusulas como enunciados suspendidos. No en vano, a la cláusula condicional se la suele llamar "prótasis" por su posición antepuesta a la principal (Montolío, 1999b: 3651 y ss.). Además, podemos observar que en las causales con *como* y en las comparativas y consecutivas ponderativas (las correlativas) (*cfr.* Fuentes Rodríguez, 1985) la cláusula que posee el sentido de causa (y que potencialmente se realiza como suspendida) es obligadamente antepuesta. Esta posición nos remite a que gran parte del funcionamiento predictivo de las estructuras suspendidas se basa en la relación causa-efecto; solo en este orden puede comprenderse el funcionamiento predictivo de una suspendida, ya que sigue el proceder natural del pensamiento que parte de un hecho cronológicamente anterior y que es desencadenante de otro posterior que constituye una consecuencia. Por otro lado, hay que tener en cuenta que, en la mayoría de los usos de las suspendidas, el proceso causa-efecto pierde relevancia y solo sirve de punto de referencia para expresar un lamento, una queja, una justificación o una valoración intensificada. Por ello, en una suspendida el hablante decide omitir la segunda parte, porque su intención final no es expresar una relación causa-efecto, sino que este proceso sirva de apoyo a otros valores de las suspendidas.

Por último, en relación con la capacidad de anteposición, se observa que una de las funciones que se asimilan a las "prótasis" es la de ser un marco enunciativo o un circunstante para decir algo, para expresar una consecuencia. Así lo describen Ducrot (1972) o Montolío (1999b) en el análisis de las prótasis condicionales. La conjunción causal *como*, la condicional *si* (y *como*) y la primera parte de los correlativos consecutivos (los adverbios cuantificadores, principalmente) establecen un terreno previo para que se desarrolle un determinado enunciado y una determinada información. Podemos considerar, también, que el hecho de poder funcionar como circunstantes o tópicos (Gutiérrez Ordóñez, 1997a) es lo que dota a estas estructuras de la capacidad de enunciarse como suspendida y, en cambio, las cláusulas que no funcionan prototípicamente como marcos informativos (por ejemplo, las introducidas por la conjunción *porque*) no son tan susceptibles a la suspensión. Sin embargo, cuando estas cláusulas pasan a ser suspendidas, la función de marco deja de ser pertinente y las prótasis cargan con todo el peso significativo; pasan a ser el núcleo del enunciado (*vid.* § 2.2.2.2). Esto permite también la aparición de nuevos valores que se desarrollan en el uso y una nueva forma de inclusión en la estructura discursiva.

3.4.2. La forma verbal

Aunque la limitación de formas verbales es una de las características internas de las construcciones suspendidas, no hay mucho que decir que se relacione exclusivamente con ellas. Esto se debe a que las restricciones verbales no vienen dadas por el hecho de ser suspendidas, sino porque están determinadas por el tipo de conjunción utilizada o por el sentido expresado (causa, condición. . .). De esto se desprende que las estructuras suspendidas siguen siendo, en esencia, causales, condicionales, consecutivas, comparativas o respectuales en su versión como estructuras suspendidas. Por ello, muchas de las restricciones que veremos aquí y en otros capítulos son las mismas que para las construcciones bimembres (como el hecho de que las prótasis condicionales con *si* no puedan construirse con una forma verbal de futuro de indicativo o presente de subjuntivo, por ejemplo). Por no tratarse de un aspecto único de las suspendidas, no profundizaremos en ello.

3.4.3. La entonación suspendida en anticadencia

La entonación "suspendida" es, en definitiva, el rasgo definitorio de mayor relevancia en la caracterización de las estructuras suspendidas ya que incluso da nombre al grupo de estructuras que analizamos. Por ello, consideramos necesario realizar una descripción formal y funcional de la suspensión en los enunciados que aquí analizamos para lograr una caracterización completa del fenómeno y encontrar ciertas características comunes que las englobe dentro de un mismo paradigma. Dentro de la caracterización formal de la entonación, ofreceremos los resultados del análisis acústico de las grabaciones de estructuras suspendidas por parte de una muestra poblacional, y lo compararemos con el análisis acústico de algunos ejemplos sacados de conversaciones reales. En segundo lugar, veremos los valores implicados en el uso de la suspensión en el discurso coloquial y cómo esta queda asimilada dentro del sistema descrito por una gramática del discurso.

3.4.3.1. Resultados descriptivos y comparados del experimento

Basándonos en el diseño experimental explicado en § 2.3, a continuación, ofreceremos las mediciones obtenidas con Praat. Tenemos en cuenta los siguientes parámetros, que se verán reflejados en las Figuras 23, 24, 25, 26, 27, 28, 29, 30, 31 y 32:

- Bimembre. Resultados de las prótasis de estructuras bimembres.
- Suspendida. Resultados de las cláusulas suspendidas.
- Porcentaje. Porcentaje medio de elevación de la inflexión final.
- Diferencia en Hz. Diferencia media de los dos extremos de la inflexión final.
- Rango de porcentajes. Número de casos analizados que se insertan dentro de un rango de porcentajes.
- Distancia en semitonos. Diferencia media en semitonos del primer extremo de la inflexión al segundo.

		Bimembre (30 casos)	**Suspendida (32 casos)**
Causales con *como*	Porcentaje	17,80 %	31,77 %
	Diferencia en Hz	44,34	71,36
	75 % o más	1	4
	30 - 75 %	6	11
	0 - 30 %	15	12
	-30 - 0 %	7	5
	-30 % o menos	1	0
	Distancia en semitonos	2,42	4,22

Figura 23. Análisis acústico de las causales con *como*

		Bimembre (34 casos)	**Suspendida (34 casos)**
Causales con *ya que*	Porcentaje	17,15 %	35,85 %
	Diferencia en Hz	38,01	75,04
	75 % o más	0	0
	30 - 75 %	7	19
	0 - 30 %	26	13
	-30 - 0 %	1	2
	-30 % o menos	0	0
	Distancia en semitonos	2,6	5,02

Figura 24. Análisis acústico de las causales con *ya que*

		Bimembre (33 casos)	Suspendida (34 casos)
Condicionales con *si*	Porcentaje	26,83 %	61,27 %
	Diferencia en Hz	54,51	115,35
	75 % o más	0	12
	30 - 75 %	11	14
	0 - 30 %	20	7
	-30 - 0 %	2	0
	-30 % o menos	0	1
	Distancia en semitonos	3,92	7,69

Figura 25. Análisis acústico de las condicionales con *si*

		Bimembre (34 casos)	Suspendida (34 casos)
Condicionales con *como*	Porcentaje	12,71 %	44,54 %
	Diferencia en Hz	29,54	97,60
	75 % o más	0	6
	30 - 75 %	4	14
	0 - 30 %	23	14
	-30 - 0 %	7	0
	-30 % o menos	0	0
	Distancia en semitonos	1,94	5,97

Figura 26. Análisis acústico de las condicionales con *como*

		Bimembre (34 casos)	Suspendida (34 casos)
Respectuales con *para*	**Porcentaje**	31,13 %	35,17 %
	Diferencia en Hz	60,24	71,05
	75 % o más	3	2
	30 - 75 %	9	12
	0 - 30 %	21	19
	-30 - 0 %	1	1
	-30 % o menos	0	0
	Distancia en semitonos	4,29	4,91

Figura 27. Análisis acústico de las respectuales con *para*

		Bimembre (34 casos)	Suspendida (33 casos)
Ponderativas con *tan/to* modificador de sust. / adj. / adv.	Porcentaje	49,95 %	48,74 %
	Diferencia en Hz	97,08	100,71
	75 % o más	7	9
	30 - 75 %	12	14
	0 - 30 %	14	10
	-30 - 0 %	0	0
	-30 % o menos	1	0
	Distancia en semitonos	6,18	6,57

Figura 28. Análisis acústico de las consecutivas con *tan/to* modificador del sust./adj./adv.

		Bimembre (34 casos)	Suspendida (34 casos)
Ponderativas con *tanto* pospuesto al verbo	**Porcentaje**	35,63 %	62,31 %
	Diferencia en Hz	72,54	116,01
	75 % o más	4	12
	30 – 75 %	12	15
	0 – 30 %	16	6
	–30 – 0 %	2	1
	–30 % o menos	0	0
	Distancia en semitonos	4,82	7,8

Figura 29. Análisis acústico de las consecutivas con *tanto* pospuesto al verbo

	Porcentaje bimembres	Porcentaje suspendidas	Diferencia Hz BIM	Diferencia Hz SUS	Semitonos BIM	Semitonos SUS
Causales con *como*	17,80 %	31,77 %	44,34	71,36	2,42	4,22
Causales con *ya que*	17,15 %	35,85 %	38,01	75,04	2,6	5,02
Condicionales con *como*	12,71 %	44,54 %	29,54	97,6	1,94	5,97
Condicionales con *si*	26,83 %	61,27 %	54,51	115,35	3,92	7,69
Respectuales con *para*	31,13 %	35,17 %	60,24	71,05	4,29	4,91
Ponderativas con *tan/to*	49,95 %	48,74 %	97,08	100,71	6,18	6,57
Ponderativas con *-tanto*	35,63 %	62,31 %	72,54	116,01	4,82	7,8

Figura 30. Comparativa de los resultados acústicos (I)

	75 % o más BIM	75 % o más SUS	75 % – 30 % BIM	75 % – 30 % SUS	30 % – 0 % BIM	30 % – 0 % SUS
Causales con *como*	1	4	6	11	15	12
Causales con *ya que*	0	0	7	19	26	13
Condicionales con *como*	0	6	4	14	23	14
Condicionales con *si*	0	12	11	14	20	7
Respectuales con *para*	3	2	9	12	21	19
Ponderativas con *tan/to*	7	9	12	14	14	10
Ponderativas con *-tanto*	4	12	12	15	16	6
TOTALES	18	54	69	109	146	84

Figura 31. Comparativa de los resultados acústicos (II)

	0 % – -30 % BIM	0 % – -30 % SUS	-30 % o menos BIM	-30 % o menos SUS
Causales con *como*	7	5	1	0
Causales con *ya que*	1	2	0	0
Condicionales con *como*	7	0	0	0
Condicionales con *si*	2	0	0	1
Respectuales con *para*	1	1	0	0
Ponderativas con *tan/to*	0	0	1	0
Ponderativas con *-tanto*	2	1	0	0
TOTALES	31	19	3	2

Figura 32. Comparativa de los resultados acústicos (III)

Uno de los primeros resultados que más destaca es el hecho de que las estructuras suspendidas tienden a poseer un porcentaje de elevación en la inflexión final más elevado que las prótasis de las estructuras bimembres. Particularmente paradigmáticos son los siguientes casos:

- Las causales con *como*, en las que hay un cambio de 17,89 % de media en la construcción bimembre a un 31,77 % en la suspendida.
- Las causales con *ya que,* que cambian de un 17,15 % a un 35,85 %.
- Las condicionales con *si*, que cambian de un 26,83 % a un 61,27 %.
- Las condicionales con *como*, que cambian de un 12,71 % a un 44,54 %.

Incluso en los ejemplos en los que hay menos diferencia, por lo general, siempre es algo más elevada la estructura suspendida que la prótasis, como en el caso de las respectuales con *para*, en la que pasamos de un 31,13 % a un 35,17 %. El único caso en el que no se cumple esto es en las consecutivas con *tan/tanto* antepuesto a un sustantivo un adjetivo o adverbio, en la que la cláusula en la estructura bimembre es ligeramente superior a la suspendida: 49,95 % / 48,74 %. Esta pequeña diferencia no constituye un cambio significativo para su distinción formal, aunque en la comparación en semitonos de estas consecutivas (bimembre y suspendida) se sigue manteniendo una mayor elevación en la suspensión, aunque sea leve: 6,18 # / 6,57 #.

Como se ve, aunque las suspendidas presenten una mayor inflexión que sus respectivas bimembres, no en todos los tipos aparece un grado de elevación similar. Uno de los contrastes más destacables se da entre las causales y las condicionales, dos de los tipos de oración que mayores similitudes plantean entre sí por sus nexos comunes (*como*) y por poseer un sentido de causa más evidente (asertada y no asertada). Sin embargo, según muestran nuestros datos, las causales suspendidas parecen necesitar un menor grado de elevación que las condicionales. Las primeras muestran una elevación del 31,77 % (*como*) y del 35,85 % (*ya que*), mientras que las condicionales alcanzan un mayor grado: 44,54 % (*como*) y 61,27 % (*si*). La pregunta que nos hacemos es la siguiente: ¿por qué las condicionales parecen precisar de una mayor elevación para marcar la suspensión que las causales, sobre todo, con *si*? Dicho de otra forma: ¿por qué las condicionales necesitan asegurar de forma más evidente que ha habido un cambio de tono? La respuesta puede estar en la versatilidad del marcador *si*, que aparece en estructuras muy diversas. Hay un caso en el que la suspensión es el único rasgo distintivo que permite diferenciar dos estructuras similares: una estructura condicional suspendida con *si* y una estructura con *si* replicativo. Para ejemplificar esto, expondremos las grabaciones de un elemento crítico adicional que realizamos durante nuestro experimento por parte de dos informantes:

Ejemplo del experimento:

Yo es que no iba a decir nada en mi casa. Porque si les digo "ey, me voy un fin de semana a París" o a cualquier sitio me mandan a tomar por culo. Entonces no sé. Como este año me he metido a hacer locuras... La cosa es que nadie sabe que me voy a la feria de Sevilla. Y estoy por no decirlo. *Si me voy solo una noche...* A mis padres les voy a decir que, yo qué sé...

Por un lado, hemos registrado informantes que han leído este ejemplo con un tonema en anticadencia y, por tanto, han realizado una condicional suspendida con un valor justificativo o explicativo de la estructura argumentativa del discurso (Figura 33):

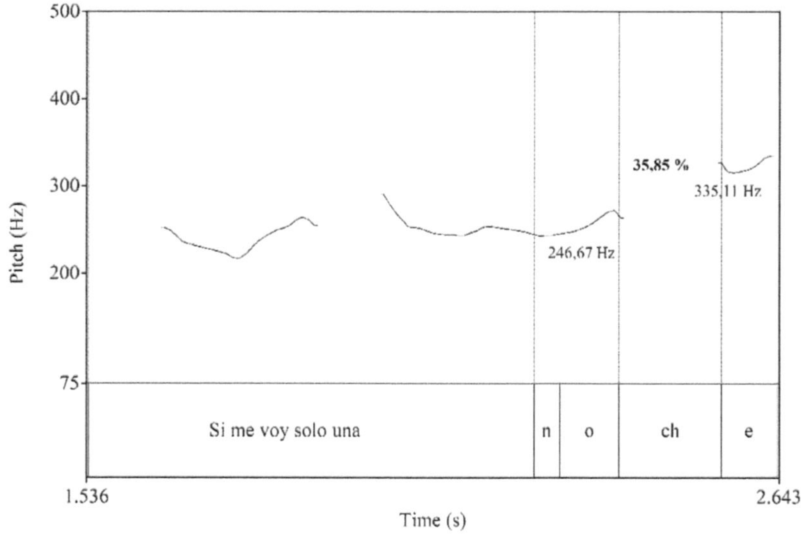

Figura 33. Condicional suspendida con tonema en anticadencia (35,85 % de ascenso)

Por otro lado, hemos registrado casos en los que se produce un descenso relacionado con una estructura con *si* de réplica (*cfr.* Montolío, 1999a), y deja de ser una condicional. La representación ortográfica dejaría de realizarse con puntos suspensivos y sería más conveniente el uso de signos de exclamación: *¡Si me voy solo una noche!* (Figura 34):

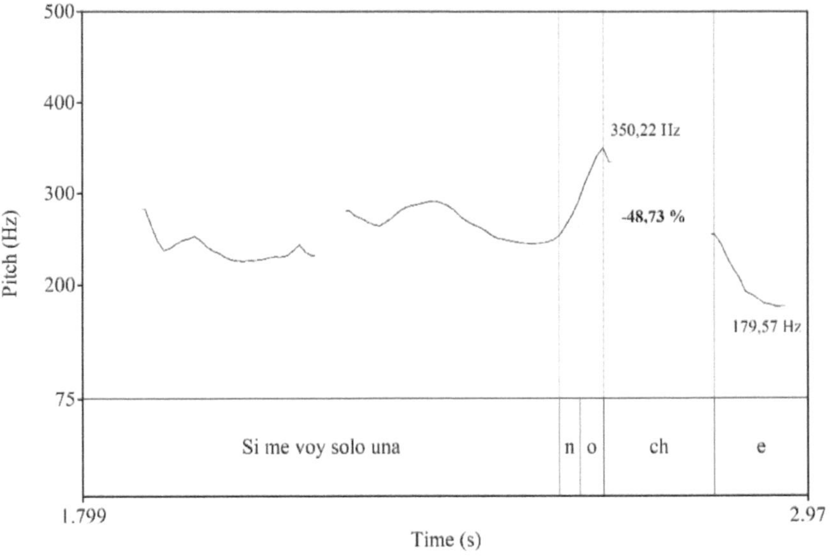

Figura 34. Estructura con *si* replicativo en cadencia (-48,73 % de descenso)

Este ejemplo experimental se basa en uno obtenido de un corpus real, el COLA Madrid. Del caso real también hemos tenido acceso a la grabación de audio. El tonema final se realiza en anticadencia, como una condicional suspendida (Figura 35):

(7) A: Que nadie se sabe que me voy a la feria de Sevilla. Y estoy por no decirlo. *Si me voy solo una noche.* Le voy a decir que me voy a a a
B: [A dormir a casa de una amiga]
A: [A tu casa]. Me voy a tu casa.
(COLA, maesb2-05a)

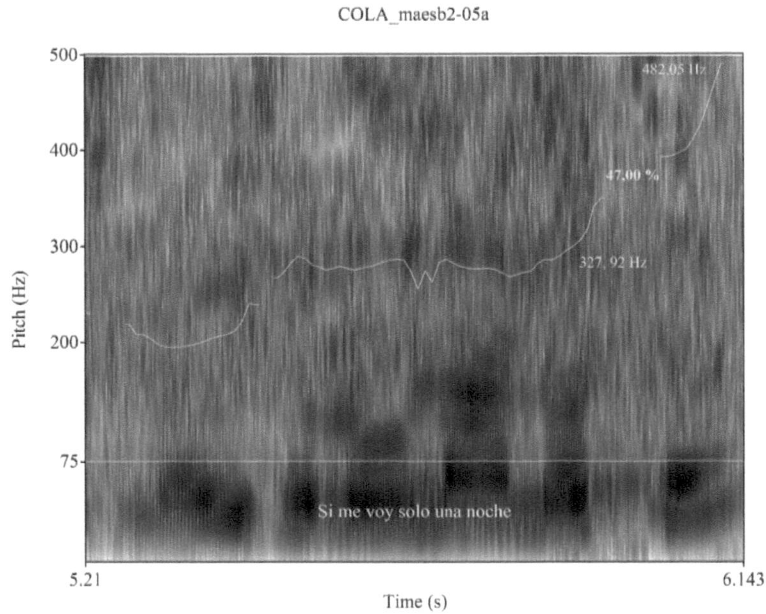

Figura 35. Contorno melódico en anticadencia (47 %)

Aunque la enunciación original se realice en anticadencia, hemos visto cómo nuestros informantes durante la lectura dramatizada le han dado dos interpretaciones distintas reflejadas en la entonación: una en anticadencia como condicional suspendida y otra en cadencia como enunciado contraargumentativo de réplica. Ya hemos hablado de esta ambigüedad de las condicionales en varios puntos de esta obra (*vid.* § 3.3), pero da cuenta de la marcada diferenciación que realiza la entonación con las estructuras con *si*, que llega incluso a cambiar el tipo de elemento introductor del enunciado: *si* conjunción condicional, y *si* marca de refutación. Al mismo tiempo, no reforzar bien esta entonación en las condicionales suspendidas podría desencadenar la ambigüedad entre estos dos tipos de enunciados. Por tanto, el hablante, para asegurarse de que el oyente recibe adecuadamente el sentido de su estructura, refuerza la inflexión tonal ascendente, de tal forma que la tendencia en las condicionales suspendidas con *si* es un porcentaje de elevación de la inflexión final mayor que el de otras estructuras suspendidas, y llega, incluso, a una elevación en 7,69 semitonos, una de las más altas obtenidas en nuestros resultados. Esta ambigüedad no ocurre con las causales suspendidas ni en otras condicionales, de tal forma que mantienen una elevación más moderada. La marcada suspensión de las condicionales con *si* es una forma de hacer ostensiva la intención del hablante y reafirma la cláusula condicional como una estructura suspendida independiente. Este resultado contrasta con el obtenido por Kaltenböck (2016: 363) en su análisis de cláusulas insubordinadas con *if* en inglés que expresan actos directivos. El autor, analizando acústicamente ejemplos reales del inglés, encuentra que el patrón de las insubordinadas con *if* que realizan actos de habla directivos es en cadencia, como un final de enunciado habitual con su propia fuerza ilocutiva.

Otras de las estructuras que tienen los valores más elevados como suspendidas son las consecutivas: 48,74 % y 62,74 %. Creemos que su marcada elevación se debe al carácter cuantificador e intensificador de las consecutivas. Su sentido dispara hacia la parte superior de la escala (en una valoración positiva o negativa) un determinado argumento. Esto se traduce también en una mayor implicación modal del hablante que repercute también en la entonación. Una entonación más elevada también puede llegar a expresar una mayor implicación del hablante con lo dicho, en su valoración. También puede tener cierta influencia en esta elevada entonación la aparición de un acento de insistencia, como veremos en § 7.3.3.2.

Por otro lado, las cláusulas consecutivas de estructuras bimembres también muestran una elevación muy marcada a diferencia del resto: 49,95 % y 35,5 % de media de elevación. Debido a esto, hemos comprobado las pausas que se dan entre la cláusula primera y la segunda. Hemos observado que solo ocho informantes han realizado una pausa en esta posición en las consecutivas con *tan* y también solamente ocho casos en las consecutivas con *tanto* pospuesto al verbo. Sin embargo, la media de duración de la pausa en estos dos casos es bastante elevada: 0,29 s. (consecutivas con *tan/tanto*) y 0,3 s. (consecutivas con *tanto*). Esto puede indicar una interpretación de la cláusula inicial por parte de los informantes como si la estructura fuera una suspendida intensificadora, de tal forma que implica una elevación mayor en el tono. Otra explicación es, posiblemente, la relevancia del valor cuantificador de los adverbios *tan* y *tanto*, que deja en segundo plano la expresión de las consecuencias en la segunda cláusula y le da más importancia a intensificar la valoración expresada.

Salvo en este caso de las consecutivas, el resto de los valores de las cláusulas en estructuras bimembres muestran una elevación muy moderada, en relación con las estructuras suspendidas, en las que la elevación es más marcada. Este dato reforzaría una de las consideraciones de Hidalgo (1998: 83): las estructuras suspendidas adquieren un tonema más cercano a la anticadencia que a la semianticadencia. Esto se debe, como indica el autor, al carácter intencional de las estructuras suspendidas como mensaje completo y, como continuamos nosotros, si es intencional, hay necesidad de hacer ostensión de la marca significativa: la suspensión evidente, el tonema en anticadencia. Con respecto a las prótasis de cláusulas bimembres, parecen identificarse más con el tonema en semianticadencia. Como indica Martínez Celdrán (1994 [1984]: 252), la semicadencia, la semianticadencia y la suspensión (como tonema del mantenimiento del tono) "sólo son divisiones intermedias de las oraciones compuestas". Esto nos lleva a pensar también que los valores de cadencia y anticadencia son los verdaderamente significativos, mientras que el resto tienen un valor principalmente cohesivo.

El recuento de casos por intervalos de elevación también nos ofrece ciertas pistas sobre la tendencia de las prótasis en estructuras bimembres y de las suspendidas de poseer un determinado tipo de tonema. En la Figura 35, observamos en forma de gráfico los resultados de las Figuras 30 y 31, *Comparativa de los resultados acústicos (II y III).*

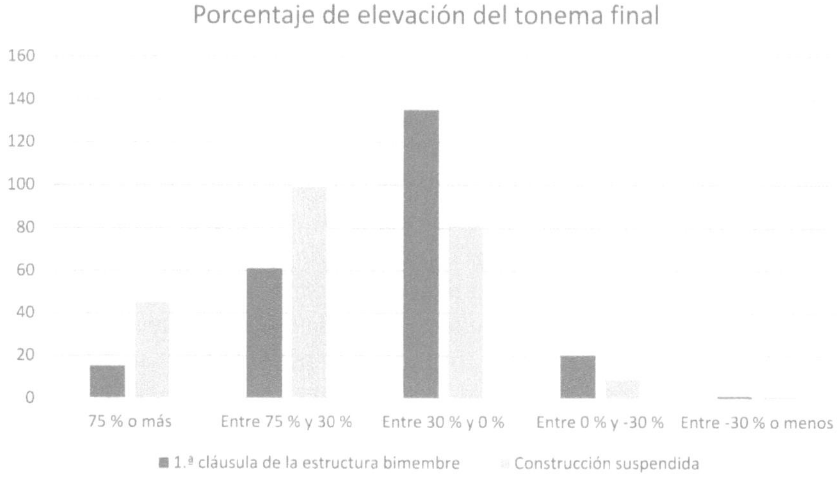

Figura 36. Gráfico comparativo del número de casos por porcentaje de elevación del tonema final en las estructuras bimembres y suspendidas

Como se observa en este gráfico, el punto más elevado de las prótasis en estructuras bimembres está en el intervalo entre 30 % y 0 % de elevación del tono (un total de 135 casos de todos los recogidos). Esto corresponde a una tendencia de elevación moderada por parte de estas cláusulas, que podemos hacer comparable al tonema en semicadencia o de mantenimiento del tono.

En cambio, mientras que la tendencia de la primera parte de las estructuras bimembres es orientarse hacia la variante intermedia (hacia una elevación moderada), la tendencia de las estructuras suspendidas es aparecer en las variantes en la parte izquierda del gráfico, es decir, tienden a realizarse con una mayor elevación. El pico más alto se encuentra en los 99 casos del intervalo de ascenso 30–75 %, más comparable a un tonema en anticadencia. Podemos destacar también que en las suspensiones se dan 45 casos que superan el 75 % de elevación (hecho que sitúa a la entonación más cerca de las interrogativas), frente a los escasos 15 casos de las prótasis de estructuras bimembres. Los 99 casos de elevación considerable (75–30 %) y los 45 casos de elevación extrema (+ 75 %) abarcan más de la mitad de los registros totales de suspendidas, lo que parece reafirmar su tendencia a una marcación clara de la entonación suspendida.

Los descensos moderados, como el tercer patrón del modelo MAS (*vid.* § 2.3), son menos frecuentes en nuestro experimento, pero no extraños; sobre todo, son más frecuentes en las cláusulas iniciales de las construcciones bimembres: 20 casos frente a 9. Los casos de descenso más marcados (más del 30 % de descenso) son muy esporádicos y no parecen influir en ningún tipo de tendencia más generalizada.

Con todo esto no queremos decir que una estructura suspendida deba realizarse con una inflexión final en un porcentaje de valores absolutos. Lo que verdaderamente se muestra es que sí parece haber un interés del hablante por elevar de forma bastante marcada la entonación final de una estructura suspendida, ya que esto va a ayudarle a que su oyente la interprete como tal. Como último argumento de este hecho, el análisis de los semitonos también resulta transparente. Es patente el cambio de semitonos en la inflexión final de las suspendidas, que llega incluso a una diferencia de 7,69 # en el caso de las condicionales suspendidas con *si*. Pamies *et al.* (2002) establecían el umbral funcional de la percepción en 1,5 #, y los casos de suspensiones superan con creces este límite que, para nuestras consideraciones, insistimos, se debe a la reafirmación de las estructuras suspendidas como tales. Los casos de las prótasis de estructuras bimembres también superan este umbral, aunque de forma más moderada. La semianticadencia tiene una función cohesiva que debe ser marcada, pero para que la entonación de la estructura suspendida sobrepase este funcionamiento meramente cohesivo, debe establecer una distancia mayor que permita una nueva interpretación.

3.4.3.2. Comparativa de los resultados experimentales con los ejemplos reales

Cuando establecemos ciertas conclusiones o hipótesis de un hecho, el método científico nos empuja a contrastarlas con la realidad (*cfr.* López Serena, 2003). Conscientes de que los resultados acústicos descritos hasta ahora son producto de un experimento controlado, conviene establecer un segundo paso descriptivo con los ejemplos que hemos obtenido de la realidad y comprobar hasta qué punto pueden ser extrapolables nuestras conclusiones al discurso oral real.

A pesar de que, en la mayoría de los casos, las muestras reales de audio están contaminadas por ruido de fondo, presentamos el análisis de algunos ejemplos obtenidos del corpus COLA que sí han permitido, por su calidad, una descripción acústica a través del programa Praat. Además, el modelo MAS (*vid.* § 2.3) se adapta bien a las muestras de audio reales y, de hecho, el propio Cantero (2016) ofrece pistas sobre la recopilación de audios obtenidos de situaciones comunicativas espontáneas para la conformación de un corpus sonoro. Por ello, ha sido posible la aplicación de este modelo a los ejemplos "reales" que presentamos a continuación y se han podido comparar los resultados con los obtenidos de las lecturas dramatizadas. Algunos de estos ejemplos están también expuestos en otros apartados de este estudio:

a) *Causales suspendidas con* como *(Figuras 37 y 38).*

(8) A: Que hemos quedado con ella. Que es una amiga de verano.
B: *Como no tenéis que estudiar.*
A: Oye yo tengo mañana un examen de recuperación de economía y creo que lo voy a hacer.
(COLA, maesb2-05b)

Experimento	**Ejemplo de conversación espontánea grabada**
Media del ascenso: 31,77 % Número de casos por rango: - 75 % o más: 4 - 30-75 %: 11 - **0-30 %: 12**	18,58 %

Figura 37. Comparativa del grado de elevación del tonema final entre un ejemplo real y los resultados del corpus experimental: causales con *como*

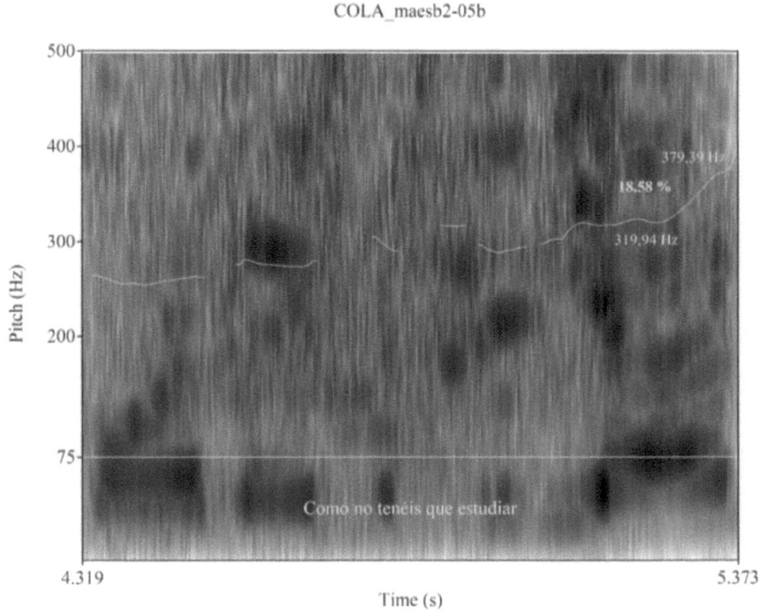

Figura 38. Curva melódica de "Como no tenéis que estudiar"

b) *Causales suspendidas con* ya que *(Figuras 39 y 40).*

(9) A: Y para bajar comer y volver a irte, ¿sabes?↑. Si un día quieres hacer un día enterooo. Hago eso, a ver↓. Vas a comer la dejas ahí comes. Y me vuelvo al campo.. No sé, *ya que bajas,* ¿sabes?↑ No no no será como ésta que me voy al super je je je

B: je je je

(COLA, malcc2-12)

Experimento suspendidas	**Ejemplo de conversación espontánea grabada**
Media del ascenso: 35,85 % Número de casos por rango: - 75 % o más: 0 - 30-75 %: 19 - **0-30 %: 13**	23,95 %

Figura 39. Comparativa del grado de elevación del tonema final entre un ejemplo real y los resultados del corpus experimental: causales con *ya que*

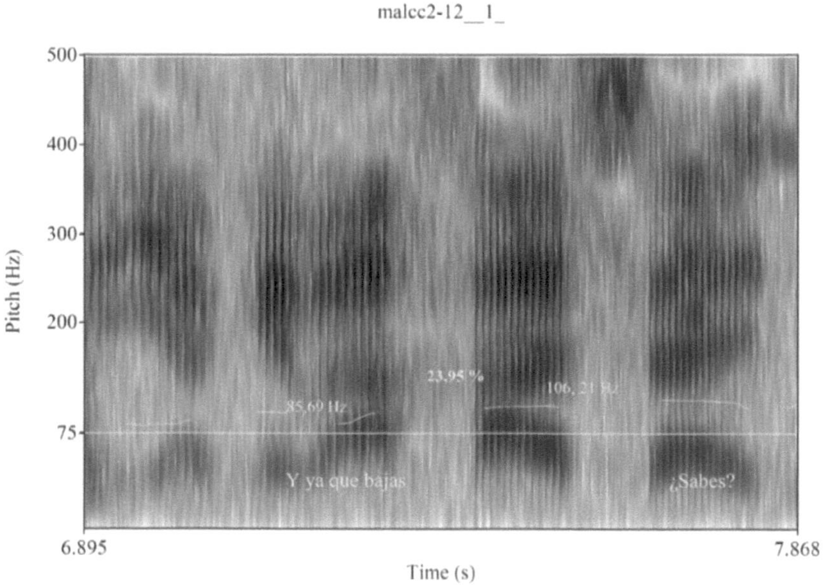

Figura 40. Curva melódica de "Y ya que bajas..."

c) *Condicionales con* si *(Figuras 41 y 42).*

(10) A: Nunca es que yo no hay nada más humillante que autodeclaración.
B: No yo eso no lo voy a hacer jamás. Bueno depende igual algún día *si las cosas están muy claras.* ... <ruidos/> y más tiempo que es que e e de dos horas <risa/>
(COLA, maesb2-06a)

Experimento suspendidas	Ejemplo de conversación espontánea grabada
Media del ascenso: 61,27 % Número de casos por rango: - 75 % o más: 12 - **30-75 %: 14** - 0-30 %: 7	51,46 %

Figura 41. Comparativa del grado de elevación del tonema final entre un ejemplo real y los resultados del corpus experimental: condicionales con *si*

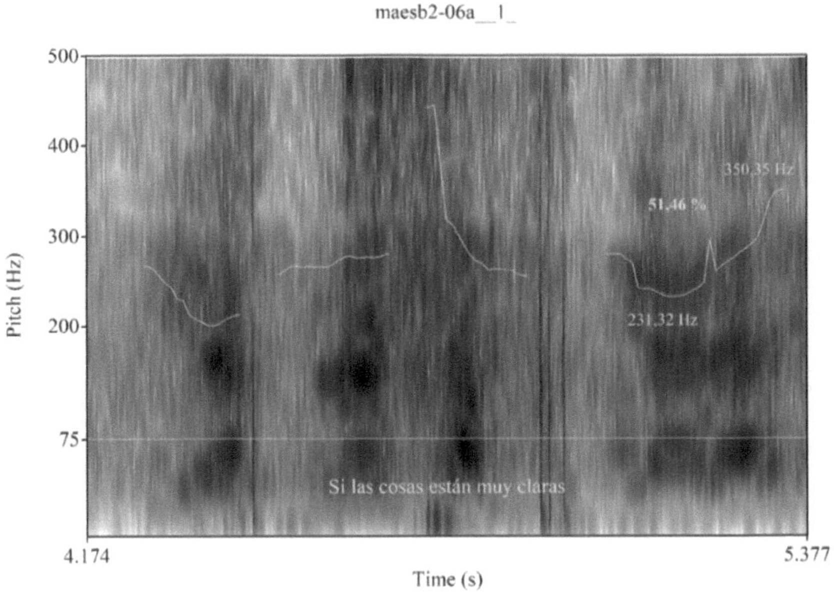

Figura 42. Curva melódica de "Si las cosas están muy claras..."

d) *Condicionales con* como *(Figuras 43 y 44).*

(11) A: Yo le digo dame el número de @nombre. *Como no me lo dé él*[39] ja ja ja ja
B: Nada nada va a venir @nombre y te pega
(COLA, malce2-05)

39 La transcripción original del audio ponía "Cómo (sic) no me lo des". Sin embargo, al escuchar la grabación, creemos que lo que se dice realmente es "como no me lo dé él...".

Experimento suspendidas	**Ejemplo de conversación espontánea grabada**
Media del ascenso: 44,54 % Número de casos por rango: - 75 % o más: 6 - 30-75 %: 14 - **0-30 %: 14**	13,26 %

Figura 43. Comparativa del grado de elevación del tonema final entre un ejemplo real y los resultados del corpus experimental: condicionales con *como*

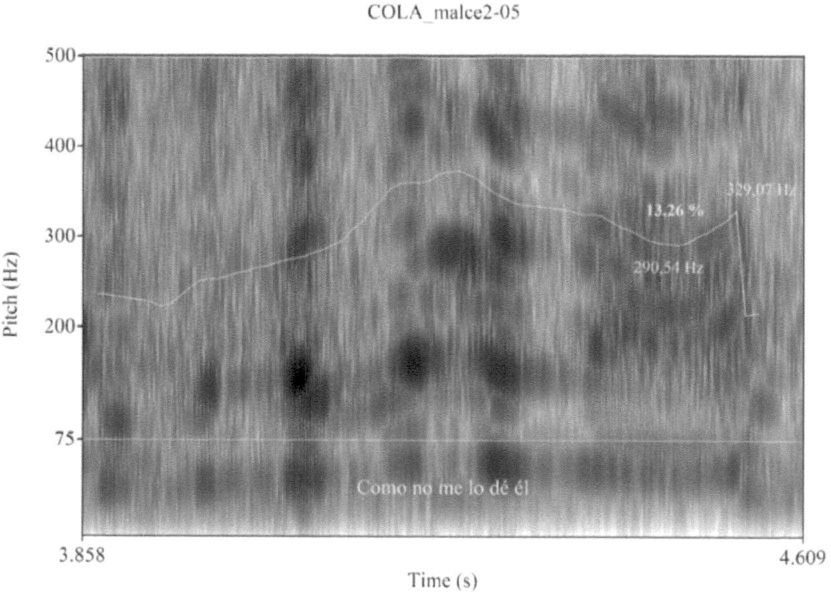

Figura 44. Curva melódica de "Como no me lo dé él. . ."

e) *Respectuales con* para *(Figuras 45 y 46).*

(12) A: Puff. hala está todo rayado ese disco tío
B: El de esea ↑
A: [Sí]
C: [Esto queda hip hop chaval]
B: *Para lo que lo escucho* puf puf. Si he traído cosas que a mí no me molan molan. He traído house también chaval.
(COLA, malcc2-08)

Experimento suspendidas	**Ejemplo de conversación espontánea grabada**
Media del ascenso: 35,17 % Número de casos por rango: - 75 % o más: 2 - **30-75 %: 12** - 0-30 %: 19	63,80 %

Figura 45. Comparativa del grado de elevación del tonema final entre un ejemplo real y los resultados del corpus experimental: respectuales con *para*

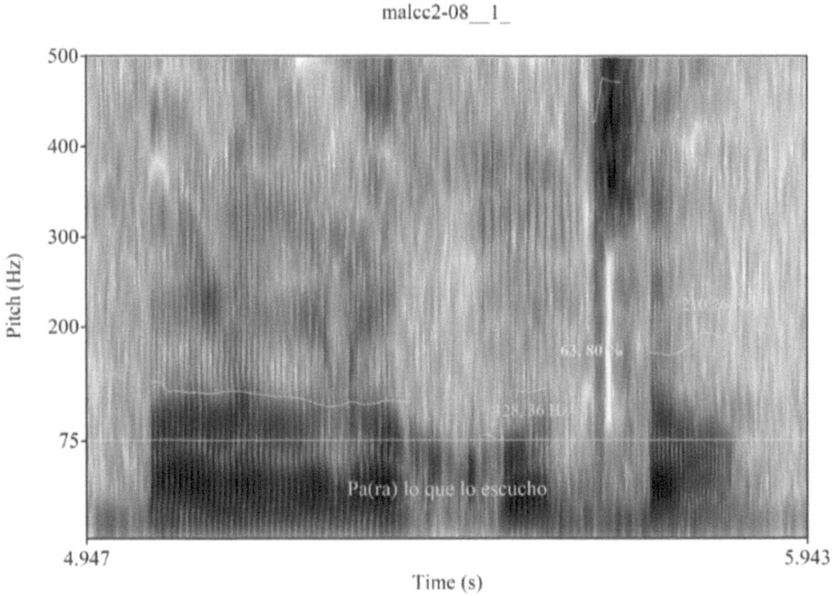

Figura 46. Curva melódica de "Pa(ra) lo que lo escucho…".

f) *Ponderativas con* tan/tanto *como modificador de un sustantivo, un adjetivo o un adverbio (Figuras 47 y 48).*

(13) A: La has visto ↑ a @nombre ¿sabes? ↑ echaron en la tele
B: Ya @nombre a que está guapo el @nombre
C: Me llamó ayer el de @nombre
B: ¿Y eso? ↑
C: *Tiene una voz tan bonitaa* ↑
B: Trae trae trae trae
(COLA, mabpe2-01c)

Experimento suspendidas	**Ejemplo de conversación espontánea grabada**
Media del ascenso: 48,74 % Número de casos por rango: - 75 % o más: 9 - **30-75 %: 14** - 0-30 %: 10	66,10 %

Figura 47. Comparativa del grado de elevación del tonema final entre un ejemplo real y los resultados del corpus experimental: ponderativas con [*tan* y *tanto* + sust./adj./adv.]

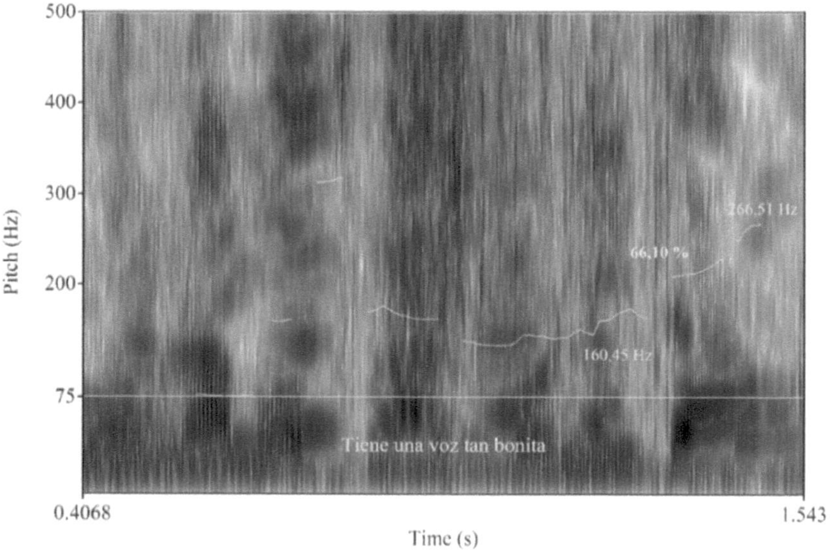

Figura 48. Curva melódica de "Tiene una voz tan bonita. . ."

g) *Ponderativas con* tanto *modificador verbal (Figuras 49 y 50).*

(14) A: Voy a escuchar Top ley que tengo ganas de escucharlo. *Porque habéis hablado tanto de ello.*
B: Ay, ¿es el nuevo disco? ↑
C: Sí
B: Hay una canción que me encanta.
(COLA, malcc2-14)

Experimento suspendidas	**Ejemplo de conversación espontánea grabada**
Media del ascenso: 62,31 % Número de casos por rango: - 75 % o más: 12 - **30-75 %: 15** - 0-30 %: 6	60,41 %

Figura 49. Comparativa del grado de elevación del tonema final entre un ejemplo real y los resultados del corpus experimental: ponderativas con *tanto* como modificador verbal

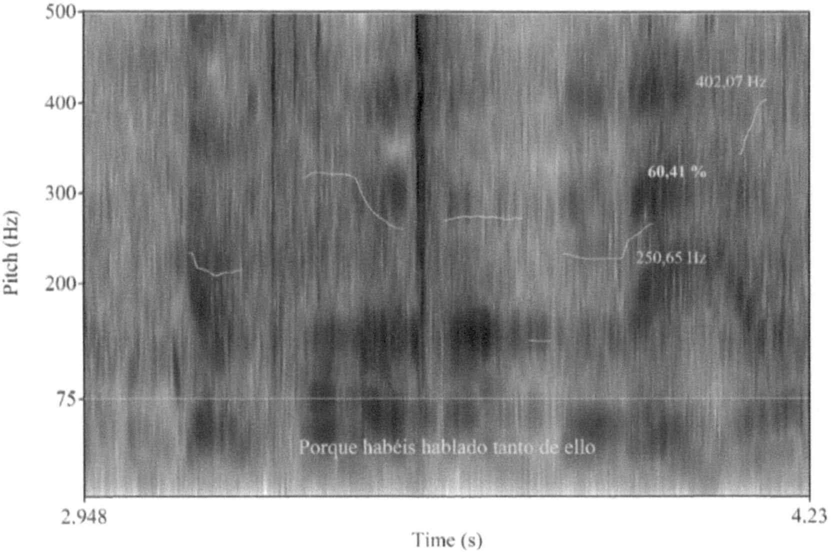

Figura 50. Curva melódica de "Porque habéis hablado tanto de ello..."

Como se puede observar en el espectrograma de estos audios, el ruido de fondo hace que la calidad del sonido no sea la más apropiada para permitir el análisis. Sin embargo, en los ejemplos escogidos se detecta, en mejor o en peor medida, la estructura formántica y la frecuencia de los segmentos sonoros que forman parte de la inflexión final de estas estructuras, lo que permite la detección y la medición de su altura tonal. Pero, aun así, no negamos que el ruido de fondo y otras características de la conversación coloquial puedan afectar a la melodía y que reflejen cambios que no sean relevantes o que estén contaminados por el ruido de fondo. Además, los escasos ejemplos de los que disponemos no permiten una muestra suficientemente representativa del fenómeno real y esto supone que manejemos datos muy parciales. Pero, en cualquier caso, sí es posible discernir cierto encaje de estos ejemplos en los resultados del análisis experimental. Todas las grabaciones reales vistas, como se puede contemplar en los cuadros comparativos de la a) a la g), constituyen un caso más de los patrones de elevación más habituales de cada tipo. Esto nos lleva a pensar que sí es posible cierta validación de nuestros resultados "de laboratorio" con el habla real y espontánea. Así, podemos reforzar nuestra hipótesis del deseo del hablante de marcar con seguridad la elevación del tono en la inflexión final para dejar constancia de que se trata de una estructura suspendida con las repercusiones significativas que este rasgo desencadena. El grado de suspensión varía dependiendo del tipo de estructura ya que, por su funcionalidad en el código del español, algunas precisan de una marcación mayor que otras.

3.4.3.3. El valor de la entonación en las estructuras suspendidas

Tras el análisis acústico superficial que hemos hecho, llegamos a una conclusión similar a Hidalgo (1998: 83), que las estructuras suspendidas se caracterizan más por un tonema en anticadencia que en semianticadencia (o un mantenimiento del tono). O, al menos, la intención del hablante es señalar una elevación del tono lo suficientemente marcada como para que el oyente perciba el aporte significativo del cambio tonal. Por tanto, quizás sea mejor decir que el hablante tiende a marcar esta elevación, aunque no haya un patrón fijo determinado. El grado de cambio en la melodía dependerá de la situación contextual (dependiente del registro y del contexto fónico), de la posibilidad de que se den casos de ambigüedad o de otros factores que puedan interrumpir la correcta percepción de la elevación del tono con la correspondiente activación de inferencias. En el fondo, es un principio de economía y eficacia lingüística: lograr que el hablante perciba con seguridad el ascenso del tono con el menor cambio entonativo posible; cuantas más obstrucciones en la conversación, mayor será el grado de compensación para garantizar la interpretación correcta.

Con esta caracterización formal delimitada, la entonación suspendida se convierte un elemento que posee un sentido procedimental

(Blakemore, 1987: 144) que caracteriza toda la estructura como suspendida y que va a determinar los usos que va a tener el discurso y los procesos inferenciales que puede activar. Con esta visión, el siguiente paso es el análisis del funcionamiento lingüístico de esta suspensión en anticadencia. Para ello, seguiremos la distribución funcional que realizan Hidalgo y Quilis (2004: 262 y ss.) para el análisis de la entonación. Estos autores dividen las diversas funciones según dos ejes, el sintagmático y el paradigmático. Pero, además, en un tercer momento, analizaremos ciertas funciones de la entonación en el nivel interactivo, ya que se trata de un recurso que adquiere sentido, sobre todo, en la interacción oral espontánea.

a) Una función integradora y una función demarcativa (eje sintagmático)

En primer lugar, la anticadencia en las estructuras suspendidas tiene una función integradora, ya que reúne todos los elementos de la estructura dentro del mismo grupo fónico que conforman el enunciado suspendido y delimitan el final de este. Sin embargo, la elevación de la entonación se ha relacionado, por lo general, con el sentido de abertura sintáctica cuya interpretación es la no completud significativa. Esta "señal de no completud" es útil en períodos como las causales o las condicionales, en las que la primera cláusula, el marco o el primer elemento se marcan con una elevación del tono para indicar que existe una segunda parte, que no se ha terminado la estructura. Se trata de un funcionamiento de la entonación procedimental, un valor cohesivo que relaciona el final de la estructura con el elemento previo:

> La subordinación es una forma oracional compuesta, dentro de la cual el elemento subordinante y el propiamente subordinado constituyen siempre, por lo que al tono se refiere, dos grupos distintos. Es indiferente el orden en que dichos elementos se hallen colocados: el primero que se enuncia termina siempre con elevación de la voz, y el segundo con descenso (Navarro Tomás, 1989: 220).

> [L]a estructura prosódica característica de las oraciones enunciativas compuestas por dos o más grupos fónicos suele constar de dos partes: una rama tensiva (o prótasis) y una rama distensiva (o apódosis). La primera estimula y reclama atención, la segunda completa el pensamiento respondiendo al interés suscitado (Hidalgo y Quilis, 2004: 247–248).

La elevación es, así, una indicación de abertura y el descenso una indicación del cierre sintáctico de la frase. Esto se ha visto también como indicadores de los límites no solo de la frase, sino también de los enunciados u otras unidades discursivas. Hidalgo y Padilla (2006: 126–127) comentan que el tipo de entonación en anticadencia es una de las marcas de delimitación de los subactos dentro del modelo de análisis de la conversación de Val.Es.Co (Briz, 2000). Según estos autores, la entonación en anticadencia permite encajonar varios subactos señal (subactos dependientes marcados por la entonación) dentro de un acto gracias a este tipo de entonación. Se consideraría, pues, que la entonación en anticadencia es marca de un acto complejo no acabado. Sin embargo, como la continuación no siempre es requerida, Hidalgo y Padilla (2006) describen que este tipo de entonación en los actos truncados es un tipo de "cierre pragmático". Esto nos lleva a pensar, también, que puede haber estructuras muy diversas de enunciados diferentes de las suspendidas que aquí analizamos que poseen este tipo de cierre, como un truncamiento intencionado por parte del hablante que quiere expresar que no tiene intención de continuar con la estructura. En nuestras suspendidas, este cierre pragmático es además un componente constituyente de la estructura; no es simplemente una forma de cerrar la estructura, sino que forma parte de su composición y marca su frontera final.

Asimismo, descartamos que la entonación suspendida que nosotros analizamos tenga el mismo funcionamiento cohesivo que la entonación de una prótasis en una estructura bimembre. Si nuestros datos experimentales son verdaderamente representativos, las variaciones entonativas de las prótasis y las de los enunciados suspendidos son distintas. El grado de elevación en los segundos es mayor en relación con las primeras, y esto se traduce en otras implicaciones lingüísticas. Si acaso, la interpretación de la anticadencia como elemento cohesivo en los enunciados suspendidos no debe interpretarse dentro de los límites del propio enunciado, sino que hay que extender la mirada más allá: la cohesión se establece entre las intervenciones del hablante y las de su interlocutor, de tal forma que el ascenso del tono sigue poseyendo un sentido de apertura, pero la continuación del discurso se deja en manos del oyente. Visto así, la suspensión es un fenómeno propio de la interacción y de la coconstrucción del discurso (Fuentes Rodríguez, 2014a: 150).

b) Función distintiva (eje paradigmático)

La entonación en anticadencia de las construcciones suspendidas permite diferenciarlas de otras estructuras similares, e incluso, de las prótasis de enunciados bimembres equivalentes:

a. *Acompáñame a comprar si no tienes nada que hacer* (↓)
b. *Acompáñame a comprar. Si no tienes nada que hacer...* (↑)

Aunque el contenido referencial es el mismo, las implicaciones y el enfoque no lo son. En a., el acto de habla de la 'petición' solo se hace efectivo si el receptor "no tiene nada que hacer". Es la 'condición' de la primera cláusula, un complemento de reinterpretación restrictiva del enunciado (Fuentes Rodríguez, 2007: 18). En cambio, con el caso de b., nos encontramos con dos enunciados distintos divididos por una pausa y, por tanto, la relación entre ellos excede los límites de la oración: se trata de una relación en la macroestructura. Como enunciado suspendido (con tonema final en anticadencia, según nuestras consideraciones), "Si no tienes nada que hacer..." abre una línea argumentativa más en el discurso y la información introducida sirve de argumento para la conclusión del enunciado previo "acompáñame". La interpretación esquemática de la estructura argumentativa sería la de la Figura 51:

<table>
<tr><td>Conclusión (nivel 1)</td><td colspan="2">Acompáñame a comprar</td></tr>
<tr><td rowspan="2">Argumento (nivel 1)</td><td>Argumento (nivel 2)</td><td>Si no tienes nada que hacer...</td></tr>
<tr><td>Conclusión implícita (nivel 2)</td><td>[Puedes acompañarme sin problema]</td></tr>
</table>

Figura 51. Esquema argumentativo de "Acompáñame a comprar. Si no tienes nada que hacer... (↑)"

Se trata de una estructura argumentativa compleja (*cfr.* Fuentes Rodríguez, 2017: 50 y ss.), en la que la conclusión del esquema argumentativo abierto por la condicional suspendida sirve de argumento, a su vez, de la primera conclusión. La conclusión del segundo nivel argumentativo no se explicita ("puedes acompañarme sin problema"), ya que solo poseemos un enunciado suspendido. Es el receptor el que debe llegar por su cuenta a la conclusión implícita (la infiere) y entenderla como argumento que apoye el enunciado "acompáñame". Este proceder encaja en la teoría de la argumentación de Anscombre y Ducrot (1983), en el que el argumento de una conclusión no tiene por qué quedar explícito.

Insistimos en que este procedimiento solo es posible cuando estamos ante un enunciado suspendido. Cuando no tenemos una entonación suspendida, sino en cadencia, el esquema argumentativo cambia, aunque sigamos ante dos enunciados distintos:

c. *Acompáñame a comprar.* (/) *Si no tienes nada que hacer.* (↓)

En este caso, la prótasis condicional no abre ninguna línea argumentativa nueva, sino que, como pasa en las prótasis pospuestas de a., restringe el marco de actuación del acto de habla "acompáñame a comprar". Este ejemplo podría tratarse de un caso de reformulación, ya que el segundo enunciado nos indica que hay que entender el primero como si fuera una condicional: 'si no tienes nada que hacer, acompáñame a comprar'. Es decir, el hablante piensa que ha sido demasiado impositivo a la hora de enunciar la petición. Para tratar de paliar las inferencias negativas de la imposición, atenúa la fuerza ilocutiva del acto de habla directivo con un marco condicional posterior.

Por último, podemos toparnos con el caso de una entonación exclamativa con *si* de réplica que termina en cadencia y que también cambia el enfoque y el sentido del texto:

d. *Acompáñame a comprar. ¡Si no tienes nada que hacer!*

En este caso, se trata también de dos enunciados distintos, pero el argumento para justificar la conclusión "acompáñame a comprar" se da de forma directa. Esto es así porque no se trata de una prótasis condicional, sino de una construcción plenamente argumentativa que, a través de *si* sitúa el argumento en la parte superior de la escala (Figura 52):

Conclusión	*Acompáñame a comprar*
Argumento	*¡Si no tienes nada que hacer!* (A la vez, refuta un posible argumento del interlocutor, como "no tengo tiempo de acompañarte a comprar")

Figura 52. Esquema argumentativo de "Acompáñame a comprar. ¡Si no tienes nada que hacer! (↓)"

Estas estructuras ya han sido ampliamente analizadas por una bibliografía creciente (Almela, 1985; Montolío, 1996, 1999a; Schwenter, 1998–1999, 1999, 2016; Porroche, 1998; Gras, 2010; Rodríguez Ramalle, 2011) y quedan fuera de nuestro objeto de estudio por haberse convertido ya en una estructura totalmente alejada de las prótasis condicionales y por no poseer un tonema final en anticadencia. Se suele considerar una estructura insubordinada independiente (*cfr.* Schwenter, 2016; Lastres López, 2021), pero no es una suspendida ya que ni su entonación ni su constitución se asimilan a las características de este grupo.

Las condicionales suspendidas son el ejemplo más evidente de cómo la entonación en anticadencia actúa en el eje paradigmático diferenciando el significado y el funcionamiento macroestructural de construcciones y enunciados distintos. Pero, aparte de ellas, también esa diferenciación se puede observar en la mayoría de las estructuras suspendidas, como en las causales con *ya que*: *Tráeme un vaso de agua ya que estás de pie.* (↓) ≠ *Tráeme un vaso de agua. Ya que estás de pie...* (↑). O también en las respectuales con *para*: *La película no es tan buena para lo que prometía el tráiler.* (↓) ≠ *La película no es tan buena. Para lo que prometía el tráiler...* (↑).

Como conclusión a todo lo expuesto, la suspensión, entendida como un ascenso del tono final, como un tonema en anticadencia, es un rasgo con un significado procedimental que nos indica cómo entender el contenido de la cláusula y cómo funciona este en la macroestructura del discurso. La entonación suspendida logra activar una serie de inferencias en el receptor. Este rasgo nos indica que la información no es completa y nos deja abierta una línea argumentativa que nos lleva a una determinada conclusión, pero sin explicitarla.

Esto se debe a que la relación entre el argumento presentado por la suspendida y su conclusión es evidente en el mundo de los interlocutores, por lo que resulta fácil llegar a ella. Se trata de un movimiento *prospectivo.*

c) Función interactiva

Todos los valores que hemos visto en el apartado anterior se aplican fácilmente a la interacción. De hecho, como ya hemos indicado, las construcciones suspendidas y el rasgo de la suspensión adquieren pleno valor en la relación entre los dos participantes de la interacción. Esto hace de las construcciones suspendidas un fenómeno prototípico de la coloquialidad y, más concretamente, de la conversación.

La gramática tradicional se ha encargado pocas veces de los fenómenos lingüísticos que ocurren en el ámbito interactivo, aunque ha habido algunos acercamientos que sí defienden poner el foco en algunas estructuras gramaticales desde el punto de vista de la interacción (*cfr.* Montolío, 1996; Gras, 2010). En este apartado pretendemos defender que el rasgo *suspensión* solo puede entenderse en su totalidad si es en un contexto de interacción conversacional.

El valor principal de la entonación suspendida desde el punto de vista interactivo es la capacidad de pedir colaboración al receptor. En el apartado anterior ya hemos visto que sin el mundo compartido entre los dos interlocutores no sería posible derivar una conclusión evidente de la estructura. El hablante, al elevar la entonación al final de la estructura suspendida, debe suponer que su oyente es capaz de completar el contenido que falta; el oyente, a su vez, cuando percibe el ascenso, interpreta que su interlocutor sabe que podrá llegar a la conclusión por sí mismo. Se trata así de un proceso *intersubjetivo.*

Esta petición de colaboración del emisor al receptor no siempre tiene que derivar en una respuesta del último, como hemos visto en el apartado anterior o como se ve en el siguiente ejemplo:

(15) A: [No lo sé si se habrá acabado pásamelo]
B: [No bah yo lo tendré no sé]. *Como no la voy a sacar mucho.* Que tú la puedes sacar mazo. Pero que yo no tengo o
(COLA, malcc2-12)

Aunque lo más habitual suele ser una reacción del interlocutor con una nueva intervención en el discurso[40]:

(16) C: §en esa discoteca iban casi todos iguales §
D: §[sí sí]
B: [yaa ya lo sé]
A: [pero es que es lo que tiene] Madrid §
C: §[SASTRE se puso la camiseta esa que se puso] no sé por qué
B: [(( ))] §
D: §[sí pero es que ((eso es)) horrible]
B: [menos mal]
C: [que Sastre] es de ir con camisa [SIEMPRE]
B: [pues menos mal porque iba muy guapo]
D: pero es que ya no es que lleves [camisa ¿sabes? porque]
B: [*para lo que ((iban el resto))*↑]
D: [si tú] te arreglas te pones una camisa griis negra o- oo de cualquier color pero LIISA §
C: §ellos es [como todos son]
(Val.Es.Co. 2.0., 2011. Conversación 46)

Podríamos llegar a considerar que una estructura suspendida puede constituir un par adyacente debido a la capacidad de la suspensión para "solicitar" una respuesta. La suspensión introduce así un lugar de transición pertinente[41] para la toma de turno, aunque, en cierto modo, este cambio está marcado por el propio hablante. El rasgo cobra importancia como forma de transición del cambio de turno, al igual que otros mecanismos como los silencios o los solapamientos (*cfr.* Sacks, Schegloff y Jefferson, 1974; Gallardo Paúls, 1993b). Lo particular de este caso sería que la noción de abertura que se desprende del tonema en anticadencia no sirve, como se considera habitualmente, para que el propio hablante indique que va a continuar, sino para hacer que el interlocutor lo haga. La idea de no finalización permanece, pero se cambia el enfoque en el marco de la coconstrucción del discurso. Por ello, insistimos en que la

40 Estellés y Pons (2014: 129) indican que las intervenciones reactivas son, sobre todo, relevantes al inicio de un acto.

41 El lugar de transición pertinente (*transition-relevance place*) es un término procedente de la tradición etnometodológica del análisis de la conversación (Sacks, Schegloff y Jefferson, 1974) para referirse a aquellos puntos de la conversación en los que se hace pertinente el cambio de turno de palabra.

elevación del tono en una oración en proceso y en una estructura suspendida deben ser distintas para indicar quién continúa con el discurso. A la misma conclusión llega Montolío (2011: 316), que indica que las condicionales con *si* suspendidas son una muestra de esta coconstrucción del discurso: "... el hablante que produce la cláusula con *si* planea el segundo miembro, la apódosis o cláusula principal, de manera interactiva, es decir, para que, llegado el caso, pueda ser completada por otro hablante".

Del mismo modo, esta función interactiva de la suspensión le hace cobrar valor como unidad discursiva en la dimensión social de la que habla el grupo Val.Es.Co. (Briz, 2000, 2002-2004; Hidalgo y Padilla, 2006; Pons, 2007), como elemento relevante en la alternancia de turnos. En nuestro modelo (*cfr.* Fuentes Rodríguez, 2017[2000], 2013a, 2017), este aspecto social repercute en la constitución de intercambios que reflejan la colaboración de los interlocutores en la construcción mutua del discurso.

A pesar de estas indicaciones, es conveniente recordar que el terreno de la coconstrucción del discurso no es exclusivo de las estructuras suspendidas. Esta definición que parece evidente no lo es tanto cuando no atendemos a que el discurso puede construirse de formas distintas y tienden a confundirse elementos que actúan con valores diferenciados. Este es el caso de la confusión entre las estructuras suspendidas y otros enunciados insubordinados cuando actúan como intervención independiente:

a) - Diego se va esta semana a Burgos.
- Si su jefe le deja. (↓)

b) - Diego se va esta semana a Burgos.
- Si su jefe le deja... (↑)

En a) tenemos un caso de una prótasis condicional acabada en cadencia que toma como punto de referencia el enunciado de su interlocutor. "Diego se va esta semana a Burgos" actúa desde el punto de vista de la conversación como una prótasis condicional, como una restricción del enunciado anterior. El segundo hablante se apoya en el enunciado anterior y decide "completarlo" como si se tratase de un mismo enunciado construido por los dos interlocutores o un proceso interactivo de reformulación; este es el sentido de coconstrucción en estos casos. El caso de a) es equiparable a los ejemplos que describe Fuentes Rodríguez

(2014a: 151) de enunciados aparentemente no completos, pero que suelen aparecer en una intervención de respuesta. Tomando un ejemplo de Fuentes Rodríguez (*idem*) podemos comparar el caso de a): *-¿Puedes ayudarme a colocar estas cajas? -Cuando quieras.* El enunciado de respuesta "cuando quieras" es, tradicionalmente, un aditamento de tiempo y, de hecho, puede verse como un complemento al enunciado precedente sin necesidad de repetir toda la estructura: 'Puedo ayudarte a colocar estas cajas cuando quieras'. La posibilidad de aparecer como intervención independiente viene dada por la capacidad de expresar un acto de habla por sí mismo[42], como una confirmación para ayudar al interlocutor a "colocar cajas". Esta independencia también está argumentada por Iglesias Bango (2003–2004) en los enunciados introducidos por *como si.* Pero, por otro lado, la posibilidad de aparecer como enunciado propio no impide la conexión con el enunciado previo, ya que en la base del funcionamiento de esta estructura se encuentra una relación entre una proposición principal y su complemento, aunque los enuncien dos hablantes distintos. Volviendo a nuestro caso de la condicional en a), la prótasis puede actuar como enunciado independiente porque las inferencias que recibe el receptor son las de un enunciado reactivo completo que expresa las dudas del hablante sobre que Diego pueda irse verdaderamente a Burgos debido a que su jefe se lo puede impedir, pero a este sentido solo podemos llegar si entendemos la misma relación que se establece entre una prótasis condicional y su apódosis. Desde nuestro punto de vista, este tipo de enunciados posee un movimiento *retrospectivo* que hace que el receptor vuelva hacia atrás en el discurso para modificar o regular las inferencias que ha transmitido inicialmente. La implicatura 'Diego se va a marchar a Burgos definitivamente' se convierte en 'No está claro que Diego se vaya definitivamente (porque hay obstáculos)', como si se tratase de una reformulación. La entonación terminada con un tonema en cadencia ayuda a que este movimiento retrospectivo se realice con éxito y constituye una marca procedimental más de esta interpretación.

En b) nos encontramos ante una estructura suspendida por su tipo de entonación terminada en anticadencia y, como tal, desencadena un

42 De hecho, para Fuentes Rodríguez (2014a), enunciados como este *como quieras* se encuentran en proceso de fijación en la lengua o están ya altamente fijados.

proceso distinto a la prótasis independiente en a). Si en a) se da un movimiento retrospectivo, la condicional suspendida en b) es *prospectiva,* ya que lleva al hablante a una continuación motivada por el tonema en anticadencia que expresa un sentido de abertura. Como hemos dicho en momentos anteriores, una suspendida no restringe el enunciado anterior, sino que abre una línea argumentativa nueva en la que el receptor debe llegar por sí mismo a las conclusiones derivadas por el contexto. Así, podemos imaginar varias apódosis posibles que encajan en el contexto de b): *Si su jefe le deja… [adelante] / … [me alegro por él] / … [por mi parte no hay problema].* Como vemos no se restringe el rango de acción del enunciado anterior, sino que se abre un proceso argumentativo en el que, incluso, se pueden apoyar las conclusiones previas. La anticadencia es una marca procedimental que indica que el proceso argumentativo no ha acabado y que es el oyente quien debe terminarlo. Además, así se apela también a que el receptor continúe con el discurso con una nueva intervención. Si a) era una intervención reactiva, con nuestra interpretación, b) se considera una intervención reactivo-iniciativa.

Las dos prótasis en a) (enunciado en cadencia) y b) (enunciado suspendido) son consideradas estructuras insubordinadas desde la perspectiva de la insubordinación (Evans, 2007; Evans y Watanabe, 2016), ya que poseen una marca de subordinación pero actúan como enunciados independientes. Sin embargo, tras nuestro análisis observamos que su funcionamiento, marcado por el significado procedimental de ambas entonaciones, difiere sustancialmente y es difícil considerar que ambas estén en el mismo paradigma. Varios autores ya se han dado cuenta de las diferencias que existen entre estos tipos de insubordinadas: Fuentes Rodríguez (2014a) observa esta diferencia reflexionando sobre los límites del enunciado en una gramática del discurso; Sansiñena, De Smet y Cornillie (2015) y Cristofaro (2016) plantean que la elipsis no es el único medio para la conformación de estructuras insubordinas como planteaba Evans (2007) y que distintos procesos de formación pueden derivar en tipos de insubordinadas distintos; finalmente, y a colación de los procesos de formación de insubordinadas, Elvira-García (2016: 250 y ss.) llama la atención sobre la diferencia entre algunos tipos de insubordinadas que poseen tonema conclusivo y otros que poseen tonema continuativo, y llega a considerar que existe una distinción acústica entre insubordinadas que proceden claramente de una elisión (enunciados elípticos, equivalentes a nuestras suspendidas) y los enunciados que poseen una relación diádica[43] equivalentes a la prótasis en b).

Por tanto, también llegamos a la conclusión de que a) y b) son también estructuras diferentes y que actúan de forma diferenciada en el discurso. Así, merecen también estudios separados y, en nuestro caso, es necesaria además una distinción entre ambos ya que solo nos centramos en el segundo tipo, en los enunciados suspendidos caracterizados por un tonema final en anticadencia; esta entonación procede, por lo general, de un contenido elidido intencionalmente y que es sustituido por esta elevación del tono de tal forma que tiene las implicaciones propias en la interacción que hemos descrito. Los enunciados independientes como a) quedan excluidos de nuestro análisis.

d) Función expresiva (eje paradigmático)

La transmisión de la emotividad o expresividad del hablante es otra de las funciones básicas que se relaciona con la entonación. Entonar de distinta forma una misma oración puede hacer que una exhortación sea un ruego o un mandato. También, un mismo enunciado se puede pronunciar de forma más exigente, más emotiva, más dramática, con mayor sorpresa o desencanto, etc. Sin embargo, como afirman Hidalgo y Quilis (2004: 263), este es uno de los aspectos que es más difícil sistematizar.

Esta función está altamente relacionada con la expresión de la modalidad y de la actitud subjetiva del hablante. Se relaciona, pues, con una dimensión de la macroestructura del discurso (Fuentes Rodríguez, 2017[2000], 2013a, 2017). Hasta cierto punto, la entonación de las estructuras suspendidas carga de emotividad el contenido expresado en la estructura, sobre todo si lo ponemos en relación con las prótasis de estructuras bimembres análogas:

---

43 El concepto de "dependencia diádica" lo toma la autora de estudios como el de Sansiñena, De Smet y Cornillie (2015), que a su vez lo toman de Halliday (1994 [1985]). La dependencia diádica es definida como "clauses occurring in spontaneous discourse that are construed as being 'projected' (Halliday, 1985: 227) by a complement-taking predicate in an earlier turn" (Sansiñena, De Smet y Cornillie, 2015: 4).

a. [*¿Por qué no terminaste el trabajo?*] *Como mi compañero no vino no pude terminar el trabajo* (↓).
b. [*¿Por qué no terminaste el trabajo?*] *Como mi compañero no vino. . .* (↑)

En el enunciado a., el hablante puede estar dando simplemente una mera explicación de por qué no hizo el trabajo. Puede que el hablante le dé un sentido de queja o de disculpa, pero también es posible que se incluya simplemente en una descripción de los acontecimientos. En b., por el contrario, la entonación suspendida parece orientarnos más a una interpretación en la que el hablante no se mantiene imparcial, sino que valora la situación como algo con lo que no está de acuerdo, realizando una queja: 'por culpa de mi compañero no puede hacer el trabajo'. Se implica emocionalmente en lo que dice y acaba caracterizando todo el contenido con su propia actitud ante lo dicho, con un valor modal. Esta diferencia es muy común en las consecutivas suspendidas (ponderativas suspendidas, para nosotros):

a. *Es tan bueno, que le cae bien a todo el mundo* (↓)
b. *Es tan bueno. . .* (↑)

En a., la interpretación que nos llega al oyente es que una persona es lo suficientemente buena como para agradar a todo el mundo. La implicatura que nos llega es la valoración de que esa persona 'es muy buena'. Pero en b., el hablante se concentra únicamente en la parte de intensificación de la estructura, de tal manera que el centro de atención está solo en la ponderación y no en la expresión de las consecuencias, que se dejan imaginar al receptor. Este enfoque hace que se perciba con claridad la implicación del oyente en su valoración, que se percibe en un punto muy elevado de la escala: 'para el hablante, esa persona es extremadamente buena'.

Por este proceso de caracterización, es normal que las estructuras suspendidas aparezcan a menudo reflejadas en la escritura con signos de exclamación: *¡Como mi compañero no vino. . .!*, *¡es tan bueno. . .!* Esto permite suponer cierta equivalencia entre las formas de entonación exclamativa y la entonación suspendida de nuestras construcciones. Poseen un valor similar por su entonación y terminan caracterizando todo el contenido del enunciado con la actitud subjetiva del hablante.

Por ello, pensamos que los enunciados suspendidos y los exclamativos poseen muchos puntos en común, ya que la entonación de ambos encamina a estas estructuras a la caracterización modal del contenido expresado.

3.5. Las construcciones suspendidas en el discurso: la macroestructura

El valor de las construcciones suspendidas solo puede darse en la macroestructura del texto, es decir, cuando se inserta como una unidad más en la arquitectura del discurso. Como hemos visto en los apartados anteriores, por su composición (una prótasis de un período sintáctico sin una apódosis y que se cierra con una entonación en anticadencia) son estructuras reconocibles en cualquier tipo de texto con un fin comunicativo claro, que el emisor utiliza de forma totalmente intencionada. Para entender su inclusión en la macroestructura textual se hace necesario tener en cuenta dos aspectos: a) la adquisición y el desempeño de valores macroestructurales que las identifiquen con funcionamientos discursivos concretos y propios de su paradigma, y b) la manera de inserción en el texto según su posicionamiento en las unidades superiores en las que aparece y los tipos textuales con los que se relaciona y que pueden motivar su aparición.

3.5.1. Los valores de las construcciones insubordinadas

Según los estudios de insubordinación de Evans (2007) y Evans y Watanabe (eds. 2016), las estructuras suspendidas pueden considerarse construcciones insubordinadas, pues se ven como un "conventionalized main clause use of what, on prima facie grounds, appear to be formally subordinate clause" (Evans, 2007: 367; la cursiva es del autor). Para la insubordinación, Evans (*idem*: 368) identifica tres grupos de funciones generales que, en principio, también podrían aplicarse a las construcciones suspendidas:

(a) Various expressions of interpersonal coercion. [. . .]
(b) Modal framing of various types, including the unattributed evocation of quotation or belief [. . .], and other kinds of deontic and evidential use. [. . .]
(c) Marking of various discourse contexts, such as negation, contrastive statements, and reiteration, all high in presuppositionality, through the adaptation of devices for expressing interclausal relations to the expression of discourse relations more generally.

D'Hertefelt (2015) establece una taxonomía algo más compleja de usos de las insubordinadas, pero es paralela a estas macrofunciones que establece Evans. D'Hertefelt, en general, habla de las siguientes agrupaciones de funciones:

- *Controlled deontic constructions*. Aquí agrupa aquellas insubordinadas que realizan órdenes y peticiones.
- *Uncontrolled deontic constructions*. Aquí agrupa aquellas insubordinadas que expresan el deseo del hablante de que tenga lugar un determinado estado de cosas.
- *Evaluative constructions*. Implican cierta evaluación subjetiva del hablante con lo dicho, desde un punto de vista epistémico o deóntico.
- *Elaborative constructions*. Incluye aquellas insubordinadas cuyo objetivo es desarrollar con mayor profundidad una idea o información del discurso precedente.

Como podemos observar, el compendio de valores es muy variado. Estas funciones no solo pueden asociarse a las insubordinadas, sino también a otros elementos como ciertas construcciones gramaticales o, incluso, los marcadores del discurso. Sin embargo, comenta que que estas construcciones solo pueden ser entendidas desde el nivel del discurso, donde adquieren su pleno funcionamiento. Por ello, tampoco resulta difícil encajar las construcciones suspendidas en esta catalogación de funciones, aunque no todos los tipos pueden realizar todas estas funciones. Podemos destacar, al menos, tres funciones principales dentro de este listado: la realización de actos directivos, la expresión de un valor modal y la caracterización de la información como presupuesta o factiva.

3.5.1.1. Construcciones suspendidas y actos directivos

Las condicionales suspendidas parecen las únicas que pueden realizar un acto de habla directivo. Esto no ha sido únicamente destacado en español (*cfr.* Gras, 2010), sino también para las construcciones con *if* en inglés (*cfr.* Kaltenböck, 2016; Lastres López, 2018, 2021; Kaltenböck y Keizer, 2022), con *se* en italiano (Lombardi, 2010, 2016) o con *si* en francés (Lastres López, 2021). Evans (2007) y D'Hertefelt (2015) comentan que entre los actos directivos más comunes que realizan las insubordinadas son los actos de petición, de dar permiso, de advertir y de amenazar, pero Lombardi (2010: 57 y ss.), para las *free conditionals* en italiano, reduce la lista a la oferta y la petición. En español, no faltan ejemplos de condicionales suspendidas en cualquiera de estos valores:

(17) Aquí viviría usted mucho mejor que al otro lado.
- Sí, claro, pagando el doble o el triple de lo que pago ahora. No podemos permitirnos ese lujo -con un suspiro de impaciencia añade-: Por allí se va a la cocina y a un pequeño retrete al fondo del pasillo, y por aquí a los dormitorios y al baño, a una pequeña biblioteca y a otros aposentos. *Si quiere verlo...*
El policía mueve negativamente la cabeza. Intuye lo espaciosa que es la casa, aun siendo de una sola planta, pero en ningún momento mostrará el menor interés en verla por entero.
(CREA, 2000. Juan Marsé, *Rabos de lagartija*)

Este uso como directivo se puede relacionar también con cierto valor de atenuación (*cfr.* Briz, 1995; Herrero, 1996), lo que daría lugar a una petición o un ofrecimiento atenuado, menos invasivo para el oyente y que sigue la máxima de cortesía de Brown y Levinson (2006 [1987]: 227) "be incomplete, use ellipsis". Asimismo, estos actos directivos provienen en muchos casos de condicionales regulativas (Montolío, 1993) con valor cortés, que se construyen, por lo general, con verbos modales como *querer* o *poder*.

3.5.1.2. Las construcciones suspendidas y la expresión modal

Las construcciones suspendidas son también un mecanismo propio de la modalidad expresiva o afectiva. En este caso, todos los tipos de estructuras suspendidas parecen capaces de expresar este contenido modal, aunque algunas con mayor fuerza o transparencia. Las condicionales, por ejemplo, más allá de que puedan realizar una orden o una petición, cuando quedan imbuidas de carga expresiva pueden llegar a funcionar como advertencias o amenazas:

(18) Y lo peor es que sé que hay dos personas por detrás que dirán "Eso es el karma". Y *como se atrevan a decirlo delante de mí...*

(Corpus MEsA. Twitter, 01-08-2013)

Las construcciones suspendidas que adquieren este valor modal como el más prototípico son las ponderativas, pues suelen expresar valoraciones subjetivas, quejas, halagos o críticas. Por ello, suelen escribirse también entre signos de exclamación, lo que permite entender que los propios hablantes relacionan estas construcciones con los enunciados exclamativos:

(19) -Ahora mismo no quiero saber nada más, Dimas. Todavía me quedaba una pequeña esperanza de que existiera algún motivo de suficiente peso como para que hubieras hecho algo así. *¡Tú y mi hermano fuisteis tan injustos...!* No, mucho peor: fuisteis crueles. Y encima me mentiste, me trataste como a una perfecta estúpida.
(CORPES XXI, 2012. Andrés Vidal, *El sueño de la ciudad*)

La relación de las construcciones suspendidas con la oralidad y el habla coloquial (*vid.* § 3.5.3) permite, a su vez, la relación de las suspendidas con este contenido modal. Casi cualquier descripción del habla coloquial incide en su carácter expresivo (*cfr.* Beinhauer, 1978 [1964]; Vigara Tauste, 1980, 1992; Koch y Oesterreicher, 2007 [1990]; Briz, 2003, 2005; etc.) y este suele ser el contexto natural de aparición de una construcción suspendida. Además, el carácter oral de las suspendidas se ve establecido por el simple hecho de que uno de sus componentes principales es un rasgo prosódico, que suele estar asociado a valores modales propios del coloquio.

3.5.1.3. La expresión de la aserción y la presuposición en las construcciones suspendidas

Evans (2007: 410 y ss.) defiende que las estructuras insubordinadas se relacionan con la expresión de contenidos presupuestos. En ellos identifica la expresión de la negación, el contraste o la expresión del desacuerdo, como expresa la construcción insubordinada con *si* de réplica del tipo *¡si yo no he hecho nada!* Las construcciones suspendidas también parecen poder afectar a la expresión del grado de conocimiento que se tiene sobre la veracidad de una información. Sin embargo, en este valor, son varios los conceptos que se entrelazan y confunden, y se hace necesario diferenciarlos, ya que los diversos tipos de construcciones suspendidas afectan de manera diferente al modo de dar la información. Todas las especificaciones de sentido que se circunscriben a este valor suelen asociarse a lo que se llama tradicionalmente como *modalidad epistémica* (*cfr.* Palmer, 1986; Cornillie, 2009), entendida como la expresión del grado de conocimiento que se tiene sobre una información aportada. Dentro de esta modalidad, se han identificado varios fenómenos de los que podemos destacar tres principalmente: la consideración factual de la información, la aserción y la presuposición.

La *factualidad* de un enunciado permite expresar el grado de coincidencia de la información aportada con la realidad. Este rasgo se suele tomar como criterio para diferenciar los tres tipos de condicionales prototípicas: las reales, las potenciales y las irreales (Comrie, 1986). Las primeras suelen mostrar un alto grado de coincidencia con la realidad (*–Laura no vino a clase. –Si Laura no vino a clase, le puedo llevar los deberes*); suelen denominarse factuales[44]. Las potenciales muestran un hecho que, a pesar de que pueda llegar a realizarse, es poco probable que ocurra (*Si tuviera dinero, viajaría por todo el mundo*); se consideran no factuales. Por último, las irreales presentan hechos hipotéticos del pasado que no han coincidido con la realidad y que, por tanto, nunca podrán realizarse (*Si hubiera tenido más tiempo, habría aprobado el examen*); son consideradas contrafactuales[45].

44 Sin embargo, la conjunción *si* suele ser considerada como la conjunción de la no factualidad, en contraposición con las conjunciones causales. Incluso en el caso de las condicionales reales con indicativo, parece que se deja cierto lugar a la duda en la realización de los hechos, que queda confirmada en la expresión de la causa. Esta sería la diferencia entre *si Laura no vino* y *como Laura no vino.*

45 No todas las condicionales irreales tienen por qué ser necesariamente contrafactuales. Ducrot (1972: 185 y ss.) y Comrie (1986: 88 y ss.) apuntan que en determinados contextos no se especifica si se ha llevado a cabo o no un hecho, sino que se mantiene como suposición. Así se interpreta en la recreación hipotética de un acontecimiento pasado: *Si el asesino hubiera usado un cuchillo para apuñalar a la víctima, habría dejado alguna pista allí.* En cualquier caso, la implicatura conversacional más habitual es la de no realización de los hechos.

Relacionado con el contenido factual, es posible hablar también de *aserción*, que Fuentes Rodríguez (2014b) relaciona con la expresión del grado de compromiso del hablante con la veracidad de lo dicho. Hay ciertos elementos que afectan a la aserción como ciertos operadores modales como *seguro*, que expresan un alto grado (*seguro que se cae*), o *al parecer*, que expresan un grado atenuado (*al parecer, se rompió el jarrón*). También hay ciertas modalidades oracionales que afectan a la aserción. La modalidad enunciativa implica, por lo general, un alto grado de aserción (*las cosas son así*), y la interrogación, el nivel más bajo (*¿ha venido Laura?*), pues se expresa de forma explícita el desconocimiento de un determinado hecho. Un alto grado de aserción tiende a relacionarse con los contenidos factuales, ya que el propio hablante actúa como garante de que la información aportada es cierta y coincide con la realidad, mientras que con un grado bajo el hablante se desvincula de lo dicho y no puede asegurar la realidad de los hechos.

Finalmente, nos topamos con el concepto de *presuposición* o *factividad* como otra forma de modalidad epistémica. Ducrot (1972, 1984) entiende el contenido presupuesto de un enunciado como una información no explicitada que forma parte de la semántica de una oración sin la cual resultaría incoherente. En un enunciado como *ha dejado de llover* debe presuponerse que antes llovía, pues, si no, el sentido de la perífrasis "dejar de llover" resultaría incoherente. Sin embargo, Kiparsky y Kiparsky (1970) extienden este concepto a informaciones presentadas en el enunciado, pero cuya valoración en términos de verdad o falsedad no se pone en cuestión, sino que se da por presupuesta su veracidad, tanto por el emisor como por el receptor. A este hecho lo llaman *factividad*. Las subordinadas sustantivas son un tipo de estructura que suelen presentar informaciones presupuestas. En un enunciado como *no me importa que Clara no haya venido* lo único que se puede llegar a poner en cuestión en este enunciado es si al hablante le importa de verdad o no una información. En ningún momento el hablante permite entender que se ponga en discusión la veracidad del hecho de que "Clara no haya venido", sino que da por presupuesto que tanto él como su interlocutor lo dan por válido.

Se puede intuir por lo que hemos visto que las insubordinadas no son un mecanismo exclusivo de la expresión de la modalidad epistémica y, por tanto, tampoco lo son de las construcciones suspendidas.

Más bien, parece que estos contenidos dependen de otros elementos como el modo verbal que se utilice (indicativo para lo factual, el subjuntivo para lo no factual) o el tipo de oración (las condicionales son prototípicas de la no aserción y la no factualidad, las causales, de la aserción). Hengeveld (1998) plantea una clasificación de tipos oracionales poniendo en relación el carácter factual con la factividad. Así, las oraciones causales pueden caracterizarse por introducir un contenido factual y no presupuesto; las concesivas, un contenido factual y presupuesto; o las condicionales irreales, un contenido presupuesto y no factual.

Las construcciones suspendidas, que se constituyen con cláusulas procedentes de estructuras oracionales bipolares, permiten afectar la modalidad epistémica de los enunciados de forma similar a estas y desprender sentidos derivados de esta forma de enunciación y de presentar la información. Así, las condicionales suspendidas irreales, por ejemplo, funcionan muy bien como deseos por su carácter no factual, 'lo que el hablante querría que fuera, pero no es' (*si tuviera más tiempo. . .*); las suspendidas con *como* o *ya que* con indicativo, que provienen de las llamadas causales explicativas y se asocian con contenidos presupuestos (*cfr.* Gutiérrez Ordóñez, 2000; Montolío, 2000; Santos Río, 2000b; Goethals, 2002), ofrecen una información ya conocida que se considera aceptada por ambos emisores y, por tanto, no se discute su veracidad; las ponderativas suspendidas no son factivas (se puede discutir la veracidad de lo dicho y no se presupone que el receptor comparta la opinión del emisor), pero su empleo implica un refuerzo alto a la aserción, ya que la intensificación argumentativa que suponen establece también una mayor implicación con lo dicho, con la opinión del hablante (*¡este libro es tan interesante!*).

Sin embargo, a pesar de que estos sentidos epistémicos pueden ayudar a entender ciertos valores llevados a cabo por las construcciones suspendidas (o por las bimembres), no permiten establecer una tipología clara por el hecho de que cada estructura afecta de forma diferente a este ámbito modal y debido a que, como decimos, las diferencias de funciones no vienen por el uso del rasgo de la suspensión, sino de las conjunciones empleadas o el modo verbal. De todas, formas, sí se puede identificar un hecho relacionado con la modalidad epistémica que parece común a todas las construcciones suspendidas y que parece permitir su capacidad para constituir un enunciado independiente. La información aportada por la cláusula suspendida no tiene por qué considerarse siempre presupuesta (es evidente en el caso de las condicionales), pero, de forma implícita, se presupone que la conexión con el contenido derivado y no explícito es evidente y lógica. Es decir, lo presupuesto no es lo explícito, sino la relación de ese contenido con las consecuencias previstas del hecho expresado. Solo de esta forma puede entenderse que las suspendidas puedan funcionar de forma independiente, sin estar subordinadas a una cláusula principal, pues la información resultante es fácilmente deducible. Una condicional suspendida con *si*, como *Si Raquel no ha hecho su parte del trabajo. . .*, no tiene por qué presuponer que el interlocutor haya validado esa información o que lo expresado coincida con la realidad. Pero sí puede presuponer que de ese hecho surgen una serie de consecuencias negativas que se derivan con facilidad de lo dicho: se tardará más en realizar el trabajo, el trabajo no se entregará a tiempo, se expulsará a Raquel del grupo. . . Por este proceso deductivo, se puede llegar a la implicatura final del sentido comunicativo del enunciado, por ejemplo, una crítica a Raquel.

3.5.2. Las construcciones suspendidas en la macroestructura del discurso: las dimensiones enunciativa, modal, informativa y argumentativa

El modelo de lingüística pragmática de Fuentes Rodríguez (2017 [2000]) configura la macroestructura del texto según cuatro dimensiones (enunciativa, modal, informativa y argumentativa) que determinan las unidades que la componen, la organización general de estas unidades y los valores lingüísticos que se generan por encima del nivel oracional (*vid.* § 2.1.3). Las construcciones suspendidas son un tipo de fenómeno propio del nivel del discursivo y, por tanto, se integran en la macroestructura textual y pueden analizarse desde un enfoque macrosintáctico. Dentro de este modelo, es posible identificar funciones de las estructuras suspendidas desde las cuatro dimensiones que componen la macroestructura. Aunque en los capítulos dedicados a cada tipo de suspendidas ahondaremos más en sus valores específicos, estableceremos a continuación una serie de valores generales de las suspendidas según su funcionamiento en las dimensiones argumentativa, informativa, modal y enunciativa.

3.5.2.1. *La dimensión argumentativa*

Las construcciones suspendidas son un recurso eminentemente orientado a la argumentación, y su funcionamiento en el resto de los planos de la macroestructura muchas veces va a estar orientado a un fin argumentativo. Por ello, creemos necesario analizar las estructuras suspendidas como un fenómeno complejo y poliédrico, en el que distintas caras de varias dimensiones acaban conformando la estructura completa. Así pues, el comportamiento en otros planos no excluye el funcionamiento argumentativo de las suspendidas; más bien, apoya, configura o refuerza su capacidad persuasiva. Las estructuras suspendidas pueden funcionar afectando a cualquiera de las propiedades de la argumentación: la orientación, la suficiencia y la fuerza argumentativa. De hecho, como presentamos en esta obra, estas tres propiedades permiten identificar tres grupos de construcciones suspendidas: las causales y condicionales suspendidas afectan, principalmente, a la orientación argumentativa; las respectuales suspendidas introducen un argumento considerado suficiente para llegar a una determinada conclusión, y las ponderativas suspendidas se especializan en intensificar la fuerza argumentativa de los argumentos que introducen.

Las estructuras suspendidas de coorientación argumentativa seleccionan o presentan un argumento que encamina al oyente a una determinada conclusión que no se explicita. Sin embargo, gracias a la naturaleza argumentativa de las suspensiones, la conclusión puede ser repuesta sin problema. El tratamiento que da una estructura suspendida a un argumento (de forma parecida a los *calificadores* que comenta Lo Cascio, 1998 [1991]: 123) otorga un determinado valor argumentativo al contenido expresado. Esta caracterización se basa en los siguientes dos puntos:

a. El argumento introducido es un argumento *relevante*. El oyente entiende que la información en la suspendida posee una coherencia y una relación con el resto del discurso y que su objetivo no es meramente informativo, sino que interpreta que el hablante le quiere llevar a algo. Se activa así un proceso inferencial, propio de las relaciones argumentativas, que lo encaminan a una conclusión. De esta forma, el hablante no necesita explicitar la conclusión, sino que sabe que su oyente va a activar las inferencias adecuadas para llegar por sí mismo, lo que permite que la estructura quede suspendida. El tonema en anticadencia, además, constituye un aviso para que el receptor continúe con el encadenamiento argumentativo hasta que llegue a la tesis deseada. Eso sí, la regla general o topos debe ser evidente para ambos interlocutores, que se presupone que poseen un mundo compartido extenso. De no poder recuperarse el *topos* con facilidad, la estructura suspendida tendría grandes posibilidades de fracasar en su objetivo.

b. El argumento introducido es un argumento *suficiente*. El oyente interpreta con la suspensión que el argumento que le ofrece su interlocutor es lo mínimo que necesita para llegar a una conclusión.

En los siguientes ejemplos podemos observar cómo se lleva a cabo este proceso argumentativo:

(20) NATI ¿Para qué quiero ir a Londres? No hace falta, con echar un vistazo a todo esto, ya tengo vistos Los Miserables.
ANTON ¡Fíjate como lo han puesto...! ¡Y el jarrón de Sevres...! ¡Y las cortinas...! El puente de Semana Santa es ideal para el delincuente. *Como no tienen devoción.* ¡Igualito que yo!¡Dos horas de procesión!
NATI ¿Y qué haces aquí...? En vez de estar de vigilia.
(CREA, 1991. Juan José Alonso Millán, *Pasarse de la raya*)

-*Argumento de la suspendida*: 'los delincuentes no tienen devoción por la Semana Santa'
-*Conclusión*: 'no les importa delinquir en esas fechas'.

(21) ANDRÉS.-No puedo dejarla, te lo juro. No puedo. Lo he intentado, pero no puedo. Me paso el día pensando en ella, y por la noche más. El rato que estoy con ella es lo bueno de mi vida.
RUFINO.-Pero eso además te saldrá por un pico. *Si tienes que ir todos los días a la barra americana esa...* ¿A cómo sale la copa allí?
ANDRÉS.-A diez euros. Algunas veces me hacen descuento... cuando no está el dueño no me cobra.
(CORPES XXI, 2006. José Luis Alonso de Santos, «A diez euros la copa». *Cuadros de amor y humor, al fresco*)

-*Argumento de la suspendida*: 'vas muy a menudo a tomarte una copa en un lugar caro'.
-*Conclusión*: 'te vas a arruinar'.

Como vemos, gracias a este funcionamiento argumentativo, es fácil llegar a una conclusión implícita, que a su vez apoya la argumentación la general del texto. En (20), la suspendida permite justificar que en Semana Santa es habitual que los delincuentes roben y en (21) la construcción ayuda a sostener la conclusión de que sus hábitos le pueden salir muy caros. La introducción de argumentos coorientados puede darse incluso en interacción:

(22) [Amigos hablando de una grabadora]
A: Lo hemos tenido que firmar para no llevárnoslo
B: ¿En serio? ↑
A: Claro. Hombre es lógico
C: Hombre claro es verdad. *Si tú te lo llevas* ↑
B: Pues ya te lo podían regalar
(COLA, maesb2-05e)

Las intervenciones de ambos interlocutores van encaminadas a llegar a la misma conclusión, justificar que tiene sentido la firma del compromiso para no llevarse la grabadora.

Por otro lado, el valor de orientación argumentativa se hace especialmente evidente cuando los enunciados suspendidos se introducen con conectores argumentativos, como *es que* en las causales suspendidas:

(23) CHUSA.- Lo único que te digo es que se va a venir conmigo, para sacar pelas. Y ya está.
JAIMITO.- Pues que venda aquí si quiere, pero ir, no. Si es una cría.
ELENA.- *Es que como quiero viajar...*
JAIMITO.- Pues hazte un crucero, tía. ¿Pero tú le has explicado a ésta de que va el rollo? A ver si se cree que esto es ir de cachondeo con Puente Cultural.
(CREA, 1985. José Luis Alonso de Santos, *Bajarse al moro*)

Pero tampoco es infrecuente que la orientación del argumento introducido por la suspendida quede invertida por algún elemento de antiorientación como *pero*:

(24) A: ¿Qué te va a quedar? ↑ ¿qué↑ te ha quedado? [Física pero un trimestre]
B: [Física] Ya *pero de todas formas si cateo ahora que son los finales*
C: ¿Pero cómo vas a catear ↓ si has aprobado / tres trimestres?
(COLA, maesb2-05c)

(25) Sí... periodismo... *Pero para lo que me ha servido*... Llevo dos años pillando contratos de tres meses, de seis y haciendo lo que sea... Y en el último curro pasó igual que aquí, subcontrataron y nos mandaron a la mierda... Así que... (sonriendo) ¿Dónde están las barricadas?
(CORPES XXI, 2008. Iciar Bollain, Tatiana Rodríguez, *Mataharis*)

De todas formas, en relación con la conclusión implícita, que quedaría representada por una reposición de la apódosis, la cláusula suspendida ha de considerarse coorientada. De no ser así, no podría derivarse información de lo dicho de manera evidente ni reponer la información que falte, pues no seguiría un proceso de deducción lógica.

En cuanto a la fuerza argumentativa, las construcciones suspendidas, por lo general, parecen poder intensificarla y atenuarla. Las causales y condicionales suspendidas, especializadas en la coorientación argumentativa suelen implicar la atenuación de la fuerza argumentativa, mientras que las de *intensificación* o *ponderación* suelen especializarse en la intensificación de algún aspecto del argumento.

Son varios autores los que defienden que la atenuación es un valor habitual en las estructuras suspendidas (Herrero, 1996; Briz, 1995; Evans, 2007), quizás por la relación con una de las máximas de Brown y Levinson (2006 [1987]: 227): *Be incomplete, use ellipsis*. Briz (1995: 113) confirma este funcionamiento cortés de las suspendidas desde la elisión: "Algunas de las llamadas *estructuras suspendidas*, características del registro coloquial, tienen una explicación desde la categoría pragmática de la atenuación. No en vano éstas constituyen un ejemplo magnífico de elisión estratégica de la conclusión [...]". La atenuación se percibe con mayor claridad en los actos directivos que realizan las condicionales suspendidas, pues permite rebajar la fuerza del acto para que no resulte tan impositivo:

(26) COMISARIO
(Disculpándose.)
Son mis hijas que vuelven del colegio. *Si me excusa un instante.*
El comisario sale del salón, Lola se queda a solas con sus pensamientos. Bebe un poco de agua y echa una mirada en derredor.
(CORPES XXI, 2001. Agustín Díaz Yanes, *Sin noticias de Dios*)

Esta solicitud de permiso para retirarse se percibe como un recurso cortés ante la posible amenaza de interrumpir al interlocutor. La suspensión permite reforzar este valor cortés al elidirse la enunciación explícita del deseo del hablante. No decirlo rebaja el grado de imposición. Este valor entra en sintonía con los usos corteses de las construcciones condicionales que Montolío (1993) llama *regulativas*, del tipo *si no le importa, si no le molesta* o similares. Sin embargo, aunque Evans (2007) reconoce para las insubordinadas el valor de atenuar actos directivos, admite que, en algunos casos, no es posible entender que se dé una atenuación, sino más bien todo lo contrario:

> [I]nsubordinated requests are favoured in requests for reasons of politeness by virtue of playing down the explicit interpersonal control made evident in imperatives and other direct commands.
> The first problem is that some insubordinated requests actually sound more imperious than commands. (Evans, 2007: 393)

En español, un problema similar es lo que ocurre con las condicionales suspendidas de amenaza:

(27) Padre.- ¡Nicolás! ¿Todavía no has terminado? (Nicolás *trata de esconder la pistola.*) ¡Dame eso hora mismo! (Nicolás *niega.*) ¡He dicho que me lo des! (Nicolás *la deja encima de la mesa.*) *¡Y como no termines pronto, te vas a quedar sin ella!*
(CORPES XXI, 2012. Iñaki Oliver, «Anatomía de un hombre incompleto». Oliver, Iñaki; Pastor Heras, Javier; Venturini, Alejandra: *Teatro: promoción RESAD 2011*)

(28) A: Pero qué tonto @nombre
B: ¿Qué? ↑
A: *Como te tires un pedo* ↑. Escucha
C: ¿Que por qué no? ↑. [Anda hablaban ahí]
A: [Qué va]
(COLA, malce2-10)

(29) -A: No, *como lo enciendas*↑ // Que te vayas, que no lo pienso encender y no pienso...
-B: ¿Qué es eso, tío?↓
-A: Petardo.
(COLA, mamte2J02)

¿Es más agresivo e intensificado el caso de (27), una construcción bimembre, que el de (28) o (29)? No queda claro que uno pueda ser más intensificado que el otro. Es posible que en los enunciados suspendidos quede todavía algo de un valor atenuante, pero la fuerza ilocutiva de la amenaza es tan fuerte que la atenuación queda prácticamente sin efecto.

En cualquier caso, a pesar de que la suspensión pueda producir una atenuación de la fuerza, el argumento que introducen debe considerarse suficiente, tanto para llegar a una conclusión que no se explicita derivada de la prótasis, como para defender la postura general del hablante en el texto. En las respectuales suspendidas podemos ver de forma más evidente este carácter de suficiencia:

(30) -Así va el país -murmuró entre dientes-. Un montón de hombres y sobran todos. *Para lo que hacen...* Lo único que saben es molestar.
Hizo un gesto de impotencia y se alejó, a pasos menudos, del lugar.
(CREA, 1984. José Luis Tomás García, *La otra orilla de la droga*)

Esta respectual actúa como una crítica moderada a los hombres, pero constituye un argumento suficiente para llegar a la conclusión de que "no sirven para nada" (porque hacen poco o lo que hacen no es útil). Esta conclusión, a su vez, se une al resto de argumentos de la intervención del hablante ('los hombres solo molestan', 'el país va mal'...) y ayuda a completar la crítica que el hablante está realizando.

Finalmente, las construcciones a las que llamamos ponderativas suspendidas se especializan en la intensificación de la argumentación. Este aumento de la fuerza se apoya principalmente en la marca de cuantificación o ponderación que forma parte del nexo discontinuo que establece la correlación en una consecutiva o comparativa bimembre. En las suspendidas, esta marca está representada por un adverbio cuantificador, como *tan* o *más*, que actúa también de operador de intensificación de la fuerza argumentativa[46] (Fuentes Rodríguez, 2009: *s.v.* tan(to), a*; s.v.* más). Cuando la segunda parte de la comparación o la consecuencia desaparece y se sustituye por una entonación suspendida solo queda el operador argumentativo de cuantificación; deja de

46 Que un mismo elemento actúa de formas distintas y en varios niveles no es incompatible. Los estudios de Hummel (2012, 2013) sobre polifuncionalidad ya muestran que un mismo elemento puede actuar a distintos niveles del discurso.

importar la consecuencia o la comparación, que se tienen simplemente como punto de referencia del sentido, y se destaca solo la parte de la estructura que es intensificada. Estas construcciones con este valor no son muy distintas de aquellas en inglés marcadas con *so* y *such*: *she's so smart!* En español, encontramos todo tipo de marcadores procedentes de las consecutivas y comparativas que forman parte de una construcción suspendida:

(31) H4: Dan respuestas razonablemente politicas
H4: XD
H4: *La politica nacional empieza a ser tan irrelevante...*
H4: Parece un topico
H4: Pero
H4: Solo importan los que gobiernan en las economias fuertes de europa
(Corpus MEsA. WhatsApp 27/11/2015)

(32) Que claro, como este año sobático no me hace sentir ya nada distante de todo a lo que me quiero dedicar, *esto me sienta de bien...*
(Corpus MEsA, 2014. Twitter, 09/02/2014)

(33) P. Eso sí que es una sorpresa.
R. Ahora vamos menos, no tenemos tiempo, lo vemos en casa, en vídeo, pero entonces lo veíamos todo y en versión original. *¡Nos hemos tragado cada petardo...!*
Seis meses de noviazgo, y al padre de la novia le gustaba su yerno, tan serio, tan buen chico. La boda se celebró en la más madrileña de las iglesias, Jesús de Medinaceli.
(CORPES XXI, 2003. María Eugenia Yagüe, "Estar abanicándose todo el día sería muy aburrido, mientras te abanicas sólo piensas en ti misma. Yo necesito estar ocupada". *El Mundo. Magazine*)

(34) A: Eso sí, ¿eh? ↑
B: Puuf hija *que eres más fea* ↑. Oye esa noruega es mazo de fea chaval.
NOSPEAKER: <pausa/>
B: [Ah ah ah el cula]
A: [Je je je je]
(COLA, malce4-07)

Esta intensificación argumentativa en las valoraciones que se dan en estos ejemplos nos permite ver la capacidad que tienen estas suspendidas para realizar actos expresivos. Además, la intensificación y el carácter expresivo que forman parte de su naturaleza se ajusta mejor a entornos comunicativos coloquiales de inmediatez comunicativa, y se ven como propias de un registro familiar.

3.5.2.2. La dimensión informativa

Las construcciones suspendidas afectan también a la forma de transmitir la información. En el capítulo 2 ya vimos que, por lo general, las prótasis causales y condicionales pueden considerarse *tópicos, marcos* o *circunstantes,* sobre todo, por la posición inicial que poseen en un enunciado bimembre (*cfr.* Ducrot, 1972; Haiman, 1978; Schiffrin, 1992; Gutiérrez Ordóñez, 1997a; Montolío, 1999b; Demonte y Fernández Soriano, 2007). Con las cláusulas iniciales introducidas por *para,* Santos Río (2000a: 126, 2003: *s.v.* PARA SN[SN = núcleo + cláusula relativa definida (con OInd)]) usa el concepto de "respectualidad", con un sentido muy cercano a constituir el marco temático del enunciado. De nuevo, pensamos que la capacidad que tienen estas cláusulas de erigirse como circunstantes tiene algo que ver con la posibilidad de que puedan realizarse como suspendidas. Posiblemente, presentar la información que se identifica con un tema en un contexto comunicativo relevante permita desprender la información omitida con facilidad por resultar evidente o por ser fácilmente deducible. Además, el que los circunstantes o tópicos tiendan a ocupar la posición inicial del enunciado, aunque este se emita sin una segunda parte, da a entender que no se da toda la información y que el receptor debe completarla. Este proceso no es posible partiendo de la posición final del enunciado, ya que no nos da un punto de apoyo para una continuación; volvemos, así, al carácter *prospectivo* de las estructuras suspendidas.

Sin embargo, hay que entender que, en su realización como suspendidas, estas cláusulas dejan de ser simples marcos y se convierten en información relevante y destacada, pues solo con ellas ya es posible realizar un acto de habla completo, como una explicación (35), una invitación (36) o una crítica (37):

(35) JULIO.- Anda, pasa ahí, degenerado. (Le empuja.) ¿Para qué llevas todo eso?
LUIS.- Por si se mueve su señora.
JULIO.- ¿Es que quieres que se mueva?
LUIS.- *Como utilizo el flash.*
JULIO.- ¿En la cama? ¿O en el campo al aire libre?

LUIS.- Depende de la luz. Le advierto que en cinco minutos he terminado con su mujer.
(CREA, 1990. Juan José Alonso Millán, *El guardapolvo*)

(36) A: Que que es que en serio yo tengo que ir. Tengo dos billetes reservados. *Si te quieres venir conmigo*↑
B: <risa/> porque está desesperada
(COLA, maesb2-04c)

(37) - Podían haberle matado. Si no es por ese dinero...
- ¿Y a mí, qué? Que le maten. *Para lo que sirve.*
- No hables así, Toño -le amonestó la madre.
(CREA, 1984. José Luis Tomás García, *La otra orilla de la droga*)

Por otro lado, a través de este proceso de pasar de una información secundaria o de marco a una principal se produce otra consecuencia en el estatus informativo del contenido proposicional: su focalización. No se trata, claro está, de una focalización de uno de los constituyentes de la oración, sino de un realce informativo en relación con otras informaciones del texto. Este realce surge, además, potenciado por el tonema final en anticadencia que marca una apertura sintáctica e informativa, y apela al receptor para que complete la información que falta. De esta forma, se presenta al receptor de forma evidente la única pista que tiene para deducir la intención comunicativa del hablante y puede llegar a cederse el turno de palabra para que pueda continuar él con la construcción del diálogo:

(38) H4: Yo no puedo. Mañana empiezo los exàmenes (*sic*)
H6: *Si quieres algún refrigerio para despejarte...* 🍸
H4: No, no
H4: Gracias, perno (*sic*) necesito estudiar
(Corpus MEsA. WhatsApp 31/08/2015)

En este ejemplo, se destaca la información imprescindible para que el interlocutor pueda entender el enunciado como una invitación. No se percibe el enunciado como un marco o un tópico, sino como un enunciado completo. La realización como suspendida da a entender que no se va a añadir más información, pero la que hay, sobre la que el hablante llama toda la atención, ya es suficiente para entender el sentido completo, como así lo demuestra la intervención reactiva de rechazo siguiente, totalmente coherente en este contexto.

Finalmente, recordemos que las construcciones suspendidas pueden poseer sus propios marcos temáticos o tópicos, de tal forma que la única interpretación posible de su funcionamiento es verlas como núcleo del enunciado o como el contenido proposicional principal:

(39) A lo mejor en tu fobia hacia el fútbol se escondía otra cosa; a lo mejor se trataba de una excusa, de un chivo expiatorio mediante el cual afirmar una personalidad que acaso no acertaba a encontrar otros campos, positivos en vez de negativos, como diría el otro, donde manifestarse. Cuando Trini volvió a meterse en su urna andante, se lo dijiste:
-La verdad es que, si usted quería oír su partido. . .
-¿Mi partido? No, no, señorita. *Yo es que como ahora el fútbol les gusta tanto a las mujeres. . .* Pero yo de fútbol no quiero saber nada. ¡Si usted supiera!
(CREA, 2001. Agustín Cerezales: Mi viajera. *Ciervos errantes y tigres invisibles*)

Un complemento topicalizado como *yo* (no es sujeto pues no hace concordancia con el verbo) se sitúa en la periferia de la construcción suspendida, que se erige como el componente nuclear del enunciado en el que reposa todo el contenido del mensaje. Se ve así cómo estos enunciados suspendidos dejan de ser marcos y, a veces, necesitan tener los suyos propios para precisar las circunstancias de su propia enunciación.

3.5.2.3. La dimensión modal

El tratamiento de la modalidad por las construcciones suspendidas permite su comparación con los valores de otras construcciones insubordinadas, como vimos en § *3.5.1.2.* Ya dijimos que las estructuras suspendidas podían relacionarse con un tratamiento epistémico de la información, que se suele considerar evidente o conocida. De hecho, para las causales con *como* y *ya que* bimembres, Goethals (2002) defiende que tienden a relacionarse con esta expresión modal. Así, se puede pensar que este carácter se traslada también a las suspendidas, y no es difícil encontrar ejemplos de esto:

(40) -Queee, joder, ¡qué de día es!↑

[. . .]
-¿Qué día es?↑
-Que que es de día. O sea, queee *como es verano y eso*↑

-Sí, bueno, que ha dicho que de día es, no qué día es.
(Corpus COLA. maesb2-05c)

Comprobar que los informantes están en verano no entraña mucha dificultad y se muestra como un hecho evidente. La enunciación de la suspendida será utilizada para justificar y matizar la enunciación anterior del hablante que, como se puede ver, no ha sido bien comprendida. Sin embargo, la información introducida no siempre puede considerarse conocida o fácilmente deducible, como en el siguiente caso:

(41) - ¿Y qué preferís, los juegos de jugar en casa con vuestra familia o los de jugar en la calle?
- Yo el baloncesto.
- Tú el baloncesto el que más.
- *Como voy a vo a a entrenar por las mañanas al baloncesto.*
- ¿, sí? ¿A las nueve? ¿A qué hora?
- A las ocho me tengo que levantar para ir a las nueve.
- ¡Jolín! Y ¿Dónde vas aquí al en el colegio?
- Sí, en estas canastas de aquí abajo.
(CREA, 1991. Transcripciones orales, formalidad baja, Segovia)

Como se percibe en el ejemplo (41), el interlocutor reacciona con más preguntas y con la petición de más información porque no le resulta conocido lo que está diciendo. El enunciador de la estructura suspendida también se muestra consciente de este hecho, pero, aun así, decide hacer uso de una causal suspendida con *como.* Parece, entonces, que el sentido de la suspensión se desarrolla de otra forma. Como piensa Montolío (2000) y nosotros hemos defendido previamente, el sentido de evidencia no se encuentra tanto en la información expresada, sino en la relación que establece con una consecuencia (normalmente expresada en la segunda parte de una bipolar). Así, en una frase como *Como había tráfico, llegué tarde a la reunión*, lo que se entiende como evidente no es el hecho de que 'había tráfico', pues no tiene por qué compartirse este conocimiento. Lo evidente sería desprender la consecuencia de 'llegar tarde' de una causa como 'había tráfico'. Aunque en las estructuras suspendidas no se explicita la consecuencia, el sentido de "relación evidente" sigue presente y es lo que confiere el carácter predictivo a la estructura suspendida. El hablante, al usar una suspendida, intuye que su interlocutor va a saber desprender una determinada conclusión o consecuencia a partir de ella.

Sin embargo, como también hemos indicado previamente, la mayor carga modal de la suspendidas parece estar en el ámbito expresivo, lo que las hace idóneas para la realización de actos de habla como la enunciación de deseos, las críticas, las valoraciones personales intensificadas, las quejas u otros actos de hablar expresivos:

(42) -Que hemos quedado con ella. Que es una amiga de verano.
-Como no tenéis que estudiar.
-Oye, yo tengo mañana un examen de recuperación de economía y creo que lo voy a hacer.
(COLA, maesb2-05b)

(43) Me estoy perdiendo una #JuntaFacultad épica. *Pero si ponen la junta cuando tengo un examen...*
(Corpus MEsA. Twitter 05/06/2013).

(44) De pronto, aguza el oído. Estos tabiquillos de ciudad permiten oírlo todo. Renato y su mujer en la alcoba.
-¿No duermes, Andrea?
-*Para lo que te importa...*
-Mujer, me acosté cansado... ¿Estás mala?
-¡Estoy harta!... Lo del otro día fue el colmo.
(CREA, 1985. José Luis Sampedro, *La sonrisa etrusca*)

Precisamente por esta relación con la modalidad expresiva, en los textos escritos o transcripciones orales pueden aparecer también signos de exclamación, sustituyendo o combinándose con los puntos suspensivos:

(45) -Sí, los de TV3. Querían rodar un especial para el "Trentaminuts" del domingo. Algún bocazas se ha ido de la lengua... Y va el chicharelo del realizador y me dice que la cosa tenía ya un título provisional: "Buster Keaton está aquí". *¡Como enganche al cabrito que va largando por ahí...!* -abrió el cajón superior de la mesa y extrajo su termo reglamentario-. ¿Quieres un chupito? -me ofreció-. Me lo he traído porque no sé las horas que me tocará estar aquí dentro.
(CREA, 1991. Eduard José, *Buster Keaton está aquí*)

(46) Usuario 46 (mujer):
No he leído nada suyo. Me regalaron Vestido de Novia y lo tengo en la estantería.
Me tienes que decir el orden exacto que el otro día te leía en Twiter comentar que se leyera antes uno que otro.

Y yo con un peque , sí que tengo tardes piscineras pero con madres que no leennnn *para lo que daría una buena tarde de piscina teniéndote a ti de acompañante !* En fin . . .
Un besazo
(Corpus MEsA, 2016. BL 2016 may ENT 09)

(47) Lo peor fue una vez que, justo la semana antes de que me fuera de viaje a China, me dejó la señora que tenía y que debía cuidar de mi hijo durante esos días, *¡me quedé tan colgada!*... Hasta que hace cuatro años encontré a un asistente: él lleva a mi hijo al cole, organiza la casa, la compra, pone gasolina y lava el coche...
(CORPES XXI, 2010. Esther Casademont, y Mar Galtés, *El timo de la superwoman*)

(48) Vicente.- ¡Pues no sabes tú qué nochecita me ha dado! ¡No he podido pegar el ojo en toda la noche! *¡Es más nervioso!*...
Josema.- ¿Nervioso, el niño? Ahora estaba bien tranquilo.
(CORPES XXI, 2009. Antonio Martínez Ballesteros, «Tres, número impar». *Doña Perfecta. Tres, número impar*)

Parece evidente con estos ejemplos que las estructuras suspendidas se asemejan a los enunciados exclamativos y, por tanto, debe haber un área de expresión de contenido modal común. Además, constituye también una muestra de la especialización de las estructuras suspendidas y cómo esta consideración las hace ser percibidas cada vez más como enunciados independientes y completos por los hablantes de español[47].

3.5.2.4. La dimensión enunciativa

La dimensión enunciativa es la última dimensión textual que permite entender la configuración del texto y da un marco explicativo a ciertos fenómenos que ocurren en él. De este modo, también permite explicar el funcionamiento de las estructuras suspendidas y su capacidad para constituir un enunciado completo e independiente. La lingüística de la enunciación permite dar cuenta de la capacidad de coconstrucción textual en la que dos o más interlocutores pueden ser cocreadores del mismo discurso. Solo de este modo puede asegurarse el correcto uso y comprensión de una suspendida, pues los interlocutores no solo

47 Por este tipo de ejemplos, creemos que es necesaria una reflexión ortográfica de las estructuras suspendidas en su reflejo en la escritura basándonos en consideraciones macrosintácticas.

añaden enunciados al discurso, sino que deben interpretar la información del otro de forma activa, reponer la información que pueda faltar y tomar el turno de palabra asegurando la coherencia y cohesión con lo dicho con anterioridad. En este proceso intersubjetivo, el hablante decide voluntariamente no enunciar la segunda parte de la estructura oracional para que sea el receptor el que reponga la información que falta, continúe la conversación o active cierto tipo de inferencias en él bajo la forma de una insinuación o una intención similar. Una de las consecuencias de esta "no continuación" es que el hablante se aleja de la responsabilidad de la enunciación, de comprometerse con lo que está diciendo:

(49) Mercán.- Por Dios, señor Figueroa, usted cumple con su obligación preguntando. Veamos, la cárcel, sí. Hace casi un año. Dijeron que por defraudar a Hacienda. (Ríe.) Si metieran en la cárcel a todos los que defraudan al Estado, no habría transeúntes.
Figueroa.- Retiraron la querella cuando cayó Azaña y Lerroux subió a la Presidencia de la República.
(Mercán juega con el silencio, componiendo un gesto de expectación, para finalmente alargar su cuello y cernirse, juguetón, sobre el periodista.)
Mercán.- ¿Cuál es su pregunta?
Figueroa.- (Azorado.) Pues... Es que... *como se dice que usted y Lerroux son amigos...*
Mercán.- ¿Desde cuándo es noticia un verbo impersonal? "Se dice, se comenta, se ha oído..." es el estilo de los periodistas cobardes. Perdone, no voy contra usted sino contra las consignas que ha recibido de sus jefes.
(CREA 2002. Alberto Miralles, *El último dragón del Mediterráneo*)

En (49), se interpreta que Figueroa no llega a establecer la pregunta ya que, al ser una pregunta controvertida para su interlocutor, teme que pueda ofenderle. Por tanto, la insinúa, decide no pronunciarla y solo expresa la justificación de lo que quiere decir. Desde esta justificación se infiere cuál es su pregunta: '¿retiró Lerroux la querella contra usted por ser su amigo?'. Hay un deseo de no enunciación, y se apela a la colaboración del interlocutor para que interprete activamente lo que quiere decir. El emisor sabe que va a conseguir unos efectos que no obtendría con una estructura oracional prototípica. Si tomamos como base el ejemplo (49), podemos comprobar que la sustitución por una estructura oracional corriente no tendría las mismas implicaciones:

(49') Figueroa.- (Azorado.) Pues, es que *como se dice que usted y Lerroux son amigos, me gustaría saber si ese hecho tuvo algo que ver con la retirada de la querella contra usted.*

Explicitando la pregunta, desaparece la implicación de insinuación o de sugerencia. Esta estructura transmite una sensación de mayor seguridad en el hablante y una menor expresión de la emoción de la que hay en (49). No parece concordar con la imagen apocada que nos quiere transmitir el autor de Figueroa. De hecho, con la desaparición de la estructura suspendida, deja de tener sentido la acotación "azorado" del personaje.

Otro comportamiento enunciativo asociado a las construcciones suspendidas es su capacidad de introducir una causa de la enunciación. En la mayoría de los periodos bimembres, suele darse esta división de funcionamiento entre causales del enunciado y causales de la enunciación (*cfr.* Lapesa, 1978; *NGLE*, 2009: 3472), aunque también está muy extendida la tripartición de Sweetser (1990) entre causales de contenido, causales epistémicas y causales de actos de habla. Como indica Perona (2001: 160), esta división no queda exclusivamente en las construcciones estrictamente causales, sino que permitió a autores como Ramón Trives a extender la división *enunciado* y *enunciación* a todas las subordinadas adverbiales impropias.

En otras ocasiones ya hemos comentado que las estructuras suspendidas que analizamos comparten gran parte de los valores de las oraciones bimembres análogas. Es evidente que el sentido de causa sigue vigente en ellas, pero ¿son capaces de llegar a ser causas de la enunciación de otro enunciado? Si aceptamos la capacidad de posposición, tal y como la plantea Galán (1999: 3619) para las causales con *como*, parece posible esta interpretación:

a) *Como tienes tiempo, prepara tú la cena*↓
b) *Prepara tú la cena. Como tienes tiempo...*

Ambas cláusulas causales, a) y b), parecen reflejar una causa de la enunciación, ya que ambas justifican la realización de la petición al interlocutor de que prepare la cena. Siguiendo esta línea de pensamiento, la única diferencia entre ambos sería que la relación causal en a) se establece entre dos proposiciones u oraciones y en b) entre dos enunciados.

Sin embargo, la naturaleza de las construcciones suspendidas nos lleva a entender que el sentido de causa de la enunciación no es constante, más allá de que pueda sobreentenderse por el contexto. En primer lugar, porque, como defendemos, la orientación de las suspendidas es siempre prospectiva, lleva al receptor a concluir algo a partir de lo expuesto. Además, el sentido de causa entre cláusulas puede explicitarse a través de otra conjunción causal como *porque*:

(50) A: Que hemos visto a la @nombre ah ah... yo no sé si se ha operado, ¿eh?↑
B: Sí se ha operado pero uno ochenta nada más han puesto, ¿eh? *porque como es tan delgada.*
(COLA, malce4-01)

(51) -El camión de la compra ya sólo viene cada quince días.
-Y el panadero de Riello dejará de venir muy pronto, *porque para seis o siete hogazas que vende cada semana...* Yo es que ya como menos pan que un grillo.
(CORPES XXI, 2004. Marco Ronero, «Un pueblo sin discusiones conyugales». *Diario de León.es.* León: diariodeleon.es)

La conjunción *porque* sí actúa explicitando la causa de la enunciación de la cláusula previa, lo que nos lleva a interpretar que el nexo de la suspendida actúa en otro sentido y la unión se debería establecer con una supuesta oración principal que no se explicita. Insistimos, pues, en que la interpretación de causa de la enunciación de una suspendida cuando no hay otro nexo se debe a mecanismos propios de las relaciones de discurso, y el sentido de causa se deriva de un criterio argumentativo (Fuentes Rodríguez y Alcaide Lara, 2002) o retórico (*cfr.* Mann y Thompson, 1988; Duque, 2016).

3.5.3. Las construcciones suspendidas en la arquitectura general del texto y en la superestructura

A continuación, queremos dar unos breves apuntes sobre los contextos de aparición de las construcciones suspendidas, es decir, dar cuenta de su aparición en ciertos tipos de discurso frente a otros y en qué posición suelen aparecer dentro de ellos. Este ámbito de los tipos discursivos es lo que autores como Van Dijk (1992 [1978]) o Fuentes Rodríguez (2017 [2000]) denominan superestructura, que engloba a las otras dos, macro- y microestructura, ya que este nivel se configura por distintos rasgos de estas últimas

Los ejemplos de suspendidas en nuestro corpus provienen tanto de origen escrito (obras literarias, periódicos, textos digitales, etc.) como oral (transcripción de conversaciones: Val.Es.Co., COLA...), pero todos ellos tienen un carácter marcadamente coloquializado, y se sitúan en el polo de la inmediatez dentro del *continuum* variacional propuesto por Koch y Oesterreicher (2007 [1990] y examinado por los trabajos de López Serena (2007a, 2007b). En Pérez Béjar (2022) se hace un pequeño estudio descriptivo de la posición que suelen ocupar las construcciones suspendidas en los diferentes tipos textuales en los que aparecen. Partiendo del *continuum* inmediatez-distancia de Koch y Oesterreicher (2007 [1990]), se establece una división de cuatro tipos de textos: textos de máxima inmediatez comunicativa (transcripciones de conversaciones reales), textos con un alto grado de inmediatez o que imitan la oralidad (como obras de teatro o interacciones mediadas por ordenador), textos oralizados con un alto grado de planificación (como conferencias o monólogos humorísticos) y textos escritos planificados (como narraciones o textos expositivos). En el último tipo, aunque los textos se encuentren en un punto cercano a la distancia comunicativa, las suspendidas constituyen *huellas de la oralidad* (*cfr.* López Serena, 2009; Del Rey Quesada, 2019) y remiten a ciertos patrones propios de los discursos orales. Con esta clasificación, el estudio da cuenta de los porcentajes de la posición de las suspendidas por cada uno de los tipos de texto. Según el punto del *continuum* inmediatez-distancia en el que se encuentre el texto, las construcciones suspendidas tenderán a aparecer en mayor medida en posición inicial o final de párrafo o intervención, o en posición intermedia. En el siguiente gráfico (Figura 53), se puede ver una clasificación de los resultados:

Figura 53. Posición de las suspendidas según el tipo de texto.
Gráfico obtenido de Pérez Béjar (2022: 211)

Como se puede comprobar en el gráfico, en los textos de máxima inmediatez comunicativa, las suspendidas tienden a preferir la posición final, lo que marca un funcionamiento claro en su uso: motivar la interacción coloquial. Como veíamos en § 3.4.3.3.(c), este valor destaca su naturaleza propia de la oralidad y de la inmediatez comunicativa. Pasan a constituir un recurso para establecer un lugar de transición pertinente (*transition-relevance place*; Sacks, Schegloff y Jefferson, 1974) y darle la posibilidad al interlocutor de que tome el turno de palabra. De esta forma, las estructuras suspendidas se convierten en un recurso propio de la coconstrucción del discurso (*cfr.* Fuentes Rodríguez, 2014a). En cambio, en los textos más cercanos al polo de la distancia, encontramos un número similar de suspendidas en posición final de párrafo y en posición intermedia. Cuando aparecen en posición final de párrafo, las suspendidas parecen expresar el final de una reflexión propia en la que se invita a participar también a un supuesto interlocutor, aunque no responda. En posición intermedia, suelen introducir un argumento coorientado dentro de la estructura argumentativa.

En cualquier caso, insistimos en que incluso en los textos de mayor distancia comunicativa, las estructuras suspendidas constituyen un intento de imitar la interacción coloquial o suponen una huella de oralidad. Independientemente de su posición, las suspendidas nos llevan a un contexto de interacción y alta inmediatez, y, por tanto, a un registro coloquial y familiar. La propia naturaleza formal de las suspendidas va en sintonía con este registro coloquial: en primer lugar, la propia entonación suspendida, un rasgo prosódico, es un elemento que no se puede entender fuera de la oralidad y suele ser ajeno en los discursos formales escritos; en segundo lugar, su propia sintaxis inacabada hace presuponer a un interlocutor (real o hipotético) que pueda completar la parte de información que falta o que pueda tomar el turno de palabra. Resumiendo lo expuesto, es en los contextos coloquiales, interactivos y familiares donde las estructuras suspendidas encuentran su terreno más fértil y donde su aparición es más frecuente. Su uso en estas situaciones forma parte de la caracterización de los discursos propios de la interacción coloquial y ayuda a caracterizarlos e identificarlos como tales.

Capítulo 4 Las causales suspendidas

4.1. ¿QUÉ SON LAS CAUSALES SUSPENDIDAS?

Las cláusulas introducidas por *como* y *ya que* seguidas de una forma verbal en indicativo que se encuentran antepuestas a alguna estructura predicativa aportan un contenido causal: *como no paró de llover, nos quedamos en casa; ya que insistes, puedes acompañarnos en la reunión*. La información transmitida por cada una de estas cláusulas iniciales establece una causa (normalmente una causa conocida y, a veces, necesaria) para justificar un resultado expresado por la segunda cláusula o para determinar un marco enunciativo en el que se pueda enunciar una segunda parte. Si bien se reconocen los nexos *como* y *ya que* como prototípicamente causales, su uso suele diferenciarse de las oraciones con *porque*, ya que su comportamiento gramatical y sus funciones no coinciden. Los nexos *como* y *ya que* suelen incluirse en un grupo de causales llamadas explicativas[48], que suelen preferir la posición antepuesta en un período bimembre y que, por esta razón, suelen funcionar como marco o circunstante del enunciado (*cfr.* Gutiérrez Ordóñez 2000; *cfr.* Goethals 2002). Este tipo de causales es el que permite su realización como una estructura suspendida:

> [Una persona le pregunta a otra por qué no se acercó a saludarla en una fiesta]
> *Como había mucha gente hablándote...* (↑)
>
> [Una madre le pregunta a su hijo dónde ha estado]
> *Salí a pasear un rato. Ya que no estaba haciendo nada en casa...* (↑)

---

48 Si bien es cierto que algunos usos de oraciones introducidas por *porque* se incluyen dentro de las explicativas (Goethals, 2002).

Las causales suspendidas son uno de los tipos de enunciados suspendidos más comunes y junto a las condicionales suspendidas conforman el grupo de las *estructuras suspendidas de coorientación argumentativa.* El funcionamiento de las causales suspendidas se basa en la expresión de un tipo determinado de causa que, junto a la entonación suspendida, va a dar lugar a unos funcionamientos discursivos particularizados. Nuestro objetivo en este capítulo será, por tanto, realizar una descripción de los componentes internos de las causales suspendidas y cómo estos motivan ciertos efectos en la estructuración del discurso. Se profundizará sobre el significado causal de las conjunciones *como* y *ya que*, de la caracterización formal de su curva entonativa, de su constitución como enunciado independiente dentro del discurso y de su asentamiento como un fenómeno característico del registro coloquial inserto en el sistema lingüístico español.

En este capítulo, nos apoyamos en nuestro trabajo de Pérez Béjar (2018) sobre causales suspendidas. Los resultados ahí ofrecidos son ampliados, completados y desarrollados a continuación.

4.2. La causa en español y su expresión a través de *como*, *ya que* y otros marcadores causales

Antes de comenzar con la caracterización de las causales suspendidas en su macro- y microestructura, creemos necesario comprender qué sentidos de causa aparecen en español y cuáles suelen expresar las conjunciones *como* y *ya que*, marcas introductoras prototípicas de las causales suspendidas.

4.2.1. La expresión de la causa en español

Cuando nos referimos a estructuras "causales" en español estamos hablando de una serie de construcciones formales que designan o marcan de forma explícita una causa o una razón de que ocurra un estado de cosas (causales del enunciado) o una enunciación (causales de la enunciación). Los elementos que expresan este sentido son las conjunciones o las locuciones conjuntivas causales que podemos encontrar en casi todas las gramáticas: *porque, que, ya que, como, debido a, gracias a, pues, puesto que*... Por contra, la "causa" no es un elemento formal, sino una etiqueta semántica o significativa relacionada con criterios filosóficos y cognitivos, pero no sintácticos (*NGLE,* 2009: 3452). Por este motivo, es posible encontrar o establecer una relación de causalidad en muchos tipos de construcciones en español. Galán (1999) apunta las siguientes:

a) *Causales*: aquellas que establecen la relación de forma más explícita. Son las que poseen los conectores *ya que, como, debido a*... Para Ziti y Champagnol (1992) constituyen una relación de causa-efecto esperada[49].
b) *Finales*: asimiladas en muchos aspectos a las causales. Las construcciones finales están marcadas principalmente por la preposición *para* y la locución conjuntiva *para que*. Las similitudes entre estas dos estructuras pueden ser sintácticas, ya que ambas pueden entenderse como término de una preposición, *por* (causales) o *para* (finales): *lo hice porque no tenía nada más que hacer → lo hice por eso / lo hice para que no me dieras más la lata → lo hice para eso.* Pero, sobre todo, encontramos en ambas estructuras similitudes significativas, en tanto que una finalidad u objetivo puede ser la causa que motive un estado de cosas: *corrí en la carrera para ganar el premio.* En este caso, el objetivo "ganar el premio" es la causa de por qué el locutor "corrió en la carrera". En cualquier caso, el uso de una determinada forma u otra implican una serie de diferencias, pero la relación esencial que se establece sigue siendo de causa-efecto:

> La causa de un estado de cosas constituye su origen o su razón de ser, mientras que la finalidad de una acción es el objetivo o el propósito al que apunta. Así pues, la causa es una noción fundamentalmente RETROSPECTIVA, mientras que la finalidad es fundamentalmente PROSPECTIVA. Nada impide, sin embargo, hablar de la causa o la justificación

49 "[...] quand ils [los conectores causales] introduisent l'effet ils confirment l'effet attendu de la cause" (Ziti y Champagnol, 1992: 188).

> de las situaciones actuales o de las venideras. El que pregunta *¿Cuál es el motivo de su visita?* desea saber la finalidad de cierta visita, pero también la causa que la provoca. La noción de 'propósito' es en esencia prospectiva, pero los propósitos que mueven a actuar son las razones que impulsan a la acción y, por tanto, también las causas que llevan a ella (*NGLE*, 2009: 3450).

c) *Condicionales*: también constituyen una relación de causa-efecto, pero en un plano cognitivo hipotético. Se establece un efecto esperado de una causa que no tiene por qué haber sucedido o estar sucediendo en el momento discursivo: *si miras por la ventana, verás al vecino paseando al perro.* También sirve para establecer causas generales o universales: *si calientas el agua a 100º grados, hierve.*
d) *Concesivas*: se trata, en este caso, de una relación de causa-efecto que no se establece. Una frase como *aunque no he estudiado, me presentaré al examen* tenemos un resultado o un efecto, "acudir al examen", que no viene determinado por la situación anteriormente expuesta, "no he estudiado". Ziti y Champagnol (1992) hablan de que los conectores concesivos establecen un efecto no esperado[50]. Como dijimos en § 3.4.1, la concesión posee más bien un sentido de "anti-causa", que implica un procesamiento mental complejo e indirecto y que no motiva la aparición de estructuras suspendidas.
e) *Consecutivas* e *ilativas*: si los conectores causales marcan la proposición que constituye la causa, las conjunciones consecutivas e ilativas introducen el resultado o la conclusión dentro de la relación de causa-efecto: *pienso, luego existo; no ha asistido a las conferencias, por lo tanto, no obtendrá el certificado; corre tan rápido que no lo van a alcanzar.* En cada una de estas construcciones ha de entenderse que la primera cláusula es la causa de la segunda: *existo, porque pienso; no*

50 "Pour ce type de relation [la relation de concession causale] nous parlerons de cause/effet non attendu. Cette relation est représentée par les connecteurs « bien que » et « quoique ». Ces deux connecteurs, quand ils introduisent la cause, marquent que l'auteur indique que l'effet attendu ne se réalisera pas" (Ziti y Champagnol, 1992: 188).

obtendrá el certificado porque no ha asistido a las conferencias; no lo van a alcanzar porque corre muy rápido.

Por su lado, la *NGLE* (2009: 3453) también reúne una serie de proposiciones que expresan frecuentemente un sentido causal, por ejemplo, las dos siguientes:

f) *Relativas explicativas*: *No pudo ver a sus padres, que no se encontraban en el momento en el que fue a visitarlos.* En este enunciado, la información que ofrece la relativa se interpreta como la razón por la que una persona no haya podido ver a sus padres.
g) *Algunas construcciones copulativas*: *No se sentía cómodo y se fue a casa.* Ha de entenderse que se fue a casa *porque* no se sentía cómodo.

A estas clasificaciones también podemos unir la clasificación de las nociones de causa que Santos Río (2002) considera pertinentes en lingüística: *causas impulsivas y no impulsivas, causa precisa, causa aventurada, causa factiva, la culpa, la causa polifónica*... Además, la relación causal también puede establecerse entre dos núcleos informativos sin una marca explícita de causa. Sanders (2005) explica cómo el sentido de causa puede ser un mecanismo cognitivo para relacionar enunciados, y, por tanto, serviría como medio cohesivo de las unidades del texto.

Así pues, el concepto *causa* aparece imbricado en multitud de contextos como un fenómeno que forma parte del funcionamiento de muchos mecanismos lingüísticos. Ziti y Champagnol (1992: 189) hablan de cierta primacía de la causa frente a otros sentidos, hecho que hace destacar su presencia dentro del código lingüístico. También parece que la causa es una de las nociones que potencian la aparición de ciertas estructuras suspendidas, porque sirve de apoyo al proceso predictivo implicado en su funcionamiento. Entonces, ¿qué tipo de causa aportan las llamadas "oraciones causales" cuando se realizan como una construcción suspendida?; ¿qué particularidad poseen los nexos *como* y *ya que* frente a otras expresiones de la causa?; ¿por qué su tratamiento de esta noción permite que aparezcan en enunciados suspendidos y no la conjunción *porque*, su nexo más emblemático? A estas preguntas trataremos de dar respuesta a continuación.

4.2.2. Las estructuras causales en español: tipos de causa y marcadores que permiten la realización suspendida

De forma general, consideramos que los nexos causales son aquellos que expresan una causa de un estado de cosas o de una enunciación sin otras nociones imbricadas como la condición o la finalidad. Existen varios nexos que se adecuan a esta definición, pero también presentan varias diferencias entre sí. Los intentos de clasificación de estos nexos y marcas causales se agrupan en dos pares de términos: a) causales del enunciado y causales de la enunciación; b) causales predicativas y causales explicativas. En estas agrupaciones de conceptos, suele ser relevante la posición de la oración causal en un período bimembre: c) anteposición o posposición de la causa. Pensamos que algunos de estos rasgos semánticos y morfosintácticos pueden ayudar a descubrir qué particularidades poseen algunos nexos causales para aparecer en enunciados suspendidos en contraposición a otros que no pueden.

a) Causales del enunciado y de la enunciación

La relación entre las cláusulas de la construcción causal se da de forma directa en el contenido predicativo o, por otro lado, se justifica únicamente la causa de por qué se enuncia un determinado elemento del discurso. De este modo, hablamos de causales del enunciado y causales de la enunciación respectivamente. En las primeras, se observa que lo referenciado en la cláusula causal es la razón de que ocurra el estado de cosas de la principal: *no salgo a la calle porque hace frío*. Para comprobar esta relación directa, podemos formular una pregunta que pida directamente la causa de la consecución de un hecho: *¿Por qué no sales a la calle? Porque hace frío.*

En cambio, en las causales de la enunciación, la relación entre un hecho y otro no se da de forma directa y el interlocutor debe buscar la relación en un proceso cognitivo más complejo. En estos casos, no se busca la causa inmediata, sino la causa del establecimiento de un juicio o una enunciación previa del hablante: *No hay nadie en casa porque las luces están apagadas*. El hecho de que las luces estén apagadas no es la causa de la ausencia de los inquilinos, pero sí es lo que lleva al hablante a enunciar el contenido de la cláusula principal. En estos casos, no es posible la estructura pregunta-respuesta **¿Por qué no hay* *nadie en casa? Porque están apagadas las luces.* La interrogación se hace a partir de un verbo enunciativo: *¿Por qué dices que no hay nadie en casa? Porque están apagadas las luces.*

Esta diferenciación, como comenta Perona (2001), parte de las consideraciones de Bello (18) (1972 [1847]) y de Lapesa (1978) sobre algunos comportamientos de las oraciones que Rojo (1978) considera bipolares. Sweetser (1990: 76 y ss.) también hace una división similar de las causales, pero dividiéndolas en tres grupos: *causales de contenido, causales epistémicas* y *causales de actos de habla.* Las causales de contenido se equiparan a las causales del enunciado y las otras dos, que expresan una deducción (causales epistémicas: *Ha estudiado porque ha aprobado el examen*) o justifican la enunciación de un acto de habla (causales de acto de habla: *¿Quieres venir al cine conmigo?, porque tengo dos entradas*), corresponden a las causales de la enunciación (*cfr.* Briz, 2011).

Aunque para Sweetser (1990) prácticamente cualquier conjunción causal puede expresar cualquiera de sus tres tipos, normalmente se suele aceptar que hay conjunciones causales que se orientan más a la expresión de un tipo que a otro. Dentro de las marcas formales, Sweetser (*idem*: 82 y ss.) también considera que las causales epistémicas y de actos de habla suelen motivar una pausa mayor entre principal y subordinada que las de contenido. Las conjunciones *como* y *ya que* (equiparables a *since* en inglés) suelen aparecer con esta pausa intermedia y, por ello, suelen identificarse como nexos habituales de las causales de la enunciación. Por tanto, y puesto que *como* y *ya que* son los nexos causales prototípicos de la suspensión, es posible pensar que las estructuras causales de la enunciación son las que propician la aparición de enunciados suspendidos. Sin embargo, aunque en muchos casos *como* y *ya que* aparezcan introduciendo causales de la enunciación, no siempre ocurre de este modo y pueden introducir también una relación de contenido. Por tanto, basarnos en el criterio "casuales de contenido/enunciación" para distinguir aquellas oraciones causales que permiten la realización suspendida no es del todo fiable. Tampoco lo es para distinguir tipos de nexos causales, ya que casi todos permiten ambos usos, aunque algunos muestren preferencias por un tipo u otro. Por ello, muchos estudios se basan en la distinción entre *causales predicativas* y *causales explicativas.*

b) Causales predicativas y casuales explicativas

Para superar las dificultades explicadas de la diferenciación entre causales del enunciado y casuales de la enunciación, entre otras razones, Santos Río (2000b) propuso una diferenciación también bastante extendida entre *causales explicativas* y *no explicativas* (estas últimas, también llamadas *predicativas*). El concepto de explicación, como expone el propio Santos Río (2000b: 461), toma como punto de partida el rasgo semántico de *presuposición* (o *factividad,* en una línea muy similar a Kiparsky y Kiparsky, 1970). Según esto, básicamente existen construcciones causales que no poseen una idea de presuposición y que son, por tanto, *aseverativas*, como *aprobé el examen gracias a mi esfuerzo.* La causa forma, así, parte de la predicación (de ahí el nombre de *predicativas*) y constituye un complemento adjunto del verbo. En cambio, en una oración como *Puesto que no hay ninguna tarea más pendiente para hoy, podemos adelantar algo del trabajo de mañana*, para Santos Río, el hecho de "no tener más tareas para hoy" es un hecho consabido y del que no se duda su veracidad. Solo es el motivo o la explicación que permite tomar la decisión de "adelantar el trabajo de mañana". Por este motivo, las denomina causales *explicativas* y están constituidas por dos procesos informativos, uno que sirve de marco y otro que constituye la información nueva. Goethals (2002: 34) explica la diferencia del siguiente modo:

> La diferencia entre construcciones *predicativas* y construcciones *explicativas* consiste en que la relación causal no tiene el mismo estatuto informativo. En las *predicativas*, pertenece al contenido conceptual comunicado. En las *explicativas*, la relación causal está presente semánticamente sin que pertenezca al contenido representacional de la frase que puede ser modalizado, modificado, negado, etc.

En esta explicación encontramos de nuevo la idea de que una causal predicativa constituye un solo núcleo informativo, mientras que las explicativas poseen dos. Esto determina el tipo de relación que se da entre las cláusulas. La *NGLE* (2009: 3460–3461) habla, en su lugar, de causales externas e internas al predicado. Goethals, además, piensa que la distinción de estos dos núcleos no es simplemente semántica, sino también performativa, ya que una cláusula causal explicativa puede constituir por sí misma un acto de habla de explicación que justifica lo enunciado en la oración principal o el acto de habla que esta última realiza[51].

Yendo más allá, Goethals (*idem*: 13 y ss.) plantea que la división predicativas/explicativas se puede demostrar formalmente aplicando varios criterios[52] que diferencian el comportamiento de distintas conjunciones causales, ya sean explicativas o no explicativas. Así, establece una distinción entre nexos que son únicamente predicativos, como *gracias a, debido a* o *a causa de,* y nexos que son únicamente explicativos, como *como, pues, que* o *ya que*. Santos Río (2000b: 449) amplia más la lista de nexos explicativos y la extiende a construcciones introducidas por [*al* + infinitivo] y otras similares. Los nexos explicativos parecen ser los más propensos a introducir también una causal suspendida y,

51 Un razonamiento parecido es el que establece Briz (2011) para marcar las diferencias entre causales del enunciado y causales de la enunciación, utilizando las unidades de la conversación del grupo Val.Es.Co. Él utiliza el término 'acto' para referirse a una de las unidades mínimas que componen la conversación y que realizan un acto de habla. A su vez, habla de 'subactos' para referirse a las unidades que componen el acto. En estos términos, él defiende que una causal del enunciado son dos subactos dentro de un acto que constituiría la estructura causal con sus dos proposiciones. De este modo, argumenta la relación directa entre las dos partes de una causal predicativa. Por otro lado, él ve las causales de la enunciación (equiparadas a las explicativas) como dos actos independientes que se suceden y que posee cada uno su propia fuerza ilocutiva.

52 Los criterios para Goethals (2002: 13 y ss.) son los siguientes:
-Alcance de la negación: *Juan le escribió una carta porque no sabía nada de ella/Juan le escribió una carta no porque no supiera nada de ella, sino porque tenía algo urgente que decirle. // Como no sabía nada de ella, Juan le escribió una carta / *No como no sabía nada de ella (sino como...), Juan le escribió una carta.*
-Alcance de la modalidad de la frase: *¿Juan le escribió una carta porque no sabía nada de ella? / *¿Como no sabía nada de ella Juan le escribió una carta?*
-Inserción en una estructura escindida: *Si le escribió una carta es porque no sabía nada de ella / *Si le escribió una carta es como no sabía nada de ella.*
-Modificación adverbial: *Juan le escribió una carta precisamente porque no sabía nada de ella / *Precisamente como no sabía nada de ella, Juan le escribió una carta.*
-Características prosódicas de la secuencia: las estructuras predicativas y explicativas poseen distintas características fonéticas, como diferentes frecuencias en distintos momentos de su enunciación, o las pausas que se establecen entre las dos cláusulas. Ambas se desarrollarán en el cuerpo del texto.

por ello, puede que en este rasgo semántico esté parte de la clave de por qué solo algunos tipos de causales permiten una suspensión. De hecho, que la cláusula causal introduzca un contenido presupuesto permite reforzar el carácter de predictibilidad en el que se basa la suspensión: si el hablante se apoya en una relación causal conocida y aceptada en un universo compartido, supone también que el oyente va a saber desprender sin problema las consecuencias derivadas. Gracias a este proceso puede funcionar una causal suspendida en el discurso.

Por otro lado, la conjunción *porque* parece resistirse a la clasificación entre predicativas y las explicativas. Goethals (2002: 20) defiende que la conjunción prototípica de las causales se encuentra en medio de estos dos tipos, ya que permite usos de uno y de otro[53]. Esto complica la afirmación de que las causales explicativas suelen motivar la aparición de suspendidas ya que, según esto, en algunos casos, la conjunción podría introducir un enunciado suspendido, hecho que no parece darse en español. Lo que parece ocurrir con *porque* es que le sigue faltando otro requisito para permitir una suspensión y es su incapacidad de actuar como *marco* de un enunciado (cuya posición no marcada es la inicial en el enunciado). Por ello, creemos que es necesaria una tercera consideración de las causales que se basa en la posición de la cláusula causal con respecto a la principal y que proponemos a continuación.

c) Causales antepuestas y causales pospuestas

La capacidad que tiene una cláusula causal para funcionar como *marco* (antepuesta a la oración principal) también es otro aspecto relevante para la aparición de esa cláusula como suspendida. Esto mismo comentamos en el § 3.4.1, donde explicábamos que la función marco potenciaba la aparición de una suspendida. En el caso concreto de las causales, podemos hacer una clasificación de tres tipos de cláusulas según si el nexo permite o no la anteposición: causales únicamente

53 *Porque* puede aparecer introduciendo tanto causales predicativas, *vino porque le llamaron*, como explicativas, *haz algo conmigo, porque me aburro.* Esta última construcción no cumpliría los criterios de integración vistos en la nota 13: **haz algo conmigo no porque me aburro (sino porque...); *¿haces algo conmigo porque me aburro? / *si haces algo conmigo es porque me aburro / *haz algo conmigo precisamente porque me aburro.*

antepuestas, causales únicamente pospuestas y causales que permiten ambas posiciones.

El ejemplo más claro de nexo que solo permite la anteposición es *como*. Para Gutiérrez Ordóñez (2000) o Goethals (2002), estas cláusulas tienen un funcionamiento prominente de marco, tópico o encuadre, y esto, probablemente, se deba, precisamente, a la anteposición en la construcción. No pensamos, por tanto, que sea posible una inversión de cláusulas como propone Galán (1999: 3618–3619) del tipo: *Como llueve tanto, no podemos salir al cine* > *No podemos salir al cine. ¡Como llueve tanto!* (ejemplos extraídos de Galán, 1999: 3619). La pausa marcada y la entonación suspendida de la cláusula con *como* ya nos muestran que estamos ante dos enunciados distintos; se da una prosodia que nada tiene que ver con aquellas cláusulas causales que sí permiten la posposición. Montolío (2000) también defiende que no se puede considerar una simple posposición de la cláusula con *como*, pues la aparición de la cláusula en una posición u otra presenta enunciados distintos que "pueden ser semánticamente análogos, pero no parecen pragmáticamente equivalentes" (Montolío, 2000: 363). Y continúa diciendo:

> Lo que hace el hablante aquí es introducir tras la oración inicial [. . .] toda una construcción causal; ahora bien, el hablante sabe que basta con enunciar la primera parte de la misma, donde se expresa la causa que funciona como circunstancia o fondo discursivo -que es la que resulta relevante desde el punto de vista comunicativo-, porque la conclusión puede deducirse de la simple enunciación de aquélla, con lo que puede dejarse suspendida.
>
> Este tipo de causales fragmentadas constituyen, en nuestra opinión, muestras del mecanismo conversacional de la **autoenmienda,** [. . .] ya que el hablante las utiliza para introducir tardíamente una justificación a fin de salvaguardar su imagen frente al interlocutor [. . .] o para atenuar una intervención que puede ser lesiva para el receptor (Montolío, 2000: 363–364).

Por otro lado, a pesar de que podamos establecer una relación entre un enunciado causal con *como* "pospuesto" y otro precedente, no siempre es posible anteponer la causal:

(52) Chity: No seas estrecho. Yo estoy encantada. (Yendo hacia el tocadiscos) Oye, podíamos bailar. (Desconecta los cascos de Javi, coge el disco de Machín y se dispone a ponerlo).
Paco: Deja eso ¿quieres?

> Chity: ¿Por qué? Esta música no está mal a pesar de gustarle a mi madre. (Pone el disco. Se oirá nuevamente Dos gardenias). No digas: esto de las gardenias es el colmo de lo camp. (Empieza a seguir el ritmo y engancha a Paco por la cintura) ¿Sabes bailar agarrao mi arma? *¡Como siempre fuiste tan soso!* (Le atrae hacia sí haciéndole una caricia. Paco se retrae) Anda hombre, no pongas esa cara.
> (CREA, 1991. Carmen Resino, *Pop y patatas fritas*)

En (52), no es posible devolver la causal a su "posición natural": **Como siempre fuiste tan soso, ¿sabes bailar agarrao?* Lo más natural es pensar que se trata de enunciados distintos y que el enunciado suspendido solo puede admitir una continuación diferente al enunciado previo: *¡Como siempre fuiste tan soso, no creo que sepas bailar!*

El nexo prototípico que solo permite la posposición a la principal es *pues*. Este caso es la muestra de una conjunción prototípicamente explicativa que no puede actuar como *marco* y, por ello, tampoco puede aparecer introduciendo un enunciado suspendido. La posposición, como elemento final de la construcción causal, no permite una continuación o el desarrollo argumentativo de un proceso mental, porque es donde acaba la idea que se quiere transmitir.

Finalmente, el último grupo lo constituyen las conjunciones causales que permiten tanto que la causal esté pospuesta como antepuesta a la principal. Las más relevantes en nuestro estudio son *ya que* y *porque*, que poseen comportamientos diferenciados. *Ya que* tuvo preferencia por la anteposición hasta el siglo XVIII (Pérez Saldanya, 2014: 3565) y, a partir de entonces, aumentaron los casos de posposición con su asimilación parcial a los usos de *porque*. A pesar de ello, su habitual funcionamiento como marco a lo largo de la historia le permite seguir ocupando la posición antepuesta sin ningún tipo de valor marcado, de tal forma que puede equipararse a *como* en su funcionamiento y aparecer introduciendo un enunciado suspendido. En cambio, la anteposición de *porque* genera unos efectos que no tiene en la posposición, como indica Goethals (2002: 195):

> En las secuencias con *porque*, la anteposición provoca una *focalización* de la relación causal, que consiste en enfatizar que, de entre las causas posibles, ésta (*sic*) ha sido precisamente la causa que ha llevado a que se realizase el evento expresado en la principal.
>
> [...]

> *Porque* es poco adecuado en anteposición si no se focaliza específicamente la relación causal.

Un enunciado como *Porque no me escuchas me enfado* focaliza la causa del enfado. Parece que responde a la siguiente pregunta: "Entre todas las razones posibles para enfadarte, ¿por cuál exactamente estás enfadado?". Este sentido de selección es la implicación habitual del foco en un enunciado (*cfr.* Escandell y Leonetti, 2009), que *porque* no llega adquirir en su posición habitual pospuesta: *Me enfado porque no me escuchas*. La anteposición, por tanto, es la posición marcada para *porque*, al contrario de lo que ocurre con *ya que*, que sí puede tomar este orden en el enunciado de forma más natural, pues está más codificada para constituir un marco enunciativo. No olvidemos que *porque*, en relación con su origen, sigue siendo una preposición *por* que rige una oración sustantiva, y esta es una naturaleza propia de los adjuntos pospuestos al verbo. En cualquier caso, debido a que la conjunción *porque* no está especialmente codificada para constituir un marco y a pesar de que pueda designar un contenido explicativo, no puede introducir enunciados suspendidos.

Resumiendo lo visto en este apartado, son dos los rasgos que parecen potenciar que las conjunciones puedan introducir enunciados suspendidos. Por un lado, el carácter explicativo y de presuposición parece tener cierta relación con el sentido básico de los enunciados suspendidos, ya que en este rasgo puede apoyarse la naturaleza predictiva de las suspendidas. Por otro lado, el rasgo que consideramos más relevante para la aparición de las suspendidas es la capacidad de las conjunciones de constituir un marco enunciativo de la predicación. Solo en esta posición es posible plantear una continuación del desarrollo argumentativo e inferir unas consecuencias derivadas predecibles.

4.3. La microestructura de las causales suspendidas

El esquema composicional de una causal suspendida se constituye en la relación de los siguientes elementos:

[*Como* / *ya que* + sintagma verbal con núcleo verbal en indicativo + rasgo entonativo de suspensión (tonema final en anticadencia)]

En el análisis del nivel microestructural, profundizaremos en cada uno de estos componentes: la marca de causa, la forma verbal en indicativo y el tonema final en anticadencia.

4.3.1. Las marcas de causa: como *y* ya que

Las dos marcas introductoras de las causales suspendidas que analizamos son *como* y *ya que*. Centramos nuestro análisis en estos dos elementos porque son los más comunes en este tipo de construcciones. Existen, sin embargo, otros nexos o locuciones causales que también pueden introducir la realización de un enunciado como suspendido. A continuación, analizaremos los funcionamientos de estas conjunciones y locuciones de causa en la lengua que permiten una realización suspendida.

4.3.1.1. La conjunción *como* en su historia

La conjunción *como* aparece en contextos lingüísticos muy diversos y creemos necesario hacer un breve repaso de los valores que se han identificado de esta conjunción para ser más precisos en identificar sus sentidos en las estructuras causales suspendidas. Por otro lado, hay que tener en cuenta que los valores de *como* no han sido siempre iguales en la historia del español, pero sus valores en el tiempo han ayudado a configurar los presentes. Para determinar estos sentidos, consideramos de utilidad de realizar una breve descripción de la conjunción en la historia del español.

4.3.1.1.1.* Como *y sus valores en diacronía

Como se ha caracterizado a lo largo de su historia como un elemento muy versátil que ha adquirido tanto valores adverbiales como preposicionales y conjuntivos. Cano Aguilar (1995) realiza un estudio exhaustivo de esta conjunción a lo largo de su historia desde el adverbio latino QUOMŎDO ('de qué manera'). De este estudio, enumeramos los valores principales que ha tenido *como*.

Originariamente, QUOMŎDO fue en latín un adverbio interrogativo, pero ya en esta lengua fue adquiriendo otros valores, en parte, por la asimilación de algunas funciones de UT como conjunción completiva (equivalentes a las actuales oraciones completivas interrogativas del tipo *me pregunto cómo lo habrá hecho*) o de QUOD como causal. Además, en latín tardío acabó apareciendo en oraciones comparativas o correlativas, a veces, introduciendo elementos no oracionales, lo que le confirió cierta capacidad prepositiva. Ya en la Edad Media, *como* aparece como conjunción introductora de oraciones subordinadas que funcionan como adjuntos del verbo principal con múltiples sentidos diferenciados. Cano Aguilar identifica, al menos, valor consecutivo, final, temporal, locativo, adversativo y causal. Muchos de estos valores acabaron desapareciendo. El autor confirma, en cualquier caso, que el valor causal es uno de los más asentados en el castellano desde los inicios de la lengua, a pesar de que no está claro si su sentido de causa proviene del uso temporal (por la anterioridad cronológica implicada por el sentido de causa) o del uso modal comparativo (por la correlación establecida entre la cláusula principal y la subordinada). Además, indica que las oraciones introducidas por *como* siempre tuvieron preferencia por la posición inicial, aunque también se atestiguan casos en posición pospuesta (de forma equiparable al comportamiento de *pues*). El modo verbal predominante siempre fue el indicativo, pero Cano Aguilar también atestigua casos en subjuntivo con sentido contrafactual (sobre todo, en posición pospuesta a la principal) que, sin embargo, decayeron a partir del siglo XVIII. La combinación con subjuntivo pasaría a ser exclusiva del valor condicional de la conjunción (*cfr.* Cano Aguilar, 1992, 1995; Galán Rodríguez, 1999; Montolío, 1999b; Hummel, 2004; *NGLE*, 2009; etc.).

Finalmente, llama la atención un último comportamiento que menciona Cano Aguilar (1995: 110–111) relacionado con el tema de este trabajo:

> [...] una construcción causal de *como* puede aparecer aislada, si bien dejando implícita la relación de dependencia con alguna otra construcción oracional no manifestada inmediatamente. Ello suele ocurrir en entornos de diálogo, donde la frase de *como* responde a algo manifestado en un turno anterior.

El investigador da tres ejemplos de distintas épocas a partir de la clásica:

"¿Cómo has entrado aquí [. . .]? - *Como* la muerte no temo" (Calderón, *Devoción, ap.* Cuervo, *s.v.*)

"Amigo, *como* no soy el Duque de F. . ., ni el conde de P. . ." (Larra, *Artículos*, 313).

"¿Una amiga [. . .]? - No, hija. - ¡*Como* dices una amiga!" (Cela, *Colmena*, 99).

Podemos observar aquí tres construcciones con *como* independizadas de algún modo de la estructura oracional clásica. Estas estructuras suelen aparecer, como indica el autor, en contextos dialogales, lo que las acerca más a nuestro objeto de estudio, pues este es el contexto habitual de las suspensiones (*vid.* § 3.5.3). Ciertamente, no podemos comprobar la entonación exacta de estos ejemplos en el contexto histórico en el que fueron escritos, pero por los signos ortográficos usados (puntos suspensivos o exclamaciones) parecen indicar que la entonación, como elemento fundamentalmente oral, adquiere especial relevancia. En el ejemplo de Cela podemos intuir que el autor asemeja la entonación de la estructura con *como* a algún tipo de exclamativas, como ocurre con algunas suspendidas. Sin embargo, los enunciados exclamativos descritos por Quilis (1993: 453) como "un descenso muy acusado del fundamental desde la primera silaba acentuada, o por un fundamental muy bajo o plano" no parecen corresponderse con este ejemplo. Más bien, parece ajustarse a una elevación del tono de forma similar a como lo haría una curva melódica en anticadencia: *como dices una amiga*↑. De esta forma, puede recuperarse un sentido de causa de la enunciación a la pregunta inicial "¿una amiga?"[54]. Los ejemplos de Larra y Calderón son menos transparentes, pues la ortografía no deja entrever en qué tipo de entonación están pensando los enunciadores, aunque se debe considerar que poseen su propia entidad melódica diferente de las construcciones causales con *como* con dos partes. Igualmente, estos testimonios ya dan cuenta de la capacidad que tienen las causales con *como* de aparecer de manera independiente en su evolución, un hecho que está ya completamente asentado en su uso actual.

54 El contexto del fragmento es el siguiente:
Laurita se puso triste y capciosa.
— ¿Una amiga como soy yo ahora?
— No, hija.
— ¡Como dices una amiga!
— Bueno, una conocida. (CDH, 1951–1969. Camilo José Cela, *La colmena*)

4.3.1.1.2. Valores sintácticos actuales de como

Existen en español muchos tipos de construcciones, cláusulas y otras unidades sintácticas que van precedidas por *como*[55]. Cada una de ellas expresa valores y rasgos muy distintos, de tal forma que en la tradición gramatical se ha preferido diferenciar los usos principalmente desde un punto de vista onomasiológico, es decir, partiendo del significado expresado e incluyendo la partícula gramatical en distintos paradigmas. La *NGLE* (2009) o Iglesias Bango (2007) hacen un compendio de estas etiquetas o consideraciones:

a) *Adverbio relativo*: en ciertos contextos, *como* parece remitir a un antecedente o a un elemento previo. Se trata de contextos como *Le encantaba la manera como sonreía* (*DLE,* 2023 [2014]: *s.v.* como[2]) o *Hizo el problema como todos pensábamos que lo haría* (Iglesias Bango, 2007: 1684). En este segundo caso, el antecedente no está expreso, pero se suele sobreentender un sustantivo como *manera* o *modo*. Así ocurre en el primer ejemplo. Como adverbio relativo, *como* cumple una doble función. Por un lado, tiene un valor conjuntivo, pues introduce una cláusula en subordinación a otro elemento, ya sea por ser el adyacente de un sustantivo dentro de un sintagma nominal (*La manera como sonreía*) o por introducir un complemento adjunto del grupo verbal de una oración, en este caso, una subordinada adverbial de modo (*Se cortó el pelo como le habían aconsejado* / 'con el estilo que le habían aconsejado' / 'así'). Por otro lado, *como* cumple una función dentro de la cláusula como adjunto del verbo subordinado, es decir, posee la misma función que un adverbio.
b) *Conjunción completiva*. Iglesias Bango (*idem*) piensa que en algunos contextos *como* puede actuar con valores completivos: *¿Ves como no hay que tener miedo?* (ejemplo extraído del mismo autor). Sin embargo, estos usos parecen asemejarse más al adverbio interrogativo *cómo* que sí tiene como función prototípica la introducción de proposiciones sustantivas.

55 Nos referimos en este apartado al *como* que no posee acento tónico en la enunciación, pues este y el acentuado difieren en naturaleza y funciones.

c) *Conjunción causal*: Galán Rodríguez (1999: 3618) defiende que *como* es el nexo causal explicativo[56] más común, es decir, aquel que expone una causa conocida por los interlocutores y que sirve de justificación a la proposición principal (ya sea la justificación de su contenido o de su enunciación). *Como,* en estos contextos, introduce una cláusula antepuesta que se analizaría tradicionalmente como una subordinada circunstancial de causa: *Como hizo bien el examen, sus padres le felicitaron.* En este valor causal de *como* nos centraremos más adelante para justificar los valores de la estructura que analizamos.
d) *Conjunción condicional*: *como* también es uno de los marcadores habituales de la condicionalidad (Montolío, 1999b). A diferencia del marcador prototípico condicional *si*, los usos condicionales de *como* se reservan principalmente a "la advertencia, la promesa firme o el vaticinio" (*NGLE*, 2009: 3585). *Como llegues tarde, te las vas a ver conmigo; como me toque la lotería, me voy a ir de viaje a Nueva York.* Como rasgo constituyente, estas estructuras condicionales solo aceptan el modo verbal subjuntivo.
e) *Conjunción copulativa.* De nuevo Iglesias Bango (2007) y la *NGLE* (2009) establecen que *como* posee un valor copulativo en ciertas estructuras con *tanto*: *Hablaron tanto con los que se quedaron como con los que se fueron.* En este tipo de estructuras correlativas podemos entender que ambos elementos están situados al mismo nivel jerárquico, al igual que funcionaría una construcción con una conjunción copulativa: *Hablaron con los que se quedaron y con los que se fueron.*
f) *Conjunción comparativa*: otro de sus valores más habituales es ser marca introductora del segundo término en las estructuras comparativas de igualdad. *Es tan guapo como inteligente.* En estos casos, *como* introduce elementos de diversa índole, tanto estructuras oracionales como sintagmas nominales o adjetivales y otros elementos gramaticales.

56 Como veremos más adelante, no queda claro del todo qué extensión semántica tiene la etiqueta "explicativa". En la mayoría de los casos, se interpreta que introduce una justificación de un hecho (Goethals, 2002) o se considera un "recurso argumentativo" (*NGLE,* 2009: 3464).

g) *Adverbio aproximativo*: en ciertos contextos, se puede usar *como* de adverbio que atenúa la certeza en lo dicho. Este uso tiene implicaciones pragmáticas. Se trata de un marcador aproximativo y modal con el que el interlocutor se aleja de la responsabilidad de aseverar lo dicho. Se puede usar incidiendo en adjetivos (*me pareció que estaba como muy alegre*) o sobre sintagmas nominales precedidos de preposición (*me miró como con pena, tuve tutorías como con cinco alumnos*).
h) *Valor prepositivo*. Como señala Iglesias Bango (2007: 1684), *como* puede adquirir un valor similar al de una preposición en aquellos contextos en los que se puede conmutar por la preposición *de*: *actuó como/de pastor en la obra de teatro del colegio*. Cano Aguilar (1995: 16) comenta, desde una perspectiva de sintaxis histórica, que el hecho de que se empezase a usar QUOMŎDO (>*como*) en correlaciones coordinadas permitió que pudiera introducir segmentos no oracionales, al contrario de lo que permitían las construcciones completivas o las interrogativas parciales que introducía este adverbio. De este modo, *como* se asemeja a los valores que adquiere una preposición.

Dada la rentabilidad de esta partícula en estructuras muy diversas y que el significado esencial de la misma sea, en cierto modo, muy vago, los usos de *como* probablemente se encuentren en continua evolución y puedan llegar a establecerse nuevos usos. Por otro lado, como también se observa, la combinatoria con el resto de los elementos de la estructura en la que se encuentra *como* determina el funcionamiento de la partícula. En nuestra investigación, nos centramos en el valor causal del elemento cuando introduce una cláusula con verbo en indicativo; solo como introductora de una cláusula causal es capaz de actuar como *marco* de un enunciado y propiciar la realización de un enunciado suspendido.

4.3.1.2. La locución *ya que* en su historia

La locución conjuntiva *ya que* proviene de la unión del adverbio *ya* con la conjunción *que*. Originariamente es, por tanto, una locución temporal con un valor perfectivo y "aparece en construcciones que hacen referencia a una situación inmediatamente anterior a la expresada en la oración principal o que está en curso en el momento en el que se produce esta" (Pérez Saldanya, 2014: 3559). La conjunción *que* parece tratarse de un relativo cuyo antecedente es la referencia temporal designada por *ya*, de forma parecida a las construcciones *hoy que* o *ahora que* (*idem*: 3560).

Herrero Ruiz de Loizaga (2005: 347) comenta que la locución fue poco frecuente y que empieza a extenderse su uso a partir del siglo XV. Desde entonces, aparte del valor temporal, se han registrados varios usos de la locución, como el causal (el que a nosotros nos interesa), el concesivo e, incluso, el condicional (Herrero Ruiz de Loizaga, 2005: 347; Pérez Saldanya, 2014: 3557). En el siglo XVI, los estudios mencionados detectan, sobre todo, usos temporales, pero la frecuencia del valor causal va aumentando a partir de entonces y llega a ser el valor más predominante[57]. Para Goethals (2002: 114) la génesis del sentido casual de la locución viene dada por el siguiente proceso: "... el oyente infiere que, si el locutor dice que el estado de cosas B es inmediatamente anterior al estado de cosas A, a lo mejor está sugiriendo que B ha causado A. O sea, en lugar de *describir* una relación de anterioridad, el locutor *explica* o *justifica*". En el fondo, se trata de la misma evolución que otros elementos temporales al sentido de causa[58]. Goethals continúa diciendo que este sentido de causa es ya el sentido más convencional de la estructura.

Otro dato relevante de la locución *ya que* a lo largo de su historia es la posición de la cláusula que introduce en relación con la cláusula principal. En su análisis, Pérez Saldanya (2014: 3565) realiza una gráfica en la que muestra que, en sus orígenes, las cláusulas con *ya que* causales ocupaban la posición antepuesta. Pero esta posición va perdiendo fuerza a lo largo del tiempo mientras que va ganado fuerza la posposición (Figura 54):

57 A modo de ejemplo, Fernández Alcaide (2009: 272) todavía detecta un porcentaje poco significativo de la locución *ya que* como causal en su estudio de cartas privadas en Indias en el siglo XVI.

58 Recordemos que el sentido de causa está presente en muchos otros significados que afectan a la gramática, como la condicionalidad, la consecuencia y, también, la temporalidad (*cfr.* Perona, 2001). Sanders (2005) habla también de las inferencias causales en el discurso por la posición de sus unidades constituyentes.

Posición de las causales con *ya que*		
	Antepuesta	Pospuesta
XVI	100% (7/7)	_____
XVII	82% (9/11)	18% (2/11)
XVIII	60% (12/20)	40% (8/20)
XIX	37% (10/27)	63% (17/27)
XX	25% (2/8)	75% (6/8)
XXI	3% (3/119)	97% (116/119)

Figura 54. Porcentaje de casos por siglo de la posición de las cláusulas introducidas con ya que. Adaptación del cuadro 10 de Pérez Saldanya (2014: 3565)

A pesar de los escasos datos que maneja en algunos siglos, ya es significativa la fuerza que va adquiriendo la posición pospuesta de la cláusula, sobre todo, en el siglo XXI. Como indica el autor, este hecho las equipara hasta cierto punto a los valores de la conjunción *porque* en la expresión de causales explicativas. Por tanto, a diferencia de *como*, las causales bimembres con *ya que* pueden aparecer tanto antepuestas como pospuestas. Sin embargo, para entender la aparición de cláusulas independientes con *ya que*, no hay que olvidar la predisposición a la anteposición que tuvieron estas cláusulas en sus orígenes. Esta es la posición en la que la cláusula con *ya que* puede actuar como *marco enunciativo* o *circunstante* (con valor causal, pero también como valor temporal), la única función que parece motivar la aparición de la cláusula como un enunciado suspendido. Solo desde esta posición puede establecerse un carácter predictivo del que desencadenar unas consecuencias consideradas evidentes que no tienen por qué decirse, de tal manera que la estructura puede quedar *en suspensión*. Pérez Saldanya (2014: 3564) comenta:

> [E]l hecho de que la locución *ya que* se origine en construcciones temporales con el valor de anterioridad y perfectividad, explica que estas causales tengan un carácter presupuesto y que, por lo tanto, hagan referencia a situaciones conocidas por el emisor y el receptor o que el emisor trata como tal.

En este sentido de presuposición, común a la mayoría de las suspendidas, tiende a identificarse con la anteposición y es ahí donde está parte de la clave del carácter predictivo de las construcciones marco con *ya que*. Desde este funcionamiento se hace posible funcionalmente la aparición en el discurso de la cláusula causal con *ya que* como enunciado suspendido. Por tanto, parece que la posibilidad de que las causales con *ya que* puedan quedar suspendidas depende más de su comportamiento sintáctico en la historia que únicamente el actual, ya que el carácter de anteposición era más habitual cuanto más nos acercamos al origen de la locución con sentido de causa.

Pero a pesar de esta evolución, no hemos encontrado testimonios históricos que reflejen casos de causales con *ya que* suspendidas o en enunciados independientes, hecho que sí se atestigua con las causales con *como* (Cano Aguilar, 1995: 110–111; Pérez Saldanya, 2014: 3584–3586). En nuestro análisis, ciertamente no son tan frecuentes las estructuras suspendidas con *ya que* como las suspendidas con *como*, pero como veremos a lo largo de este capítulo, sí han dejado los suficientes testimonios en la actualidad para ser una de las causales suspendidas más prototípicas.

4.3.1.3. *Como* y *ya que*: diferencias como marcas introductoras de causa

Después de ver el funcionamiento de *como* y de *ya que* en la lengua y cómo en su valor de marco causal propicia la aparición de estructuras causales suspendidas, queda ver un último aspecto en torno a estos nexos: ¿qué diferencias significativas presentan para que un hablante use una u otra?

El carácter común creemos que queda bastante claro tras haber visto la evolución de ambos nexos en los apartados anteriores. Ambas caracterizan la información introducida como presupuestas (Goethals, 2002), como enunciados factivos (*cfr.* Kiparsky y Kiparsky, 1970) y este hecho hace que sus sentidos y usos confluyan en muchos puntos. Sin embargo, no siempre ambos elementos son perfectamente sustituibles y en su aparición en enunciados suspendidos pueden desencadenar valores discursivos ligeramente distintos.

Goethals (2002: 126 y ss.), considerando principalmente los usos de las oraciones bimembres, piensa que el concepto de "presuposición" en estos dos tipos de marcadores causales es demasiado inespecífico para permitir establecer verdaderas diferencias entre sus usos. Por ello, trata de buscar los puntos divergentes entre ellos en otros ámbitos y encuentra dos rasgos en los que se distinguen. La primera diferencia es el hecho de que las causales con *ya que* pueden aparecer antepuestas y pospuestas a la principal, mientras que aquellas con *como* solo permiten la anteposición. La segunda diferencia entre ambas conjunciones la encuentra en el funcionamiento polifónico de la locución *ya que*, que no posee la conjunción *como*. Para el autor, *ya que* supone una separación entre el locutor y el enunciador (*cfr.* Ducrot, 1984, 1989). La locución *ya que* introduce una información considerada presupuesta por parte de un enunciador que no tiene por qué compartir necesariamente el punto de vista del locutor (Goethals, 2002: 132). El autor defiende, incluso, que el punto de vista del enunciador (que no coincide con el locutor) suele ser su interpretación de la opinión subjetiva del interlocutor (*idem*: 140). Este hecho permitiría explicar los usos concesivos de *ya que* (*ya que aquí no hay justicia, que tampoco haya hambre*; A. Gala, *Petra Regalada*, extraído de Goethals, 2002: 133) y los irónicos del tipo *Ya que eres tan fuerte, seguro que sabrás levantar esta piedra* (extraído de Goethlas, 2002: 131).

Así, Goethals describe las oraciones causales con *ya que* con una dimensión modal subjetiva e interactiva que no posee *como*:

> [D]ado que *como* identifica Q [la cláusula causal] como un acto de habla justificativo sin dimensión interactiva, ni dimensión modal, Q es presentado como información cuya veracidad no constituye un posible objeto de negociación entre el locutor y el interlocutor. Al introducir la causal por *como*, el locutor señala que es información cuyo valor *modal* (su *veracidad*, su *deseabilidad*, etc.) no figura en el orden del día del evento comunicativo. Se trata de información relegada al segundo plano de la comunicación: no interfiere ni en el nivel interactivo (por tanto, no se presenta como información nueva) ni en el nivel modal (no se presenta como información vinculada a una instancia subjetiva, el enunciador) de la performatividad. Sólo desempeña un papel a nivel secuencial (*justifica* la principal).
>
> En cambio, *ya que* y *pues* identifican Q como un acto de habla con una dimensión modal; esto es, como un mensaje que depende de un punto de vista particular o subjetivo. Esta subjetividad es uno de los asuntos que están en juego en el evento comunicativo. (Goethals, 2002: 141–142)

Sin embargo, aunque el enfoque polifónico aporta una descripción bastante detallada de las diferencias entre los usos causales de *como* y *ya que*, parece que con las estructuras suspendidas de causa algunas de estas reflexiones requieren una segunda mirada. Aceptar que las causales suspendidas con *ya que* poseen un carácter interactivo no es incompatible con la descripción de Goethals, pero sí parece contradictorio decir que las casuales suspendidas con *como* no se mueven en una dimensión interactiva. Las estructuras suspendidas son interactivas por su propio funcionamiento. En § 3.4.3.3(c), vimos que en ellas se espera la colaboración del interlocutor para que puedan funcionar en el discurso e, incluso, pueden motivar la aparición de un lugar de transición pertinente en el intercambio de turnos de la conversación (*cfr.* Sacks, Schegloff y Jefferson, 1974). Por este motivo, es incluso fácil de imaginar casos irónicos con *como* equivalentes a los casos de cláusulas con *ya que* que describe Goethals: *A ver si eres capaz de levantar esta piedra. Como eres tan fuerte. . .* (↑). En esta línea de reflexión, es ilustrativo el siguiente ejemplo de *La Regenta*:

(53) Pero no hay que alborotar, don Santos; porque ya se han quejado de usted los vecinos. . . y yo. . . qué quiere usted. . .
- Sí, tú. . . es claro, *como soy un pobre. . .* Vete, déjame con esta ralea de bandidos. . ., o te rompo el chuzo en la cabeza.
El sereno cantó la hora y siguió adelante.
(CORDE, 1884–1885. Clarín (Leopoldo Alas), *La Regenta*)

En este ejemplo, lo dicho por don Santos en la causal suspendida puede tomarse como la interpretación subjetiva de las palabras de otras personas y no las suyas, la crítica de la alta sociedad de Vetusta. Visto así, permite la misma interpretación polifónica que le da Goethals a los usos de *ya que*.

Por todo esto, creemos que las diferencias entre ambos nexos se deben buscar en otros aspectos relacionados con su naturaleza y sentido procedimental. Algunas diferencias que vemos entre sus usos son las siguientes:

- *Como* y *ya que* presentan una información conocida, pero *ya que* suele presentar a menudo informaciones que son fácilmente constatables por ser visibles o evidentes. En un enunciado como *ya que estás de pie. . .*, se puede efectuar rápidamente la comprobación de que el interlocutor está, efectivamente, de pie.
- *Como* implica siempre una relación de causa necesaria, mientras que en *ya que,* esta relación se obtiene contextualmente.
- *Ya que* posee un origen temporal que no tiene *como.* Este valor temporal tiene dos repercusiones. Por un lado, Pérez Saldanya

(2014: 3559) identifica un valor similar a *una vez que*[59], lo que otorga a la locución un valor perfectivo con el que introduce hechos acabados y anteriores temporalmente a una posible continuación. De esta anterioridad temporal adquiere su sentido de causa. Por otro lado, *ya* posee un sentido temporal de inmediatez, de tal manera que las causas que introduce la locución tienden a designar hechos acabados en un corto espacio de tiempo tomando como referencia el eje temporal en el que nos sitúe la información del discurso: *¿Me ayudarías a escribir este correo? Ya que has acabado con lo tuyo...* Este comportamiento liga *ya que* al *ahora*, mientras que *como* no está necesariamente ligado a ningún momento temporal concreto.

En cualquier caso, estas precisiones de los límites entre *como* y *ya que* merecen un estudio en mayor profundidad y no todos los ejemplos con los que hemos trabajado se ajustan estrictamente a las diferencias marcadas. Por el momento, nos conformaremos con decir que no siempre estos nexos son equivalentes y que, en algunos casos, pueden motivar funciones distintas como enunciados suspendidos.

4.3.1.4. Otros nexos causales que permiten la suspensión

Más allá de *como* y *ya que*, existen otros nexos que pueden expresar un sentido casual y quedar suspendidos. Para que esto ocurra, este tipo de oraciones debe poder actuar como marco en un enunciado bimembre (normalmente, en posición antepuesta) y tener un elevado carácter de predictibilidad. Por otro lado, estos nexos causales no son tan comunes o no están tan asentados como introductores de causales suspendidas, ya que su aparición en los corpus consultados no es tan frecuente. Además, el sentido causal que expresan suele estar influenciado por otros conexos, como el temporal y, por ello, suelen presentar fronteras de sentido con la causa más difuminadas.

En cualquier caso, hemos podido encontrar ejemplos de causales suspendidas con *puesto que* (54), [*al* + infinitivo] (55) y [*por* + infinitivo] (56):

59 Este también es un uso muy parecido al valor del ablativo absoluto del latín.

(54) Canena.- *(Empujando del brazo suavemente a* «Jinojo».) Vamos a casa, Miguel, necesitas reposarte. Nunca te he visto tan disipado. Se diría que la corrida de esta tarde no va contigo.
«Jinojo».- Puede... Ya no me interesa nadie, ¿ves?, *puesto que nadie se interesa por mí...* Perdóname, Canena, salvo tú, mi único amigo.
Canena.- Vamos, vamos a casa. Te espera Clara.
(CORPES XXI, 2012. Santiago Araúz de Robles, «El Corpus Chico. Zarzuela en dos actos», *¿Qué hay, Marilyn? El corpus chico*)

(55) Doctor Siedler: Bien, como le comenté mientras se encontraba en París, no sé si usted en su calidad de militar podría aportar más que yo a la defensa de nuestros muchachos.
Ernst: Lamento decirle que no. Me han advertido que si trato de arreglarlo, lo único que conseguiría sería un agravamiento de la sentencia.
Doctor Siedler: Entiendo. Estaba equivocado entonces. A mi mujer no le agradará saberlo.
Ernst: Lo siento.
Doctor Siedler: No es culpa suya. Yo sólo soy un simple doctor... con demasiado trabajo en estos días, y pensaba *que tal vez usted al ser héroe de guerra...*
Ernst: El asunto es tan desagradable que nadie quiere verse involucrado. No he podido hacer nada.
(CORPES XXI, 2004. David Abia, *Lo más humano posible*)

(56) EL OTRO ENFERMO: Se ha olvidado usted preguntar.
EUSEBIO: Preguntar, ¿el qué?
EL OTRO ENFERMO: Lo de la *idenización*. Su mujer le ha dicho, pues.
EUSEBIO: ¡Me ca...! ¿Por qué no me ha avisado?
EL OTRO ENFERMO: Ya me he dado cuenta, pero *¡por no meterme!*
EUSEBIO: ¡Buena la he hecho!
(CORPES XXI, 2006. Fernando Aramburu, «Después de las llamas». *Los peces de la amargura*)

El nexo [*al* + infinitivo] (55) tiene un marcado carácter temporal que no pierde a pesar de designar una causa. Posee también un carácter perfectivo parecido a los sentidos temporales originales de *ya que*. Este hecho hace que no aparezcan siempre como causales en todos los contextos y que, por tanto, no estén tan integradas como *como* y *ya que* en el paradigma de las construcciones de causa. Sin embargo, la capacidad de expresar la causa permite que aparezcan como enunciados suspendidos, aunque sin un alto grado de fijación en la lengua. Con respecto al resto de ejemplos, su realización como enunciados suspendidos es totalmente posible, como se ve en los ejemplos. Pero *como* y *ya que* siguen siendo los nexos más habituales con los que los hablantes identifican con mayor rapidez y naturalidad los enunciados suspendidos y, por su frecuencia en el corpus, son los que mejor permiten una caracterización particularizada y una clasificación más exhaustiva de sus funciones. Además, son los nexos con los que se establece de forma más específica una relación necesaria o conocida que permite predecir con facilidad una conclusión. Por ello, nos centramos en estas dos marcas como las prototípicas de la causa suspendida.

4.3.2. La forma verbal en indicativo

El siguiente rasgo pertinente en este tipo de estructuras es que solo permite tiempos verbales en indicativo. El modo verbal constituye, pues, un elemento constituyente de las causales suspendidas, salvando las distancias con las locuciones causales con infinitivo como [*al* + infinitivo] o [*por* + infinitivo]. El uso de otro modo verbal sería directamente incompatible con las causales suspendidas o puede suponer un cambio de estructura, como ocurre con las construcciones con *como* que con verbo en subjuntivo pasan a ser condicionales: *como no me das tu autorización para hacerlo...* (explicación) / *como no me des tu autorización para hacerlo...* (condicional, amenaza o posibilidad remota).

En principio, cualquier tiempo verbal del indicativo es válido. Entre los ejemplos que manejamos, hemos encontrado las siguientes combinaciones verbales como las más habituales:

- Presente de indicativo:

(57) -¿Y qué preferís, los juegos de jugar en casa con vuestra familia o los de jugar en la calle?
-Yo el baloncesto.
-Tú el baloncesto el que más.
-*Como voy a vo a a entrenar por las mañanas al baloncesto.*
-¿Sí? ¿A las nueve? ¿A qué hora?
-A las ocho me tengo que levantar para ir a las nueve.
(CREA, 1991. Oral, centro de enseñanza)

- Pretérito imperfecto de indicativo:

(58) Nos recibe Ángel Palacios, chef de La Broche, que nos demuestra a lo largo de las dos horas que duró el menú que no sólo es un grandísimo cocinero, sino un tipo simpatiquísimo, accesible, con buen humor que hizo aún más grande la experiencia.
No pude evitar pedir el menú degustación... total, *ya que iba invitado...* Y ya que estaba, dejé que el sumiller me fuera trayendo por copas los vinos que el considerara que iban pegando con cada plato... A lo loco!!!!
(CORPES XXI, 2011. Pachi: «Regalo estrella». *gourmet de andar por casa.* www.gourmetdeandarporcasa.blogspot.com.es)

- Pretérito indefinido:

(59) Chity ¡Mi sujetador!
Paco (Sin preocuparse y metiéndose para dentro) ¡Estará por ahí!
Chity Por ahí... por ahí... ¡Estoy lucida! Me tienen que peinar, maquillar y un montón de cosas, y yo aquí buscando mi sujetador.
Paco (Desde dentro) ¿Miraste en el cuarto?
Se le oirá lavarse los dientes aparatosamente y hacer gárgaras.
Chity (Con fastidio)¡Sííí!... (Para sí y buscando mientras Javi empieza a seguir con la vista sus idas y venidas) ¿Dónde lo meterías con esas urgencias que te entraron? ¡Vete a saber! *¡Como estuvimos por toda la casa!* (Cansada cae sobre el sofá y casi sobre Javi. Coge el bolso y hurga) ¡Bueno, ya me lo devolverás cuando aparezca!
(CREA, 1991. Carmen Resino, *Pop y patatas fritas*)

- Pretérito perfecto compuesto:

(60) Debería llamarle de nuevo, total, *ya que le he despertado...* Soy la leche, necesito desahogarme y no me corto un pelo, marco su número y me quedo tan ancha. Y él como si nada, como si se hubiera pasado la noche esperando que sonara el teléfono, tan normal...
(CORPES XXI, 2005. Enriqueta Antolín, *Final feliz*)

Como se ve, los tiempos más habituales con los que nos encontramos son el presente y el pasado de indicativo. Estos tiempos del modo indicativo son los más representativos para introducir un hecho factual propio de las causales. La introducción de otros tiempos como el futuro o el condicional no suelen ser frecuentes, debido a que estas formas implican una idea menor de factualidad por ser sucesos que aún no han ocurrido o que dependen de una contingencia. Con esto no queremos decir que no sea posible esta combinación verbal, pero las casuales suspendidas con *como* y *ya que* tienden a preferir verbos que expresen un mayor sentido de realización. Así, podemos imaginar casos como *Después de la universidad me buscaré un trabajo. Como no tendré dinero. . .*, pero son poco frecuentes en los corpus analizados. De forma paralela a lo que comenta Cano Aguilar (1995: 105) para la historia de las causales con *como* bimembres, creemos que el presente y el imperfecto suelen ser los tiempos más habituales de las causales suspendidas debido a su carácter (y reducto) temático (*cfr.* también Pérez Saldanya, 2014: 3587).

Por otro lado, conviene recordar que, en la historia de las causales con *como*, estas podían formarse con un verbo en subjuntivo. Varios autores han comentado este fenómeno (Cano Aguilar, 1992, 1995: 112 y ss.; Hummel, 2004: 232–235; Herrero Ruiz de Loizaga, 2005: 336 y ss.; Pérez Saldanya, 2014: 3589 y ss.) más habitual en época medieval. En la actualidad, prácticamente no existen casos de este hecho, aunque Hummel (2004: 233), tomando un ejemplo de Emilio Ridruejo[60], muestra todavía que existe un resquicio por el que puede aparecer: *El orador, como sea su fin mover y persuadir, se sirve de lo vehemente y sublime.* Pero todos los autores mencionados coinciden en que se trata de un valor ya arcaico y que apenas tiene vigencia en el sistema actual debido a que ha sido desplazado por la construcción condicional con *como*. En cualquier caso, en esta clase de construcciones no parece haber testimonios de usos suspendidos o independientes en su historia. Y, al mismo tiempo, al no triunfar su asentamiento en el código del español actual, es difícil llegar a obtener causales suspendidas con subjuntivo hoy en día.

4.3.3. La entonación de las causales suspendidas

A continuación, mostramos los resultados de la elevación del tonema final de cláusulas causales de estructuras bimembres y de las causales suspendidas obtenidos de nuestro análisis experimental. Se ha analizado el siguiente número de grabaciones:

60 Lo toma del trabajo de Emilio Ridruejo titulado "*como* + subjuntivo con sentido causal" de 1981.

- Cláusulas causales con *como* en estructuras bimembres: 30 grabaciones.
- Cláusulas causales con *como* suspendidas: 32 grabaciones.
- Cláusulas causales con *ya que* en estructuras bimembres: 34 grabaciones.
- Cláusulas causales con *ya que* suspendidas: 34 grabaciones.

a) Causales con *como* (Figuras 55 y 56):

Causal con *como*, bimembre	**Inicio de la inflexión (Hz)**	**Final de la inflexión (Hz)**	**Diferencia (en Hz)**	**Porcentaje de ascenso**	**Diferencia en semitonos**
1	341,66	477,16	135,50	39,66 %	5,76
2	280,65	455,46	174,81	62,29 %	8,38
3	263,29	364,06	100,77	38,27 %	5,61
4	171,08	257,88	86,80	50,74 %	7,10
5	242,53	325,61	83,08	34,26 %	5,10
6	192,20	250,12	57,92	30,14 %	4,56
7	193,47	415,74	222,27	114,89 %	13,24
8	144,12	97,75	-46,37	-32,17 %	-6,72
9	277,16	241,72	-35,44	-12,79 %	-2,34
10	262,04	236,11	-25,93	-9,90 %	-1,80
11	190,30	174,81	-15,49	-8,14 %	-1,47
12	234,01	203,38	-30,63	-13,09 %	-2,43
13	287,53	279,08	-8,45	-2,94 %	-0,52
14	240,02	235,39	-4,63	-1,93 %	-0,34
15	301,83	271,99	-29,84	-9,89 %	-1,80
16	269,77	308,15	38,38	14,23 %	2,28
17	325,03	373,71	48,68	14,98 %	2,43
18	242,98	304,03	61,05	25,13 %	3,88
19	270,66	330,92	60,26	22,26 %	3,48
20	132,42	154,34	21,92	16,55 %	2,65
21	314,73	366,56	51,83	16,47 %	2,64
22	251,43	299,31	47,88	19,04 %	3,02
23	275,88	317,52	41,64	15,09 %	2,43
24	206,48	262,62	56,14	27,19 %	4,16
25	368,35	368,45	0,10	0,03 %	0,00
26	268,83	333,40	64,57	24,02 %	3,73
27	283,26	343,53	60,27	21,28 %	3,34
28	327,77	366,02	38,25	11,67 %	1,91
29	283,58	337,66	54,08	19,07 %	3,02
30	270,31	291,02	20,71	7,66 %	1,28

Figura 55. Resultados acústicos por informante de las causales con *como* bimembres

Causal con *como*, suspendida	**Inicio de la inflexión (Hz)**	**Final de la inflexión (Hz)**	**Diferencia (en Hz)**	**Porcentaje de ascenso**	**Diferencia en semitonos**
1	265,55	339,40	73,85	27,81 %	4,25
2	215,56	222,09	6,53	3,03 %	0,52
3	255,95	205,08	-50,87	-19,87 %	-3,84
4	247,57	467,51	219,94	88,84 %	11,01
5	300,50	336,54	36,04	11,99 %	1,96
6	255,71	346,18	90,47	35,38 %	5,24
7	299,60	380,24	80,64	26,92 %	4,13
8	126,58	235,17	108,59	85,79 %	10,72
9	261,23	326,82	65,59	25,11 %	3,88
10	316,74	365,52	48,78	15,40 %	2,48
11	215,52	226,92	11,40	5,29 %	0,89
12	236,64	255,01	18,37	7,76 %	1,29
13	290,65	390,85	100,20	34,47 %	5,13
14	166,48	239,65	73,17	43,95 %	6,31
15	298,83	320,94	22,11	7,40 %	1,24
16	273,30	467,79	194,49	71,16 %	9,30
17	306,09	442,52	136,43	44,57 %	6,38
18	295,60	333,86	38,26	12,94 %	2,11
19	186,55	349,23	162,68	87,20 %	10,86
20	235,74	316,05	80,31	34,07 %	5,08
21	254,28	409,97	155,69	61,23 %	8,27
22	178,62	434,40	255,78	143,20 %	15,39
23	254,25	221,89	-32,36	-12,73 %	-2,36
24	251,51	344,60	93,09	37,01 %	5,45
25	313,85	447,67	133,82	42,64 %	6,15
26	169,84	228,93	59,09	34,79 %	5,17
27	212,10	273,35	61,25	28,88 %	4,39
28	244,51	223,23	-21,28	-8,70 %	-1,58
29	241,49	343,62	102,13	42,29 %	6,11
30	79,08	94,91	15,83	20,02 %	3,16
31	285,24	235,90	-49,34	-17,30 %	-3,29
32	184,79	177,59	-7,20	-3,90 %	-0,69

Figura 56. Resultados acústicos por informante de las causales con *como* suspendidas

Promedio de los valores (Figura 57):

		Bimembre	**Suspendida**
Causales con *como*	Porcentaje de ascenso	17,80 %	31,77 %
	Diferencia en Hz	44,34	71,36
	75 % o más	1	4
	30 - 75 %	6	11
	0 - 30 %	15	12
	-30 - 0 %	7	5
	-30 % o menos	1	0
	Diferencia en semitonos	2,42	4,22

Figura 57. Promedio de valores acústicos de las causales con *como*

b) Causales con *ya que* (Figuras 58 y 59):

Causal con *ya que* bimembre	**Inicio de la inflexión (Hz)**	**Final de la inflexión (Hz)**	**Diferencia (en Hz)**	**Porcentaje de ascenso**	**Diferencia en semitonos**
1	260,87	298,67	37,80	14,49 %	2,34
2	203,94	251,90	47,96	23,52 %	3,66
3	205,41	286,61	81,20	39,53 %	5,77
4	203,87	239,29	35,42	17,37 %	2,77
5	310,86	372,12	61,26	19,71 %	3,11
6	182,99	230,14	47,15	25,77 %	3,97
7	214,00	249,91	35,91	16,78 %	2,69
8	271,31	300,50	29,19	10,76 %	1,77
9	301,45	343,82	42,37	14,06 %	2,28
10	106,29	108,17	1,88	1,77 %	0,30
11	267,58	272,35	4,77	1,78 %	0,31
12	238,05	317,04	78,99	33,18 %	4,96
13	203,87	253,37	49,50	24,28 %	3,76
14	204,90	223,54	18,64	9,10 %	1,51
15	226,64	227,17	0,53	0,23 %	0,04
16	181,26	238,35	57,09	31,50 %	4,74
17	372,03	380,86	8,83	2,37 %	0,41
18	279,57	408,22	128,65	46,02 %	6,55
19	253,53	291,99	38,46	15,17 %	2,45
20	242,52	327,46	84,94	35,02 %	5,20
21	197,91	199,07	1,16	0,59 %	0,10
22	213,26	236,46	23,20	10,88 %	1,79
23	213,47	226,05	12,58	5,89 %	0,99
24	161,62	168,73	7,11	4,40 %	0,75
25	206,25	234,06	27,81	13,48 %	2,19
26	173,21	223,49	50,28	29,03 %	4,41
27	159,52	160,95	1,43	0,90 %	0,15
28	121,17	143,85	22,68	18,72 %	2,97
29	177,32	265,18	87,86	49,55 %	6,97
30	271,44	313,81	42,37	15,61 %	2,51
31	196,02	197,20	1,18	0,60 %	0,10
32	130,55	109,52	-21,03	-16,11 %	-3,04
33	269,87	342,24	72,37	26,82 %	4,11
34	179,74	252,46	72,72	40,46 %	5,88

Figura 58. Resultados acústicos por informante de las causales con *ya que* bimembres

Causal con *ya que* suspendida	**Inicio de la inflexión (Hz)**	**Final de la inflexión (Hz)**	**Diferencia (en Hz)**	**Porcentaje de ascenso**	**Diferencia en semitonos**
1	229,28	375,36	146,08	63,71 %	8,53
2	207,60	248,78	41,18	19,84 %	3,13
3	225,62	353,43	127,81	56,65 %	7,77
4	218,95	155,63	-63,32	-28,92 %	-5,91
5	288,84	451,06	162,22	56,16 %	7,72
6	213,14	237,97	24,83	11,65 %	1,91
7	174,36	243,03	68,67	39,38 %	5,75
8	260,17	430,73	170,56	65,56 %	8,73
9	246,22	310,21	63,99	25,99 %	4,00
10	102,72	130,10	27,38	26,65 %	4,09
11	230,69	328,05	97,36	42,20 %	6,10
12	244,62	302,48	57,86	23,65 %	3,68
13	200,84	278,47	77,63	38,65 %	5,66
14	234,19	348,68	114,49	48,89 %	6,89
15	222,44	330,14	107,70	48,42 %	6,84
16	190,38	289,26	98,88	51,94 %	7,24
17	251,83	272,14	20,31	8,06 %	1,34
18	257,83	320,02	62,19	24,12 %	3,74
19	263,13	386,22	123,09	46,78 %	6,64
20	253,18	354,24	101,06	39,92 %	5,81
21	192,37	311,62	119,25	61,99 %	8,35
22	216,63	319,32	102,69	47,40 %	6,72
23	273,46	321,84	48,38	17,69 %	2,82
24	184,13	257,46	73,33	39,83 %	5,80
25	212,50	271,18	58,68	27,61 %	4,22
26	209,47	344,97	135,50	64,69 %	8,64
27	164,47	255,00	90,53	55,04 %	7,59
28	102,75	166,88	64,13	62,41 %	8,40
29	238,74	200,52	-38,22	-16,01 %	-3,02
30	187,18	231,47	44,29	23,66 %	3,68
31	207,80	353,92	146,12	70,32 %	9,22
32	75,62	93,65	18,03	23,84 %	3,70
33	273,43	303,20	29,77	10,89 %	1,79
34	143,68	172,67	28,99	20,18 %	3,18

Figura 59. Resultados acústicos por informante de las causales con *ya que* suspendidas

Promedio de los valores (Figura 60):

		Bimembre	Suspendida
Causales con *ya que*	Porcentaje de ascenso	17,15 %	35,85 %
	Diferencia en Hz	38,01	75,04
	75 % o más	0	0
	30 - 75 %	7	19
	0 - 30 %	26	13
	-30 - 0 %	1	2
	-30 % o menos	0	0
	Diferencia en semitonos	2,6	5,02

Figura 60. Promedio de valores acústicos de las causales con *ya que*

Los datos del experimento muestran, como en el resto de las estructuras que analizamos, que las estructuras causales suspendidas presentan un mayor grado de elevación que las cláusulas causales en oraciones bimembres. Sin embargo, como suspendidas, son las que menor grado de elevación presentan en relación con resto (*vid.* § 3.4.3.1). Pensamos que este hecho se debe, principalmente, a que la entonación suspendida no corre mucho riesgo de ser confundida con otro tipo de entonación que pudiera plantear un cambio de estructura, como sí ocurre con las condicionales con *si* y las estructuras con *si* de réplica (*vid.* § 5.3.4). Otra explicación a este menor grado de elevación es suponer que las causales suspendidas están ya en un avanzado estadio de fijación en la lengua y se percibe cada vez más como una estructura acabada más que una incompleta, de tal forma que su entonación tiende a ser menos elevada y cada vez más parecida a un tonema de cierre. Sin embargo, todavía la elevación de la entonación está suficientemente marcada (una diferencia media de más de 5 semitonos; *cfr.* Pamies *et al.*, 2002) para hablar todavía de un tonema prototípico de cierre. Así pues, la fijación de la estructura como una causal independiente incluye el tonema suspendido en anticadencia.

Otro aspecto que nos llama la atención es la diferencia de entonación tan poco significativa entre las causales suspendidas con *ya que* y las casuales con *como*, que presenta patrones muy similares en la elevación de la inflexión final del tono. Si partimos de la hipótesis inicial de que un mayor grado de elevación final del tono se debe a una necesidad funcional de diferenciarse claramente de otras posibles estructuras, las causales con *ya que* deberían presentar una mayor elevación que *como* debido a que pueden confundirse con cláusulas con *ya que* pospuestas:

(a) – No hace falta que me ayudes, ¿eh?
– *No me importa ayudarte ya que estoy en ello. (↓)*

(b) – No hace falta que me ayudes, ¿eh?
– *No me importa ayudarte. Ya que estoy en ello... (↑)*

En (a) estamos ante un único enunciado, mientras que en (b) hay dos diferenciados. En el segundo enunciado de (b) es posible una continuación cognitiva debido a la suspensión (*Ya que estaba en ello... no me suponía ningún trabajo*); en cambio, en (a), el proceso mental se ha cerrado. Para diferenciar ambos ejemplos, pensamos que puede ser de utilidad marcar más la elevación del tono pero, en cualquier caso, la diferencia media en 5 semitonos y la pausa entre los enunciados ya parecen marcas más que suficientes para diferenciar si se trata de un enunciado suspendido o una cláusula causal pospuesta. Esta "posible" ambigüedad no ocurre con *como*, ya que obliga a que la cláusula introducida esté en posición inicial o constituya un enunciado suspendido por sí misma.

4.4. Las causales suspendidas en la macroestructura

En este apartado analizaremos las estructuras suspendidas con *como* y *ya que* desde el punto de vista de la macroestructura. Siguiendo la composición general de este trabajo, veremos el funcionamiento de las estructuras suspendidas en las diferentes dimensiones macroestructurales: argumentativa, informativa, modal y enunciativa.

4.4.1. La introducción de argumentos coorientados

Las causales suspendidas, al igual que el resto de las que analizamos, son un fenómeno que repercute eminentemente en la dimensión argumentativa y es en este plano donde adquieren todo su sentido y su mayor potencial. Son, así pues, un bloque más dentro de la arquitectura argumental del discurso e introduce un argumento coorientado a otros del texto (Pérez Béjar, 2018: 76). Además, el sentido causal de la cláusula permite que pueda asimilarse a las relaciones de causa-resultado de las relaciones de discurso entre enunciados (*cfr.* Duque, 2016: 39). Es precisamente el sentido de causa lo que permite incluir las causales suspendidas entre los mecanismos de coorientación argumentativa. Pero, además, por la disposición focalizadora de la estructura suspendida, el argumento introducido no es cualquier bloque, sino una pieza destacada en la que se sostiene gran parte de la conclusión:

(61) Es extraño que Mara no me haya dicho nada -comenté.
– Se le habrá olvidado. Con el susto que os habéis llevado...
– Sí, claro, debe de ser eso. Pero, a decir verdad, a ella no parecía preocuparle gran cosa el telegrama de Pablo. En realidad, creo que ni siquiera se lo ha tomado en serio. *Como piensa que está loco...*
– ¿Eso piensa?
– ¿Tú no?
– No me atrevería a calificarle de una forma tan decisiva.
(CREA, 1990. Adelaida García Morales, *La lógica del vampiro*)

(62) EL PADRE Por eso además me he descubierto, porque pienso ayudarte a conquistar a una mujer. *Ya que yo no puedo...* Tienes que dejar de pensar que nunca he hecho nada por ti, Perico. Me he equivocado en muchas cosas; en muchas. He sido un irresponsable a la hora de mis decisiones más importantes; también es verdad que era demasiado joven; pero ahora me encuentro vencido y enfermo. Perico, ponme una música triste, que voy a decir cosas bonitas.
(CREA, 1995. Jorge Márquez, *La tuerta suerte de Perico Galápago*)

En (61), lo que nos da la clave para llegar a la conclusión de que Mara no toma en serio el telegrama de Pablo es que piensa que está "loco"; en (62), la gran razón del padre para ayudar a Perico, es que él "no puede conquistar a una mujer". En ellas, el hablante elige el argumento que considera más relevante para llegar a una determinada conclusión. Por otro lado, el valor de causa de *como* y *ya que* nos trasmite que se trata de un argumento que motiva unas consecuencias que sirven de conclusión; no se explicita la conclusión porque no se considera necesaria en la comunicación. Toda la información se encuentra en el contexto, y la suspendida solo da la pista considerada esencial para comprender la argumentación del hablante.

Como bloque de una estructura argumentativa, el argumento introducido por la causal suspendida no tiene por qué relacionarse únicamente con el enunciado inmediatamente anterior. Ya hemos mencionado que no se trata de una mera inversión de cláusulas (*cfr.* Galán, 1999: 3618–3619) en la que una es causa de la otra. El funcionamiento de la causal suspendida debe ser entendido con un enfoque más amplio y en relación no con un enunciado, sino con varios:

(63) ¿De joven también participaba en la fiesta?
- Entonces no, me hice aguedera en San Millán. Ahora lo disfrutamos a tope, lo pasamos fenomenal.
- ¿Y por qué, porque están bien sin hombres o por la compañía?
- Estos días estamos mejor solas, somos más libres.
- ¿Lo ven bien los varones de su familia?
- No sólo lo ven bien sino que hasta colaboran en lo que haga falta. Mi hijo es el encargado de llevar el chorizo de la tajada, pero ellos están contentos. *Como es una vez al año. . .*
- Parece que están recogiendo muchos donativos.
- El público responde muy bien. Les damos la bota y los bollos y colaboran de buen grado con nosotras. La hucha pesa ya de narices.

(CREA, 2001. *El Norte de Castilla*, prensa)

La estructura argumentativa de (63) puede reflejarse como aparece en la Figura 61:

Argumentos	Conclusión
- Ven bien la fiesta - Colaboran ↑ Mi hijo colabora llevando el chorizo de la tajada. - Ellos están contentos - [No es demasiado esfuerzo para ellos] ↑ Es una vez al año (*como es una vez al año...*)	Los hombres de mi familia apoyan que sea aguedera

Figura 61. Análisis argumentativo del ejemplo (63)

La causal suspendida con *como* no constituye la única causa para llegar a la conclusión. Hay otros argumentos que nos conducen a ello y la suspendida con *como* ni siquiera conforma una relación directa. La información de que la fiesta de Santa Águeda sea "una vez al año" nos lleva a la conclusión lógica de que 'esto no es un gran esfuerzo para los hombres de su familia'. El "poco esfuerzo" constituye, a su vez, otro argumento más para que los familiares varones de la entrevistada apoyen que sea "aguedera". Así pues, defendemos que no puede entenderse el valor argumentativo de la causal suspendida si no es en relación con el resto de los argumentos.

En ocasiones, también es posible encontrar que en una misma causal suspendida se coordinen dos argumentos representados por dos (o más) estructuras oracionales:

(64) Emi.- Por favor. Te lo suplico, por lo que más quieras: cógeme en brazos y llévame a la alcoba.
Pedro.- ¿En brazos? ¿No te daría igual ir tú delante y yo te sigo? *Como no conozco la casa y no sé dónde están las habitaciones...*
Emi reacciona. Avergonzada de su comportamiento, logra dominarse.
(CREA, 1991. Santiago Moncada, *Cena para dos*)

(65) Ya que ha venido, quiere decir, *ya que él ha cumplido la promesa y ella está sola y tan disponible, con sus pechitos duros bajo la blusa y sus rodillas de manzana, sentada muy tiesa en la silla y siguiendo el compás de la música con un leve balanceo de la cabeza...*
(CORPES XXI, 2011. Juan Marsé, *Caligrafía de los sueños*)

Por otro lado, el carácter de colaboración discursiva de las estructuras suspendidas permite que las causales también puedan mostrar coorientación incluso en una estructura argumentativa con intervenciones de distintos locutores:

(66) MARTA Ay, mi Dios...
MARÍA LEOPOLDINA Jesús, María y José...
LAURA Quien se lo iba a decir.
MARTA Yo le he traído los boliños tal como se los hacía nuestra madre, que tanto le gustaban.
MARÍA LEOPOLDINA Y yo una gallina para que le hagan un caldito con yema... En estos hospitales dan muy mal de comer y por eso se mueren los enfermos.
MARTA Y con la rabia que le tiene todo el mundo...

MARÍA LEOPOLDINA *Como nunca quería que viniéramos a verlo...* Si hubiéramos vivido con él, nunca se hubiera puesto enfermo.
LAURA Id a ver si no lo habrán envenenado...
MARTA Y con lo que era mamá, que le daba todos los gustos.
MARÍA LEOPOLDINA Hija, es que parecían unos novios.
(CREA, 1991. Manuel Martínez Mediero, Las largas vacaciones de Oliveira Salazar)

(67) Carlota Hace frío. Parece que va a llover.
Luisa *(Irónica.)* Sí. El cielo se está nublando.
Amelia ¡Al carajo con la lluvia! ¡Ahora soy yo quien está deseando marcharse!
Elena Pero no te vas a marchar. Quedan muchas cosas por resolver.
Luisa Claro. *Ya que estamos metidas en faena...* Por ejemplo, quién de nosotras robó el Diario de Hortensia.
Hortensia Olvidarlo. Quien fuera, está perdonada aunque me hizo mucho daño.
(CREA, 1989. Santiago Moncada, *Entre mujeres*)

En (67), por ejemplo, Luisa apoya a Elena en su intento de convencer a Amelia de que no se vaya, argumentando que 'si están ya metidas en faena, no es momento de irse'. El carácter de coconstrucción discursiva se hace patente así en el plano argumentativo. La estructura suspendida apoya la construcción colaborativa entre dos interlocutores de un esquema argumentativo.

Otro aspecto relevante en la dimensión argumentativa es la aparición de elementos de la macroestructura prototípicos de la argumentación complementando la estructura suspendida; hablamos, sobre todo, de los conectores y operadores argumentativos, que indican la orientación de la argumentación o incrementan su fuerza. Sin embargo, este hecho parece ser más habitual en las causales suspendidas con *como* que en las introducidas por *ya que*. Uno de los elementos más habituales es el conector de justificación *es que*:

(68) -¿Es régimenes o regímenes?
-Regímenes. Regímenes alimenticios. Regímenes políticos. Regímenes militares. Pero sí que en singular sí que es régimen.
-Régimenes. Regímenes. Y período, periodo y período. Es de esas irregularidades. *Es que como tiene que ser esdrújula.*
(CREA oral, 1991. Conversación familiar en Segovia)

(69) DOÑA ANTONIA Doña Dolores..., doña Dolores, perdone... (Se queda cortada al verlos a todos reunidos.) Ah, están todos aquí.
DOÑA DOLORES Entre, entre.
DOÑA ANTONIA *Es que... como no tenemos radio...* Fíjese, doña Dolores, mi Pedrito está en la calle, en la calle...
DON LUIS Pero, doña Antonia, si aquí, en Madrid, no pasa nada. Siéntese, siéntese si quiere oír la radio.
(CREA, 1982. Fernando Fernán Gómez, *Las bicicletas son para el verano*)

El valor justificativo del conector *es que* (*cfr.* Fuentes Rodríguez, 2009: *s.v.* es que 1, 2015b) se ajusta muy bien al carácter de las cláusulas causales con *como*, que para Goethals (2002), como causal explicativa, realizan un acto de habla de justificación. Pero aparte de este conector, es posible encontrar otros como *encima* (70) o *además* (71):

(70) Yo nunca hago deporte, me parece absurdo. *Como encima no lo necesito...* Pero es que aunque lo necesitase, no lo haría. Porque vamos a ver ¿por qué la gente hace deporte? Yo se lo diré: porque a la gente le gusta disfrazarse.
(CREA, 2001. VV. AA., *El club de la Comedia Presenta Ventajas de ser incompetente y otros monólogos de humor*)

(71) A: Y eso que es o sea en los hostales tanos esos. O sea en plan los albergues super cutres.
NOSPEAKER: .. <ruido/>
A: Claro que tampoco me puse a llamar a todos.
NOSPEAKER: <ruidos/>
A: Porque además es que me pillaron todos. *Como además es que tampoco sé a que zona quiero ir.*
B: [Claro]
A: [Y no sabía que coger]
(COLA, maesb2-05d)

En (70), podemos ver una buena definición de la estructura argumentativa. El enunciado suspendido introduce un argumento coorientado en el esquema argumentativo, y *encima*, que sobreentiende que existen otros argumentos para la misma conclusión, caracteriza al expresado por la suspendida como el más alto en la escala. El conector transmite, además, un valor de exceso e indica, en cierto modo, que hay argumentos de sobra para justificar la conclusión y que el introducido es otro más en un cúmulo de ellos. En (71) vemos una acumulación de elementos argumentativos: dos conectores (*además, es que*) y un operador como *tampoco*. Esta acumulación de elementos argumentativos es otra indicación de la disposición persuasiva y argumentativa que poseen las causales suspendidas, que se muestran afines a estos elementos. Curiosamente, todos los operadores y conectores vistos aumentan la fuerza argumentativa de la información introducida, le dan relevancia como justificación. Si pensamos que la suspensión ha sido a menudo considerada como un elemento de atenuación (principalmente, porque se ha relacionado con elipsis; *cfr.* Brown y Levinson, 2006 [1987]; Briz, 1995; Herrero, 1996), la aparición de intensificadores podría verse como algo contradictoria, aunque no necesariamente incompatible. Puede haber atenuación en la no expresión explícita de la conclusión al dejarle al oyente que la deduzca del contexto. Sin embargo, en realidad, son dos niveles distintos de enunciación los que se solapan para interpretar la atenuación. Por un lado, por la elisión voluntaria de la conclusión explícita y, por tanto, de las intenciones del locutor, se atenúa la fuerza argumentativa y el posible daño de amenaza de la imagen del contrario. Por otro lado, se produce una intensificación del argumento, ya que queda introducido con una curva melódica propia que lo focaliza y hace que interpretemos la información como causa necesaria para llegar a una conclusión. Por tanto, el argumento se considera indispensable para obtener la interpretación general del mensaje. De este modo, debemos entender que el fenómeno de la intensificación/atenuación puede afectar a fenómenos de naturaleza distinta y a distintos planos o niveles del discurso. Desde nuestro modelo, lo relacionaremos principalmente con lo argumentativo antes que desde un punto de vista de la cortesía o del carácter social de la interacción.

Otra muestra de esta afinidad con elementos de fuerza argumentativa aparece en algunos casos de causales con *como*. Entre los ejemplos obtenidos de nuestro corpus, es común encontrar en ellas el operador argumentativo *tan(to)* con valor intensificador. La combinación es frecuente:

(72) A: Claro que no vas a por las llaves que que hemos visto a la @nombre ah ah… yo no sé si se ha operado ¿eh?↑.
B: Sí se ha operado pero uno ochenta nada más han puesto ¿eh?↑ *porque como es tan delgada.*
C: Si está un accidente a cien flipando. Qué dices cuándo te he dicho yo una cien te he dicho una ochenta y cinco.
(COLA, malce4-01)

(73) Pero Antonio acaba de entrar por la puerta y se pone al teléfono:
-Qué pasa -me dice exigiendo con la voz que sea breve y no me enrolle, pues tiene mucho que hacer.
-Pensaba que, si no tienes ningún compromiso, podíamos comer juntos en alguna terraza agradable. *Como hace tan buen día...*
-Yo tenía una comida, pero no sé si la han confirmado o no. Acabo de llegar del notario.
(CREA, 1990. Carmen Rico Godoy, *Cómo ser una mujer y no morir en el intento*)

(74) Emi.- Yo no podría estar con un hombre casado.
Ha vuelto a su tarea de terminar de poner la mesa.
Berta.- (Realmente sorprendida) ¿Por qué no? Dan muy buen resultado. *Como están tan desesperados...*
Emi.- Es como si te estuvieras apropiando de algo que no te pertenece, como si fueras de prestado.
(CREA, 1991. Santiago Moncada, *Cena para dos*)

(75) "¿Ven ustedes? -decían las miradas triunfantes de la Fandiño-. Todas somos iguales."
Y sus labios decían:
- ¡Pobre Ana! ¡Perdida sin remedio! ¿Con qué cara se ha de presentar en público? *¡Como era tan romántica!* Hasta una cosa... como ésa, tuvo que salirle a ella así... a cañonazos, para que se enterase todo el mundo.
(CORDE, 1884–1885. Clarín (Leopoldo Alas), *La Regenta*)

Como antes, el valor intensificador viene dado por *tan(to)* y no por la causal suspendida. Por otro lado, descartamos la posibilidad de que estos operadores *tan* o *tanto* sean marca de una estructura consecutiva suspendida, como las que tratamos en el capítulo § 7. El único uso que posee este operador es aumentar la fuerza argumentativa de lo que se expresa, y sigue vigente la estructura causal suspendida detrás de este posible marcador consecutivo. La posible continuación de esta estructura son unas consecuencias derivadas de la información introducida por *como*, y no de una ponderación extrema expresada por *tan*. Así, en estos ejemplos estamos ante un argumento coorientado relevante, con un valor cercano a la justificación (*como*) y que, además, en su interior hay un elemento con una cualidad encarecida por *tan*. El valor de las estructuras en estos ejemplos, de hecho, es más cercano a las causales con *como* que a las valoraciones emitidas por una ponderativa suspendida.

4.4.2. La focalización de la información

Como aparece en Pérez Béjar (2018: 75–76), la focalización parece formar parte del funcionamiento propio de las causales suspendidas, aunque también del resto de construcciones suspendidas en general. Cuando hablamos de focalización, no lo entendemos como el realce de un constituyente interno del enunciado en oposición a otros del paradigma, sino en un sentido más amplio, en la focalización de informaciones concretas aportada por enunciados específicos dentro del discurso. Las causales suspendidas, como la mayoría de las construcciones suspendidas, conforman un grupo entonativo propio con características particularizadas frente a los cierres entonativos prototípicos de los enunciados y consigue llamar la atención del receptor. Fuentes Rodríguez (1999a: 39 y ss.) defiende que los grupos entonativos particularizados entre pausas permiten destacar la información de un enunciado dentro del texto, y esto es lo que ocurre también con las causales suspendidas. El efecto focalizador en el discurso que se crea no es arbitrario, sino que permite que el receptor perciba la información del enunciado como relevante y como la única pista que tiene para llegar a la conclusión y a la verdadera intención comunicativa del receptor:

(76) Cualquier rincón de la casa de un vago le delata. Si entras en el cuarto de baño tiene una fila de tubitos de cartón de los rollos de papel higiénico alineados al lado de la taza. Y también colecciona cepillos de dientes despeluchados. No es que no cambie de cepillo, que conste, pero pasa de tirar los viejos. Cuando entras en su baño por primera vez te dices: "Coño, ¿pero cuánta gente vive en esta casa?". El único cepillo que no está despeluchado es el de la escobilla del váter. *Como no la usa nunca...*
(CREA, 2001. VV. AA., *El club de la Comedia Presenta Ventajas de ser incompetente y otros monólogos de humor*)

La información introducida por la causal suspendida en este ejemplo es la que da la clave para producir el efecto humorístico en este monólogo. Es la información que revela por qué se puede considerar vaga a una persona que no tiene despeluzada la escobilla del baño. La suspendida actúa como una señal para que el receptor perciba su relevancia y reinterprete lo dicho hasta ahora, además de dejar un espacio, en este caso, para que procese el humor desencadenado y pueda reírse antes de que el monólogo continúe.

La focalización de la información en el discurso, por otro lado, suele estar asociada a la intensificación de la fuerza argumentativa, como hemos visto en el apartado anterior. De este proceso también se desprende que se considere un argumento relevante dentro de la estructura argumentativa del texto.

4.4.3. Las causales suspendidas y la información conocida

Uno de los comportamientos principales que se suelen relacionar con los nexos causales *como* y *ya que* es que introducen una causa conocida en oposición a *porque*. Debido a que las cláusulas con *como* y *ya que* suelen actuar como tópicos, se han relacionado con la introducción de una información compartida (*cfr.* Galán, 1999: 3608). El sentido de presuposición descrito por Goethals (2002: 126) para estas conjunciones tampoco se aleja de esta consideración. Con esta visión, es posible que las causales suspendidas, que son introducidas por *como* y *ya que*, expresen un contenido que se considera conocido o fácilmente comprobable:

(77) A: Llamé al chiquitíín
B: No la has jugado. [Hay que hacer un torneo todos a mí me da igual]
C: [Pasé la ciudad ej je je]
B: [A nosotros nos faltó no maricón]
C: [Noo a mí me da igual tronco no te rías]
A: [Yo no sé si hubiera tenido tu número igual también te llamo a ti ¿vale?↑]
D: [A mí también↓]
A: [*Como te veo ahí haciendo las cambios*↑]
C: [A las once o por ahí once y media]
B: Sí que a esa hora sí que estaba. no estaba haciendo nada
A: Lo que pasa es que cuando yo llamé al Chiquitín eran las doce menos cuartoo. o doce por ahí.
(COLA, malce4-05a)

La información que introduce el hablante se muestra "a la vista". El contexto nos da a entender que los interlocutores pueden comprobar que D está "haciendo cambios" porque "se ve". En un ejemplo con *ya que* también puede observarse una información evidente:

(78) -*Je t'aime* -me ha dicho.

-¿Eh? -no sabía si había escuchado lo que había escuchado. Pero sólo he podido suspirar, como si me hubieran robado el habla, un burdo "eh".
-Que... *je t'aime* -esta vez el nervioso ha sido él-. No me hagas decirlo en español. *Ya que estamos en París...*
-... sí... ya que... estamos en... París. Sí -estaba tartamudeando como una gilipollas. Soy irracional, absurda, boba, una fantoche que no recuerda que eso no me lo han dicho desde que los adoquines de París empezaron a levantarlos los estudiantes buscando la playa.
(CORPES XXI, 2009. Màxim Huerta, *Que sea la última vez que me llamas Reina de la Tele*)

Como ocurre en (77), para los interlocutores de (78) es fácilmente comprobable que se encuentran en París. Pero como se suele indicar para las causales con *como* (*cfr.* Montolío, 2000: 362), no tiene por qué entenderse siempre que se introduce una información conocida:

(79) A: Mira dentro de lo que cabe. Es que ya me había hecho ilusión. La verdad que es que me da igual ir más o menos días <ruido/> o sea *como nunca he estado en la feria.*
B: Sí claro. La feria
A: Es verdad. No si yo o o sabes que @nombre no quisiste ir cuando sa supiste que se baailaba.
(COLA, maesb2-05d)

B no tiene por qué saber si A ha estado en la feria o no. La información puede ser considerada tanto conocida como novedosa, pero lo verdaderamente importante de ella es que constituye un argumento más para el hablante para ir a la feria. Más bien, coincidimos con la opinión de Montolío (2000: 362) sobre la conjunción causal *como*:

> [E]l análisis procedente de ejemplos de la lengua conversacional parece demostrar que la estructura causal con *como* presenta la relación entre las informaciones de las cláusulas concurrentes (A y B, para mejor entendernos; A = cláusula subordinada causal; B = cláusula principal conclusiva) del modo siguiente: A se presenta como una base, aserción o premisa de la que B se deduce como la conclusión lógica o, por lo menos, razonable. Así pues, lo que, en nuestra opinión, parece llevar a cabo *como* es instaurar una relación de razonamiento o conclusión lógicos entre las proposiciones.
>
> De esta manera, *lo que se da o se presenta como compartido, más que la información introducida por la frase subordinada que introduce* como (como

parecen la mayor parte de los tratadistas), *es la relación causa-consecuencia que mantienen las proposiciones*[61].

A pesar de que esta explicación esté orientada a las construcciones bimembres con *como*, en realidad, la misma caracterización de la información ocurre en las correspondientes suspendidas. La conjunción causal *como* no caracteriza simplemente la información como conocida, sino que se sitúa en una relación de la que se desprenden unas causas evidentes del hecho expresado en la suspendida. El *topos* en el que se basa el argumento constituye una información fácilmente accesible para los interlocutores y permite, por ello, establecer un puente de razonamiento hasta la información de la conclusión, que el oyente puede reponer sin problema. Gracias a este funcionamiento es posible que se erija una causal suspendida como enunciado independiente. Así pues, lo conocido no es la información aportada, sino el proceso por el que una determinada causa nos lleva a unas consecuencias esperadas:

(80) A: Je je es que le da a stop siempre tío
B: No le di a stop
A: Qué tal @nombre
C: ¿Qué pasa chaval?↑
B: *Como no hay más canciones*
A: ¿qué tal?↑
C: Bien tío
(COLA, malcc2-08)

Los interlocutores de B no tienen por qué saber si hay más canciones o no, pero lo que sí pueden deducir de forma evidente es que, si no hay más canciones en el reproductor de música, se parará. El mismo proceso se puede llevar a las causales con *ya que*:

(81) Esta es la primera receta en la que vamos a usar el **Azúcar invertido**, se puede hacer sin él, pero el resultado es más cremoso, y *ya que nos ponemos a hacer bien las cosas*... de todos modos este "helado" no lo es tanto, no lleva nata, ni huevo, ni leche ideal... así que no monta... es una mezcla helada pero no es exactamente un helado, pero está muy rico :D
(CORPES XXI, 2010. Rosa Ardá, «Helado de fresas con mascarpone», *Velocidad Cuchara*. www.velocidadcuchara.com)

61 El énfasis es nuestro.

Con esta causal suspendida con *ya que* no es difícil ponernos en el punto de vista del hablante y saber perfectamente que va a usar el "azúcar invertido" en su receta.

4.4.4. La realización de actos expresivos

Las causales suspendidas, a menudo, poseen una fuerza ilocutiva que expresa alguna emoción o actitud subjetiva del hablante y, de este modo, la enunciación queda caracterizada por el enfoque del locutor. El acto de habla expresivo más habitual de las causales suspendidas con *como* y con *ya que* es la expresión de una crítica, una queja o un reproche:

(82) A: Porque nosotros si decimos coger el autobús, hacemos las cosas bien, y si decimos venir andando hacemos las cosas bien. *La gente como está en la puta parra tío.*
B: Tardan mucho ¿eh?↑
C: Lo que menos se tarda andando es por lo de mi casa.
(COLA, malcc2-08)

(83) [Paje] ¿Cuándo me vais a explicar eso que me tenéis que explicar?
Guarda 1° Después.
Paje ¿Después de qué?
Guarda 1° De la función
Paje ¿Después de la función? ¡Pues, vaya...! Si no va a haber función...
Guarda 1° y Guarda 2° (Con un movimiento de sobresalto) ¿Cómo? ¿Qué?
Paje ... O mucho me extrañaría... Con el jaleo que hay por ahí... (Señala vagamente el exterior de la escena)
Guarda 2° ¿Qué clase de jaleo?
Paje No sé... *Como a mí nunca me explican nada...*
Guarda 1° Pero, tú, ¿qué es lo que has visto?
Paje Casi nada, porque como voy sin gafas... Pero la culpa la tiene el regidor, que me lo tiene prohibido... Total, porque la noche del estreno salí con ellas...
(CREA, 1991. José Sanchis Sinisterra, *Los figurantes*)

(84) A: =¡AY MIRA MIRA MIRA MIRA! ¡MIRAR lo [que he comprao!]
C: [°(¡ah! qué susto)°] ¡ANDA UN BÚHO↑!
A: porque ya que [ya que Mario→]
D: [¿un cenicero de búho?]
A: claro↓ *ya que Mario me lo rompió§*
C: §él te dijo que te compraba una↓ [pero dijiste que no]
A: [sí↓ pero no me lo ha] comprao↑§

C: §porque le dijiste que no↑ [haberle=]
A: [((hombre↑))]
(Corpus Val.Es.Co. 2.0, 1995. Conversación 9)

En estos ejemplos, se lanza un ataque a la imagen de alguien, ya sea en forma de insulto o por criticar su comportamiento: "la gente está en la parra" (82), "mis superiores no me explican nunca nada" (83) o "Mario me rompió el cenicero" (84). El carácter de presuposición de las conjunciones causales, además, hace que el ataque tenga cierta fuerza, ya que no se pone en duda la veracidad de la información aportada, sino que se trata el hecho como algo aceptado por los interlocutores. En el caso de las estructuras con *como*, esta capacidad expresiva las aleja de la caracterización de Goethals (2002: 142) de que no poseen dimensión modal. En muchos ejemplos de causales con *como* suspendidas, ciertamente, es posible efectuar un acto de justificación con cierta "naturalidad", usando el término del autor. Sin embargo, ejemplos como (82) u (83) muestra que, como suspendidas, una causal con *como* aún puede desenvolverse en el plano modal expresivo quizás porque se empapa de la naturaleza más emocional de la conversación coloquial espontánea. De hecho, en textos escritos donde se trata de emular la conversación coloquial, no es extraño que las causales suspendidas (sobre todo con *como*) aparezcan entre exclamaciones. Esto muestra cierta conciencia del locutor de que son estructuras que le permiten ser muy expresivo, de tal forma que acaban equiparándose con enunciados exclamativos. Esto no suele ocurrir con las causales bimembres:

(85) Chity Menos mal que de todas formas son sexys, (A Javi) ¿A que son sexys?
Paco ¿Pero por qué se las tienes que enseñar a ése?
Chity *¡Como tú no quieres mirarlas!* (Termina de comer. Apura el café) ¡Estaba bárbaros! (Se levanta) ¡Eres un cocinero!... ¡Hasta eso tienes! ¡Anda, que se va a llevar una joya la que se case contigo!...
Paco Menos cachondeo.
(CREA, 1991. Carmen Resino, *Pop y patatas fritas*)

(86) Las de la Deuda Flotante sonreían y se miraban como diciéndose: "¡Buena sociedad la de la Marquesa!"
El Marqués le decía en tanto al barón:
- *¡Como estamos en confianza...!*
- ¡Oh, perfectamente, perfectamente!
(CORDE, 1884–1885. Clarín (Leopoldo Alas), *La Regenta*)

Por último, en el caso de las estructuras suspendidas con *ya que*, se dan ejemplos de cierta especialización en un uso modal de confirmación o asentimiento. Además, este asentimiento suele venir acompañado también de una actitud de resignación o de indiferencia:

(87) JUANA- Antxón me ha dicho que querías vernos.
CARDENAL- *Ya que he venido.*
JUANA- Con las tropas.
CARDENAL- A por mis tierras.
JUANA- Ya.
(CREA, 1989. Ignacio Amestoy Egiguren, *Durango, un sueño. 1439. La utopía se acaba esta noche*)

(88) FER.- Lo que tú tienes que hacer es aclararte. Yo termino en un momento con los azulejos y luego os preparo algo de comer. Es muy tarde y todos tendréis
hambre, me imagino.
JAVIER.- ¿También cocinas? Joder, ¡qué chollo!
MANUEL.- Huevos con bacón y una birra por aquí, por favor. *Ya que se ofrece...*
(CORPES XXI, 2006. Eduardo Galán, Eduardo y Pedro Gómez, *La curva de la felicidad o la crisis de los 40*)

En estos usos de confirmación, es común la construcción de la causal suspendida con *ya que* con verbos como *insistir* (89) o *empeñar* (90) u otras acciones en segunda persona del presente de indicativo, o con el verbo *estar* (91) en primera persona también del presente de indicativo:

(89) -... Chicas..., ¿echamos el último cigarrito?
-Bueno, *ya que insistes...*
-¡Pero el último!... O el penúltimo...
(CORPES XXI, 2005. Luisa Bodega Estévez... [et al.]: «Las autoridades sanitarias advierten que fumar es... ¡pecao mortal!». *La maruja liberá*)

(90) -El pueblo dice que sois lo que acabáis de decir.
-¿Sólo esto?
-Bueno, dicen que sois muy, muy ardiente.
-¿Y nada más? ¡No me mientas!
-*Ya que os empeñáis...* En fin, se asegura que sois una ramera.
-¡No te excedas, mujer! -jugaba con un exquisito cuchillo de obsidiana. Lo cual le daba un aspecto amenazador.
(CREA, 1993. Terenci Moix, *No digas que fue un sueño*)

(91) Presentador: Es la llamada del amor, nena. El mensaje es de tu novio Mingo Pulardo del bar del mercado con el que sales desde hace quince años.
Ratoncito: Vale, vale. Pregúntale dónde lo conocí, porfa.
Presentador: Me voy a cagar en algo al final.
Ratoncito: Es que no quiero meter la pata.
Presentador: En fin, *ya que estamos…*
(Más teléfono.)
Mingo Pulardo: Bueno, vale ya, ¿no?
Presentador: Ratoncito quiere saber dónde os conocisteis.
(CORPES XXI, 2010. *Especialistas secundarios. Podría ser peor*)

Son formas que todavía permiten bastante variación, ya que los verbos pueden alternar distintas formas flexionadas. Sin embargo, sí se observan ya algunas restricciones como el uso de un reducido número de verbos o la casi exclusiva aparición del presente. Es posible que nos encontremos ante un elemento en vías de desarrollo para convertirse en un operador modal de confirmación o asentimiento.

4.4.5. Causales suspendidas como causa de la enunciación

Ya hemos apuntado que el sentido causal desprendido por estas construcciones permite asimilarlas a las relaciones causales de discurso para conectar enunciados (*cfr.* Duque, 2016: 39). Como carecen de apódosis, esta relación suele establecerse con el enunciado previo, y surge la duda de si funciona en cualquier caso como causa de la enunciación de este:

(92) Lo que creo es que las monjas han querido actualizar la enseñanza y dar una enseñanza correspondiente al mundo de hoy. Ahora, claro, no tengo contacto. *Como ahora ya no salgo casi de casa.* Porque, claro, nosotros tenemos la congregación de antiguas alumnas, que yo pertenezco, pero que ahora, como ya hace tantos años que yo estoy enferma, pues ya no tengo contacto ni con el colegio, ni con la gente de allí, claro.
(CREA, oral. Entrevista a una mujer de 76 años, formalidad baja)

(93) A: Hostia me voy a pillar una parecida yo también.
B: Es muy parecida a la de mi hermano.
C: Yo me pillé la a a.
D: Es verdad lleva manchas la camiseta de @nombre. ¿A ver?↑ Trae. *Ya que la hemos pagado.*
E: Y la del ché también me la pillé por cinco euros.
(COLA, malcc2-08)

En estos dos ejemplos es fácilmente interpretable que se justifica la enunciación de un enunciado previo. En (92) se ve que la hablante justifica que no tiene contactos con las monjas *porque* ya apenas sale de casa; en (93), se justifica el acto de habla de petición "trae" *porque* el hecho de que esté manchada la camiseta es suficiente razón para tratar de solucionarlo.

En otros casos, la "causa de la enunciación" no se establece entre dos enunciados de una misma intervención, sino que se establece entre distintas intervenciones.

(94) PALOMA.- Ha querido ducharse. Tan pronto lo ha entendido, a ducharse... Es un hombre limpio.
ROSA.- Eso sí. Y está buenísimo. Tiene una boca...
PALOMA.- ¿Es que lo has visto?
ROSA.- ¿Que si lo he visto?
PALOMA.- *Como no te has puesto las gafas...*
ROSA.- Ni pienso. Me gusta como yo lo veo: con su pelo negro, sus ojos grises, su...
PALOMA.- No los tiene grises.
ROSA.- Da igual. Si yo se los veo grises, para mí son grises.
(CREA, 1990. Miguel Sierra, *Palomas intrépidas*)

En este ejemplo, los hablantes se ven en la necesidad de justificar la enunciación que han emitido con anterioridad en la conversación, pero solo lo hacen una vez que piensan que sus interlocutores no han entendido bien los motivos de decir lo que han expresado.

Pero, como ya comentábamos en § 3.5.2.4, existen varios motivos para pensar que las causales suspendidas no constituyen una función de causa de la enunciación por sí mismas, aunque puedan motivar esta implicatura (conversacional) debido a su sentido esencial de causa. Hay varios argumentos para justificar esta conclusión. En primer lugar, por la posibilidad de que las causales suspendidas sean presentadas por un nexo que ya establezca la conexión de "causa de la enunciación", como ocurre en (95) con la conjunción *porque*:

(95) A: Voy a apagar esto *porque como estamos poco habladores* ↑. Luego lo vuelvo a encender.
B: ¿El qué? ↑
NOSPEAKER: <ruido/> <música/>
A: [El grabador].
(COLA, malcc2-14)

Si la causal suspendida con *como* pudiera establecer una causa de la enunciación por sí misma, no haría falta la conjunción *porque.* Cada conjunción presenta sentidos de causa distintos que funciona también de forma diferenciada en el discurso. Desde nuestro punto de vista, *porque* es capaz de relacionar en la sintaxis del discurso dos enunciados, uno precedente y otro que introduce, con un sentido de causa, mientras que la naturaleza de las suspendidas, como vimos en § 3.4.3.3, es prospectiva y nos conduce a continuar con el desarrollo argumentativo. La causal suspendida con *como* abre una nueva línea de pensamiento que nos introduce un argumento, y es todo este proceso lo que se queda caracterizado como *causa de la enunciación* por *porque* (Figura 62):

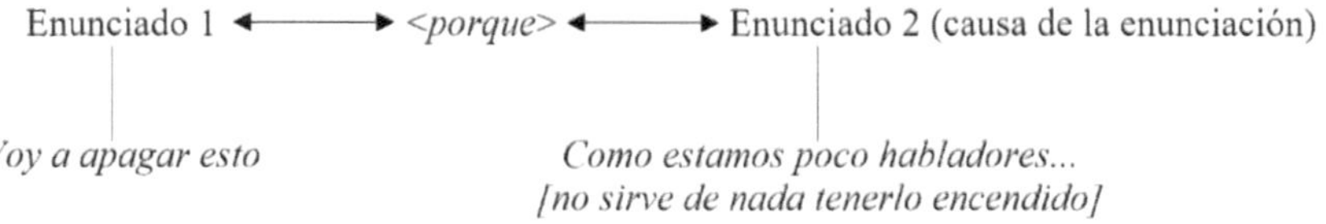

Figura 62. Análisis macrosintáctico del ejemplo (95)

De este modo, puede explicarse sin problema la combinación de dos conjunciones casuales; *porque* y *como* actúan de forma diferenciada y se proyectan a ámbitos distintos: *porque* actúa uniendo el enunciado precedente con el siguiente y *como* abriendo una línea argumentativa nueva en prospección. Esta misma combinación de conjunciones puede darse en un texto escrito, como ocurre en este fragmento de *La Regenta* de Clarín:

(96) "Pero ¿quién le ponía el cascabel al gato? -Visitación, la del Banco." ¿Quién más a propósito para tales atrevimientos? Por el bien parecer pidió que en su visita le acompañase otra dama de viso. Ninguna quiso ir, no se atrevían. Se votó y se nombró a Olvido Páez, por la representación de su papá y lo bienquista que era la joven en Palacio.
"- Sí -decía en la junta Visitación- que venga Olvido; así no creerá el Magistral que el tiro va contra él; *porque, como a mí no me puede ver. . .".*
Y era verdad; el Magistral despreciaba a la del Banco y la tenía por una grandísima cualquier cosa.
(CORDE, 1884–1885. Clarín (Leopoldo Alas), *La Regenta*)

La coma después de *porque*, que representa una pausa, es significativa del diferente funcionamiento en el que actúan las dos conjunciones.

Porque está actuando, efectivamente, en la dimensión enunciativa, pero *como* sigue actuando con su sentido de causa en el nivel del *dictum*[62]. Esta combinación de conjunciones (*porque como*), en cualquier caso, también se puede encontrar con estructuras bimembres y a lo largo de la historia, como da testimonio Fernández Alcaide (2009: 274).

Por último, la justificación que expresa *como* no tiene por qué estar relacionada con una enunciación previa ni con la información derivada del discurso, sino que justifica una acción que está desarrollando el hablante en ese momento:

(97) Doña Sara emprendió una marcha lenta y trabajosa sin pararse a preguntar dónde estaba el cuarto de estar. No hacía falta. El piso era demasiado pequeño como para perderse. Sara, que había estado dormitando a oscuras, en el sofá, hasta que sonó el timbre, se le adelantó para subir las persianas.
- Espera... *Es que, como hace tanto calor*... Ya está. Siéntate aquí, en esta butaca, que es muy cómoda. ¿Quieres tomar algo?
- ¿Un café? Pero sólo si tienes hecho, si no...
- Lo hago en un momento. No tardo nada. No te preocupes.
(CREA, 2002. Almudena Grandes, *Los aires difíciles*)

El enunciado "es que, como hace tanto calor..." no justifica el enunciado previo "espera", sino que da una razón para que la persona que habla esté abriendo las persianas en ese momento. Como dijimos en § 3.4.3.3(c), las estructuras tienen un carácter interactivo, pero existen también otros fenómenos de interacción conversacional que aparecen como reacción a una situación del contexto, como es el caso de las estructuras con *si* de réplica (*¡Si no he dicho nada!*), sobre las que Montolío (1999a: 46–47) profundiza.

Creemos que estos motivos son suficientes para justificar que las causales suspendidas no constituyen causas de la enunciación por sí mismas. Pero esto no quiere decir que no puedan justificar una enunciación previa y, de hecho, el sentido semántico de causa expresado por sus conjunciones fomenta que en el nivel del discurso suelan funcionar como tales. Sin embargo, la marca de causa de la enunciación

62 Bajo los esquemas de la *Gramática discursivo-funcional* de Hengeveld y Mackenzie (2008), este doble funcionamiento de las conjunciones puede quedar separado sin obstáculo en dos niveles. *Porque* actúa en el nivel interpersonal, mientras que el sentido de causa de *como* se desarrolla en el nivel representacional.

no es ni *como* ni *ya que*, puesto que actúan en otro nivel de representación distinto y cumplen con otros objetivos discursivos. Debemos notar también que, cuando la causa de la enunciación es marcada con *porque*, solo hemos encontrado ejemplos de causales suspendidas con *como*. La combinación *porque ya que…* no es tan habitual y apenas hemos encontrado unos ejemplos, pero únicamente en estructuras bimembres:

(98) Por eso es, y no con una finalidad didáctica como afirma el señor Conthe, por lo que la nueva ley prevé que los depósitos del Tesoro en el Banco de España puedan ser retribuidos mediante convenio. *Porque ya que se prohibe (sic) al Banco de España financiar al Tesoro, al menos que no sea el Tesoro el que financie gratuitamente al Banco de España.*
(CREA, 1994. *El Mundo*, 07/06/1994, Juan Francisco Martín Seco: "La hormiga que resultó cigarra (gráficos)")

A pesar de que no se trate de una estructura suspendida, pensamos que, si es posible esta combinación de conjunciones con una oración bimembre, también es virtualmente posible la suspensión. Sin embargo, tampoco son muy frecuentes los casos de estructuras bimembres con *ya que* precedidas de *porque* y, por tanto, no creemos que se trate de una combinación en plena vigencia.

Capítulo 5 Las condicionales suspendidas

5.1. ¿Qué son las condicionales suspendidas?

Las condicionales suspendidas constituyen uno de los tipos de suspendidas que más atención han recibido en los estudios de estas estructuras en distintas lenguas (*cfr.* Montolío, 1999a, 1999b; Gras, 2010; Lombardi, 2010, 2016; D'Hertefelt, 2015; Kaltenböck, 2016; Schwenter, 2016; Lastres López, 2018, 2021; Kaltenböck y Keizer, 2022; etc.). Los motivos son muy diversos, pero consideramos que hay dos principalmente. Por un lado, la eficacia y rentabilidad de estas estructuras. La cantidad de valores, funciones y sentidos que puede adquirir una expresión condicional las hace un recurso muy expresivo. Aparecen en cualquier tipo de contextos, como descripciones, explicaciones, razonamientos argumentativos, elaboraciones de hipótesis, creación de supuestos, etc.

El segundo motivo es su dificultad de clasificación. La capacidad expresiva y la polifuncionalidad de estas estructuras las hacen difíciles de clasificar en un grupo único. Los mejores intentos de agruparlas en subgrupos cuentan con multitud de excepciones e incluso la macroetiqueta de "condicionales" se queda a veces corta para reflejar todos los fenómenos que son capaces de desencadenar. De hecho, las condicionales suspendidas que analizamos en este apartado son, en cierto modo, producto de estas "excepciones" y, por ello, requieren un estudio independiente para describir todos sus valores.

No es nuestro objetivo dar una descripción amplia de los valores y usos de la condicionalidad, pues abarcaría toda una vida de estudio y nos alejaría de nuestro propósito. Sí tendremos en cuenta muchos de los fenómenos relacionados con la condicionalidad, pues influyen en la descripción de las condicionales suspendidas. Por este motivo, sacaremos a relucir todos aquellos factores que dificultan la clasificación de las condicionales suspendidas y entraremos, cuando sea conveniente, en aquellos aspectos en los que las gramáticas tradicionales han encontrado sus límites y que pueden ayudar a entender el funcionamiento de las condicionales suspendidas.

5.2. La lógica y la condición

5.2.1. Las condicionales como expresión del razonamiento lógico

No podemos empezar a hablar de las condicionales si no establecemos la relación de estas con la lógica como rama del conocimiento, pues gran parte de los significados que se achacan a estas estructuras surge de este campo. Además, estas descripciones lógicas pueden estar en la base del funcionamiento predictivo de las condicionales suspendidas.

La condicionalidad ha supuesto un punto de partida para la descripción del pensamiento humano. Los silogismos, propuestos por Aristóteles como forma de razonamiento deductivo, son premisas que constituyen condiciones para llegar a una conclusión válida. Esta conclusión o *juicio* se relaciona con otros para constituir argumentos. La condición es, por tanto, una determinada premisa del razonamiento deductivo de la que se puede sacar una conclusión. Partiendo del universal de que 'todos los gatos son mamíferos', si mi mascota es un gato (P), entonces mi mascota es un mamífero (Q). La representación gráfica de este razonamiento es la siguiente: $P \rightarrow Q$. Este es el esquema básico de la interpretación del sentido de las condicionales. A través de estos esquemas lógicos, Newell y Simon (1961) entendían que un ordenador era un dispositivo de manipulación de símbolos, y un programa escrito para ello podría producir estos esquemas simbólicos de forma comparable a los razonamientos humanos ante la resolución de un determinado problema[63]. Es lógico pensar que este intento de representación

63 "A digital computer is a general-purpose symbol-manipulating device. If appropriate programs are written for it, it can be made to produce symbolic output

de la forma del raciocinio del pensamiento humano tenga su reflejo en la lengua, y la forma que se ha relacionado con ello han sido las condicionales.

Siguiendo esta línea de que el pensamiento deductivo puede ser representado por una estructura condicional ha permitido que sean unas construcciones adecuadas para reflejar universales científicos: *Si se calienta el agua a 100º, entrará en ebullición.* Siguiendo el mismo esquema, podemos ofrecer multitud de ejemplos que se adecuen a esta forma de pensamiento: *si la tratas mal se enfadará; si estudias aprobarás el examen; si tienes dinero puedes venir al cine con nosotros...* En todos estos ejemplos se establece la relación *si P → Q*.

Sin embargo, no todas las condicionales cumplen este patrón. Una relación en la que Q se desprende del cumplimiento de P solo valdría para las condicionales de contenido ('content conditionals') de las que habla Sweetser (1990: 113 y ss.). Las condicionales epistémicas y de actos de habla, en las que nos detendremos más adelante, no pueden ajustarse a este patrón. Incluso en las condicionales de contenido, algunos autores plantean problemas. Ducrot (1972: 169) comenta que es fácil encontrar la relación de P → Q de un ejemplo como *Si Pierre vient, Jacques partira.* Sin embargo, este mismo ejemplo plantea un comportamiento distinto si lo encontramos en forma interrogativa: *Est-ce que Jacques partira, si Pierre vient?* (*idem*: 171). En este ejemplo, según el autor, podemos encontrar dos interpretaciones:

a) La primera interpretación posible a esta pregunta podría tener como respuesta el enunciado análogo afirmativo. Se preguntaría si el hecho de que Pierre venga es motivo para que Jacques se marche. En este caso, podríamos mantener el contenido de que Q se desprende de P.
b) La segunda interpretación sería la contraria: el hecho de que Pierre venga es un motivo para que Jaques no se marche. Nos encontraríamos ante un sentido concesivo (*idem*: 172) similar a '¿Jacques se marchará *aunque* venga Pierre?'

---

that can be compared with the stream of verbalizations of a human being who is thinking aloud while solving problems" (Newell y Simon, 1961: 2016).

Por este motivo, entre otros, Ducrot piensa que no estamos ante una condición que permita deducir la verdad de un enunciado desprendido del primero:

> [L]a thèse principale défendue ici est qu'une proposition de type *si p, q* n'a pas pour *signification* première « p est cause de q », ni « p est condition de q » (bien qu'elle puisse servir à indiquer ces relations). Sa valeur fundamentale est de permettre la réalisation succesive de deux actes illocutoires: 1° demander à l'auditeur d'imaginer « p », 2° une fois le dialogue introduit dans cette situation imaginaire, y affirmer « q ». (Ducrot 1972: 168)

Según esta reflexión, habría que entender que el hablante primero nos sitúa en un determinado contexto: "Pierre viene". Tomando la premisa (hipotética o no) de que Pierre viene, se vuelve pertinente la enunciación de la pregunta: "¿Jaques se marchará?". Sweetser (1990: 118 y ss.) defiende que en estos casos estaríamos ante una condicional de acto de habla (*speech-act conditional*), en el que la cláusula con *si* haría relevante la enunciación de un determinado acto de habla (como en este caso, una pregunta).

Las condicionales, aunque tengan entre sus capacidades la expresión del razonamiento lógico, no se reducen solo a este uso. Como hemos expuesto, son capaces de expresar sentidos de muy diverso tipo que no se basan solo en desprender un hecho de otro hecho. Los usos lingüísticos muestran que estas estructuras poseen una serie de valores que van más allá de una relación lógica P → Q. Se ha destacado, sobre todo, la capacidad de las cláusulas condicionales de actuar como *marco* de una enunciación posterior (*cfr*. Ducrot, 1972; Montolío, 1999b; Gutiérrez Ordóñez, 1997a), un marco que nos sitúa en un mundo posible pero que no tiene por qué coincidir con la realidad. Únicamente sirve para situarnos en un contexto relevante en el que se puede enunciar una proposición. Al igual que ocurría con las oraciones causales, la posibilidad de que una oración condicional pueda actuar como marco o circunstante antepuesto a otra oración le permite también poder enunciarse como una construcción suspendida.

5.2.2. La bicondicionalidad

Desde la lógica, otro de los rasgos que se relaciona con la condicionalidad es la interpretación bicondicional de estas estructuras. La bicondicionalidad se entiende como un fenómeno semántico en el que se asevera que P → Q también implica *No* P → *No* Q. Consideremos el siguiente ejemplo:

> *Si estudias, aprobarás el examen → Si no estudias, no aprobarás el examen.*

La bicondicionalidad se basa en las nociones de verdad de los hechos, de tal manera que la negación o falsedad de uno supondría también la negación o falsedad del otro. Este hecho es claro en los ejemplos de realidades universales o hechos científicos: *Si hierves el agua a 100º entrará en ebullición;* por tanto, *si no hierves agua a 100º no entrará en ebullición.* Sin embargo, como vimos en el apartado anterior, no todas las condicionales (probablemente, la mayoría) expresan que de un hecho verdadero se pueda sacar otro hecho verdadero. En la descripción de los dos movimientos de Ducrot (1972: 168, *vid. supra*), la cláusula condicional nos sitúa en un contexto determinado donde es pertinente la enunciación de otro hecho o de otro acto de habla, pero este proceso no se relaciona con las nociones de verdad o la lógica. Tomemos un ejemplo de Austin (1970 [1961]) que fue posteriormente analizado por Sweetser (1990: 119):

> *There are biscuits on the sideboard if you want them.*
> ['Hay galletas en el aparador si las quieres']

Para Sweetser, nos encontramos de nuevo ante un caso de condicional de acto de habla. En estos casos, no hay una condición de un hecho, sino del propio acto de decir. Esto anula la bicondicionalidad porque esta se limita a las relaciones entre hechos. Así, si sometemos este tipo de condicionales a la prueba de la bicondicionalidad, obtenemos el siguiente resultado:

> **Si no las quieres, no hay galletas en el aparador.*

Un ejemplo como este resulta inviable significativamente porque una determinada información no se deriva de la otra, es decir, un hecho no está determinado por el cumplimiento del otro. Las galletas seguirán estando en el aparador las quiera o no las quiera el interlocutor al que se dirige el mensaje. Tampoco en casos como el de *si estudias, aprobarás el examen*, en los que la interpretación bicondicional parece clara, la negación de un hecho no supone siempre la negación del siguiente. Así, la siguiente intervención puede ser perfectamente realizable en un contexto apropiado:

> *Si estudias, aprobarás el examen. Si no estudias, puedes aprobar, pero te costará más trabajo.*

Ya estudie o no estudie la persona implicada en el enunciado, no tiene por qué ser condición del aprobado. Ejemplos como este nos harían salir de la estricta lógica y plantear otras explicaciones. La *NGLE* expone lo siguiente:

> [D]e la relación lógica entre *Si P, entonces Q* no se deduce estrictamente *Si no P, entonces no Q*. Esta interpretación se denomina BICONDICIONAL, y no constituye una condición lógica, sino [. . .] una inferencia que el hablante suele llevar a cabo a partir de informaciones contextuales. [. . .]. En general, la inferencia *solo si X* a partir de *si X* constituye una aplicación particular del llamado PRINCIPIO DE PERTINENCIA, que resulta imprescindible en la mayor parte de los intercambios verbales. El hecho de omitir información verdadera y compatible con la que se suministra, pero no pertinente para los propósitos comunicativos del locutor, constituye una de sus manifestaciones más características (*NGLE,* 2009: 3565–3566).

Schwenter (1999) comenta que la bicondicionalidad (a la que él llama *conditional perfection*) es una implicatura discursiva que puede ser anulada durante el discurso, como hemos comprobado en la frase sobre estudiar el examen. En este caso, la negación del contenido de la prótasis ('si NO estudias') no implica necesariamente la negación de la consecuencia (considerada) lógica ("NO aprobarás"). Aunque si no se especifica lo contrario, la vía inferencial que se activa en el receptor es la interpretación bicondicional. Según el punto de vista del autor, esta implicatura no afecta a las condicionales epistémicas, que plantean un razonamiento deductivo del tipo *si las luces están encendidas, hay alguien en casa,* pero sí puede afectar a algunas condicionales de actos de habla: "Whatever the case, the relevant point to be made is that conditional perfection is a possible implicature arising from at least some speech-act conditionals" (*idem*: 92). Un ejemplo posible sería el siguiente:

a) *Si no te sirve, tíralo.*
a') *Si te sirve, no lo tires.*

La prótasis condicional, tanto en a) como en a'), sirve de condición para efectuar un acto de habla de exhortación. En esta línea, establecer una condición opuesta puede hacer que ese acto deje de ser pertinente o que no tenga ninguna relevancia. La relación condicionante-condicionado, aunque haya un acto directivo, afecta a los contenidos enunciados. Por esta razón no es posible decir *Si te sirve, tíralo*, excepto en un caso muy preciso, con una contextualización específica. Por otro lado, Schwenter (1999: 95) considera que, ya que las epistémicas rechazan la implicatura bicondicional, esta implicación semántica debe venir determinada por la factualidad de algunas condicionales. Para él, si existe una posible interpretación en la que la prótasis haga inferir un sentido no factual, la estructura condicional podrá ser susceptible de la implicatura bicondicional.

Sin embargo, en el análisis de las condicionales suspendidas, la bicondicionalidad no parece ser una inferencia relevante en su descripción. Pueden suspenderse estructuras basadas en una relación de contenidos o bien otras que afecten más al acto de habla. Las primeras reflejan un razonamiento lógico o deductivo compuesto por dos partes, una premisa y una conclusión. Pero las condicionales suspendidas (y el resto de los enunciados suspendidos de nuestro análisis) solo muestran la primera parte de este razonamiento y no son utilizadas para establecer hipótesis y silogismos que nos encaminen a la creación de nueva información considerada como verdadera. La prótasis suspendida, lejos de ser un período que establece una relación de causa-efecto en un mundo posible, se hacen auténticas portadoras de un acto de habla o de una intención concreta con un papel más allá de este tipo de razonamiento lógico. Así, un ejemplo como *si quieres venir...* puede designar una invitación, *como me toque la lotería...* la expresión de un deseo o *con tal de que me escuches...* una petición. Poseen, por sí mismas, su propia fuerza ilocutiva, y no constituyen un marco de otro enunciado. Un acto de habla no puede ser negado, ya que se está realizando en el mismo momento de ser expresado. Desde nuestro punto de vista, las condicionales suspendidas no son estructuras bimembres que permitan una implicación conjunta de dos hechos, sino un enunciado significativamente completo acabado en anticadencia y que posee una determinada intención comunicativa. Negar el contenido expresado en la condicional no desencadenaría, por tanto, la negación de otro hecho implícito. A lo sumo, podría implicar un cambio en la fuerza ilocutiva por el cambio del propio sentido del enunciado:

a) *Estoy organizando una fiesta. Si te quieres venir... [puedes hacerlo]* (invitación)
b) *Estoy organizando una fiesta. Si no te quieres venir... [es tu problema]* (reproche)

En a), claramente se está lanzando una propuesta al interlocutor. Negar el contenido nos sitúa en un contexto totalmente distinto y no se pueden establecer el mismo tipo de relación entre enunciados. En b), podemos imaginar un contexto en el que el hablante le reprocha al interlocutor que no quiera ir a su fiesta a pesar de su esfuerzo por organizarla. Los criterios que entran en juego en ambos contextos son diferentes y no pueden ser determinados por la lógica bicondicional.

5.2.3. Las condicionales suspendidas y la lógica

La lógica y las estructuras condicionales son ámbitos relacionados, pero, como hemos visto, están lejos de ser unívocos. Las condicionales, en cualquiera de sus representaciones en la lengua, son capaces de expresar muchos más sentidos que la relación lógico-semántica *si* $P \rightarrow Q$. Sin embargo, muchos de estos valores se apoyan en una relación lógica inicial y sirven de punto de partida para la activación de implicaturas como la de la bicondicionalidad.

La relación lógica también sirve como base del carácter predictivo de las condicionales que, en última instancia, permiten que una segunda parte (la apódosis) quede sin decir ya que se considera evidente. Una premisa presentada por una condicional puede ser suficientemente transparente o tener un valor social ampliamente aceptado de tal forma que la conclusión a la que se llega se considera un resultado esperado. En el caso de condicionales de contenido, las leyes universales pueden ser un buen ejemplo de esto: *si tiro una moneda, cae al suelo.* En los casos de las condicionales de actos de habla, la predicción se da a causa de que ciertos actos de habla son esperados o aceptados en ciertos contextos o situaciones. Así, con una prótasis que establezca un marco como *si no te importa*, será habitual una continuación con un acto de habla de petición: *déjame el ordenador un rato*. En resumen, una determinada apódosis suele presentarse como una conclusión o una actuación lógica partiendo de un determinado hecho.

Sin embargo, cabe preguntarse qué sucede en los casos en los que la relación lógica entre prótasis-apódosis no es esperada: *Si el cielo está azul, no tengo planes para el sábado*. En este caso, el valor de predictibilidad no parece pertinente. No obstante, y a pesar de lo absurdo de la relación, la conjunción *si* expresa que ambos enunciados están forzosamente relacionados y que, desde cierta postura epistémica, hay una conexión lógica entre ambas proposiciones. El emisor expresa que el contenido de la prótasis va a desencadenar, de forma lógica (aunque a través de ciertas premisas desconocidas para el receptor), que sea posible enunciar el contenido de la apódosis. Por tanto, creemos que el contenido predictivo aún permanece dentro del proceso que lleva de la enunciación de la prótasis a la enunciación de la apódosis[64]. Incluso en estos casos extremos, cuya lógica pertenece al ámbito de lo surrealista, el receptor tiende a buscar una posible relación entre un contenido y otro, ya que el emisor, al crear una estructura condicional, le "asegura" que existe. Aunque no encuentre esta relación de forma inmediata, o compruebe que no se ajusta a su conocimiento del mundo, tenderá a buscar la información más plausible o la que mejor se ajuste al carácter predictivo de la condicional. La condicional caracteriza el contenido como una causa contingente necesaria, que establece un puente con un hecho desprendido que continúa el razonamiento.

En la interpretación de las condicionales suspendidas, este proceso de predicción es el mismo, pero no se explicita la conclusión. El emisor, al expresar una prótasis condicional suspendida, se basa en el valor predictivo de la estructura para que su interlocutor llegue al sentido

64 Las condicionales son consideradas por la *NGLE* (2009: 3527 y ss.) como "períodos". Es decir, una relación de dos cláusulas cuyo sentido se adquiere por el propio proceso que relaciona a ambas. Así, los conectores condicionales afectan principalmente al propio proceso de relación entre cláusulas más que al propio contenido de las mismas.

adecuado o para que este complete el mensaje por su cuenta (*cfr.* Montolío, 2011: 316). El interlocutor va a hacer uso de la información contextual que posee, así como de su conocimiento del mundo, para llegar a la conclusión a la que le están pidiendo que llegue. Buscará siempre lo que considere más pertinente o lo más esperado en el contexto comunicativo en el que se encuentra, de tal forma que pueda cumplir el valor predictivo de la relación que marca el conector condicional:

(99) [Un grupo de amigos está organizando un plan]
A: Movidita así espontáneo↓. Te vas y vuelves el mismo día.
B: No, te vas por la mañana. [No, o sea, llegas ahí como a la (())].
A: [Y vuelves al día siguiente].
B: Llegas ahí como a la hora de comer, ¿no? Entonces estás la tarde. La noche que es cuando está la feria. Y a la mañana siguiente nos volvemos.
A: Bueno, una matada.
B: Claro, es que no tenemos sitio para dormir perooo. *Pero si os queréis venir.*
A: Pero cuándo↓. ¿Qué miércoles?↑
B: Eeel la semana que viene.
C: La semana que viene
(COLA, maesb2-05b)

En (99) se observa la elaboración de un plan. Un acto de habla de invitación es esperado por las propias circunstancias comunicativas. Por este hecho, cuando el oyente trata de buscar la conclusión a la que lleva el conector condicional *si*, deduce que la mejor conclusión es que lo están invitando a unirse al plan. Es lo más predecible y lo más esperado. Por ello, su reacción ante la prótasis condicional es saber si el día del plan es adecuado para poder unirse a él (*¿Pero cuándo?*↓ *¿Qué miércoles?*↑). Reacciona a la invitación.

Las condicionales suspendidas, por tanto, se suelen basar en las relaciones lógicas para poder erigirse como enunciados independientes. Si el contenido expresado por una condicional suspendida no fuera considerado como un desencadenante de ciertas implicaciones, no podría funcionar en el discurso y el oyente o receptor no podría completar el mensaje. Pero los procesos lógicos ayudan a que pueda constituirse como una construcción propia e independiente con una entonación final en anticadencia, es decir, una variante de realización de las condicionales como una estructura suspendida. Por ello, analizaremos en este capítulo su constitución interna y sus usos discursivos como un fenómeno propio del español.

5.3. La microestructura de las condicionales suspendidas

Las condicionales suspendidas son estructuras que aparecen a menudo en la bibliografía debido a que constituyen un fenómeno ya bastante extendido en la lengua. Por lo general, se intenta dar una explicación de la aparición del fenómeno y las implicaciones significativas que tiene este hecho. López García (1994: 123–124) da una descripción bastante ilustrativa:

> En las condicionales [...] es muy frecuente la expresión de un condicionante independiente cuyo condicionado no está en el contexto anterior, sino que es suscitado por dicho condicionante: *¡si tuviera tus años!...*, por *¡si tuviera tus años! [no me quedaría en casa sin hacer nada]*, dicho de una persona mayor ante el aburrimiento y la apatía de su hijo; *¡si hubiera apostado por «Corredor»! [ahora tendría un premio]*, dicho a la vista de los resultados de las carreras de caballos, etc. En todos estos casos, que los gramáticos suelen llamar «oraciones condicionales independientes», ha habido una simplificación del esquema perceptivo consistente en dejar que el fondo condicionante valga por la totalidad, puesto que un manifestado nos orienta respecto a sus sobreentendidos y al revés. No obstante (*sic*) el resultado es diferente de la simple expresión directa del sobreentendido -*debería haber apostado por «Corredor»*-: la razón estriba en que en las expresiones condicionales independientes tenemos la expresión como figura de un contenido que retiene del antiguo fondo su valor conjetural junto con su capacidad de determinar un sobreentendido, es decir, su valor condicional.

Coincidiendo con el autor, el proceso básico de la constitución de una condicional suspendida se basa en que el condicionante se haga responsable de todo el proceso mental y gramatical de la condición. Este proceso repercute en el sentido de la suspendida, que va a diferenciarse hasta cierto punto del valor de la estructura bimembre. Pero no se trata de una mera "simplificación del esquema perceptivo"; más bien, la constitución de la condicional suspendida como estructura independiente nos hace verla como una posibilidad de realización más de una oración condicional con sus propios elementos constituyentes, que se relacionan del siguiente modo:

> [Marca de condición (*si* / *como*) + forma verbal compatible + entonación en anticadencia]

En este apartado, profundizaremos en cada uno de estos componentes y en cómo estos ayudan a conformar los valores de una condicional suspendida.

5.3.1. Las conjunciones condicionales en suspensión: si *y* como

La conjunción *si*, como marca prototípica de la condición española, es el constituyente más habitual de las condicionales suspendidas y los enunciados suspendidos introducidos por esta conjunción son los que desencadenan una mayor variedad de usos diferenciados. La conjunción se ha mantenido en forma y valores de manera bastante similar desde su origen latino SI[65]. Incluso valores discursivos que no son desconocidos hoy en día, como el uso cortés o argumentativo, aparecen ya desde el *Mio Cid*, tal como apunta Cano Aguilar (2011)[66]. Sin embargo,

---

65 Chevalier, Launay y Molho (1985) realizan una comparativa entre el *si* español y el francés. En sus hipótesis, plantean que existe una comparación entre el *sí* afirmativo (francés y español) y el condicional, ya que en ambos se produce un proceso llamado *discusión crítica* en el que se plantean dos situaciones, una afirmada y otra negada en la que sale escogida siempre la afirmación. Esta comparativa les permite explicar fenómenos como el *si* francés de refutación afirmativa. La comparativa entre el adverbio afirmativo y la conjunción condicional es posible, según los autores, debido a un origen común indoeuropeo *SEI, que derivó en el latín en la conjunción condicional SI y en el adverbio de modo SIC. Este último, culminaría en el adverbio de afirmación *sí*.

66 En cuanto a los casos de condicionales suspendidas con *si* a lo largo de la historia, con pocos datos nos hemos topado en la bibliografía específica. Podemos citar un caso apuntado por Herrero Ruiz de Loizaga (2005: 411) sacado de *La comedia llamada Serafina*, del año 1521: "¡O *si* la hermana se apresurarse a cortar el hilo! ¡O *si* las superiores y celestes potentias dexasen de influir la operación de natura!". Herrero Ruiz de Loizaga comenta que Keninston observa en este uso el punto de partida de ciertas oraciones exclamativas con *si* que

conviene ofrecer también ciertas diferencias y similitudes con otros usos de *si* en el español que pueden poseer cierta base común.

Principalmente, la conjunción *si* es el marcador general de la no aserción (*cfr.* Schwenter, 1999) y, por este motivo, no aparece únicamente en las condicionales habituales, sino que aparece en otros contextos conjuntivos con un sentido similar de no aserción. En estos casos es común su comportamiento opositivo con la conjunción *que*, que actúa como marcador de la aserción:

- Me dijo *que* Juan venía / Me preguntó *si* Juan venía (completivas)
- Pon más platos *porque* viene más gente / Pon más platos *por si* viene más gente (causales)
- Actuaba *como que* le daba igual todo / Actuaba *como si* le diera igual todo (circunstancial de modo)

Entre estos usos y la conjunción condicional hay una delgada línea que a veces resulta difícil de diferenciar. En las comparaciones con *como si*, por ejemplo, Montolío (1999b: 3679) afirma que detrás de ellas hay una estructura condicional con una apódosis omitida: *trabajan como si no les quedara tiempo* se interpreta como *trabajan como [trabajarían] si no les quedara tiempo.*

Otro caso particular es la comparación entre la conjunción completiva y la condicional. Aparentemente, son dos tipos de estructuras bastante diferenciadas en su formación, pero la *NGLE* (2009: 3530) defiende que pueden darse casos de ambigüedad, como en el ejemplo que proponen *¿no le molesta si fumo?* Este caso puede interpretarse como una prótasis condicional pospuesta o como una subordinada sustantiva que puede alternarse con *que fume.*

Mención aparte merecen las construcciones de réplica descritas por Porroche (1998), en las que *que* y *si* parecen tener un sentido asertivo similar:

– *Antonio, deja de molestar.*
– ¡Que *Ana no me deja en paz!* / ¡Si *Ana no me deja en paz!*

---

expresan deseo en español. Este valor, de hecho, es uno de los más comunes de las estructuras suspendidas con *si*, pero como veremos, no es el único.

En este tipo de ejemplos, la conjunción *si* parece haberse alejado del valor condicional y ha formado otro tipo de construcción independiente de réplica[67]. Este *si* asertivo ha sido de interés en muchos trabajos (*cfr.* Almela, 1985; Porroche, 1998; Schwenter, 1998–99, 1999, 2016; Montolío, 1996, 1999a; Gras, 2010; Rodríguez Ramalle, 2011; etc.), pero como comentamos en el apartado § 3.4.1, no entran dentro del paradigma que consideramos como suspendidas, ya que se alejan del valor condicional y no poseen en su constitución un tonema final en anticadencia, sino en cadencia[68].

También hay otros casos en los que *si* también parece perder el valor condicional y no es tan clara su naturaleza como *conjunción*:

¡Si *será lista Eva que lo ha aprobado todo con matrícula!*

Para Alarcos (2006) se trata, más bien, de un adverbio ponderativo con un valor cuantificador. Parece, efectivamente, que *si* refuerza el sentido de *lista* que se le otorga a Eva de forma muy similar a un adverbio cuantificador. Aunque, en este caso, por la posición preverbal, *si* acaba afectando a la proposición completa. Para Rodríguez Ramalle (2011: 213), este uso es una variante del *si* asertivo de réplica que no necesita de un enunciado previo al que responder, pero mantiene el mismo valor intensificador que el primero.

Salvo en los casos de *si* asertivo y del *si* ponderativo, en los demás casos es posible ver el valor de "no aserción" de *si* que se encuentra también en las condicionales suspendidas. El valor de sugerencia de las suspendidas se complementa con el valor no asertivo de la conjunción

67 Schwenter (1998–99, 1999, 2016) defiende que *si* se ha convertido en un conector discursivo multifuncional. Para el autor, la posibilidad de que *si* pueda poseer este tipo de sentidos asertivos es que el valor de "hipótesis" es una implicatura discursiva anulable en determinados contextos. Así, *si* es capaz de moverse entre el terreno de la irrealidad como en ejemplos prototípicos como *si no llueve, mañana vamos a la playa*, pero también referirse a eventos que se consideran conocidos como *–Juan no viene a la fiesta –Pues si Juan no viene, yo no voy. Si* se mueve, por tanto, en una escala entre la irrealidad y la realidad que permite diversos rangos.

68 A pesar de esto, suele incluirse dentro de los estudios sobre condicionales construidas con *si* (*cfr.* Montolío, 1999a; Schwenter, 1999, 2016; Lastres López, 2021).

si, y da lugar a un determinado acto de habla que se hace efectivo cuando se considera válida una contingencia:

(100) [Dos amigas quedando]
A: Y el de lengua lo hago el lunes.
B: Mejor, y así nos lo dices <voces de fondo/> Hará el mismo↑
A: Pero lo hago de dos y media a tres y media, ¿eh?
B: Bueno, *si vienes el martes*↑. ¿A qué hora tengo yo el examen de química el martes?↓
A: Antes del descanso.
B: Guay.
(COLA, maesb2-04h)

La interlocutora B ofrece la posibilidad a su compañera de quedar con ella el martes y lo hace a través de un procedimiento argumentativo desencadenado por la suspensión: 'quedar el martes (argumento) no va a suponer ningún problema (conclusión)' (*si quedamos el martes,* [es mejor]). El hecho de que A vaya el martes no es algo asertado, solo una contingencia futura, pero esta posibilidad ya es suficiente para efectuar un acto completo de invitación.

Con respecto a la conjunción *como*, ya analizamos sus posibles valores en sincronía y diacronía en el apartado § 4.3.1.1. Por ello, no consideramos conveniente volver a profundizar sobre ello. Sí volvemos a recordar que, como conjunción condicional, solo es posible si va acompañada de un verbo en subjuntivo:

(101) Vamos, no no tener nosotros un laboratorio y y de paso que nos den una escobita y barremos el local sino que que alguien ponga un laboratorio y entonces eso, si le interesa, o que podamos contratar un laboratorio que nos procese, que nos meta todas las cintas clasificadas en un mismo sitio, que las pase al ordenador y las tenga el ordenador grabadas en formato digital recuperable con altavoces y todo eso *Como se las borre.* Que como nos las borre. no porque eso Yo hago copia antes de dar las cintas.
(CREA oral, 1991. Formalidad baja)

Las condicionales con *como* se suelen relacionar con eventos cuya realización se considera poco posible, por lo que suele utilizarse para expresar actos de habla como los deseos o las amenazas: "[las construcciones condicionales con *como*] [s]uelen expresar ciertos valores ilocutivos, entre los que está la amenaza, la advertencia, la promesa firme o el vaticinio" (*NGLE,* 2009: 3585). Estos usos son compartidos también por las condicionales bimembres con *como,* aunque adquieren sus propios matices significativos cuando se realizan como una variante suspendida.

5.3.2. Otros nexos introductores de condicionales suspendidas

Cabe destacar que la expresión de construcciones condicionales prototípicas puede ser expresada de multitud de formas y con conectores muy diversos. Julián Mariscal (2012: 26) plantea una clasificación de marcadores condicionales diferentes de *si* que agrupa en dos tipos: *procedimientos morfosintácticos* (preposición seguida de infinitivo, gerundio. . .) y *procedimientos léxicos* (conjunciones y locuciones conjuntivas codificadas para expresar un sentido condicional). Dentro de estos dos grupos se puede integrar la mayoría de los marcadores condicionales. En primer lugar, podemos enumerar la recopilación de Montolío (1999b) en la *Gramática descriptiva*:

- A) Prótasis de infinitivo:
  - a) "*De* + infinitivo": *De haberlo sabido, no habría venido.*
  - b) "*Con/sin* + infinitivo": *Con hacer las cosas a las bravas, no ganarías nada; sin estudiar tanto, no sacarías tan buenas notas.*
- B) Prótasis de gerundio: *Fumando así, acabarás con tos.*
- C) Prótasis de participio: *Bien arreglada, esa mujer pasaría por aristócrata.*
- D) Condicionales paratácticas: se expresa la condicionalidad con la partícula coordinante *y*, como por ejemplo *toca a mi hermano y te parto la cara.*
- E) Conectores condicionales complejos: *a condición de (que), con tal (de) (que), siempre que. . .* También hay un conjunto de conectores condicionales complejos: *a no ser que, salvo que. . .* Estos conectores suelen cumplir varias funciones discursivas.

La *NGLE* (2009) también da cuenta de algunas de estas formas de expresión de la condición, y añade algunas más:

F) *Cuando.* Aunque prototípicamente temporal, este marcador también induce una idea de condición, como en *cuando un perro mueve el rabo, está contento.* Pero este sentido está ligado al significado temporal que transmite *cuando,* que nunca llega a perder del todo.

G) "*Mientras (que)* + subjuntivo": *Mientras te esfuerces por mejorar, contarás con nuestro apoyo.*

H) Sintagmas precedidos de preposición que inducen idea de condición: *En tu casa, no te comportarías así* o *sin su colaboración, este libro hubiera sido imposible.*

I) La construcción lexicalizada *yo que*: *Yo que tú, se lo diría.*

Muchas de estas formas adquieren un sentido de condición por el propio contexto o por la forma en la que está construida la estructura. Al igual que sucede con las causales suspendidas, no todos estos nexos condicionales permiten introducir una estructura suspendida o, al menos, no son frecuentes en este tipo de enunciados. Como ya defendimos en § 3.4.1, características como la anteposición, la posibilidad de constituir un marco o tópico enunciativo, o presentar una relación considerada necesaria o evidente son factores que influyen en la posibilidad de realización de la cláusula como suspendida. Así, aunque los sintagmas precedidos de preposición puedan expresar la idea de condición como se ve en H), no tendría sentido que lo caracterizásemos con una entonación suspendida: *En tu casa*... Al menos, difícilmente podríamos seguir entendiendo el sentido de condición.

Por otro lado, en muchos casos, aunque la entonación pueda caracterizarse de suspendida, es difícil determinar si se asemejan verdaderamente a uno de los tipos que analizamos o si mantiene algo del valor condicional, ya que las marcas que aparecen no son prototípicas de la condicionalidad. Julián Mariscal (2012: 27) reconoce que existen algunos marcadores que, para considerarse condicionales, precisan de un contexto específico (ya sea un contexto morfosintáctico, semántico o macrosintáctico) y en muchos casos se puede caer en la ambigüedad interpretativa. Aparte, aunque la interpretación como prótasis condicional sea viable, no hay muchos ejemplos de este tipo en los corpus analizados, y los que se han obtenido muestran una gran dependencia con el contexto, de tal forma que se favorece la interpretación como una mera elipsis de una segunda parte. Uno de estos casos es el de las prótasis condicionales suspendidas con gerundio:

(102) JAVIER
Yo tampoco he cumplido la mayoría de mis planes. Pero ahora me doy cuenta de que a veces es mejor. Supongo que tú prefieres simplemente hablar con un tipo un tanto peculiar, a tener que acostarte con un completo desconocido. . . ¿O no?
LUCÍA
Bueno, *mirándolo así. . .*
JAVIER
La vida es como tus ojos la quieran ver, Lucía.
(CORPES XXI, 2013. Daniel De Vicente Martín, *Cordón Umbilical*)

Aunque en estos casos podamos seguir hablando de condicionales suspendidas, el valor temporal sigue estando muy presente en estas construcciones, como el sentido progresivo otorgado por el gerundio en (102). Por este motivo, creemos que constituyen un terreno fronterizo si queremos hablar de construcciones condicionales propiamente dichas y su uso como suspendidas no está tan asentado como en otros nexos condicionales. Otros casos de condicionales suspendidas son aquellos enunciados introducidos por un marcador temporal que adquiere valor de condición. Estos marcadores tienen cierto sentido híbrido condicional-temporal. Normalmente, el sentido condicional lo adquieren por su combinación con el subjuntivo. *Mientras* y *cuando* son dos ejemplos de este fenómeno:

(103) M2: Este es el segundo bote que me compro
M1: D lujo
M2: Pone de manos pero yo la uso para todo
M1: Jajaja
M2: <Archivo omitido>
M1: *Mientras que sirva*
(Corpus MEsA. WhatsApp 8/03/2016)

(104) - Si nos hubiéramos quedado 6 horas sin electricidad en gran parte de España, habría habido una rebelión (y hubiera aumentado la natalidad 6 meses más tarde). 6 horas sin teléfono, internet, móviles, causan molestias, pero ningún dominical parece que esté por la labor de escribir un especial sobre el tema. Lo importante es comunicarse, pero ¿es tan importante? *Mientras haya televisión. . .*
(CORPES XXI, 2002. Juan Julián Merelo, «La fragilidad de las comunicaciones». *Atalaya: desde la tela de araña.* atalaya.blogalia.com)

(105) - Espera y verás. *Cuando descubras todo lo que esconde...* Memoria de los muertos, que tu amigo no tiene derecho a conservar. Eloïse y Habib saben, que te cuenten. No, será mejor que el propio Gastón te enseñe la cava. Busca allí abajo. Lo guarda todo ahí, en su museo.
(CORPES XXI, 2004. Maruja Torres, *Hombres de lluvia*)

(106) DAVE. *(Voz)* Es un olor extraño. Como si alguien se hubiera cagado varias veces encima. ¿Eh, Tom? ¿Qué me dices? ¿Has visto cómo corría Charly? Parecía un negro infiltrado.
CHARLES. Igual que tú, capullo. Seguro que has pasado más miedo que yo. *Cuando te encuentre...*
DAVE. *(Asustando a* CHARLES, *que se encontraba de espaladas, a su lado.)* ¡¿Qué va a pasar?!
(CORPES XXI, 2013. Antonio Rojano, *La decadencia en Varsovia.* antoniorojano.files.wordpress.com)

Tanto *mientras* como *cuando* poseen aún un contenido marcadamente temporal. Sin embargo, cuando actúan con un valor también condicional, tal y como se interpreta en estos contextos (103), (104), (105) y (106), pueden introducir un enunciado suspendido de la misma forma que lo hace una condicional suspendida. Su valor en una estructura bimembre también es la prototípica de un marco, y son cláusulas que perfectamente pueden ir precediendo a una principal, a la que se le otorga una base relevante de enunciación.

Otro nexo que puede introducir condicionales suspendidas es la locución *con tal de (que).* Esta locución también suele constituir un marco en el margen izquierdo de un enunciado bimembre:

(107) A: [Y yo por aquí un escarabajo].
B: [A cuál más tipo tronco]. *Con tal de llamar la atención.*
C: Espérate.. una semana o más, porque la acabo de co- la corté ayer el resto no me quedaba.
(COLA, malcc2-12)

(108) El PP no está haciendo demasiada sangre en el "caso Campeón", el de presunta corrupción de José Blanco.
Y eso que podría constituir un apetitoso bocado, en la batalla electoral en marcha.
Por lo visto, lo que dicen en el partido de Mariano Rajoy es que el asunto "está en manos de la Justicia", y que eso les basta. *Con tal de que la juez siga adelante*, que lo está haciendo...

> Aunque reconocen que, según cómo ven ellos las cosas, el asunto pinta feo para José Blanco, otrora imparable político con proyección cuasi galáctica. (CORPES XXI, 2011. José Apezarena, «La cara de José Blanco». *CONFIDENCIALMENTE*. www.elconfidencialdigital.com)

En este estudio, en cualquier caso, nos centraremos en las cláusulas introducidas por *si* y *como*, que al ser las conjunciones prototípicas de la condicional constituyen una muestra representativa de estas y, además, es en ellas en las que el fenómeno de la suspensión está más asentado y donde se observan más funciones específicas.

5.3.3. Las formas verbales de las condicionales suspendidas

Las condicionales suspendidas introducen las mismas formas verbales que poseen sus versiones bimembres. Así, los rasgos verbales de tiempo y modo en las condicionales suspendidas afectan en gran medida al sentido de la estructura y a las funciones que puede desempeñar de forma similar a lo que ocurre con las condicionales biclausales, de las que se establecen varios tipos dependiendo de sus formas verbales en la prótasis (*cfr.* Comrie, 1986; Veiga, 1991; Montolío, 1999b; Veiga y Mosteiro, 2006). Las más habituales suelen corresponder con los tipos que describe la *NGLE* (2009: 3570 y ss.) en una división tricotómica[69]:

a) Períodos reales: con indicativo (*Si tengo dinero, voy contigo al cine*).
b) Períodos potenciales: con imperfecto de subjuntivo (*Si tuviera dinero, me iría de viaje contigo*).
c) Períodos irreales: con pluscuamperfecto de subjuntivo (*Si hubiera tenido dinero, te hubiera acompañado al cine*).

La denominación de estos tipos en función de la realidad de los hechos ha sido criticada en varios momentos. A veces, la elección del

69 Aunque ciertos autores prefieren la división en dos grupos: reales e irreales o posibles e imposibles (*cfr.* Polo, 1971: 122 y ss.).

imperfecto de subjuntivo no significa la improbabilidad de realización de un hecho, sino que se responde a un sentido de atenuación cortés: *si tuvieras un momento, me gustaría preguntarte algo.* Incluso, como apuntan autores como Ducrot (1972: 185 y ss.) o Comrie (1986), el sentido contrafactual (consideración a que ha ocurrido lo contrario a la realidad) de las condicionales con pluscuamperfecto de subjuntivo no tiene por qué sobrentenderse siempre. Así, puede haber suposiciones basadas en eventos pasados: *Si el asesino hubiera matado a la víctima en la cocina, habría dejado alguna pista allí.* Esta frase no niega que el asesino haya matado a su víctima en la cocina, sino que se plantea como una posibilidad entre varias. Hummel (2004: 149) defiende que, por este motivo, "[s]e trata, pues, de una simple *suposición de irrealidad o implicatura discursiva*"[70] de este tipo de construcciones, y que puede ser, por tanto, anulable por el propio discurso. Además, argumenta que, si pasamos a tercera persona determinadas construcciones condicionales consideradas irreales, es más fácil ver esta anulación de la irrealidad: "*Si ese hombre tuviera dinero, iría a España*"[71]. Por estos motivos, frente al término "irrealis", el autor prefiere la denominación "virtualis" que puede equipararse a la suspensión de la aserción. Esta función de virtualidad expresada por el subjuntivo "se refiere a una incidencia[72] en el pasado" (Hummel, 2004: 151), que toma como referencia el momento de enunciación.

Debido a estas consideraciones, es difícil seguir manteniendo las etiquetas de esta división para hacer una clasificación de las condicionales suspendidas, ya que son poco rentables para su análisis; los sentidos que adquieren estas estructuras se escapan a las implicaturas

---

70 De hecho, Hummel (2004: 148) defiende que un hablante, cuando usa una condicional con subjuntivo "irreal", no quiere expresar que un evento no ha ocurrido. Para él, "la irrealidad fáctica de algo se expresa en indicativo". Por ejemplo, "no tengo dinero". El subjuntivo, más bien, expresa la virtualidad de la ocurrencia de un evento o un evento del que el hablante duda su realización.

71 Ejemplo tomado de Hummel (2004: 149).

72 El término "incidencia" es utilizado por Hummel (2004: 109 y ss.) para explicar la capacidad del subjuntivo de referirse a un evento en un momento antes de su realización, en un ámbito de prerrealidad. Este ámbito de prerrealidad puede darse teniendo como eje el momento de la enunciación, o tomando como punto de referencia otro momento del pasado o del futuro.

de realidad e irrealidad. La función "virtualis", por otro lado, puede resultar beneficiosa para explicar los valores comunes de los distintos usos del subjuntivo en las condicionales suspendidas, como los deseos y lamentos, ya que abarca un mayor rango de nociones posibles y permite integrar aquellos casos en los que la implicatura contrafactual queda anulada. Desde esta base de virtualidad, las diferencias entre indicativo y subjuntivo en las condicionales suspendidas con *si* permiten especializarse en la realización de unos tipos de actos de habla u otros:

(109) Y bien -dice el inspector, recuperando el encendedor-. Aún no me has contestado.
- Revisión médica. Lo que tardará, quién lo sabe. Depende de cómo encuentre el doctor Isamat a mi hermanito, el que ha de venir. *Si quiere esperarla...*
- Dile que volveré mañana, tengo algo que le interesa.
- Si me acuerdo se lo diré.
(CREA, 2000. Juan Marsé, *Rabos de lagartija*)

(110) Creo que tardaremos un poco en resolver esa duda -vaticinó mi ayudante.
- Ya me fastidia. *Si cometiera alguna imprudencia...* Qué sé yo, esfumarse, o llamar ahora mismo a su primo.
Chamorro sonrió con una malicia infrecuente en ella.
- Si es inocente, no hará ninguna de las dos cosas -calculó-. Y si es una bruja taimada, tampoco.
(CREA, 2000. Lorenzo Silva, *El alquimista impaciente*)

Los casos de condicionales suspendidas con indicativo (109) son más propensos a realizar actos de habla directivos (un ofrecimiento, en este caso), que tienen efecto inmediato o próximo a la realización desde el momento de la enunciación. En los casos como (110), se considera que es suficiente la posible realización de un hecho en el futuro para preocuparse, es decir, la incidencia virtual del evento en un mundo posible. Si utilizásemos el pluscuamperfecto de subjuntivo, forma verbal prototípica de lo contrafactual, la preocupación es efectiva por la posible incidencia del evento en el pasado: *si hubiera cometido alguna imprudencia...* En cualquiera de los casos, no transmite la aserción de que un evento no haya ocurrido. Con el pluscuamperfecto de subjuntivo todavía cabe la posibilidad de que 'se haya cometido la imprudencia', aunque se considere poco probable o poco deseada.

Otro aspecto que concierne a la combinatoria verbal, al igual que ocurre en las condicionales biclausales, es el hecho de que las prótasis oraciones con *si* excluyen el uso del futuro y del condicional (*cfr.* Veiga, 1991; Veiga y Mosteiro, 2006). Esto no solo establece una relación estrecha todavía con la estructura oracional original de la que parten las suspendidas, sino que permite diferenciarlas de otras estructuras independientes con *si,* como las de réplica (*¡Si no tendrás que hacer nada en la reunión, solo acompañarme!*) o las de *si* ponderativas (*¡Si será estúpido!*). Las condicionales suspendidas son rápidamente identificables por esta combinatoria imposible:

(111) *Es que si lo piensas...* Si para una tía considerarte "su amigo" consiste en arruinar tu vida sexual, ¿qué hará con sus enemigos? A mí me parece muy bien que seamos amigos, lo que no entiendo es por qué no podemos "follar como amigos".
(CREA, 2001. VV. AA., *El club de la Comedia Presenta Ventajas de ser incompetente y otros monólogos de humor*)

(111') **Es que si lo pensarás...* Si para una tía considerarte "su amigo" consiste en arruinar tu vida sexual, ¿qué hará con sus enemigos?

Por otro lado, es posible encontrar casos de ambigüedad en los que es difícil determinar si se trata de una condicional suspendida u otro tipo de estructura independiente solo por las formas verbales:

(112) [Tuit escrito a las 4 de la madrugada]
Ya para esta hora ni me acuesto, ¿No? *Si en una hora y media debo estar en planta...*
(Corpus MEsA. Twitter, 16/05/2013)

El (112) es un ejemplo escrito y no poseemos la entonación, elemento que permitiría desambiguar el sentido de la estructura. Con una entonación con una juntura terminal en anticadencia, estaríamos ante una condicional suspendida que no permitiría ni las formas en futuro ni en condicional: **Si en una hora y media deberé/debería estar en planta...* (↑). Con una lectura en cadencia, la estructura se alejaría del sentido condicional y pasaría a convertirse en una con *si* de réplica que sí admite el futuro y el condicional: *Si en una hora y media debo/deberé/debería estar en planta* (↓). La entonación se muestra, como vimos en el apartado § 3.4.3.3, como un rasgo significativo que permite diferenciar enunciados. Dentro del modelo de análisis funcional de Hidalgo (2006), este funcionamiento de la entonación actuaría en el eje paradigmático.

Otra forma de comprobar la ambivalencia de (112) es usar el test propuesto por Schwenter (2016: 100) del "alcance de los adverbios de frase" (*test of the scope of sentential adverbs*). Con este test, Schwenter diferencia las estructuras condicionales de las estructuras independientes con *si* (del tipo refutativo)[73] mediante la influencia de adverbios del tipo "obviamente". Las condicionales permiten que la conjunción *si* entre dentro del alcance de la conjunción (112a) porque afecta a toda la proposición, mientras que las construcciones con *si* de réplica (112b), el marcador queda siempre fuera de su alcance:

(112a) *Obviamente*, si en una hora y media debo estar en planta. . .↑ (condicional)
(112b) ¡Si *obviamente* en una hora debo estar en planta!↓ / **Obviamente*, ¡si en una hora y media debo estar en planta!↓ (refutativo)[74]

En relación con las condicionales suspendidas con *como*, en el apartado § 4.3.2 ya avanzamos que la diferencia entre el uso del indicativo y del subjuntivo implica una diferencia significativa entre causales (suspendidas) y condicionales (suspendidas): *como no venías. . . [empecé a comer solo]; como no vengas. . . [empiezo a comer solo].* Sin embargo, algunos autores observan que es posible que haya ejemplos causales con *como* seguido de subjuntivo. Cano (1995) o Hummel (2004) observan algunos ejemplos de estos casos en la historia del español. Este último (Hummel, 2004: 234), apoyándose en Ridruejo, defiende que en la actualidad el uso del subjuntivo en la causal es un uso retórico o

73 Schwenter (1998–1999, 1999, 2016), aunque nota diferencias entre las construcciones con *si* independientes y las condicionales, sigue estableciendo una relación entre ellas. Nosotros, por el contrario, creemos que los argumentos que usa el autor son suficientes para considerar ambas estructuras como fenómenos claramente diferenciados. Este hecho no excluye la posibilidad de que la estructura refutativa independiente con *si* provenga originariamente del período condicional. Sin embargo, la evolución de cierto tipo de condicionales ha generado un elemento diferente.

74 En este ejemplo, el evidencial *obviamente* solo puede aparecer delante de la construcción con *si* refutativo cuando constituye un enunciado distinto, pero no como elemento extrapredicativo: *¡Obviamente! ¡Si en una hora y media debo estar en planta!*

arcaizante. Hoy en día, podemos hablar sin problema de que el uso de [*como* + subjuntivo] se ha especializado, por su uso contextual, en la expresión de la condición.

Otra diferencia relevante entre las causales y condicionales con *como* es el valor temporal. Igualada Belchí (1989) opina que el valor verdaderamente distinguidor entre el indicativo y el subjuntivo es la temporalidad, ya que el indicativo establece un tiempo concreto en relación con el presente de la enunciación, mientras que la concreción temporal de los tiempos del subjuntivo es más flexible. Este carácter de cierta "intemporalidad" es lo que permite que se relacione el subjuntivo con la "irrealidad", que la acerca a los sentidos condicionales. La autora, basándose también en Ridruejo, defiende que una causa "ha de inscribirse necesariamente en el tiempo, o, al menos, ha de poder referirse al presente de la enunciación; y esto es precisamente lo que hace el indicativo" (Igualada Belchí, 1989: 654). Así, pensamos que en una causal con *como* es posible establecer sin problema dos momentos temporales: *como no tenía dinero [durante el día de ayer], no fui al cine con mis amigos [ayer a las 8 de la tarde].* Esta circunscripción en dos momentos temporales permite que las causales suspendidas con *como* sirvan muy bien de explicaciones, ya que justifican la realización de un evento conocido por los interlocutores en un momento determinado. Por el contrario, la indefinición temporal que posee en muchos casos el subjuntivo en las condicionales con *como* confiere un carácter menos acabado e implica otros funcionamientos y sentidos como la ejecución de actos de habla más dinámicos o interactivos, como amenazas o advertencias, ya que las consecuencias derivadas en estos actos todavía quedan por ser definidas en algún momento concreto del eje temporal. Si, además, la condicional aparece suspendida, la indefinición temporal se refuerza, ya que no hay una cláusula principal que nos sitúe en unas coordenadas temporales. Un último rasgo relevante es que, por lo general, el carácter incidental (Hummel, 2004) y no asertivo del subjuntivo permite entender que el hablante no desea que estas circunstancias ocurran. *Como no hayas aprobado...* es un ejemplo de un evento que ya ha ocurrido en el pasado o que puede haber ocurrido en algún momento del futuro. La indefinición temporal permite mantener en "suspenso" las consecuencias hasta que se dé el momento de realizarlas. En esta base se hace posible la amenaza.

El subjuntivo, debido a este tipo de procesos, es determinante en permitir que una oración introducida por *como* permita la "creación de mundos" como cualquier condicional (Igualada Belchí, 1989; Montolío, 1999b; Hummel, 2004), a pesar de ser también una de las conjunciones prototípicas de la causa asertada y factual. Pero no solo las estructuras con *como* se ven afectadas por esta naturaleza del subjuntivo. Otros muchos nexos que no pueden expresar por sí mismos una condición adquieren este funcionamiento cuando van acompañados del subjuntivo. Si, además, se sitúan por lo general en posición antepuesta y expresan unas consecuencias predecibles, pueden aparecer suspendidos. Tal es el caso de locuciones como *con tal de que*:

(113) "Hablan inglés muchísimas personas en el mundo. También lo pueden hablar los pescadores españoles", fue la sorprendente respuesta del presidente del Gobierno cuando se le interrogó acerca de estas medidas. "Si ése es todo el problema, entonces vamos bien". Major se limitó a contestar: *"Con tal de que no nos pidan a nosotros hablar español...".*
(CREA, 1996. *El Mundo*, «El presidente del Gobierno asegura sobre Castro que «no es bueno pegar patadas a la mesa»»)

O de conjunciones temporales como *mientras*. En estos casos, la diferencia entre el indicativo y el subjuntivo hace que la conjunción pase de un carácter temporal a uno condicional[75]:

(114) -¿Y si no viene nadie? -insistí.
-No importa -respondió Rico, mirando el bar con indiferencia, como solía hacer a esas horas-. *Mientras siga habiendo cerveza...*
Estaba claro que le daba igual. El bar, el calor, la gente, hasta mi propia presencia parecía no importarle lo más mínimo o por lo menos lo simulaba
(CORPES XXI, 2005. Julio Llamazares, *El cielo de Madrid*)

El subjuntivo, por tanto, constituye un modo relevante para la constitución de estructuras con valor condicional y, en aquellos casos en los que aparece en cláusulas que se colocan antepuestas en el enunciado, estas tienen muchas posibilidades de realizarse como condicionales suspendidas: (113), (114).

75 Para conocer en mayor profundidad el funcionamiento de [*mientras* + subjuntivo] puede consultarse a Hummel (2004: 227–229).

5.3.4. La entonación de las condicionales suspendidas

A continuación, mostramos los resultados de la elevación del tonema final de cláusulas condicionales en estructuras bimembres y de las condicionales suspendidas obtenidos del experimento explicado en § 2.3. Se ha analizado el siguiente número de grabaciones:

- Cláusulas condicionales con *si* en estructuras bimembres: 33 grabaciones.
- Cláusulas condicionales con *si* suspendidas: 34 grabaciones.
- Cláusulas condicionales con *como* en estructuras bimembres: 34 grabaciones.
- Cláusulas condicionales con *como* suspendidas: 34 grabaciones.

a) Condicionales con *si* (Figuras 63 y 64).

Condicional con *si*, bimembre	**Inicio de la inflexión (Hz)**	**Final de la inflexión (Hz)**	**Diferencia (en Hz)**	**Porcentaje de ascenso**	**Diferencia en semitonos**
1	208,16	232,37	24,21	11,63 %	1,90
2	267,53	274,18	6,65	2,49 %	0,43
3	208,07	279,79	71,72	34,47 %	5,13
4	214,43	252,13	37,70	17,58 %	2,80
5	221,36	265,89	44,53	20,12 %	3,17
6	152,68	183,22	30,54	20,00 %	3,16
7	270,98	353,10	82,12	30,30 %	4,58
8	230,90	290,76	59,86	25,92 %	3,99
9	112,59	153,18	40,59	36,05 %	5,33
10	198,19	210,69	12,50	6,31 %	1,06
11	260,74	321,36	60,62	23,25 %	3,62
12	137,30	226,98	89,68	65,32 %	8,70
13	208,51	332,50	123,99	59,46 %	8,08
14	193,54	234,79	41,25	21,31 %	3,34
15	188,25	236,22	47,97	25,48 %	3,93
16	209,93	322,67	112,74	53,70 %	7,44
17	224,14	382,65	158,51	70,72 %	9,26
18	267,78	338,65	70,87	26,47 %	4,06
19	210,38	229,24	18,86	8,96 %	1,49
20	220,10	280,44	60,34	27,41 %	4,19
21	202,88	197,68	-5,20	-2,56 %	-0,45
22	247,52	329,38	81,86	33,07 %	4,95
23	149,83	154,06	4,23	2,82 %	0,48
24	205,98	236,91	30,93	15,02 %	2,42
25	158,72	204,92	46,20	29,11 %	4,42
26	231,49	367,41	135,92	58,72 %	8,00
27	117,37	123,69	6,32	5,38 %	0,91
28	195,72	307,67	111,95	57,20 %	7,83
29	147,29	145,70	-1,59	-1,08 %	-0,19
30	234,82	289,32	54,50	23,21 %	3,61
31	94,92	112,97	18,05	19,02 %	3,01
32	240,66	336,55	95,89	39,84 %	5,81
33	130,72	155,26	24,54	18,77 %	2,98

Figura 63. Resultados acústicos por informante de las condicionales con *si* bimembres

Condicional con *si*, suspendida	Inicio de la inflexión (Hz)	Final de la inflexión (Hz)	Diferencia (en Hz)	Porcentaje de ascenso	Diferencia en semitonos
1	229,71	329,45	99,74	43,42 %	6,24
2	183,80	384,20	200,40	109,03 %	12,76
3	246,24	389,49	143,25	58,17 %	7,94
4	157,02	206,43	49,41	31,47 %	4,74
5	301,03	388,03	87,00	28,90 %	4,40
6	158,50	293,06	134,56	84,90 %	10,64
7	170,34	227,02	56,68	33,27 %	4,97
8	209,98	496,19	286,21	136,30 %	14,89
9	263,60	341,73	78,13	29,64 %	4,49
10	98,13	188,86	90,73	92,46 %	11,33
11	279,72	310,27	30,55	10,92 %	1,79
12	194,54	311,95	117,41	60,35 %	8,17
13	220,27	316,62	96,35	43,74 %	6,28
14	168,48	284,51	116,03	68,87 %	9,07
15	207,86	312,94	105,08	50,55 %	7,08
16	130,84	236,54	105,70	80,79 %	10,25
17	293,32	317,27	23,95	8,17 %	1,36
18	201,38	538,89	337,51	167,60 %	17,04
19	235,06	426,74	191,68	81,55 %	10,32
20	271,47	382,89	111,42	41,04 %	5,95
21	140,28	278,57	138,29	98,58 %	11,88
22	216,98	338,87	121,89	56,18 %	7,72
23	225,23	520,04	294,81	130,89 %	14,49
24	275,02	350,90	75,88	27,59 %	4,22
25	189,00	327,74	138,74	73,41 %	9,53
26	190,31	374,23	183,92	96,64 %	11,71
27	143,28	253,91	110,63	77,21 %	9,91
28	128,30	172,34	44,04	34,33 %	5,11
29	140,35	188,84	48,49	34,55 %	5,14
30	217,40	146,16	-71,24	-32,77 %	-6,87
31	146,06	244,43	98,37	67,35 %	8,91
32	87,98	103,91	15,93	18,11 %	2,88
33	198,46	427,05	228,59	115,18 %	13,27
34	126,80	158,43	31,63	24,94 %	3,86

Figura 64. Resultados acústicos por informante de las condicionales con *si* suspendidas

Promedio de los valores (Figura 65):

		Bimembre	Suspendida
Condicionales con *si*	Porcentaje de ascenso	26,83 %	61,27 %
	Diferencia en Hz	54,51	115,35
	75 % o más	0	12
	30 - 75 %	11	14
	0 - 30 %	20	7
	-30 - 0 %	2	0
	-30 % o menos	0	1
	Diferencia en semitonos	3,92	7,69

Figura 65. Promedio de valores acústicos de las condicionales con *si*

b) Condicionales con *como* (Figuras 66 y 67).

Condicional con *como*, bimembre	Inicio de la inflexión (Hz)	Final de la inflexión (Hz)	Diferencia (en Hz)	Porcentaje de ascenso	Diferencia en semitonos
1	224,92	213,83	-11,09	-4,93 %	-0,88
2	203,46	247,54	44,08	21,67 %	3,39
3	239,81	283,07	43,26	18,04 %	2,87
4	228,05	253,59	25,54	11,20 %	1,84
5	378,69	406,33	27,64	7,30 %	1,22
6	212,89	250,18	37,29	17,52 %	2,79
7	251,46	319,05	67,59	26,88 %	4,12
8	295,06	343,99	48,93	16,58 %	2,66
9	273,27	309,83	36,56	13,38 %	2,17
10	112,12	119,25	7,13	6,36 %	1,07
11	184,34	186,47	2,13	1,16 %	0,20
12	244,47	338,11	93,64	38,30 %	5,61
13	200,60	225,69	25,09	12,51 %	2,04
14	232,94	238,36	5,42	2,33 %	0,40
15	266,61	274,17	7,56	2,84 %	0,48
16	195,32	249,62	54,30	27,80 %	4,25
17	351,41	361,73	10,32	2,94 %	0,50
18	257,29	304,23	46,94	18,24 %	2,90
19	278,40	340,56	62,16	22,33 %	3,49
20	329,76	341,63	11,87	3,60 %	0,61
21	194,33	275,14	80,81	41,58 %	6,02
22	270,45	234,61	-35,84	-13,25 %	-2,46
23	252,35	245,41	-6,94	-2,75 %	-0,48
24	224,18	261,05	36,87	16,45 %	2,64
25	196,80	249,99	53,19	27,03 %	4,14
26	222,90	301,55	78,65	35,28 %	5,23
27	199,26	229,88	30,62	15,37 %	2,47
28	108,18	102,98	-5,20	-4,81 %	-0,85
29	218,52	299,89	81,37	37,24 %	5,48
30	222,20	231,49	9,29	4,18 %	0,71
31	217,03	210,98	-6,05	-2,79 %	-0,49
32	131,23	125,23	-6,00	-4,57 %	-0,81
33	263,37	317,56	54,19	20,58 %	3,24
34	205,26	198,34	-6,92	-3,37 %	-0,59

Figura 66. Resultados acústicos por informante de las condicionales con *como* bimembres

Condicional con *como*, suspendida	Inicio de la inflexión (Hz)	Final de la inflexión (Hz)	Diferencia (en Hz)	Porcentaje de ascenso	Diferencia en semitonos
1	220,82	270,68	49,86	22,58 %	3,52
2	227,88	308,96	81,08	35,58 %	5,27
3	261,30	338,51	77,21	29,55 %	4,48
4	317,25	439,95	122,70	38,68 %	5,66
5	244,24	320,40	76,16	31,18 %	4,70
6	288,50	408,93	120,43	41,74 %	6,04
7	176,43	205,13	28,70	16,27 %	2,61
8	274,45	291,97	17,52	6,38 %	1,07
9	271,71	376,29	104,58	38,49 %	5,64
10	119,81	175,36	55,55	46,37 %	6,59
11	239,34	271,24	31,90	13,33 %	2,17
12	278,26	344,45	66,19	23,79 %	3,69
13	201,84	287,39	85,55	42,39 %	6,12
14	176,30	283,47	107,17	60,79 %	8,22
15	228,03	269,58	41,55	18,22 %	2,90
16	192,28	218,32	26,04	13,54 %	2,20
17	339,27	374,52	35,25	10,39 %	1,71
18	277,61	569,21	291,60	105,04 %	12,43
19	308,08	417,30	109,22	35,45 %	5,25
20	253,91	294,74	40,83	16,08 %	2,58
21	200,31	247,45	47,14	23,53 %	3,66
22	193,44	322,35	128,91	66,64 %	8,84
23	280,24	543,23	262,99	93,84 %	11,46
24	185,96	230,54	44,58	23,97 %	3,72
25	196,86	284,64	87,78	44,59 %	6,38
26	211,75	340,05	128,30	60,59 %	8,20
27	226,83	344,25	117,42	51,77 %	7,22
28	135,42	181,40	45,98	33,95 %	5,06
29	172,24	373,50	201,26	116,85 %	13,40
30	158,64	397,63	238,99	150,65 %	15,91
31	263,62	476,48	212,86	80,75 %	10,25
32	98,89	111,41	12,52	12,66 %	2,06
33	212,53	412,20	199,67	93,95 %	11,47
34	140,21	161,05	20,84	14,86 %	2,40

Figura 67. Resultados acústicos por informante de las condicionales con *como* suspendidas

Promedio de valores (Figura 68):

		Bimembre	Suspendida
Condicionales con como	Porcentaje de ascenso	12,71 %	44,54 %
	Diferencia en Hz	29,54	97,60
	75 % o más	0	6
	30 - 75 %	4	14
	0 - 30 %	23	14
	-30 - 0 %	7	0
	-30 % o menos	0	0
	Diferencia en semitonos	1,94	5,97

Figura 68. Promedio de valores acústicos de las condicionales con *como*

Ya avanzamos en § 3.4.3.1 que las condicionales suspendidas mostraban un porcentaje medio de elevación bastante mayor que las causales suspendidas. Mientras que las causales suspendidas se sitúan en un ascenso medio final en 31,77 %, las introducidas por *como*, y en 35,85 % las introducidas por *ya que*, las condicionales suspendidas alcanzan un ascenso de 61,27 % (con *si*) y 44,54 % (con *como*). Si nos centramos en las condicionales con *si*, hay una diferencia de 3 semitonos y medio, lo que supone más del doble del umbral funcional mínimo (1,5 semitonos) marcado por Pamies *et al.* (2002: 277). Así pues, parece que hay una intención clara por parte del hablante de marcar con seguridad que se está realizando un cambio de tono.

No nos es posible asegurar a ciencia cierta por qué se produce esta elevación más marcada que en otras suspendidas, como las causales y las respectuales, pero sí podemos formular algunas hipótesis razonadas. Las condicionales suspendidas a menudo realizan actos de habla directivos; las condicionales con *si* se asocian con actos de oferta o petición (*si no te importa esperarte un momento...*) y las condicionales con *como* con amenazas (*Como no me des eso ahora mismo...*). Este tipo de actos, tal como comenta Searle (1976: 11), constituyen un intento de que el receptor haga algo. La entonación en anticadencia de las suspendidas, como comentamos en § 3.4.3.3, son una marca para pedir colaboración al receptor en algún aspecto motivando un cambio de turno o cualquier otra reacción. De este modo, reforzar el ascenso de la melodía constituye una forma de hacer ostensiva las intenciones del hablante de influir en su interlocutor para tratar de lograr la reacción esperada con una mayor eficacia.

Por otro lado, otra hipótesis de por qué las condicionales con *si* disparan su porcentaje de ascenso es por la función desambiguadora que posee la entonación para diferenciar condicionales suspendidas con *si* de otras construcciones independientes, principalmente las construcciones con *si* de réplica. En § 3.4.3.2 ya expusimos dos realizaciones de dos informantes de nuestro experimento que realizaron la misma condicional suspendida con *si,* pero uno con una entonación en cadencia y otro en anticadencia, de tal forma que cambia el tipo de estructura, de una construcción con *si* de réplica a una condicional suspendida, respectivamente. Exponemos de nuevo otros dos ejemplos que reflejan este hecho (Figuras 69 y 70):

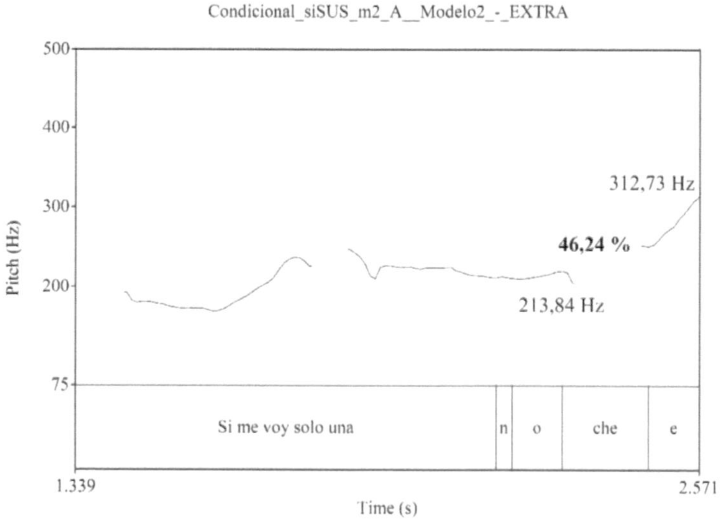

Figura 69. Patrón de la F_0 de una condicional suspendida

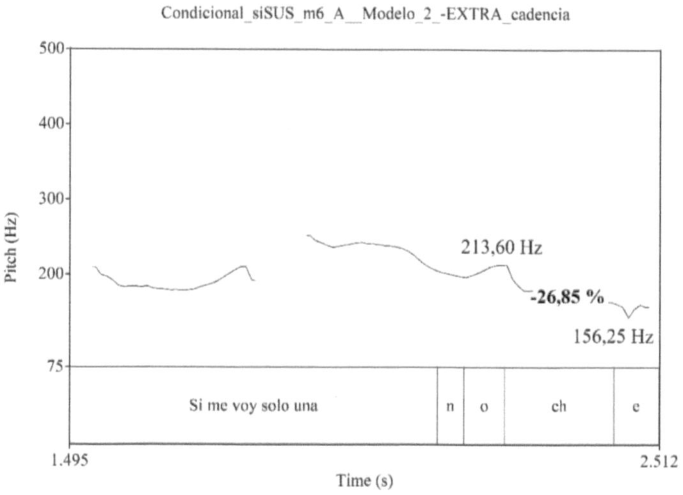

Figura 70. Patrón de la F_0 de una estructura con si de réplica

Recordamos que la entonación del ejemplo original del COLA en el que nos basamos aparece una realización en anticadencia, como una condicional suspendida (Figura 35):

(7) A: Que nadie se sabe que me voy a la feria de Sevilla. Y estoy por no decirlo. **Si me voy solo una noche**. Le voy a decir que me voy a a a
B: [A dormir a casa de una amiga]
A: [A tu casa]. Me voy a tu casa.
(COLA, maesb2-05a) (*vid.* § *3.4.3.1*)

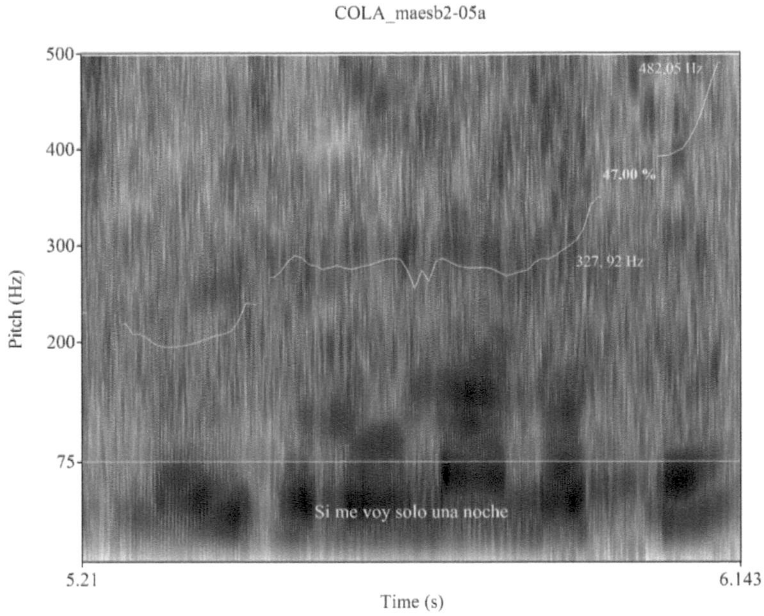

Figura 35. Contorno melódico en anticadencia (47 %) (*vid.* § *3.4.3.1*)

El hablante, según esta hipótesis, trata de marcar más el ascenso del tono en una condicional suspendida para tratar de diferenciarse de otras construcciones con las que puede confundirse. Este ascenso tan marcado responde, así, al carácter funcional del sistema que diferencia y opone las funciones de una y otra estructura.

5.4. Las condicionales suspendidas en la macroestructura

Las condicionales suspendidas son, seguramente, el tipo de suspendida sobre el que se han volcado más estudios, no solo en español, sino también en otras lenguas como el italiano o, en gran medida, el inglés (*vid. infra*). Generalmente se las ha incluido en los estudios sobre condicionales independientes. Sin embargo, no todas las independientes son suspendidas. Por esta razón, creemos conveniente realizar un acercamiento previo a estas otras clasificaciones antes de realizar nuestro análisis desde el enfoque de la lingüística pragmática. Muchos valores que nosotros vamos a describir en nuestra perspectiva también van a aparecer en estos modelos previos, ya que las condicionales poseen comportamientos confluyentes en distintas lenguas. Realizar este repaso nos permite marcar el camino que ha seguido el análisis de las estructuras condicionales independientes, comprobar su validez en las condicionales en español e identificar si existe algún aspecto que aún no ha sido tratado. Seguidamente, realizaremos nuestro análisis de las condicionales suspendidas en la macroestructura del texto, atendiendo a los diferentes planos que configuran este nivel.

Debemos destacar que los criterios que sigue cada una de estas clasificaciones de estructuras condicionales independientes no son siempre coincidentes con los nuestros y puede haber ciertas divergencias. O, por otro lado, los enunciados condicionales independientes van más allá del grupo de los suspendidos y suelen presentar valores, funcionamientos y formas muy heterogéneos. De hecho, uno de los rasgos básicos, la marca entonativa de suspensión, no está presente en todos ellos.

También es conveniente destacar la supremacía de las condicionales con *si* (*if* en inglés) como objeto de estudio de las condicionales independientes, ya que no abundan los análisis con otro tipo de marcas. Es destacable el estudio de Lastres López (2021), en el que compara el uso de las construcciones, bimembres e independientes, con *if* y *si* en inglés, francés y español, y elude en su propio título la etiqueta “condicional”, debido a la multiplicidad de valores que adquieren esta conjunción en estas lenguas. Ciertamente, la conjunción *si* (o *if*) puede considerarse uno de los elementos más versátiles y productivos de nuestra lengua y cualquier descripción se queda corta al tratar de abarcar todas sus posibilidades en la comunicación verbal (las actuales y las que todavía puede llegar a adquirir). Sin embargo, no es el único elemento que refleja un sentido condicional y que puede erigir un enunciado independiente. Aparte de las condicionales con *como* que también tratamos en nuestro estudio, creemos que queda todavía mucho que investigar en otras estructuras y enunciados independientes con valor condicional.

5.4.1. Algunos acercamientos a las construcciones independientes con la marca de subordinación si

5.4.1.1. La clasificación de Lombardi

Una de las clasificaciones de condicionales constituidas por una sola cláusula es la que hace Lombardi (2010) hablando de las "free conditionals" en italiano. El autor trata estas condicionales como "construcciones" y reflexiona sobre su grado de gramaticalización o fijación, aunque solo se concentra en aquellas que comienzan por *se* (conjunción condicional en italiano). Para determinar las funciones y los sentidos que poseen se basa en una posible reposición de la apódosis y en la capacidad para enunciar ciertos actos de habla.

a) "No problem, everything's fine": son condicionales libres cuya apódosis puede ser restituida por *está bien, no hay problema*: *Si te quieres venir... [no hay problema].* (*idem*: 52 y ss.).
b) "It's out of our hands": estas construcciones implicarían que si un hecho es de una forma no se puede hacer nada para evitarlo: *Si ya has suspendido el examen... [no podemos hacer nada].* (*idem*: 53 y ss.).
c) *Generic question of the kind.* "What is going to happen?": son aquellas prótasis que plantean la pregunta 'qué va a pasar' o 'entonces qué pasa'. Son ejemplos que se asimilan a las estructuras con *¿y si...?* que se verán en el apartado § 5.5. (*idem*: 54 y ss.).
d) *Exclamatory and adversative conditionals.* "(But) it is not true!": coinciden con las estructuras de *si* que introducen un contraargumento y que no consideramos suspendidas: *¡Si yo no he hecho nada!* En italiano, parece darse un uso del marcador *se* (equivalente al *si* español) similar a estos enunciados adversativos en español, como se ve en el siguiente ejemplo del autor (*idem*: 56 y ss.):

> B: poi a dirti la verita' io mica lo so se lui conosce veramente l'italiano
> *A: scusa* ***se lui ha parlato durante una conferenza in italiano***
> (if he spoke Italian during a conference...).

e) *Offer and request.* Implican los actos de habla de pedir y ofrecer: *Si me da el estuche...* (*idem*: 57 y ss.).
f) *Desire.* Lombardi nos dice que no son fáciles de determinar, que es el contexto lo que nos daría finalmente el valor de deseo. Ciertamente, las fronteras son difusas con otros actos de habla que establecen una modalidad específica como "lamentarse" o "quejarse": *Si ganase la lotería...* (*idem*: 59 y ss.).

La mayoría de los ejemplos que analizamos en este capítulo de condicionales pueden incluirse en uno de los tipos que describe Lombardi. Sin embargo, encontramos que los criterios para establecer esta clasificación están poco especificados y ofrecen un abanico un tanto heterogéneo de estructuras que se clasifican según dos criterios distintos: una posible reposición de la apódosis y una fuerza ilocutiva específica (invitación, petición, deseo...). No queda claro que pueda haber un carácter unitario que permita agrupar todos estos tipos bajo una misma denominación. De hecho, para nosotros y en el caso del español, las "*adversative conditionals*" del tipo *¡si yo no he hecho nada!* no pertenecerían al mismo tipo que el resto, como ya argumentamos en § 3.3.

Por otro lado, como se observa en la comparación de los diferentes tipos de Lombardi, la entonación no es un criterio que se tenga en cuenta en su clasificación. En cambio, en nuestro análisis se muestra significativo, ya que permite delimitar las condicionales suspendidas, distinguirlas de otros enunciados (como los de *si* refutativo) y compararlas con otros fenómenos de suspensión similares.

Tampoco se profundiza en los matices significativos de estas construcciones. Aunque se nombra, por ejemplo, el posible efecto cortés que pueden tener las que expresan los actos de oferta y petición, no se detiene en considerar si es un efecto amplio que afecta a más tipos de condicionales libres o si este efecto proviene, efectivamente, por el hecho de ser "libres"[76].

76 Recordemos, por ejemplo, las "condicionales regulativas" de las que habla Montolío (1993) que pueden poseer un valor de atenuación cortés, pero entendida como una estructura bimembre.

Por último, también podemos comprobar con algunos ejemplos que no todas las condicionales suspendidas con *si* se encuentran en uno de estos tipos:

(115) ¡No te pases de listo, calabacín! ¡Tú no sabes nada ni ves nada ni sientes nada! *¡Si supieras lo que te espera!* Todos los bebés que vais a nacer después que ha caído la bomba atomicia, que dice la abuela, naceréis sin agujero en el culo y sin orejas.
(CREA, 2000. Juan Marsé, *Rabos de lagartija*)

El valor de amenaza o advertencia de (115) no está contemplado por Lombardi. Algunas de ellas con este valor quizás puedan integrarse dentro del grupo de las "peticiones" (como un tipo de 'exigencia'), pero no en todos los casos, como en (115), existe una petición, sino que lo único que se pretende es un ataque a la imagen del contrario.

5.4.1.2. La clasificación de Stirling

Stirling (1998), en inglés, distingue entre condicionales aisladas directivas (de petición y sugerencia) y optativas (que expresan deseos) (*idem*: 273). Esta clasificación se queda algo escueta para la variedad de casos que encontramos en este trabajo. Sin embargo, hace apreciaciones relevantes sobre las estructuras que deben considerarse dentro de las *if-clauses* aisladas. Por un lado, establece la diferencia entre enunciaciones incompletas ("incomplete utterances", *idem*: 276–277) en los que se ha dado lugar a una elisión de un determinado elemento debido a la situación de la comunicación. Se trata de una diferencia funcional en la medida en que permite diferenciar enunciados suspendidos totalmente intencionales y, por tanto, asentados dentro del sistema lingüístico, de otros que no lo son y se considerarían, por lo tanto, incompletos o truncados. Recordamos que la diferencia con la intencionalidad también la establece Pérez Giménez (2012).

Stirling (1998: 277–278) también percibe una diferencia con aquellas prótasis condicionales en las que la apódosis es totalmente recuperable del contexto. Los ejemplos que da el autor se corresponden a la secuencia de pregunta respuesta: -*¿Te vendrías conmigo al cine? -Si me ayudas a limpiar antes*. La apódosis de la condicional se corresponde al enunciado de la pregunta del primer interlocutor. Para Fuentes Rodríguez (2014a: 154–155) se trataría de un caso de "colaboración discursiva", pero no un caso de suspensión propiamente dicho, pues posee otro tipo de implicaciones discursivas; para Sansiñena, De Smet y Cornillie (2015) es un tipo de insubordinación creada por relación diádica.

Por último, Stirling (1998: 288 y ss.) da una serie de justificaciones para considerar las condicionales aisladas como enunciados independientes gramaticalmente:

a) Estas cláusulas son prosódicamente completas. Concretamente, dice que se constituyen "with a terminal intonation contour" (*idem:* 288).
b) No queda claro si hay algo elidido en ellas. La supuesta omisión de algún elemento no siempre es fácilmente recuperable y, de serlo, se pueden dar cabida a otras opciones.
c) Seguidamente, dice que una cláusula subordinada no puede realizar un acto de habla por sí misma. En cambio, las *if-clauses* aisladas lo pueden desempeñar sin problema.
d) Finalmente, defiende que los enunciados directivos de este tipo suelen formar parte, como un enunciado más, de una cadena de enunciaciones que van en la misma dirección que el acto de habla.

Estas consideraciones sobre la independencia de las "isolated *if*-clauses" coinciden prácticamente en todos los puntos con nuestra justificación de la independencia de las condicionales suspendidas. La gran diferencia se establece entre el "terminal termination contour" y la entonación en anticadencia de nuestras suspendidas, pero deja ver la importancia de la entonación en la consideración de estas estructuras condicionales independientes. No somos, pues, los únicos que observan esta tendencia a la independencia de las estructuras condicionales, y muchos de estos comportamientos que observa Stirling los hemos visto también en nuestros ejemplos. Su análisis, en cualquier caso, queda algo superficial y nos resulta necesario profundizar más en las posibilidades de uso de estas condicionales centrándonos en el caso del español.

5.4.1.3. La propuesta de D'Hertefelt

En su tesis doctoral *Insubordination in Germanic: A typology of complement and conditional constructions*, D'Hertefelt (2015: 72 y ss.)

identifica seis tipos de condicionales independientes en las lenguas germánicas que analiza:

a) *Construcciones deónticas* ("deontic constructions"). En este apartado, la autora reúne, en primer lugar, aquellas prótasis independientes que expresan deseos como formas de expresión de un sentimiento personal. Habla de deseos potenciales, irreales y contrafactuales que normalmente corresponden con los tipos de condicionales con [*si* + subjuntivo] en español (Veiga, 1991; Veiga y Mosteiro, 2006):

(116) A: Vente a Sevilla con @nombre. Vente a Sevilla te lo digo en serio que mola.
B: *Si yo fuese a Sevilla.* Quiero ir a Sevilla.
A: Pues vete.
[. . .]
B: Es lo único que deseo.
(COLA, maesb2-04a)

(117) Ay, *¡si no hubiéramos dado al gato!*
(Corpus MEsA. Twitter 20-08-2013)

El sentido potencial e irreal de estas condicionales es lo que desencadena el sentido de deseo en (116) o el de lamento en (117).

Dentro de los sentidos deónticos (*cfr.* Palmer, 1986), también la investigadora identifica la expresión de actos de habla perlocutivos como peticiones y amenazas *("speaker-oriented constructions*"), y ofertas y sugerencias ("addressee-oriented constructions"). En español podemos encontrar estos cuatro tipos también:

- Peticiones:

(118) Por eso se me ha ocurrido que, en fin. . . -y en ese instante se encogió, bajó el volumen de su voz y se dobló sobre sí misma hasta parecer una niña pequeña y asustada, como solía hacer últimamente cada vez que tenía que pedirle un favor a su ahijada-; *Si pudieras ir tú. . .* Ya sé que me vas a decir que es una lata, lo sé, todo el mundo lo sabe, que estas reuniones son pesadísimas, horrorosas, pero es que yo me pierdo y. . .
(CORPES XXI, 2002. Almudena Grandes, *Los aires difíciles.* Barcelona: Tusquets)

- Amenazas o advertencias:

(119) Le comprendo, le comprendo... Pero todo tiene un límite... Sabe que no conseguirá nada. Si ahora caen esos, otros los sustituyen. Funciona así. Usted no lo puede cambiar. No tiente a la suerte. *Si continuase aireando esos documentos...* (Le mira.) Usted ya sabe... (Pausa.) ¿Qué sería de su esposa entonces? ¿Quién la cuidaría? Tch, Tch.
(CORPES XXI, 2007. EnriqueUrbizu y Michel Gaztambide, *La caja 507.* Madrid: Ocho y Medio)

- Ofertas o sugerencias:

(120) A: ¿Vais os vais a interrail al final vosotras?↑
B: 2[Nos vamos, sí]
C: 2[A lo mejor]
A: 1[Lo habéis preparado↓ o no]
C: 1[*Si te quieres venir*↑]
B: No.
A: Es que os iréis en julio.
B: Sí ¿y tú?↑
A: Yo tengo campamento.
(COLA, maesb2-05b)

b) *Construcciones evaluativas* ("evaluative constructions"). Son aquellas prótasis condicionales independientes que evalúan o influyen en la caracterización de la información del contenido proposicional o de un argumento. En nuestro corpus, también encontramos argumentos que quedan destacados en una posición elevada o destacada con respecto a los demás:

(121) "¿Que cuándo volvemos a Vetusta? No lo sé, Fermín, no lo sé. "Que yo estoy mucho mejor. Es verdad. Pero quien manda, manda. Benítez es enérgico, habla poco pero bien; ha prometido curarme si se le obedece, abandonarme si se le engaña o se desprecian sus mandatos. Estoy decidida a obedecer. Usted me lo ha dicho siempre: lo primero es que tengamos salud. "¿Que hay tibieza tal vez? No, Fermín, mil veces no. Yo le convenceré cuando vuelva. "¿Que rezo poco? Es verdad. Pero tal vez es demasiado para mi salud. *¡Si yo dijera a Quintanar o a Benítez el daño que me hace, sana y todo, repetir oraciones...!* Que en mis cartas no hablo más que de don Víctor y del médico. ¿Pero de qué quiere que le hable? Aquí no veo más que a mi marido; y Benítez me acaba de salvar la vida, tal vez la razón...
(CORDE, 1884 – 1885. Clarín, *La Regenta*)

En (121), la protagonista de la obra da una argumentación para justificar su comportamiento de rezar poco. Aunque establece un primer argumento en el que es "demasiado para su salud", el que destaca en la parte elevada de la escala es el que da la condicional suspendida: 'mi marido (Quintanar) y el médico (Benítez) no me lo permitirían si se enteran de que me hace daño'. Por estos motivos, nosotros consideraremos que este tipo de construcciones tienen un efecto, principalmente en el plano argumentativo.

Dentro de este grupo, D'Hertefelt (2015: 117 y ss.) también plantea que existen evaluaciones absurdas. Es un caso que nosotros también hemos encontrado en nuestro corpus, pero principalmente con las condicionales encabezadas por "como":

(122) La Juli.- (Para de fregar y cantar, y mira a la otra.) ¡Oye, colega!
La Tomates.- ¿Es a mí?
La Juli.- No, a mí va a ser. Estamos las dos solas. *Como no llame al cubo.* ¡No te digo! ¿Tú por qué estás aquí?
La Tomates.- Me ha dicho la celadora que tenía que fregar esto y los servicios.
La Juli.- ¡No, joder! Digo que por qué estás aquí, en el trullo.
La Tomates.- ¡Ah! Yo por na. Soy inocente.
(CORPES XXI, 2006. José Luis Alonso de Santos, «Entre rejas», *Cuadros de amor y humor, al fresco.* Madrid: Cátedra)

Evidentemente, La Juli no considera que exista la posibilidad de hablar con el cubo de la fregona. Más bien, es un enunciado irónico (por lo absurdo) que plantea otro argumento para dar a entender que está, efectivamente, llamando a la Tomates. En nuestras consideraciones, es un funcionamiento que afecta también al plano argumentativo.

c) *Construcciones asertivas* ("assertive constructions"). Según palabras de la propia autora, se trata de condicionales independientes que son usadas "to assert that something is the case" (D'Hertefelt, 2015: 122). Muchos de los ejemplos que sitúa en este apartado muestran una polaridad revertida, es decir, se niega lo que se quiere afirmar. Uno de los ejemplos que la investigadora utiliza es el siguiente:

JERRY: Well well, ***if it isn't the first lady of the American Theatre****. What brings you here?*
ELAINE: Just gonna return some of your things that were in my house.
(http://www.seinfeldscripts.com/TheMango.html, 07/11/2014)
(D'Hertefelt, 2015: 122. Ejemplo n.° 103)

Sin embargo, no nos quedan claros los criterios de la autora para considerar este y otros ejemplos como prótasis verdaderamente independientes, puesto que todavía parece existir cierta relación con el enunciado precedente constituido por una partícula reduplicada: "Well, well". Asimismo, en otro ejemplo del neerlandés en esta categoría encontramos lo siguiente:

Ik hoorde vandaag dat mijn broer een hond gaat kopen. Ik kan er nog steeds niet over uit. Mijn broer. Een hond. Ongelooflijk.
'Today I heard that my brother is going to buy a dog. I still can't get it. My brother. A dog. Unbelievable'.
@Lucas5915 ***als er nu één iemand verstand van***
COND there now one someone understanding of
maximaal afblaffen heeft*... #voila*
maximally bark.INF have.PRS
@Lucas5915 **if there's one person who knows about barking**... #there-yougo'
(https://twitter.com/Donz077/status/319528582575693824, 04/12/2013)
(D'Hertefelt, 2015: 127. Ejemplo n.° 113)

Como en el ejemplo precedente, en este de Twitter parece que también se establece una relación con otro enunciado constituido por la etiqueta "#voila", que parece actuar como otro enunciado más de la intervención y que tiene pleno funcionamiento sintáctico. Por este motivo, tenemos ciertos reparos en considerar que esta función sea expresable por una prótasis condicional libre. Al menos, no es frecuente. Quizás también por esta razón, no hemos encontrado en nuestro corpus un funcionamiento similar en las condicionales suspendidas en español.

d) *Construcciones argumentativas* ("argumentative constructions"). Para la autora, se trata de aquellos casos en los que las prótasis condicionales independientes "serve to justify (thespeaker' simplied attitude to) something which was said in the preceding discourse" (*idem*: 129). Este funcionamiento es equivalente a la coorientación argumentativa: la condicional suspendida es un argumento que permite llegar a la conclusión presentada en el enunciado precedente o presenta un argumento coorientado a la misma conclusión. Un ejemplo en español que se ajuste a esta clasificación es el siguiente:

(123) Usuario 1 (hombre):
[mención] No hay pocos, hay muchos. La cuestión es que los que les guste como bien dice en el post, son buenorros... creo que empieza a tocar el tema de la superficialidad. *Si solo busca buenorros*...no voy a entrar en ese campo. Y lo digo porque ella lo dice en el texto, no saco de contexto nada ;)
(Corpus del proyecto MEsA. Comentario de Facebook, FB 2016 jun 23 LOV 05)

El argumento de "solo busca buenorros" permite justificar la valoración de superficialidad que hace el emisor en el enunciado previo.

e) *Construcciones de razonamiento* ("reasoning constructions"). D'Hertefelt las define como aquellas prótasis condicionales que desencadenan una nueva línea de pensamiento. Dentro de este tipo, la autora destaca que aquellas que "are directed to the addressee they are often preceded by a coordinating conjunction" y expone dos ejemplos precedidos por la conjunción copulativa del neerlandés *en* ('y') y la conjunción adversativa del islandés *en* ('pero'). Estos dos ejemplos están en forma de pregunta. Curiosamente, estas características coinciden estructuralmente con las prótasis condicionales en forma de pregunta en español encabezadas por *¿y si?*, que también tienen un valor de propuesta (*NGLE*, 2009: 3549) y de iniciar una nueva línea de pensamiento:

(124) M: § el stop y enfrente del (( )) pero es GIRAR/ me preguntas ¿por ahí puedo ir?/ ¡pues mira!// yo sé cuando puedo ir por la izquie- (( )) y es senti- sentido único o no es [sentido único↓]
A: [no me digas nada] yo prefiero↑ que no me digas gira↑ por aquí↓
M: *¿y si luego giras mal?§*
A: § NOO me fijaré- me fijo y no lo haré mal↑ §
M: § ¡oye! dos veces que te lo he dicho↑ / me lo has hecho mal↑
(Corpus de conversaciones orales Val.Es.Co., 1996. Conversación 0028)

En estos casos, la conjunción *y* parece ser obligatoria en español para que la prótasis condicional pueda ser independiente en forma de interrogación y para que adquiera el sentido que expresa en el ejemplo.

f) *Construcciones pospuestas con valor de modificación* ("post-modifying constructions"). Los ejemplos que se encuentran dentro de este grupo corresponden a las prótasis sobre las que Stirling (1998) decía que la apódosis era completamente recuperable y que se daban sobre todo en las secuencias de pregunta-respuesta. Son los casos que Fuentes Rodríguez (2014a) considera de colaboración discursiva. Sin embargo, el tipo de entonación que suelen tener estas prótasis suele ser en cadencia. Por tanto, caen fuera de nuestro análisis por no poseer uno de los rasgos identificativos de nuestras estructuras suspendidas.

Aunque defendemos que el análisis de D'Hertefelt es bastante exhaustivo y comprende muchos tipos de funcionamiento, hay ciertos aspectos que no terminan de encajar en nuestro enfoque. Por un lado, la entonación se deja de lado en el análisis, mientras que nosotros consideramos que es un rasgo significativo para la descripción lingüística de estas estructuras. Por otro lado, queda claro que todos los ejemplos que muestra la autora sean, efectivamente, prótasis aisladas e independientes. Es difícil, en cualquier caso, determinar los límites de estructuras condicionales independientes cuando se hace una comparativa de varias lenguas, ya que pueden tener comportamientos gramaticales distintos, aunque sí parece que puede haber patrones de actuación similares. En nuestra opinión, en el modelo de D'Hertefelt no queda siempre claro dónde pone los límites para considerar que una condicional es independiente o no, lo que puede llevar a una confusión entre estructuras formalmente distintas con un desarrollo diferenciado en el discurso. Tampoco parece profundizar en el papel de la entonación en estas estructuras, aspecto que para nosotros es fundamental para la caracterización de las suspendidas. Todo esto no quita, sin embargo, que se trate de una clasificación exhaustiva de los valores de las condicionales independientes y que puede ayudarnos en el reconocimiento de la mayoría de los usos de las condicionales suspendidas en comparación con nuestro enfoque macrosintáctico.

5.4.1.4. La clasificación de Kaltenböck y de Keizer

Partiendo principalmente de la clasificación de D'Hertefelt (2015); Kaltenböck (2016: 349), en un artículo titulado "On the grammatical status of insubordinate *if*-clauses", plantea su propia clasificación de las *if*-clauses insubordinadas:

a) *Performativas.* Independientes del cotexto, con fuerza ilocutiva propia (actos directivos, optativos y exclamativos) y orientación prospectiva[77].
b) *Elaborativas.* Vinculadas al cotexto, conectadas pragmáticamente con el texto precedente y orientación retrospectiva. Sirven de comentarios informativos o enunciativos del discurso previo del emisor o del interlocutor (clarificación, evaluación. . .).

Las del primer tipo son las que consideramos propiamente suspendidas, por su independencia y su carácter prospectivo. En cambio, las elaborativas están más cercanas a la etiqueta de relación diádica que aplican Sansiñena, De Smet y Cornillie (2015) o a las condicionales regulativas de Montolío (1993). En este segundo grupo sigue estableciéndose una conexión entre dos cláusulas que pueden identificarse como prótasis y apódosis, aunque la relación no se establezca en el nivel del contenido ni se produzca únicamente en la enunciación del propio hablante.

En un trabajo posterior, Kaltenböck y Keizer (2022) plantean una subdivisión de las *if-clauses* independientes en tres grupos, partiendo de las unidades y categorías de la gramática discursivo-funcional (Hengeveld y Mackenzie, 2008, 2011; Keizer, 2015):

a) *Acto discursivo independiente.* Poseen su propia fuerza ilocutiva y no están conectados al cotexto. Aquí se incluyen construcciones con un alto grado de fijación (como el *s'il vous plaît* en francés, o el *sisplau* en catalán), construcciones semifijadas

77 Lastres López (2018) propone una enumeración mayor de valores de la que ofrece Kaltenböck y llama la atención sobre la necesidad de hacer un listado exhaustivo de funciones usando varios corpus de análisis que ofrezcan material suficiente para el reconocimiento de estas.

(como *si tú lo dices...*) o cláusulas libres con una fuerza ilocutiva reconocible (*si tuviera más dinero...*). En este grupo se integran la mayoría de las condicionales suspendidas que analizaremos.

b) *Acto discursivo dependiente*. Son actos dependientes de uno principal en un movimiento discursivo. La relación condicional no se establece en el nivel representacional o de contenido, sino en el discursivo. Este acto dependiente funciona, por lo general, como una condicional de la enunciación y permite realizar comentarios sobre lo dicho, orientar su sentido o establecer especificaciones. Además, presentan formalmente una división prosódica con el grupo entonativo del acto principal. En este grupo, los autores incluyen casos como *if you remember* (+ acto discursivo principal) o *if you are interested* (+ acto discursivo principal).

c) *Modificadores interpersonales*. Estas cláusulas con *if* actúan como un componente más del propio acto que afecta a su funcionamiento en el nivel interpersonal de la gramática. Estos modificadores suelen marcar la relación con el interlocutor apelándolo o mitigando la fuerza ilocutiva. Para los autores, estas cláusulas pierden totalmente el sentido condicional en el nivel representacional. En cualquier caso, defienden que están sintáctica y prosódicamente integradas en una cláusula, lo que hace que estos autores consideren que se trata de una "semi-insubordinada" (Kaltenböck y Keizer, 2022: 692). En este grupo se incluyen ejemplos como *if you like* o *if you ask me* (modificadores de un acto discursivo principal que, sintácticamente, puede definirse como la apódosis).

Desde nuestro punto de vista, solo el primer grupo, el que conforma acto discursivo independiente, puede considerarse, verdaderamente, dentro de las condicionales suspendidas y de las insubordinadas. Los otros dos grupos siguen estableciendo relación entre dos cláusulas y configuran estructuras bimembres en relación de interdependencia. A pesar de que el sentido de condición no se establezca en el nivel del contenido, existe amplia bibliografía de los tipos de funciones entre prótasis y apódosis (Polo, 1971; Comrie, 1986; Sweetser, 1990; Veiga, 1991; Montolío, 1993, 1999b; Dancygier y Sweetser, 2000, 2005; Perona, 2001; Halliday y Matthiessen, 2014; etc.). Por ello, creemos poco justificado llamarlas "insubordinadas", porque no actúan como actos discursivos principales y existe una conexión con otra cláusula.

Por otro lado, uno de los aspectos en los que también se centra Kaltenböck (2016: 360) es en la prosodia de algunas *if-clauses* independientes. Llega a analizar varios ejemplos reales del inglés a través de Praat y llega a determinar que los casos de construcciones aisladas con *if* con función directiva tienden a poseer un contorno entonativo terminal:

> The results of the prosodic analysis of the directive IICs in the corpus (using PRAAT, Boersma & Weenink 2008) show that they indeed display a prominent pattern: [. . .] they typically have what can be called a terminal contour (cf. Stirling 1998:289). This means that they end in low pitch, often – but not necessarily- involving a falling nuclear tone. In autosegmental-metrical terms (Pierrehumbert 1980) this corresponds to a low boundary tone (L%).

Si bien llega a esta conclusión, también acepta que existen cláusulas con *if* directivas que terminan con un tono elevado (*idem*: 361). Sin embargo, en estos casos defiende que se debe a razones contextuales y de organización discursiva y no por ser un rasgo propio de la prótasis asilada. Esto no es lo mismo que observamos en nuestro análisis de las condicionales suspendidas en español, pues los resultados de nuestro análisis acústico reflejan una elevación media superior, incluso, a otras suspendidas. A pesar de este hecho, Kaltenböck (*idem*: 363–364) encuentra una razón en inglés para justificar la entonación terminal:

> While a non-terminal pattern ties in well with syntactic incompletion (as in the case with initial conditional clauses), a terminal pattern closes the prosodic contour and reflects syntactic independence. The terminal contour, in other words, signals that we are dealing with a complete utterance. Thus, although the syntax of the *if*-clause may project an apodosis (e.g., Auer 2009 on syntactic projections), its prosody in fact counteracts and signals closure of the syntactic *gestalt*. In hearer-oriented terms, therefore, the terminal contour cancels possible expectations of an ensuing apodosis, while from a cognitive speaker-oriented perspective it suggests that directive IICs are structurally planned (rather than resulting from ellipsis of an apodosis) and stored as independent construction.

Salvo por la diferente descripción de la curva entonativa, coincidimos en los puntos clave que expresa Kaltenböck. Como tratamos de defender en nuestro análisis, incluso con una entonación en anticadencia, que no es la prototípica del cierre enunciativo, estamos ante enunciados completos que forman parte de la planificación del hablante y, por tanto, el oyente no necesita que la prótasis condicional sea completada por un segundo miembro. Es la entonación en anticadencia la que define como estructura independiente a estas condicionales, la que permite que desempeñe un acto de habla por sí misma y es también, desde nuestro enfoque, el rasgo que marca los límites de la estructura suspendida.

5.4.1.5. El análisis de Lastres López de las cláusulas con *if-si* en inglés, francés y español

A pesar de que no plantea una clasificación propia, Lastres López (2021) trata de comprobar la frecuencia de uso y los tipos de valores de las construcciones tanto bimembres como independientes de las cláusulas con *if-si* en inglés, francés y español partiendo de las tres funciones establecidas por Halliday y Matthiessen (2014) para las condicionales: ideacionales (que plantean un estado de cosas), las interpersonales (que plantean un tipo de relación con el interlocutor) y las textuales (que ayudan a organizar la información en el texto). La autora da cuenta de que hay ejemplos de las tres metafunciones en los periodos bimembres, pero que casi la única metafunción representada por las insubordinadas con *if-si* es la interpersonal. Además, en el análisis de su corpus, las asocia exclusivamente a los contextos orales. Este análisis permite defender que no tiene sentido seguir equiparando las cláusulas insubordinadas con *if-si* con las condicionales bimembres, pues las primeras se especializan en valores relacionados con la interacción coloquial en los que se diluye el valor condicional. Esto obliga a la autora a realizar una clasificación propia de las insubordinadas dentro de su (única) metafunción interpersonal, y las divide según su tipo de fuerza ilocutiva: directivas y no directivas. En el primer grupo, identifica acciones como la petición, la sugerencia y el ofrecimiento. En el segundo, se encuentran actos como la expresión de deseos, las exclamaciones o las quejas. Sin embargo, parece que esta división solo puede servir para las insubordinadas con *if-si* o las condicionales suspendidas, pues, como venimos defendiendo a lo largo de este trabajo, solo estas construcciones suspendidas pueden realizar actos directivos.

5.4.2. Las condicionales suspendidas y su funcionamiento en las dimensiones de la macroestructura del discurso

Nuestra propuesta de clasificación de las condicionales suspendidas trata de hacerse eco de los valores detectados por otros autores para las cláusulas independientes con *if* y *si*, pero incluyendo otras marcas propias de las relaciones condicionales y centrándonos en aquellas que se caracterizan también por un tonema en anticadencia. Nuestra propuesta de valores principales, como con el resto de suspendidas, se apoya en el modelo de lingüística pragmática y se centra en la naturaleza argumentativa de estas construcciones.

5.4.2.1. Coorientación argumentativa basada en hechos no asertados

Las construcciones suspendidas poseen una naturaleza eminentemente argumentativa. Las condicionales suspendidas funcionan, sobre todo, introduciendo un argumento coorientado a una conclusión dentro de la arquitectura argumentativa del texto. La entonación en anticadencia es la señal que recibe el oyente y que le dice que debe llegar a una conclusión que no siempre queda explicitada. El carácter prospectivo de las condicionales suspendidas guía el razonamiento del receptor hacia adelante, a llevarlo a una conclusión compartida, por lo general, con otros argumentos del fragmento discursivo al que pertenece, o que queda explicitada con anterioridad en un enunciado previo (y como ya se enunció la conclusión, no resulta necesario para el hablante volver a hacerlo):

(125) C: = y gracias↑ al inglés→// me defendí↓ porque la gente que venía conmigo↓ que no sabe nada↑/ se lo pasó que no se enteraron de nada en Eurodisney/ en Eurodisney↑ llegamos yy// hablaban en italiano↑/ en alemán↑/ [TODOS LOS IDIOMAS MENOS EN ESPAÑOL=]
B: [en todos menos en español]
C: = mira si son capullos// no se puede decir otra cosa↓ de qué van↑ los franceses§
B: § jolín pues [siempre]
C: [pues lo poníamos] en inglés por ejemplo y en inglés↑ la gente si que no sabía ni italiano que también§
B: § pero el italiano [pues es fácil↑=]
A: [literal lo entiendes]

B: = o sea *si sabes valenciano más o menos→§*
C: § y luegoo en San Francisco fui aa- en San Francisco lo está↑ en los Ángeles fui a Disneylandia↓// y el español es tan bien como segunda lengua↑
(Val.Es.Co. 2.0, 1996. Conversación 0025).

(126) LOLI La semana pasada estuve a punto de ganar en la primitiva un montón de dinero. Acerté tres números. Y los otros tres, fíjate que casualidad, me quedé en los tres números siguientes. Me los pasé. También fue chiripa una aproximación con tan mala pata.
MAITE Ya ves tú. La solución de los desesperados. *Como pienses que tu futuro está en la primitiva…*
LOLI Tienes razón. No va a estar la suerte para mí precisamente. Con tanta gente que somos en el mundo… ¿Qué crees tú que puedo hacer, Maite?
(CREA, 1990. Antonio Martínez Ballesteros, *Pisito clandestino*)

En (125), los participantes de la conversación utilizan una serie de argumentos para llegar a la conclusión "el italiano es un idioma fácil de entender":

Enunciados-Argumentos
1. B: *pero el italiano pues es fácil*
2. A: *literal lo entiendes*
3. B: *si sabes valenciano más o menos* ['se entiende fácilmente']

En (126), la cláusula condicional con *como*, además de suponer una advertencia, también introduce un argumento orientado a la conclusión "no vas a solucionar tus problemas jugando a la primitiva":

Enunciados-Argumentos:
1. *La solución de los desesperados*
2. *Como pienses que tu futuro está en la primitiva…* ['te va a ir mal']

La información de todos estos enunciados encamina al interlocutor a llegar a una determinada conclusión. El valor de la suspensión, como ya defendimos en el apartado § 3.4.3.3, es una llamada de atención al interlocutor para hacerle partícipe de nuestro razonamiento argumentativo, pues se le deja que llegue por su cuenta a la conclusión que no se explicita. La entonación se constituye como un recurso destinado a la argumentación y la persuasión, pues dejando que sea nuestro oyente quien llegue al nuevo conocimiento por su cuenta se persigue que lo asimile y acepte interiormente. Para que este proceso pueda funcionar, el emisor no da total libertad al receptor, sino que lo orienta con la información de la prótasis condicional. Esta se entiende como una contingencia que constituye un argumento necesario y suficiente (*cfr.* Anscombre y Ducrot, 1983) para llegar a la conclusión. El emisor sabe que su interlocutor va a llegar a las consecuencias derivadas precisamente porque se trata de un argumento necesario y de una relación que va a saber establecer porque comparten un *topos* que permite que se valide el proceso: 'confiar en la lotería y en la suerte va a implicar que te vayan mal las cosas' (126).

También es posible que dos argumentos coorientados se encuentren dentro de la misma cláusula condicional suspendida gracias a una conjunción coordinante. Ambos argumentos pasan a conformar parte de la influencia discursiva de la suspensión y ambos establecen una relación necesaria con una consecuencia fácilmente deducible:

(127) F: oye↑ nosotros entrenamos dos días de la semana por ahí y corremos otro día en la playa o sea que→
I: ¿síi?
F: lunes martes y miércoles estamos [entrenando↑]
A: [peroo] *si tuviéra- si tuviéramos tres meses como- como F. de vacaciones↑ y no das [clases]*
G: [eehh] ¡qué [morroo!]
A: [((¡quién lo] pillara))§
(Val.Es.Co. 2.0, 1989. Conversación 0002)

(128) Vamos, es randstad. *Como me hagan un psicotecnico o me pregunten cosas absurdas. . .*
(Corpus MEsA. Twitter, 26/06/2013)

En (127), por ejemplo, dos argumentos se introducen dentro de la cláusula condicional suspendida para expresar el deseo de A: 'tener dos meses de vacaciones' y 'no dar clases' nos hacen llegar a la conclusión de que los hablantes 'tendrían tiempo de hacer deporte'. En (128) cualquiera de los dos argumentos es suficiente para justificar la queja que se expresa a causa del sentido disyuntivo de la conjunción.

A veces se suceden dos argumentos seguidos introducidos por dos prótasis condicionales suspendidas:

(129) Aquel olor singular de la catedral, que no se parecía a ningún otro, olor fresco y de una voluptuosidad íntima, le llegaba al alma, le parecía música sorda que penetraba en el corazón sin pasar por los oídos.
"¡Ay si renaciera la fe! ¡Si ella pudiese llorar como una Magdalena a los pies de Jesús!".
Y por la vez primera, después de tanto tiempo, sintió dentro de la cabeza aquel estallido que le parecía siempre voz sobrenatural, sintió en sus entrañas aquella ascensión de la ternura que subía hasta la garganta y producía un amago de estrangulación deliciosa...
(CORDE, 1884–1885. Clarín (Leopoldo Alas), *La Regenta*)

La capacidad de coorientar argumentos de las condicionales suspendidas viene en muchas ocasiones explicitada por otro tipo de marca de coorientación. Son habituales los nexos causales, como la conjunción *porque* o el conector justificativo *es que*[78]:

(130) R. Los 60 euros queremos que sean para todos porque todos van a tener que aplicar los cambios de la nueva ley. Pero también es cierto que necesitarán demostrar
unos méritos laborales.
P. ¿Y el que no pueda demostrar esos méritos? Porque todos los profesores no se dedican por igual a su trabajo.
R. Queremos que sea para todos, aunque sea por méritos.
P. ¿Quiere decir que los méritos se rebajarán? *Porque si tienen que entrar todos sí o sí...*
R. No queremos que haya una evaluación, sino acreditación de méritos relacionados con la formación y con la implicación en el centro... Porque los profesores
necesitan una motivación.
(CORPES XXI, 2007. Morán, Carmen: «"Queremos 60 euros por maestro; ellos son los que van a aplicar la nueva ley"». El País.com)

(131) Sí -apoyó Ramiro-, hay que mirar por las espaldas de todos, especialmente por la de Arturo.
- Gracias, aunque no perderé de vista a ese Fanjul.
- Cuando nos entreguen las máscaras procura comprobar la tuya, no sea que te den gato por liebre -le advirtió Matías.

78 *Cfr.* Fuentes Rodríguez (2009: *s.v.* es que 1; 2015b).

- Lo haré.
- Venga, y que Dios reparta suerte, *porque como reparta justicia...* -bromeó Saladino.
Repentinamente, Ninfo sacó una moneda de la guerrera.
- Venga, si sale cara salimos todos sin un rasguño...
(CORPES XXI, 2009. Ignacio del Valle, *Los demonios de Berlín*)

(132) D: § pero no distingues las personas
P: no las distingo/ yo no las distingo↓
E: home *es que si es una foto GEneral↑*
P: °(sí)°/ es que claro↑/ es que↑/ tú date cuenta una foto grandee pero/ yo noo no [y me ((quería traer))]
(Val.Es.Co. 2.0, 2007. Conversación 0015)

(133) Te vamos a dar una pista. Te vamos a dar una pista Te vamos a dar una pista. Sí o no. Te vamos a dar una pista. Mira como Flori, cariño, ¿qué dices? Es que no sé de verdad. *Es que como no acierte.* Es que mira, como el horario es nuevo ¿Quieres más pistas? Calla loro No, nos botan. Como el horario es nuevo estamos tirando la casa por la ventana.
(CREA oral, 1993. TVE 1, *El show de la primera*, 11/01/93).

También coorientando (y reforzando) el argumento, encontramos casos del conector *encima*[79] tras la conjunción condicional:

(134) Da vértigo... eso de salir de la zona de confort no es nada fácil... *y si encima lo hacemos con viento en contra...* Muchas gracias por leerme. Espero que me respondas. Un beso.
(Corpus MEsA. Comentario de blog, BL 2016 ene-jul SAR 01).

Aparte de los elementos que establecen conexiones con otros enunciados del discurso, también pueden aparecer elementos que afectan al grado de fuerza argumentativa del enunciado. Hablamos de los operadores *al menos* y *por lo menos*[80], que en posiciones epistémicas de irrealidad (como en las condicionales irreales) marcan la insuficiencia argumentativa de un hecho para cumplir los requisitos del hablante. Por ello, aparecen sobre todo en la expresión de lamentos. Estos casos parecen ser más frecuentes en las condicionales suspendidas con *si*, pues no hemos registrados casos con *como*:

79 Fuentes Rodríguez (2009: *s.v.* encima).
80 Fuentes Rodríguez (2009: *s.v.* al menos; por lo menos).

(135) Y sin duda el ruiseñor de pedrería se ha metamorfoseado en un pájaro loco, *y si al menos hubiera enmudecido*, pero no, no ha enmudecido, sino que está distorsionando monstruosamente la canción y está musitando ahora en mi oído una salmodia blasfema, una salmodia oscura y sin sentido.
(CREA, 1990. Esther Tusquets, *El mismo mar de todos los veranos*)

(136) Me dan pena. Son una lástima. No han sido educadas para este mundo en el que vivimos. Quieren votar, fumar, utilizar armas que no conocen; conducen camiones; *¡si por lo menos se cayeran por un barranco!* Pero no, los conducen bien y esa es la verdadera tragedia. No me gusta el trato con mujeres.
(CREA, 1997. Inmaculada Urrea, *Coco Chanel. La revolución de un estilo*)

En el lado opuesto de la orientación argumentativa, encontramos casos de condicionales suspendidas que suponen argumentos antiorientados o que se utilizan para rebatir las conclusiones del interlocutor. Sin embargo, este uso, como vemos en otras construcciones suspendidas, solo es posible cuando van precedidas por la conjunción *pero*. Por tanto, no es un valor intrínseco de las condicionales suspendidas, pero es una combinatoria común para desarrollar una estrategia argumentativa; *pero* presenta el argumento antiorientado y la condicional suspendida lo caracteriza como un argumento necesario para desprender una determinada conclusión:

(137) T: [pues] haberle dicho "no me distes garantía"
P: noo/ sí que me dio↓ que iba detrás/// dice "sí que te di" digo "yo no tengo garantía↑" dice "sí que te la di que iba detrás del plástico" ¡per(o) hombre por favor! ¡y no decírmelo ni nada!// y yo se ve que la he tirao↑// y m'ha dicho "pues te dejo otra para que vayas pasando de momento↑/ yy-/ yy ésta ya me la traerás y la tuya la mandaremos a arreglar↑"/// pero es que me ha vendido un- bueno↓ me ha dejao esta pero↑ para que me solucione el papel↓ *pero es que si a mí no me dice que lleva la garantía*↑ además↑ casualmente la he estao buscando↓ tiramos to(do) (e)l- guardamos to(do) los papeles↑ // y ese lo hemos tenido que tirar↓ §
(Val.Es.CO. 2.0, 1996. Conversación 0029)

(138) La mayoría de los taxistas son encantadores, *pero como te toque uno peleón*... ¿Se han dado cuenta de que a un taxista no se le contradice nunca? Aunque te diga la burrada más gorda.
(CORPES XXI, 2001. VV. AA., «Hoy puede ser un mal día. Coger un taxi». *El club de la Comedia Presenta Ventajas de ser incompetente y otros monólogos de humor*)

Por último, en el corpus analizado se encuentran ejemplos de un tipo de construcción con un alto grado de fijación que se utiliza para introducir un argumento coorientado. Sin embargo, carecen de contenido proposicional explícito. Hablamos de los casos de *si no...* que siguen presentando una entonación suspendida:

(139) -Paco, necesitamos otro plan. Una solución drástica. Algo que sea a la vez factible y radical. *Si no...*
Pareció que dudaba si continuar o no, pero muy bien podía tratarse de un silencio retórico.
(CORPES XXI, 2003. Emilio Campmany, *Operación Chaplin*)

Se puede, con cierta facilidad, rastrear el origen de esta construcción. En un primer estadio, se da la prótasis condicional suspendida con una estructura oracional común:

(140) Lo pasado, pasado -dije agitando la mano para borrar en el aire los malos tiempos.
- Sí, pero gracias a ti mi vida es maravillosa. *Si no te hubiese plantado...*
- Olvidado.
(CORPES XXI, 2003. Óscar Alonso Álvarez, «Ricardito». *Disculpen el percance*)

En un segundo estadio, se pierde el núcleo verbal y quedan solo los elementos informativamente relevantes, como "mañana" en el ejemplo (141):

(141) -No es que quiera ser maleducado, pero a esta hora la verdad es que suelo echar una cabezadita. *Porque si no mañana...*
Se retiró a su habitación cabizbajo y algo condolido.
(CORPES XXI, 2004. Ramón Bodegas, *El ciclista solitario*)

En el último estadio, solo es necesaria la conjunción y el adverbio de negación:

(142) A: [pues la verdad] es quee// si quiero estudiar alemán↑ [pues]
B: [es que si]/ tienes que moverte↑ [(( )) idiomas/ *si no*]
C: [yo el año pasado↑] estuve en París→/ las pascuas pasadas↑// fuimos a [Eurodisney=]
(Val.Es.Co. 2.0, 1996. Conversación 0025)

(143) A: Por supuesto.
B: Por supuesto, es que *si no*

A: Vamos.
C: Lo del supuesto ya está.
A: @nombre me has dejado las cosas bien claras.
(COLA, mabpe2-01b)

(144) @nombre ¡Vaya cambio! Menos mal que conservas la URL a tu blog que *si no...*xD
(Corpus MEsA, 2013. Twitter, 26/12/2013).

El contenido proposicional deja de ser relevante en estos casos, puesto que toda la información ha sido ya dicha. Al hablante solo le hace falta sugerir que, si sucede algo contrario a lo que dice, puede tener consecuencias negativas. Este es el argumento coorientado implícito y el proceso persuasivo, para el que se ha especializado la prótasis condicional suspendida *si no...* Su funcionamiento se basa en la inversión de hechos ya dichos, en imaginar un mundo posible en el que sucedan los hechos al contrario de lo esperado. La negación es, a su vez, muestra del rechazo del hablante ante la posible realización (o no realización) de unos hechos.

5.4.2.2. Los actos de habla directivos y la atenuación de la fuerza argumentativa

Las condicionales suspendidas se muestran como uno de los tipos de suspendidas que más fácilmente tienden a realizar un acto de habla directivo. De hecho, la mayoría de las clasificaciones de uso que describimos en el apartado § 5.4.1 dan cuenta de este tipo de usos (*cfr.* Evans, 2007; Lombardi, 2010; D'Hertefelt, 2015; Kaltenböck, 2016; Lastres López, 2021; Kaltenböck y Keizer, 2022), aunque conviene destacar que todos estos análisis se han hecho únicamente con la conjunción *if* y sus equivalentes en otras lenguas, como la conjunción española *si*. Parece que esta conjunción *si* es la que parece permitir este uso como acto de habla directivo de forma más extendida. Quizá esto se deba a que las condicionales con *si* formen uno de los mecanismos más habituales para formular actos de habla de petición indirectos (*cfr.* Searle, 1975)[81], como en *si me das ese lápiz, te lo agradecería*. Además, ciertas

81 Cabría preguntarse, igualmente, si las condicionales con *si* pueden seguir considerándose actos indirectos, ya que se asocian por convención a la realización de actos de habla directivos.

condicionales regulativas como las que describe Montolío (1993), pueden realizar este tipo de acto de habla como suspendidas cuando el acto no se expresa directamente y se sustituye por la suspensión: *Si no te importa... [préstame ese lápiz]*. Las condicionales suspendidas con *como,* por su parte, puede realizar un acto directivo con el valor de "amenaza o advertencia", su valor prototípico (Montolío, 1999b), pero con polaridad invertida: *como no me lo des...* quiere decir 'dámelo'.

Los actos de habla directivos como las órdenes y amenazas, las peticiones e, incluso, los ofrecimientos que pueden realizarse con una condicional suspendida son considerados por Brown y Levinson (2006 [1987]: 66) como *Face-Threatening Acts.* Pero al ser realizados por una condicional suspendida se dan dos mecanismos de indirección que permiten atenuar la fuerza del acto amenazante: el sentido de no aserción de la condicional y la suspensión. La semántica de la marca condicional muestra un hecho como no asertado, un hecho no factual y con el que no se compromete en su realización, de tal forma que el oyente no tiene por qué considerarse tan presionado por llevar a cabo una tarea. Por otro lado, Briz (1995) y Herrero (1996) destacan el papel atenuador que poseen las estructuras suspendidas, ya que no se da expresa la conclusión directamente, sino a través de la sugerencia como un mecanismo de indirección que no trata de imponer la voluntad del hablante en el oyente, sino que este último llegue a la conclusión por sí mismo y la acepte voluntariamente. Evans (2007) considera que esta atenuación está relacionada con el papel de la elipsis y la máxima de Brown y Levinson (2006 [1987]: 227) "be incomplete, use ellipsis". Así, se considera que evitar enunciar el hecho que puede resultar amenazante puede reducir el peligro de ofender al interlocutor.

Por estos dos mecanismos de atenuación, la no aserción y el valor de la suspensión, las condicionales son mecanismos rentables para atenuar la fuerza impositiva de un acto directivo. Su naturaleza es, por tanto, persuasiva, ya que con esta atenuación[82] se pretende que el hablante acepte de mejor grado el mensaje que se le está expresando y que realice las acciones que se le están pidiendo. Sin embargo, existen

82 Debemos recordar que lo que se atenúa es el grado de imposición sobre el receptor, no la eficacia del argumento. Son dos tipos de atenuación diferentes que actúan en planos distintos.

diferencias en este comportamiento atenuador entre las condicionales con *si* y con *como* suspendidas.

El grupo más claro de actos directivos atenuados es el constituido por las condicionales suspendidas con *si*. El valor de no aserción nos coloca en un mundo posible (que no tiene por qué hacer realidad si el oyente no quiere) y se da libertad de actuación al oyente indicándolo a través de la suspensión:

(145) - Contigo no vale, Adán. Tú no mandas la pelota a donde quieres, sino a donde puedes.
- Es verdad, señor. *Si usted me diera alguna indicación.*
Sacó el POLÍTICO y devolvió el ESCOLTA.
- Así no, Adán, así no. Primera regla: nunca la pegues de frente, colócate de lado.
(CORPES XXI, 2001. Javier Maqua, *La soledad del guardaespaldas*)

(146) - ¿Dónde queda ese país de las maravillas?
- A cuatro días de Huancayo. *Si te animas...*
- Por tener vacas a ese precio, me voy al infierno a pie.
(CREA, 1988. Manuel Scorza, *La tumba del relámpago*)

En los ejemplos (145) y (146) encontramos dos actos de habla, de petición y de invitación respectivamente, en los que se atenúa la fuerza ilocutiva para preservar la imagen del interlocutor. En ambos ejemplos, la suspensión actúa apelando al receptor, y se pretende que sea este el que verdaderamente llegue y acepte la conclusión actuando de la forma que se le pide. En (145), el hablante solo sugiere los beneficios de que su interlocutor le dé algunas indicaciones hipotéticas, pero es este el que decide si acaba aceptando estos beneficios. En (146), solo se destaca que la posibilidad de ir a Huanyaco depende exclusivamente del estado de ánimo del receptor, que es quien tiene la última palabra de aceptar la oferta.

Pero este valor atenuativo no queda tan claro para la expresión de ciertos actos directivos con las condicionales con *como*. Evans (2007: 393), de hecho, no tiene claro que la elipsis en las insubordinadas siempre implique un valor atenuativo y sugiere que puede haber ejemplos de insubordinadas en los que parece haber una fuerza más elevada que en algunas estructuras "completas". Si comparamos una condicional suspendida con *como* (147) y una análoga bimembre (148), surge también esta duda:

(147) ¡Suélteme! ¡Pero qué hace! ¡Ahh! ¡Déme mi pierna! ¿Dónde va con ella? ¡He dicho que me la dé! ¡Mi pierna! ¡Ayúdeme! ¿Qué...? ¡No vaya a ponerle mi pierna...! ¡Es la única que tengo! ¡No, no la entierre! ¡No entierre mi pierna con ella! ¡Es mía! ¡No la entierre junto a esa... zorra! ¡Ahh! ¡Cómo se atreve! *¡Como me vuelva a poner una mano encima...!* ¡Saque mi pierna antes de empezar a echar tierra ahí abajo! ¿Oye lo que le digo? ¿Qué hace?
(CORPES XXI, 2003. Paco Bezerra «Ventaquemada». *Teatro. Piezas breves. Alumnos Resad curso 2002–2003*)

(148) A: No, en serio. Déjame ir a lo del baño.
B: No vamos para allá ah ah ah. Eh, @nombre, para. *@nombre como te vayas no te vuelvo a ver en mi puta vida.*
A: Te juro que me tiro chaval. Que no... no me jodas, no, en serio.
(COLA, mamte2-04)

En los dos casos, se realiza una amenaza contra el interlocutor. En (147) no se especifican las consecuencias, pero en (148) sí. ¿Qué resulta más amenazante? ¿Dejar que nuestro receptor se imagine lo que puede pasar si no cumple lo que le pedimos o especificarlo? Por otro lado, en (148), el papel que cumple la cláusula principal ("no te vuelvo a ver en mi puta vida") no es tan relevante informativamente hablando, ya que esta consecuencia parece una exageración entre amigos y sería difícil llevarla a su consecución. Pero, en cualquier caso, la suspendida de (147) todavía posee los elementos que permiten la atenuación de la amenaza, el valor de no aserción y la suspensión, y no vemos un motivo específico para que dejen de actuar con este comportamiento. Sin embargo, a pesar de ello, la fuerza de la amenaza tiene prácticamente el mismo valor que en (148). Lo que pensamos que puede ocurrir es que la condicional suspendida continúa atenuando la fuerza ilocutiva de la amenaza, pero este acto posee por sí mismo una intensidad tan elevada en la escala que el proceso de atenuación resulta poco significativo en la comunicación y no llega a tener efecto. Más que de atenuación podría hablarse de indirección al ser el receptor el que deduce la información del contexto.

Un último punto que queda por tratar es por qué las condicionales suspendidas son la única clase de suspendidas analizadas en este estudio que pueden desempeñar un acto de habla directivo. La respuesta parece estar en el propio sentido de no aserción de las condicionales, asociado a su valor de no factualidad. En el resto de las suspendidas, las palabras expresadas suelen encajar con los hechos del mundo, tratan de reflejar de forma verosímil hechos conocidos o presuntamente aceptados por los interlocutores. En cambio, las condicionales suspendidas expresan unos hechos que no tienen por qué describir la realidad. Solo este valor no factual entra en sintonía con el funcionamiento de los directivos para Searle (1976: 11), cuya "direction of fit is world-to-words". Es decir, los actos directivos expresan el deseo del hablante de que el mundo se ajuste a lo expresado a través de las acciones del oyente. En la dirección contraria, si las palabras se ajustaran a los hechos del mundo (como sucede en otras suspendidas, como las causales), no podría desencadenarse el directivo, cuya naturaleza es contraria a este comportamiento. Solo las condicionales suspendidas tienen la capacidad de expresar algo que no coincide con los hechos de la realidad. Además, cuando expresan el deseo de que lo dicho se haga real, se desencadena la realización del directivo.

5.4.2.3. Las condicionales suspendidas y la modalidad expresiva

Las condicionales suspendidas son estructuras que el hablante tiende a caracterizar con su actitud subjetiva, quizás por la relación que la entonación tiene con la expresividad del hablante (*cfr.* Quilis, 1993; Cantero, 2002; Hidalgo y Quilis, 2004, 2012; Cantero y Mateo, 2011; Llisterri, en red; entre otros). En nuestro corpus, hemos sido capaces de identificar varios tipos de actos de habla expresivos de las condicionales suspendidas que caracterizan el contenido con la subjetividad y las emociones del que las enuncia.

Por un lado, y como comparten las clasificaciones de Gras (2010: 292), Lombardi (2010: 59 y ss.), D'Hertefelt (2015: 77 y ss.) o Lastres (2018, 2021), las condicionales suspendidas se muestran como un recurso eficaz para la expresión de *deseos* (149) o *lamentos* (150):

(149) También Ana miró al cielo muy de mañana, y sin poder remediarlo pensó *¡si lloviera!* Lo deseaba y le remordía la conciencia de este deseo. Estaba asustada de su propia obra. "Yo soy una loca -pensaba- tomo resoluciones extremas en los momentos de la exaltación y después tengo que cumplirlas cuando el ánimo decaído, casi inerte, no tiene fuerza para querer."
(CORDE 1884–1885. Clarín (Leopoldo Alas), *La Regenta*).

(150) No te preocupes que yo te curaré a lametazos, le respondía yo dispuesta a todo, retorciéndome como la serpiente del paraíso en un plan porno-cutre que mejor olvidar, *porque si por lo menos me hubiera servido para que él*

se calentara... Pero ni por ésas, más frío que un granizado de limón, que le gusté mucho desde la primera vez que me vio es lo más sexy que le oí decir.
(CORPES XXI, 2005. Enriqueta Antolín, *Final feliz*)

Las formas verbales tienen gran peso en la significación de lamentos. Los deseos aparecen con formas en imperfecto de subjuntivo, acordes a las condicionales potenciales (*cfr. NGLE*, 2009: 3572). Representan un hecho no factual pero cuya realización todavía se considera posible. De este sentido se desprende el deseo. Los lamentos, por su parte, se relacionan con las irreales (*cfr.* Comrie, 1986; *NGLE*, 2009: 3573). Con esta forma verbal se expresa un hecho contrafactual, es decir, ha sucedido lo contrario a los deseos del interlocutor. Este proceso se traduce como un lamento. En estos dos actos de habla no es extraña la aparición del operador argumentativo *por lo menos* o *al menos*, como se ve en (150). El operador marca la suficiencia de un argumento que, de haberse llevado a cabo, hubiera supuesto la conformidad del hablante. Como los hechos son contrarios a la realidad deseada, se potencia la expresividad en la enunciación del hablante. Stirling (1998: 285 y ss.) habla de un caso similar en inglés para expresar deseos con el adverbio *only*: *if only...*

Pero más allá de los deseos y los lamentos, de los que dan cuenta la mayoría de los autores mencionados, también es posible encontrar otros actos de habla expresivos como quejas, reproches o críticas que constituyen ataques a la imagen personal:

(151) ¿Qué ha pasado? ¡Señor, Señor, si me hicieran caso alguna vez! -la señora Bardolet se echa a llorar de repente-. *¡Si mi marido me escuchara en vez de andar todo el santo día por ahí!* Siempre fue muy andarín...
(CREA, 2000. Juan Marsé, *Rabos de lagartija*)

(152) -¿Queréis ver una foto mía en que yo era kelly kelly Kelly?↓
-Bueno *como tengas la misma cara de mongola.*
(COLA, mabpe2-01c)

También pueden expresar preocupación (a veces reflejada en forma de advertencia):

(153) A: me decía/ me decía la P ésa/ me decía la P ésa/ me decía un día↑ me voy yo con R/ con su marido=§
D: § sí

A: = nos vamos a casa de unos amigos/ y le habían tocao↓ a mí amiga↑ en un- en nosequé/ le habían tocao un montón de preservativos ¿no?/ y me dio a mí pos [unos cuantos ¿no?=]
D: [en un sex shop]
A: = dice- dicee y llevaba YO pos la bolsa con los preservativos/ y veníamo(s) en el coche y le decía a mí marido "*mira que si nos para la guardia civil ahora"* y me dice que qué llevo en la bolsaa/ dice que llevaba por lo menos un puñao de cajas de preservativos// eso es un parto/ macho/// (7")
(Val.Es.Co. 2.0., 1996. Conversación 18)

(154) A: Había ahí en la rotonda a pleno sol un calor que te cagas ahí un pibe haciendo cosas en la, o sea, en la rotonda que tiene en plan plantitas y no sé qué y, uno de estos de verde y me estaba dando un caalor desde ahí.
B: Puff
A: Es lo malo
C: [Joder]
A: [*Como te toque trabajar a pleno sol*]↑
D: No sabes cómo tiene la espalda @nombre quee le he dicho "ponte la camiseta", porque es que... la tiene to roja, chaval, mañana le dolerán los hombros.
(COLA, malcc2-11)

Las condicionales con *como* muestran una gran rentabilidad en la activación de conclusiones desfavorables como estas muestras de preocupación o advertencias. En muchas ocasiones, estas consecuencias desfavorables se pueden utilizar para realizar actos perlocutivos como las amenazas. Estos actos de amenaza o advertencia actúan también en el plano modal como apoyo al argumentativo, ya que muestran el rechazo del hablante por que suceda el estado de cosas introducido por la condicional suspendida:

(155) -*Como se te ocurra decirle nada a Rocío...* -dijo la mujer mordiendo las palabras-, vamos, nada de... *como le digas...* si Rocío me dice que no vuelve porque... mira, que como yo me entere que... bueno, bueno, bueno. ¿Pero te has vuelto loco? A Rocío ni de coña. Por encima de mi cadáver, pues solo me faltaba que me dejaras tú ahora sin Rocío, que no, que ni muerta, hombre...
(CORPES XXI, 2009. Alfonso Mateo-Sagasta, *Las caras del tigre*)

Pero también podemos encontrar peticiones en las condicionales con *como* que no constituyen amenazas, pero en ellas tampoco hay una mitigación clara de su carácter impositivo. De forma similar a las condicionales suspendidas con *como* de amenaza, estas peticiones parecen formularse con cierta vehemencia y pueden constituir un ataque a la imagen del interlocutor:

(156) Cuentas unas cosas y otras te callas. ¿Qué me he callado yo? Lo sabes de sobra, no me vengas con chorradas. *¡Como no te expliques...!* ¿Recibiste la postal? No cambies de tema. Por lo visto te anda acosando el enemigo y no me habías dicho nada. Ah, ¿eso?
(CORPES XXI, 2006. Fernando Aramburu, «Maritxu». *Los peces de la amargura*)

(157) -Son los animales que tienen dos partes, una imagen especular de la otra -explicó el historiador.
-*Como no me pongas un ejemplo...*
-Prácticamente todos los que conoces son de simetría bilateral. Los gusanos, los reptiles, las aves, tú mismo eres de simetría bilateral. Imagina una línea que dividiera tu cuerpo desde la frente hasta el pubis: dos ojos, dos brazos, dos piernas.
(CORPES XXI, 2009. Alfonso Mateo-Sagasta, *Las caras del tigre*)

El rechazo de los hechos hipotéticos en los actos directivos que expresa la condicional suspendida con *como* funciona por oposición a lo que verdaderamente desea el hablante que haga su oyente. Hay un sentido de polaridad inversa: "como le digas" supone 'no le digas' (155), "como no te expliques" implica 'explícate' (156) o "como no me pongas un ejemplo" quiere decir 'ponme un ejemplo' (157). Desde cierto punto de vista, una condicional suspendida con *como* da la oportunidad al oyente de que no se haga efectivo el estado de cosas expresado y con la entonación suspendida se le apela a la acción para evitar que ocurra. No hace falta explicitar las consecuencias de que lo expresado se haga real, ya que lo único que le interesa al hablante es expresar su rechazo ante ese hecho y que el oyente actúe en consecuencia.

Otro acto de habla de las condicionales suspendidas relacionado con la actitud subjetiva del hablante es la expresión de la duda o la incertidumbre. Este acto es menos común con las condicionales con *si*, y los escasos ejemplos encontrados son algo dudosos:

(158) Yo hay una cosa que no entiendo. *Si se licencian mas gente de la que se jubilan...*
(Corpus MEsA. Twitter, 02/06/2012)

Como resulta una conjunción condicional mucho más especializada en expresar esta actitud de duda o poca seguridad. La estructura [*como no* + subjuntivo] en muchos contextos concreta su función en plantear posibilidades (sugerencias o hipótesis) de las que el propio emisor duda de su eficacia, de su validez o de su realización. Esto se ajusta a la descripción que realizan Montolío (1999b) o Gras (2010), que defienden que la información introducida por *como* se considera inesperada:

(159) LOLI (Con las de Caín) O sea, que nos quedamos sin comer.
MAITE Más bien... *Como no vayamos a un restaurante...*
LOLI (Irónica) Invitas tú, claro.
MAITE ¡Huy, invitar! ¡Yo no puedo, no puedo, no puedo! Os lo voy a decir de una vez. Estoy pasando una racha malísima y no tengo un duro
(CREA, 1990. Antonio Martínez Ballesteros, *Pisito clandestino*)

(160) Oye, tú que estás en esa onda, ¿qué les pasa a tus amigos con el dinosaurio o los dinosaurios?
- No sé a qué te refieres -contesté con prevención-. *Como no sea una alusión al cuento de Monterroso...*
- ¿Y qué dice ese cuento?
- "Cuando despertó, el dinosaurio todavía estaba allí."
(CORPES XXI, 2009. Agustín García Simón, «Mediocritas. El secretario», *Cuando leas esta carta, yo habré muerto*)

En muchas ocasiones, este tipo de sugerencias de las que se duda de su validez pueden llegar de forma irónica al absurdo. En estos casos se utiliza esta estructura con *como* para introducir un contraargumento:

(161) Yo llevo... yo creo que en un año he envejecido dos o cuatro o cinco años. Tú en un día. Desde que no te firman las escrituras. la tía *pelá* esa, a mí si que me la me la me la me la... me las firmaban rápido. Sí. ???. *Como no vayas con un puñal.* ¡vaya tos tonta! Está la vida está la vida como para los sinvergüenzas y nada más.
(CREA oral. Conversación 9, Universidad de Alcalá de Henares, formalidad baja).

(162) Conozco perfectamente la altura de la verja, el seto y la de ese viejo, y si ese viejo no había crecido un metro y medio en los últimos días, era imposible que asomase la cabeza de tal modo sobre la parte más alta de los arbustos. De no ser, claro, que... Pues no. No acertaba a imaginar qué hacía ahí ese tipo. *Como no levitase...* De manera que, sorprendido y sin la menor malicia, abrí la puerta del salón y desde varios metros de

distancia le dije: -Qué... -No era una expresión interrogativa y hostil, insisto, sino más bien inocente y sincera. Casi un: «Hola, ¿desea algo?». (CORPES XXI, 2003. Javier García Sánchez, *Dios se ha ido*)

Estas construcciones con valor de posibilidad dudosa constituyen otro ejemplo de polaridad invertida como las órdenes a través de amenazas, pues la conclusión a la que se llega es que el único argumento válido, aunque sea visto como improbable, es el hecho introducido por la prótasis. Se trata de una negación retórica, por la que se niega un argumento que en realidad (o irónicamente) se considera pertinente:

(159') Ir a un restaurante es la única posibilidad para no pasar hambre.
(160') Quizás sea una alusión a Monterroso porque no parece haber otras interpretaciones.
(161') Si vas con un puñal, probablemente te harán más caso (irónico).
(162') Que levite es lo único que explicaría la presencia de ese hombre entre los arbustos (irónico).

Esta prótasis condicional introducida por *como* con valor de negación da muestra de un estadio avanzado de especialización en el planteamiento de hipótesis o soluciones que se consideran lejanas a su consecución. Además, la aparición de una apódosis no parece necesaria por ser un procedimiento retórico conocido: "como no sea esto, no sé qué puede ser". La apódosis explicitaría las dudas que tiene el hablante sobre lo que dice, pero como es un sentido que ya es activado por la conjunción condicional *como* y no aporta ninguna información nueva, no se suele enunciar.

Otras condicionales suspendidas pueden aportar un contenido modal de consentimiento con el interlocutor, aunque en multitud de casos parece tratarse de un acuerdo con resignación:

(163) Hitler.- No, gracias. Lo que no entiendo es por qué la han mandado aquí de embajadora, creo que debe haber algún error. ¿Me deja verificar que usted es la persona enviada para discutir este tema?
Marilyn.- ¿Desconfía de mí? Bueno, *si se empeña*... ¿Me permite tomar un vaso de agua? Es la hora de mis pastillas.
(CORPES XXI, 2003. Rosa María Martínez Ruiz: «El drama cósmico». Malco Arija Martínez [et al.], *Teatro. Promoción 1998–2002*).

En esta última función encontramos numerosas expresiones de asentimiento (con resignación en muchos casos) con cierto grado de fijación que toman como base la estructura de una condicional suspendida con *si.* Se trata de expresiones como *si yo te contara, si eso es lo que quieres, si lo dices así...* Todas estas formas permiten cierta variación (segunda persona del singular o del plural, uso de diferentes formas verbales en un paradigma limitado...), pero dentro de este espectro algunas combinaciones de elementos de la microestructura suelen ser recurrentes:

(164) -Muy bien, Maribel, muy bien, muy bien... -repitió varias veces, como un autómata, sin encontrar nada mejor que decir – Pues... vale, pues cojonudo, entonces... *Si eso es lo que quieres...* Muy bien, Maribel, muy bien... Vale... Pues sí...
(CORPES XXI, 2002. Almudena Grandes, *Los aires difíciles*)

Es posible, también, que este sentido de aceptación resignada se dé en comentarios metadiscursivos de precisión informativa[83]:

(165) Choto.- ¿Me estás tirando los tejos?
Consuelo.- *Si quieres llamarlo así...* (Intenta besarlo.) ¡Choto! Me gustas mucho, tú y yo podíamos ya sabes... tener algo más que una relación de vecinos...
(CORPES XXI, 2003. M.ª Luz Cruz, *Esta casa está okupada*)

(166) -Dime entonces una verdad.
-¿Una verdad en la que engastar las mentiras anteriores?
-*Si quieres expresarlo de ese modo...*
-Está bien. Te diré una verdad. ¿Te acuerdas de Fina, la verdadera viuda?
-Sí.
(CORPES XXI, 2002. Juan José Millás, *Dos mujeres en Praga*)

Lo que se expresa en los ejemplos (165) y (166) es aceptación de lo dicho por el interlocutor, pero al mismo tiempo se infiere que, aunque se acercan a la realidad, los términos no son exactos, según el punto de vista del hablante. Se aceptan los términos del hablante, aunque no sean los más precisos para él.

83 Este uso metadiscursivo se encuentra también en uno de los tipos de condicionales bimembres regulativas que establece Montolío (1993).

Otras expresiones de acuerdo también recurrentes que aparecen bajo la forma de una condicional suspendida son las expresiones del tipo *si tú supieras* o *si yo te contara*. Este tipo de construcciones no solo expresan un acuerdo con lo anterior, sino que tienen un sentido de precisión intensificadora. La paráfrasis implicaría: 'es como tú dices, pero mejor/peor':

(167) -Me dice la profesora "tú estás un poco loco", y yo "¡huy!, *si tú lo supieses"*↑
-Je je je je
-*Si tú lo supieses bien.*
(COLA, mabpe2-01c)

(168) Usuario 1
@perezreverte @nombre En mi novelilla, una vez impresa, llegué a contar ocho gazapos. Los carga el diablo.
Arturo Pérez-Reverte @perezreverte
@Usuario1 @nombre *Si yo le contara.* En mi última novela ya he detectado cuatro.
(Corpus MEsA. Twitter, 2014)

En el fondo, estas construcciones afectan sobre todo a la dimensión argumentativa porque refuerzan las conclusiones "estoy (muy) loco" (167) o "en toda novela que se escribe hay (muchos) gazapos" (168). Las relaciones entre la dimensión argumentativa y modal quedan patentes en estos ejemplos: el asentimiento del hablante reforzado (modalidad) le da más valor o fuerza como argumento (argumentación).

Por otro lado, en este tipo de expresiones de confirmación o acuerdo se hace difícil reponer una segunda parte y, de ser posible, suelen corresponder a frases hechas que tienen bastante asentamiento en el léxico español, como 'si/cuando tú lo dices, *será verdad*'. La segunda parte no se considera relevante porque la estructura condicional suspendida ya remite directamente a los hablantes a este uso de respuesta confirmativa. Este fenómeno es similar al que describe Ohori (1995) en el japonés, que defiende que dos de las razones para la formación de estructuras suspendidas[84] son que "(b) it is part part of an idiomatic

84 Entiéndase en este caso el término de "suspendida" bajo los criterios de Ohori (1995) y no los nuestros, que se basan en la independencia sintáctica y en la entonación.

expression and can code the meaning of the whole without the rest, or (c) it is marked by a (pseudo-)logical connective, and the intended message is either contextually inferable or conventionalized" (*idem*: 213). Por otro lado, no parece fácil encontrar este tipo de construcción con una estructura bimembre y solo hemos encontrado un caso en el CORPES XXI, pero no posee un uso confirmativo, lo que nos hace pensar que se trata de un uso diferente:

(169) ¡De qué disparates te habla el tal Lucio!, se está burlando de ti, Jacinto, ten cuidado.
- *Si tú supieras lo que me ha contado no pensarías así de él.*
- Me importa más lo que yo tengo que decirte.
(CORPES XXI, 2008. Luis Fayad, *Testamento de un hombre de negocios*)

Finalmente, se puede observar que, dentro de la estructura del discurso, es habitual que estas condicionales suspendidas de acuerdo con el interlocutor aparezcan como la segunda parte de un par adyacente pregunta-respuesta (165) y (166), o comentario-valoración (168), (169)[85]. Esta es otra muestra de su independencia como enunciado propio y su especialización en estos usos de reacción modal de confirmación.

5.5. ¿QUÉ PASA CON LAS CONSTRUCCIONES CONDICIONALES INTERROGADAS CON *Y SI...*?

Existe un tipo de construcción condicional independiente en español caracterizada por una entonación aparentemente interrogativa e introducida por la conjunción copulativa *y*. Se trata de las construcciones con *¿y si...?* del tipo *¿y si vemos una película?* asociadas, generalmente, a un valor de propuesta. La *NGLE* (2009: 3549) las asimila a las suspendidas:

85 Para el modelo Val.Es.Co. de análisis de la conversación (*cfr.* Briz, 2000, 2002-2004; Hidalgo y Padilla, 2006), se trataría de un intercambio compuesto por una intervención iniciativa o reactivo/iniciativa seguida de una intervención reactiva.

Se asimilan a las condicionales suspendidas las interrogativas encabezadas por la conjunción *y* en las que se propone algo, como en *¿Y si lo dejamos para otro día? El cine, digo. Yo podría ir el domingo. Si a usté le queda bien* (Gamboa, *Páginas*). En otras prótasis suspendidas se conjetura la posibilidad de que pueda darse algún hecho o sea cierto algún estado de cosas, como en *¿y si estuviéramos todos equivocados?*

Sin embargo, a pesar de lo que defendimos en Pérez Béjar (2019b), creemos que hay razones para no considerarla una suspendida como el resto de condicionales vistas hasta el momento. Sí es posible verla como una construcción insubordinada por poseer una conjunción condicional y actuar como un enunciado independiente, y estar asociada convencionalmente a valores específicos como el de propuesta. Pero, al mismo tiempo, no parece ajustarse bien a otras propiedades generalmente compartidas por otras construcciones suspendidas, tanto en su forma como en su funcionamiento. En este apartado retomaremos muchos de los argumentos y datos expuestos en Pérez Béjar (2019b), pero para justificar la poca pertinencia de incluir este tipo de construcciones entre las suspendidas.

En cuanto a la forma, parece claro que estas construcciones con *¿y si?* provienen de condicionales bimembres, como las suspendidas, pero con la particularidad de que su apódosis probablemente sea un enunciado interrogativo. Es posible encontrar ejemplos de construcciones bimembres con *¿y si?* en los corpus:

(170) C: oposiciones aa↑ §
B: §hmm aa [profesor de dee secundaria]
A: [((filolog-)) a profesor de secundaria]
B: ((en)) lengua y litertura pero ¡jolines! / ¡son ((unoos)) unos bestias! / ¡setenta y dos temas! y ahíi quee // pues bueno yo no tengo ni idea de oposiciones ¿no? eso es lo que han conta(d)o loos los colegas que se han presentao ¿no? así ¿no? con bolas / te salen tres bolas↑ // como si fuera el bingo↑ §
C: §[((hmm))]
B: [¡setenta] y dos temas! *¿y si no te los sabes qué haces?* ((que)) después de estudiar un año↑
A: te vas a tu casa §
(Val.Es.Co. 2.0., 2011. Conversación 42)

(171) *¿Y si fracasa en algo, tampoco va a querer saber por qué?* El fracaso es una cosa; la derrota, otra, como comento en el libro. Si me derrotan, como ya me ha ocurrido antes, pasado un tiempo, volveré al ruedo.
(CORPES XXI, 2012. Jesús Ruiz Mantilla, «Paulo Coelho: "El intelectual ha muerto. Ha nacido el 'internetual' "». *El País*. Madrid)

A pesar de que los tópicos condicionales de un enunciado interrogativo se consideran fuera de la entonación propias de estos (la representación ortográfica de un ejemplo como el (171) sería: "Y si fracasa en algo, ¿tampoco va a querer saber por qué?"), aunque, como señala Montolío (1999b: 3689), es más habitual que todo el periodo caiga bajo el mismo esquema prosódico cuando la apódosis va antepuesta ("¿y tampoco va a querer saber por qué si fracasa en algo?"). Son bastante prototípicos de esta última posición los casos en los que el enunciado se inicia con *¿y qué si…?*:

(172) Manuel.- (Con una sonrisa.) ¿Quieres que me quite el uniforme? Oye, no serás marica…
Santos.- *¿Y qué si lo fuera?*
Manuel.- Por mí, nada. Pero dicen que a Franco no le gustan los maricas.
Santos.- Es que no hay maricas en las tropas de Franco. ¡Están todos con la República!
(CORPES XXI, 2012. Jesús Carazo, «Las guerras del soldado desconocido». *Luna de miel. Las guerras del soldado desconocido*)

Pero independientemente de la posición que pueda ocupar la reposición de una supuesta apódosis, la cláusula condicional se erige por sí misma con el sentido y entonación interrogativos[86] y puede constituir enunciado independiente. No obstante, no parece que esta prosodia interrogativa pueda surgir sin la conjunción *y:* en principio, resulta posible enunciar "¿y si vamos al cine?" pero no "*¿si vamos al cine?". En un primer análisis, puede interpretarse que la conjunción *y* se usa originariamente para conectar dos enunciados de interlocutores distintos, debido al carácter interactivo de la construcción. Muchos autores ya apuntan a este funcionamiento discursivo de la conjunción copulativa (Camacho, 1999; Martín Gallego, 2010, 2019; Garachana, 2006; entre otros) y, además, Garachana (2006: 2432 y ss.) comenta que esta *y* aparece frecuentemente iniciando una intervención que comienza con un enunciado interrogativo. Sin embargo, en muchas ocasiones tenemos ejemplos de construcciones con *¿y qué si…?* que no conectan

86 Independientemente de que se consideren interrogativas totales o parciales, ya que las cláusulas condicionales pueden ser marco de ambos tipos (Montolío, 1999b: 3689).

con ningún enunciado previo y que inician el discurso (aunque puede interpretarse como conexión con el contexto comunicativo):

(173) *¿Y si el papa Francisco nombra cardenal a una mujer?* http://ow.ly/p9rC8 Contempla recuperar el elemento femenino del primer cristianismo
(Ejemplo obtenido de Twitter, 2013. El País [@el_pais])

Como vemos en el ejemplo, se usa una condicional con *¿y si?* para iniciar tanto la intervención como el discurso y que el resto de los usuarios de Twitter reaccionen tanto entrando en la noticia completa como respondiendo al tuit. No hay una intervención o enunciado previos que permita establecer una conexión discursiva. Ciertamente, una interpretación es que se trata de un enlace contextual, con un contexto previo simulado o con las propias circunstancias comunicativas. Sin embargo, creemos que es más plausible la interpretación de que se trata de una construcción ya fijada en la lengua tan reconocible que se puede lexicalizar, incluso, como una categoría de preguntas específica:

(174) A veces se alternan los *y si* con los *menos mal que*. Recuerdo un *y si* y un *menos mal que* que se sucedieron en mi vida con una diferencia de pocos días. El primero fue el caso de una chica joven que enfermó bruscamente y a las pocas horas falleció en Urgencias. Se hizo, desde todos los puntos de vista, todo lo que se pudo; pero *¿y si…?* Al día siguiente salía yo del hospital pensativo; esperaba el ascensor que me llevaría a la calle, triste y amargado.
(CORPES XXI, 2002. Felipe Lucena Marotta, *Qué significa estar sano*)

De hecho, la conjunción *si* condicional es la única posible para formar este tipo de construcciones con valor de propuesta. No resulta posible usar la conjunción *como* (+ subjuntivo) para formar una estructura similar (**¿y como vayamos al cine?*). Este alto grado de fijación de las dos conjunciones *y* y *si* en un enunciado interrogativo nos hace pensar que estamos ya en una construcción propia diferente a los patrones de formación de las suspendidas, que no precisan de la conjunción copulativa para formarse. Además, la prosodia de las construcciones con *¿y si?* tampoco puede equipararse al resto de suspendidas, lo que para nosotros es un rasgo indesligable de estas. Los resultados ofrecidos en Pérez Béjar (2019b: 165–167) no parecen concluyentes y hay casos dispares entre informantes que realizan un tonema final en anticadencia y otros que lo hacen en cadencia. Es preciso un análisis más profundo de la caracterización del grupo entonativo de estas construcciones.

En cuanto a los valores discursivos que adquieren las construcciones con *¿y si?*, también estos se distancian de los de las condicionales suspendidas prototípicas. Los sentidos expresados por los enunciados con *¿y si?*, como hemos visto, pueden expresar ofertas, pero también otros que apelan al receptor de diferentes maneras, como se ve en este ejemplo:

(175) *¿Y si los neandertales somos nosotros?*
Los últimos descubrimientos genéticos reabren el debate sobre la posibilidad de que esta especie no se extinguiese, sino que fuese integrada por los 'sapiens'
(Ejemplo extraído de *El País*, elpais.com, 9/04/2021. Altares, Guillermo, "¿Y si los neandertales somos nosotros?")

En este titular de noticia se pretende llamar la atención al receptor sobre la información aportada o sobre lo que se va a encontrar en la noticia para captar su interés y que siga leyendo. De hecho, este funcionamiento parece constituir la base del significado de estas construcciones que, en algunos (seguramente muchos) contextos, puede interpretarse como una propuesta. Estas construcciones caracterizan modalmente el enunciado y lo imbuyen de un valor epistémico y expresivo al mismo tiempo. Lo dicho aparece expresado como una posibilidad de la que se duda su posible correlación con la realidad, pero la información aportada aparece como poco esperada, sorprendente o que no se había tratado con anterioridad. Cuando esta posibilidad novedosa en el discurso se presenta como un ofrecimiento para hacer algo, es cuando adquiere la fuerza ilocutiva de directivos como una propuesta:

(176) DIRECTOR
Nada de despidos masivos. Les recuerdo que nuestros accionistas son hombres de negocios cristianos, no les gusta ese tipo de publicidad.
Hecha a andar de nuevo, todos lo siguen.
ENCARGADO
¿Y si despidiéramos a la delegada? Las demás seguro que se asustarían.
Interviene Eduardo.
EDUARDO

No, recuerden lo que ocurrió en el centro de Barcelona cuando despedimos a la delegada de las empaquetadoras. Sus compañeras fueron a la huelga y paralizaron el centro durante un mes. Las mujeres son muy solidarias...
(CORPES XXI, 2001. Agustín Díaz Yanes, *Sin noticias de Dios*)

En otros contextos, en cambio, la caracterización de esta posibilidad como novedosa puede servir para realizar réplicas en un debate. Se considera que el interlocutor no se espera el contraargumento expresado y, por tanto, le será difícil de refutar:

(177) B: yoo o sea yo lo que decía es que a ver si me entiendes joder/ yo/ un- una pareja// folla y se queda preñada↑ se jode/ que tome↑ medidas
C: [pues yo no]
B: [otra] cosa no↑ coño Carolina
C: que [tome medidas *¿y si=]*
B: [que tome medidas]
C: = *le ha fallado el preservativo?§*
B: § que TOme/ [yo qué sé tía=]
A: [(( ))]
B: [=a ver si=]
C: [¿quée?]
B: = me entiendes ¿y que la tiene que pagar el niño?
C: noo [¿qué niño=]
B: [una mierda tía]
C: = tía?§
B: § bueno [me da igual]
C: [si abortas] antes de los tres meses no es niño
B: me da igual/ me da igual/ una cosa e- es§
C: § *¿y si al tío no lo quiero?*
B: pues tía ¿qué coño haces follando con él si al tío no lo quieres§
C: § bueno tía una cosa es que folles↑ y otra cosa es que lo quieras↓ ¡eh! perdona cariño
(Val.Es.Co. 2.0., 1994. Conversación 20)

La caracterización de lo dicho como una posibilidad novedosa no parece ir en sintonía con el funcionamiento de otras condicionales suspendidas prototípicas. Una condicional suspendida, como las vistas en los apartados anteriores de este capítulo, plantea una relación evidente entre un argumento y una conclusión que no se explicita. En este proceso, la información no tiene por qué ser conocida por el interlocutor, pero tampoco se interpreta necesariamente como sorprendente o poco esperada.

Expuestos estos argumentos, no parece oportuno equiparar las condicionales suspendidas con las construcciones con *¿y si?* Estas poseen un proceso evolutivo distinto, un patrón constructivo específico (los enunciados con *¿y si?* necesitan obligatoriamente la conjunción *y* al inicio y una prosodia reconocible como interrogativa) y se especializan en unos valores discursivos propios que están muy convencionalizados en español, como el de propuesta. Parece más oportuno considerarlas como un caso similar a las construcciones independientes con *si* de réplica (*¡si no he hecho nada!*) que, aunque procedan de condicionales, se constituyen como una construcción propia. De hecho, desde un enfoque contrastivo, las condicionales suspendidas pueden traducirse a otras lenguas, como el inglés, partiendo de recursos similares o del mismo patrón constructivo. En cambio, las construcciones con *¿y si?*, en su traducción al inglés, requieren del uso de otro tipo de elementos, como los pronombres interrogativos: *how about…?, what if…?*

Capítulo 6 Las respectuales suspendidas con *para*

6.1. ¿QUÉ SON LAS RESPECTUALES SUSPENDIDAS?

Ante todo, debemos aclarar que el término "respectual" lo tomamos de Santos Río (2000a). Engloba un conjunto de construcciones que expresan "respectualidad", con el sentido de 'guardar relación'. Este valor se encuentra muy relacionado con las nociones de *tópico* y *tema* de la dimensión informativa que reflejan el *aboutness* (*cfr.* Dijk, 1992 [1977]: 119). Entre estas denominadas respectuales se encuentran las cláusulas introducidas con la conjunción *para* seguida de sintagma nominal y que no expresan un sentido (propiamente) final:

(178) Tampoco Cervantes tiene en Madrid una gran calle que se pueda comparar con la avenue Montaigne de París. *Para lo que fue la vida de Cervantes es más natural que su calle sea una calle discreta.*
(CORPES XXI, 2011. Manuel de Lope, *Azul sobre azul*)

(179) Pili.-¿Nos vas a contar ahora tu vida, guapa? Para eso me compro una televisión, como mi madre, que le encantan las horteradas. Si quieres te la presento y se lo cuentas a ella. Pero a mí no me des la vara.
Juanita.-Yo lo decía para que os pusierais en mi situación. Todos podemos necesitar un favor.
La Rizos.-*Para una vez que he pillado bien, casado o soltero, me da igual.* Está "okupao", como el edificio, a ver si te enteras. Así que ya te puedes ir haciendo a la idea.
Pili.-Tú te quedas con el Rubio, que para eso te ha tocado.
(CORPES XXI, 2006. José Luis Alonso de Santos, «Edificio okupado», *Cuadros de amor y humor, al fresco*)

Estas estructuras con *para* en construcciones bimembres poseen una serie de comportamientos que posibilitan su realización como suspendidas, como su carácter prospectivo hacia una conclusión esperable que, por ser evidente, no tiene por qué estar explicitada. Esto le confiere un alto carácter predictivo, como el resto de las construcciones suspendidas que analizamos en este trabajo. Como suspendidas, podemos mostrar los siguientes ejemplos:

(180) EMPLEADO 4 *¡Para una vez que vienen a España los Tortoiseshell Glasses!*, que nos juntamos, además, los colegas del grupo, la gente del mundillo, que es un acontecimiento. Aquí, porque somos muy paletos y no los conoce nadie. Pero esa gente está revolucionando la armonía y tienen unas letras que... ¡eso es palabra poética! Son lo más. ¿Ahora mismo? Lo más. ¡Y como me lo pierda!...
(CORPES XXI, 2007. Luis García-Araus y Javier García Yagüe, *Rebeldías posibles*)

(181) MARTIRIO.-Un sobre cerrado no debe abrirse.
NORBERTA.-Ni falta que hace si no se ve nada al trasluz.
MARTIRIO.-(Con reproche contenido.) Eres muy lista tú.
NORBERTA.-(Indiferente.)*¡Para lo que ha servido!*
(MARTIRIO va a decir algo.)
NORBERTA.-(Cortándole la palabra.) No se canse. Ni yo voy a ir buscando cobijo a mis huesos, ni usted podrá dejarme ir, aunque quiera, porque estoy atada a su secreto.
(CREA, 1986. José López Rubio, *La puerta del Ángel*)

Somos conscientes de que el sentido de "complementación respectual" puede ser algo general y un tanto ambiguo. El propio Santos Río (2000a: 120) reconoce que "los bordes semánticos de la noción no son del todo nítidos y que, como es normal en las macroclases lingüísticas, hay entre los miembros grados de perfección, niveles de pertenencia y ejemplares no prototípicos". De hecho, según la lista del autor, es posible incluir dentro de la complementación respectual elementos y estructuras muy diversos que pueden distanciarse mucho entre sí tanto en forma como significativamente. Sin embargo, optamos por esta denominación por varios motivos. En primer lugar, por la perspectiva de Santos Río, que permite incluir este tipo de estructuras en un marco lingüístico diferenciado de las cláusulas finales con *para*. Seguidamente, el término "respectual" permite recalcar la importancia del tratamiento de la información en ellas, un aspecto importante en su caracterización. Finalmente, lo "respectual", al poseer un significado general, abarca sin problema los posibles sentidos básicos de *para* en estos contextos y se constituye como una etiqueta para designar rápidamente este fenómeno.

Así pues, denominaremos respectuales suspendidas a aquellas estructuras introducidas por *para* seguido de una construcción nominal que no expresan finalidad, sino que introducen un argumento relacionado con el tópico del discurso y que es suficiente para llegar a una conclusión que se considera predecible en el mundo compartido de los interlocutores. La idea de suficiencia es un carácter relevante en estas estructuras, ya que en nuestra clasificación de suspendidas permite que estos enunciados con *para* constituyan un grupo propio: las estructuras suspendidas de suficiencia argumentativa. Son estructuras que hacen hincapié en presentar un argumento que el hablante considera suficiente para validar una determinada conclusión y pretende que sea compartida esta validación por el interlocutor.

Por último, queda plantear si existen otras estructuras respectuales similares que también puedan quedar suspendidas, pero que no están introducidas por *para*, sino por otra preposición o relacionante. Creemos que existen otras construcciones con un sentido cercano a las construcciones con *para*, pero su uso como suspendidas no está tan claro. Es el caso, por ejemplo, de las construcciones con la secuencia [*con* + SN + oración de relativo]: *con el caso que te hace*... (*cfr. NGLE*, 2009: 3219). Es posible plantear una estructura similar a las ya referidas con *para*: *para el caso que te hace*... Sin embargo, los ejemplos que hemos encontrado con la preposición *con* suspendidos son bastantes menos que los encontrados con *para* y, en muchos casos, no estamos seguros de que se trate de una verdadera suspensión, ya que tienen tendencia a terminar en cadencia. En cualquier caso, no abundan los estudios que reúnan estas construcciones (suspendidas o no) en un mismo paradigma. Por ello, escogemos las construcciones con *para* como una de las más representativas de este tipo de "respectuales", sin negar que existan otras a las que también puedan afectarles el fenómeno de la suspensión.

6.2. Significados de las estructuras con *para*

Antes de analizar los usos de las estructuras suspendidas respectuales introducidas con *para*, creemos necesario hacer un breve compendio de los valores que adquiere la preposición en sus contextos más habituales de uso. De esta forma, podemos tener una visión más completa del funcionamiento de la preposición *para* en la lengua y determinar qué usos son los que pueden aparecer realizados como una suspendida.

Nos centraremos en un doble enfoque, sincrónico y diacrónico, para conocer mejor la capacidad funcional de las estructuras que introduce *para* de tal forma que podamos dar explicación al surgimiento de su realización como suspendidas en su desarrollo dentro del código del español.

6.2.1. Las construcciones con para *en sincronía actual*

Podemos identificar, en un principio, seis patrones y usos actuales de las estructuras con *para*. Trataremos de determinar cuáles de ellos permiten más fácilmente su realización como enunciados suspendidos.

a) [*Para* + infinitivo / *Para que* + subjuntivo] con significado final

El sentido de finalidad es el prototípico de las construcciones introducidas por la preposición *para*: *Te escribo para saber de ti; Envió a sus hijos a París para que mejorasen su nivel de francés.* Galán (1999: 3621 y ss.) identifica sentidos y funciones más específicos dentro de este valor final básico:

- "Objetivo como utilidad" (*idem:* 3622). *Pásame el cacharro para hervir agua.* En estos casos, la cláusula final suele interpretarse también como un adyacente del SN "el cacharro". En este funcionamiento pueden incluirse también las cláusulas de relativo con valor final (*cfr.* Galán, 1996).
- "Objetivo como contraste" (Galán, 1999: 3623). Se contraponen dos elementos, en este caso dos lugares: *Se alejaron del sendero para internarse en el bosque* (ejemplo extraído de Galán, 1992a: 435). En este grupo, la autora observa otros valores desprendidos, como la condicionalidad, la concesividad o la consecutividad. Pero, por tratarse de sentidos alejados del valor final, los veremos más adelante como un grupo diferenciado. Asimismo, en este subgrupo la autora reúne casos de "antifinalidad", de un fin o una consecuencia

no deseada: *¡He empleado un año de trabajo para perder ahora el puesto!* (ejemplo extraído de Galán, 1999: 3624).

- "Objetivo como deseo" (Galán, 1999: 3624). Aparece principalmente con verbos volitivos: *Me gustaría que María fuera contigo a la fiesta para que no vayas solo.*

Por otro lado, es común que este sentido de finalidad en cualquiera de sus expresiones confluya con el sentido de causa, ya que un 'objetivo' puede ser el 'motivo' (la 'causa') de que se lleve a cabo una determinada acción. Esta confluencia ha sido ya extensamente analizada por multitud de trabajos (*cfr.* Bolinger, 1944; Galán, 1992a, 1992b, 1999; Perona, 2001; Silva Ceceña, 2014). Este sentido de causa básica puede repercutir en que algunas construcciones con *para* puedan realizarse como suspendidas, ya que su funcionamiento se acerca al de las causales suspendidas.

b) [*Para* + infinitivo / *Para que* + subjuntivo] con sentido de consecuencia

Aunque Galán (1992b: 131) agrupe estas estructuras entre "formas enfáticas de carácter final" o entre las "oraciones finales de objetivo como consecuencia" (1999: 3623), se observa ya un alejamiento del sentido final prototípico: *la curiosidad era demasiado grande para que don Pedro consintiera ahora en marcharse* (ejemplo extraído de Galán, 1992b: 156, *Tiempo de silencio*, 1962, L. Martín Santos). La finalidad pierde terreno para dar lugar a un sentido de consecuencia: 'la curiosidad era *tan* grande *que* don Pedro no consentiría ahora en marcharse'. No solo se da esta estructura con subjuntivo, sino que también puede aparecer con infinitivo. Galán (1992b: 131) relaciona estas estructuras, sobre todo, con una modalidad interrogativa, pero también puede aparecer en declaraciones:

- *¿Qué he hecho yo, Señor, para merecer esto?* (ejemplo extraído de Galán, 1992b: 131: *Cinco horas con Mario*, 1966, M. Delibes).
- *Comes demasiado rápido para apreciar el sabor* (ejemplo extraído de Galán, 1999: 3623).

Coincidimos con la autora en que este tipo de estructuras presenta un carácter enfático o ponderativo, de forma similar a las estructuras con *para* con valor concesivo que veremos a continuación, y que Iglesias y Villayandre (2012) incluyen dentro de la "sintaxis de focalización". Con respecto a las consecutivas, Galán (1992b: 156), de hecho, habla de aquellos casos con *para* que destacan un valor negativo y de réplica: *¡Uno no ha estado siete años rompiéndose los codos, para que luego te venga un panadero retirado a llamarte ignorante ni a darte lecciones de nada!* (ejemplo extraído de Galán, 1992b: 156: *El Jarama*, 1956, R. Sánchez Ferlosio). Este énfasis sobre una de las dos partes de esta estructura pudo haber motivado que aparezcan como *independientes* las cláusulas con *para,* ya que solo se considera importante el segmento introducido por el relacionante *para*, que es el que establece el valor de intensificación:

(182) Usuario 15 (hombre):
Para que luego digan que Alvaro Ojeda es un facha pepero... No solo los políticos españoles dan asco, la sociedad española en si da asco. Porque en la época de las vacas gordas no ejerció ni puso interes en controlar como es debido la corrupción. Y ahora lo quieren solucionar todo deprisa y corriendo, a lo facil, votando a algún iluminado.
(Corpus MEsA. Facebook, FB 2016 jun OJE 03)

(183) Usuario 40 (hombre):
[Mención a usuario 38] Cuando un toro mata a un torero lo sacrifican a él, a su padre y a sus crías. *Para que luego digan que es una "lucha justa"* ☹
(Corpus MEsA. YouTube, YT 2017 jun 17 VAY 01)

Estas expresiones de desacuerdo a través de una "consecuencia no deseada" van adquiriendo cierta autonomía al adquirir un uso más especializado. Esta independencia también tiene su reflejo formal en que estas construcciones se sitúan entre pausas como cualquier enunciado y que la inflexión final se realiza en cadencia como un cierre prototípico. Por este cierre no son suspendidas, pero sí son enunciados independientes o insubordinados por la marca de subordinación que poseen y el no estar ligados a una cláusula principal: *para que* + subjuntivo (*cfr.* Evans, 2007; Evans y Watanabe, 2016).

c) [*Para* + infinitivo / *Para* + SN] con sentido de concesión

Este valor de las construcciones con *para* ha recibido mayor atención, pero dentro de los análisis sobre la concesión. La mayoría de los autores que se han centrado en ello destaca el valor enfático, ponderativo o intensificador que posee esta cláusula con *para* (Galán, 1992a, 1992b; Sánchez López, 1995; Flamenco, 1999; Santos Río, 2000a; Iglesias y Villayandre, 2012; Marcovecchio y Pacagnini, 2013) y, como hemos visto en otros valores, parece que es un valor necesario para diferenciarse de otras concesivas más prototípicas. Según Galán (1992a: 435–436, 1992b: 130–131), ante estas estructuras, el oyente observa un desajuste con el sentido lógico de una final y, contextualmente, reinterpreta la oración como una concesiva. Por este motivo las llama falsas finales: *poco partido tiene para ser nueva* (ejemplo extraído de Galán 1992b: 130: *Tirano Banderas,* 1926, R. del Valle-Inclán). De hecho, para Flamenco (1999), Marcovecchio y Pacagnini (2013) y Pérez Saldanya y Salvador (2014), la primera diferencia que se da entre concesivas y finales es que las primeras son de carácter retrospectivo y solo pueden hacer referencia a un hecho pasado o presente; las finales son puramente prospectivas. Además, la referencia a hechos futuros de las finales se considera no factual, mientras que los hechos de las concesivas expresan un hecho factual. Este carácter factual ha sido destacado por Iglesias y Villayandre (2012: 440)[87] y por Marcovecchio y Pacagnini (2013: 102). Santos Río (2000a: 126) identifica estas construcciones con sentido concesivo como un tipo de complementación respectual con un valor más cercano a la comparación que a la finalidad[88].

Por otro lado, Galán (1992a: 435) y Marcovecchio y Pacagnini (2013: 106) defienden que estas estructuras concesivas con *para* afectan a la modalidad de la oración o de la enunciación[89] y pueden conformar

87 "En las concesivas prototípicas introducidas por *aunque*, la aparición de uno u otro modo tiene que ver con que lo que se le reconoce o concede al interlocutor sea ficticio o no (*Aunque llueve, saldré de paseo* → 'Reconozco que llueve...' / *Aunque llueva, saldré de paseo* → 'Reconozco que puede llover (pero no llueve)'). En las estructuras de (19) los papeles están perfectamente repartidos: las estructuras de (19a) [con *para* y artículo] siempre presuponen un reconocimiento de algo que en realidad ha sucedido o está sucediendo, y por eso se combinan con indicativo; en las de (19b) [con *por* y sin artículo] se efectúa un acto de "concesión" de algo que puede suceder (pero que, de momento, no sucede), y de ahí que vayan en subjuntivo" (Iglesias y Villayandre, 2012: 440).

88 Santos Río (2000a: 146) denomina esta estructura con *para* como un "complemento respectual comparativo-proporcional paraconcesivo".

89 *Cfr.* Otaola (1988) para el concepto de *modalidad de la enunciación.*

alguna expresiones exclamativas con cierto grado de fijación e independencia:

> Estas construcciones concesivas con *para* dan lugar muy frecuentemente en la lengua coloquial a enunciados con modalidad exclamativa o apreciativa con valor negativo que presenta un alto índice de fijación en el sistema:
> *¡Para lo que ha estudiado...!*
> *¡Para lo que le va a servir ese dinero...!*
> *¡Para lo que prometía...!* (Marcovecchio y Pacagnini, 2013: 106).

Sin embargo, estos tres ejemplos que plantean las autoras poseen una diferencia estructural con el resto de concesivas con *para* de sus ejemplos: no siguen la estructura [*para* + infinitivo], sino que se conforman con [*para* + oración de relativo sustantivada]. Más bien, y como veremos más adelante, esta forma se corresponde con otro tipo de funcionamiento más acorde con su estatus de estructura suspendida:

(184) ALESIO.- (Amargo.) ¡No, amigo mío! ¡Queríais actores de talento, y los habéis tenido!
VALENTÍN.- *¡Para lo que ha servido!*
DUQUE.- ¿Qué queréis decir?
VALENTÍN.- Señor, deseábamos ganar el concurso para poder trasladarnos a Indias. Unos ladrones nos despojaron del dinero que guardábamos para el viaje.
(CREA, 1987. Ignacio García May, *Alesio, una comedia de tiempos pasados*)

(185) Cifuentes ¿Y quién va a echarnos? ¿Tú, o ese maravilloso Ojeda?
Ojeda *(Molesto)* ¡Mierda! *¡Para una vez que estoy comiendo a gusto...!* Al que toque mi plato le corto el brazo. ¡Una pausa hasta que vuelva! *(Se pone en pie y se encara a Cifuentes)* ¿Me llamabas?
Cifuentes *(Desconcertado)* ¿Tú eres Ojeda?
(CREA, 1995. Alberto Vázquez-Figueroa, *La taberna de los Cuatro Vientos*)

Todos estos casos encajan perfectamente dentro de una entonación suspendida. Por eso, es difícil interpretar siempre un sentido concesivo. No negamos que estas suspensiones puedan ser análogas a usos concesivos, pero dependiendo del contexto, la interpretación puede ser concesiva o de cualquier otro valor. Es difícil llegar a una conclusión certera sin poseer una segunda parte. Así, si usamos los ejemplos de Marcovecchio y Pacagnini (*vid. supra*):

- *¡Para lo que ha estudiado…!* puede tener una interpretación concesiva como *'para lo (mucho) que ha estudiado, ha suspendido'*. Pero también puede poseer un valor no concesivo: *'para lo (poco) que ha estudiado, es normal que suspenda'*.
- *¡Para lo que prometía…!*, por el componente semántico de *prometer*, es bastante intuitivo asimilarlo a un valor concesivo: *para lo (mucho) que prometía, no me ha gustado nada la película / para lo (poco) que prometía, me ha gustado bastante la película.* Sin embargo, también es perfectamente posible un caso no concesivo: *para lo (poco) que prometía, es normal que te haya decepcionado la película.*
- *¡Para lo que le va a servir ese dinero…!* tampoco parece permitir una interpretación concesiva clara.

Resulta complicado en ejemplos que no son reales decantarnos por una interpretación u otra. Pero, incluso en nuestro corpus de usos lingüísticos reales, no hemos encontrado ni un solo caso claro con *para lo que* concesivo entre las respectuales suspendidas. Esto refuerza nuestra idea de que las estructuras concesivas no suelen permitir su realización como suspendidas.

d) [*Para* + infinitivo / *Para que* + subjuntivo] con sentido condicional (falsas condicionales)

Marcovecchio y Pacagnini (2013: 104) hablan también de estructuras con *para* que pueden interpretarse con un valor condicional. A estas las llaman "finales-condicionales" o "procondicionales", y en ellas se entrelazan los sentidos de finalidad y de condición. Tomamos un ejemplo real extraído del trabajo de estas autoras:

> Esperamos que seas muy feliz con esas cosas tan bellas que pediste. Has de ser una niña muy especial *para haber hecho una solicitud tan hermosa.* Te ruego que sepas disculpar los inconvenientes que ya superamos (Cartas a Papá Noel, *La Nación*, 20-01-2008).

En estos ejemplos la interpretación es doble: final ('hay que ser una niña especial para hacer una buena solicitud') y condicional ('si has hecho una solitud tan hermosa, debes ser una niña muy especial'). Galán (1992a: 435, 1992b: 131–132), por su parte, no piensa verdaderamente que se trate de una relación condicional y las llama "falsas condicionales". Para esta autora, la relación de los dos elementos se corresponde más a una cierta actitud modal del hablante y no a la intención de expresar una condición:

> Las nociones contenidas en la oración principal se entienden como una justificación del juicio valorativo que expresa PARA+inf: *si dices que soy guapa* es porque *ves visiones* [en referencia al ejemplo *Tú ves visiones, chico, para decir que soy guapa*[90]]; pero esta traducción de la actitud del hablante no significa que la oración deba ser interpretada como causal (o consecutiva) o como condicional. Se trata, en suma, de una valoración subjetiva que no puede explicitarse en un esquema formal determinado (Galán, 1992b: 132).

Coincidimos con esta autora en pensar que la interpretación condicional se ve demasiado forzada o determinada por factores contextuales, y no es un valor intrínseco de la estructura. Como Galán, consideramos que prevalecen otros aspectos o valores como la actitud del hablante por encima del valor condicional.

e) [*Para* + infinitivo] con valor de comentarios enunciativos

Galán (1992b: 129–130) también registra un uso frecuente de las construcciones de [*para* + infinitivo] que se especializan en la expresión de comentarios metalingüísticos enunciativos o modales:

> PARA+inf no modifica únicamente al verbo principal, sino que está vinculada con toda la oración; tampoco su significado se corresponde con una forma gramatical específica, puesto que puede ser traducida tanto por un adverbio de actitud oracional (no circunstancial) como por una oración completa.

La autora se refiere a cláusulas como *para serte sincero, para ser exactos, para resumir, para no repetirme,* etc. Se trata de comentarios que, en su base significativa, implican una finalidad de la enunciación (*te digo esto para ser sincero; te digo esto para resumir. . .*). Sin embargo, estas expresiones están cada vez más ancladas y orientadas a su finalidad discursiva, y esto diluye su sentido final originario, pues el objetivo es expresar sinceridad o mostrar exactitud en lo dicho, que no son

90 Ejemplo originariamente extraído de *El Jarama* (1956), de R. Sánchez Ferlosio.

verdaderos objetivos discursivos del hablante, sino complementos del *dictum*.

f) [*Para* + infinitivo / *Para* + oración de relativo sustantivada / *Para que* + subjuntivo] con sentido comparativo proporcional

Este valor es recogido por Santos Río (2000a: 146) como otro complemento respectual más. Según este autor, se trata de una estructura que establece una evaluación bajo la idea de una desproporción[91]: *Julián gasta demasiado para lo que gana*. Para Santos Río, los sintagmas nominales que introduce *para* en este valor excluyen los rasgos de [+Intens] y "[+o(= objeto, individuo)]". Efectivamente, en los SN introducidos por este *para* no suele aparecer un sustantivo concreto, como demuestra también el hecho de que es frecuente la aparición de un SN transpuesto desde una oración de relativo a través del artículo *lo*. Este tipo de transposición oracional permite sustantivar realidades complejas abstractas:

(186) Se podría decir que ésta ha sido la mejor canción que se ha oído este viernes en el Rock in Rio de Arganda del Rey (Madrid), una jornada dedicada a la electrónica más pachanguera con el DJ David Guetta y el 'raperoreggaetonero' Pitbull como cabezas de cartel. La canción en cuestión es la sintonía oficial de un espectáculo que, al menos en lo artístico, parece haber tocado fondo. *Y eso que 'artístico' es una palabra que se antoja demasiado grande para lo que sucede allí.*
(CORPES XXI, 2012. Darío Prieto, «La misma canción en el Rock in Rio». *El Mundo.es*)

Cuando se trata de un SN con un sustantivo de lengua, Santos Río los identifica con una estructura paraconcesiva como las del grupo c). Por otro lado, este tipo de construcciones respectuales con *para* sí es bastante propenso a realizarse como suspendida:

(187) A: puff. hala está todo rayado ese disco tío
B: el de esea↑
A: [sí]
C: [esto queda hip hop chaval]

91 Esta idea de desproporción también la observa Narbona (1990: 57).

> B: *para lo que lo escucho* puf puf. Si he traído cosas que a mí no me molan molan. He traído house también chaval
> A: house aquí para ambientar aquí de e eh
> (COLA, malcc2-08)

En el ejemplo, está implícito el sentido cuantificado 'para lo poco que lo escucho'. El hablante nos lleva a una comparación de dos hechos: 'no lo escucho tanto para que me importe que esté rayado'. En esta comparación se basa el valor de suficiencia de las estructuras respectuales suspendidas y este es, por tanto, el grupo de estructuras con *para* del que va a surgir la mayor parte de sus realizaciones como tales.

Por último, Santos Río también admite que en esta comparación desproporcionada puede aparecer una oración con subjuntivo o con infinitivo: *Está muy bien para que lo hayas hecho tú / Está muy bien para haberlo hecho tú* (ejemplos adaptados de Santos Río 2000a: 146). Sin embargo, con estos esquemas no es tan habitual la realización como suspendidas.

Tras hacer un repaso de todos estos valores de las cláusulas con *para*, hemos visto que no todos propician la aparición como estructuras suspendidas. El valor final, aunque está en la base y el origen de las construcciones con *para*, parece diluirse y dar paso a otros muchos sentidos que adquieren su propia forma e independencia. No es este el que propicia la aparición de la suspensión, sino otros más cercanos a la consecuencia, a la concesión, a la comparación o a la cuantificación. Sin embargo, como también se ha visto, no es fácil determinar si un caso de suspensión proviene de una estructura concesiva, consecutiva o de otro tipo. La cláusula principal de la estructura bimembre con *para* no aparece y, por tanto, se hace difícil determinar si se trata una relación lógica u otra. Sin embargo, sí parece que las respectuales suspendidas tiendan a la expresión de comparaciones cuantitativas con cierta idea de intensificación y creemos que este grupo es el que mejor propicia la aparición de la realización suspendida.

6.2.2. Las construcciones con para *en diacronía*

Ante la multiplicidad de valores que adquieren las estructuras con *para*, creemos que es necesario hacer un breve repaso de la historia de su forma y de sus valores para comprender mejor su funcionamiento. Por lo general, se marca el origen de la preposición *para* en la combinación de preposiciones latinas *pro ad* (*cfr. DLE,* 2014: *s.v.* para, pora). Melis (1992) también plantea otra posibilidad de su origen en la combinación de preposiciones *per ad*, aparte de *pro ad.* Tanto la preposición latina *pro* como *per,* como indica esta autora, poseen un valor de traslación espacial que está en la base de los sentidos finales que podrán adquirir. Según Melis, la diferencia estriba, principalmente, en que *per* indica un traslado sin necesidad de implicar una orientación, y se centra más en el 'trayecto'; en el caso de *pro*, la preposición suele introducir una frase nominal que corresponde al término o fin del trayecto y, por tanto, marca de forma más explícita la 'orientación' del traslado. *Ad* por su parte, indica "la aproximación a un límite" (Melis 1992: 76). La autora indica, además, que en latín se dieron usos tanto de *per ad* y de *pro ad* con un funcionamiento similar que no se restringían únicamente a la traslación espacial, sino también a la temporal y a diferentes tipos de traslación figurada.

Ya venga de *pro ad* o de *per ad*, la forma resultante en el español medieval fue *pora*[92]. *Pora* pudo adquirir perfectamente gran parte de los valores de traslación de las preposiciones latinas, aunque en su evolución, Silva Ceceña (2014) destaca el papel de su sentido de 'orientación'. Esto vincula su origen más estrechamente a la preposición latina *pro* que a *per.* Pero la forma *pora*, como indica Silva Ceceña (*idem*: 3639), tuvo una vida corta y la forma *para* se impuso, entre otras razones, por ser más clara que la primera, que planteaba mayores confusiones con la preposición *por.* A finales del siglo XIII, la forma *para* ya es plenamente dominante, como se observa en la Figura 71:

Cronología que condujo a *para* 'final'

XI	XII	XIII inicios	XIII finales
final asindética ***que*** 'final' → ***por*** 'final'	***pora*** muy frecuente (87 %) → ***para*** ocasional (9 %)	***pora*** frecuente (69 %) → ***para*** algo frecuente (30 %)	***para*** muy frecuente (97 %)

Figura 71. Diacronía de las conjunciones finales. Cuadro tomado de Silva Ceceña (2014: 3640)

92 Su origen fonético se explica mejor a través de *pro ad* que de *per ad.* Aunque en catalán, por ejemplo, sí triunfó una forma con –e: *per a.*

Tanto una forma como otra se muestran equivalentes en sus valores y, por eso, nos resulta más necesario para el análisis ver cómo el valor de ambas llega a expresar finalidad. Como comentamos, Silva Ceceña plantea que la clave está en la orientación de la preposición que parte de un traslado "objetivo" y "espacial" a un enfoque más subjetivo de este movimiento[93]. Junto a esta evolución del sentido, la preposición *para* (o *pora*) varía también en sus términos, desde introducir un sustantivo, un infinitivo o hasta permitir una oración con verbo conjugado (*vid.* Figura 72):

Camino conceptual y construccional del nexo *para*

Orientación objetiva 'traslado' 'término'				Orientación subjetiva 'orientación'
	→		→	
para + nominal		*para* + infinitivo		*para que* + verbo conjugado

Figura 72. Evolución de la conjunción *para*. Cuadro tomado de Silva Ceceña (2014: 3634)

El cambio semántico de la construcción a través de un procedimiento metonímico (indicar la meta en lugar del traslado) permitió la combinatoria con verbos menos dinámicos (*cfr.* Melis, 1992; Silva Ceceña, 2014) y el sentido se fue especificando para dar lugar a la estructura final tal y como la conocemos.

Sin embargo, sigue faltando un paso en la evolución. Desde el sentido final, ¿cómo es posible adquirir el resto de los valores derivados como el consecutivo, el concesivo o, de forma más general, el focalizador? Pocos testimonios y estudios tenemos de estos valores a lo largo de la historia. En las concesivas con *para* (uno de los sentidos diferentes a la finalidad más analizados de las construcciones con *para*), Pérez Saldanya y Salvador (2014: 3814) dan un breve testimonio de estas estructuras en el siglo XVI, en la crónica *Historia verdadera de*

93 "El valor básico de *para* es designar el traslado o la transferencia de una entidad hacia un determinado ámbito que funciona como término. Es decir, tiene un significado básico de espacialidad orientada hacia una meta" (Silva Ceceña, 2014: 3633).

la conquista de la Nueva España de Bernal Díaz del Castillo, pero las referencias a estas construcciones en la historia del español no abundan, y mucho menos casos de suspensiones si no es en un corpus de material lingüístico reciente. Pensamos que estos otros sentidos pueden tener campos de actuación comunes con la expresión de la finalidad y que la aparición en determinados contextos de las finales ha permitido desarrollar valores más específicos. Además, el sentido de "causa", presente en casi todas las bipolares y suspendidas, también se encuentra en este tipo de cláusulas con *para*, y es posible que su expresión a través de esta preposición le permita generar orientaciones específicas dentro del significado de causalidad que diferencian estas estructuras de otras como las condicionales o las consecutivas. Finalmente, no se nos escapa que la mayor parte de las estructuras suspendidas con *para* no se ajustan siempre a los esquemas formales [*para* + infinitivo] y [*para que* + oración], sino que aparecen otras posibilidades algo más complejas y que pueden devenir en otros funcionamientos.

6.3. La microestructura de las respectuales suspendidas con *para*

Para realizar la descripción de las respectuales suspendidas, veremos a continuación qué componentes conforman su estructura. Por un lado, revisaremos las posibilidades combinatorias de sus componentes morfosintácticos y cómo repercuten en el funcionamiento macroestructural. Por otro, caracterizaremos según su forma y valores la curva entonativa de estas estructuras y las compararemos con otras suspendidas de esta investigación.

6.3.1. Los esquemas sintácticos introducidos por para

6.3.1.1. Patrones sintácticos básicos de las respectuales suspendidas con *para*

De todos los esquemas sintácticos que hemos visto con *para* (*vid.* § 6.2.1), los que más a menudo permiten la realización suspendida son [*para* + oración de relativo sustantivada] (188) y [*para* + SN con relativo] (189):

(188) A: qué pereza me da hacer química ahora
B: pero no lo tenías hoy↑
A: no mañana lo tengo
<ruidos/>
A: bueno total *para lo que hice el de ayer*↑. Este es el final
B: Estaba @nombre hoy hablando de lo de Selectividad
(COLA, maesb2-05d)

(189) BRAULIO: Con Niceto. ¡Uno de los viejos tiempos! (A GASPAR.) Oye: ¿te has fijado en que está hecho una ruina? (A FABIO.) Pero ha salido adelante. Total: toda la tarde de tapitas y de vasitos. Que si cuando organizamos en Ocaña aquel plante contra el rancho..., que si te acuerdas de aquel porrista del Dueso tan bestia, que reventaba tímpanos a bofetadas... (Indica las bebidas.) Fabio, ¿podemos tomar la última? *Para una vez que te lo pedimos.*
(CREA, 1984. Antonio Buero Vallejo, *Diálogo secreto*).

Apenas hemos encontrado casos en los que la oración de relativo se elida y quede únicamente el SN. En estos ejemplos, no queda del todo claro si poseen el mismo funcionamiento que los otros dos esquemas:

(190) El trayecto hasta el pueblo es eterno, dantesco, horrible y funesto. Me caigo dos docenas de veces, la bici no lleva frenos y en las bajadas es como un potro salvaje, mientras que en las subidas son mis piernas las que no están para chorradas y he de poner pie en tierra para hacerlo a lo natural. El calor es pegajoso, la humedad del cien por cien, y no me he llevado ningún coco para refrescarme. *Para diez minutos...* Pero se convierten en una hora. Estoy tentado de meterme en la selva, nada, unos metros, para ver si localizo un coco, pero no me atrevo. Soy de Nueva York. Ésa es otra historia. No quiero ser el primer idiota que se pierde en una minúscula islita.
(CREA, 1995. Jordi Sierra i Fabra, *El regreso de Johnny Pickup*)

Los patrones con oración de relativo son, al menos, los más frecuentes para constituir estructuras suspendidas en español según los ejemplos encontrados en los distintos corpus analizados. En cualquier caso, pensamos también que es posible que se den en el sistema del español estructuras suspendidas con *para* seguidas de una completiva (a) o de una construcción con infinitivo (b). Sin embargo, apenas hemos hallado ejemplos en nuestro corpus, salvo algún caso esporádico:

a) [*Para que* + subjuntivo]: *No me puedo creer que María haya insultado a Rodrigo. Para que ella llegue a esos términos...*
b) [*Para* + oración de infinitivo]: *Veo a Juan muy ocioso últimamente. Para tener que escribir una tesis...*

Quizás la explicación de que estas estructuras no aparezcan a menudo en los corpus consultados se deba a que no están tan fijadas como en las de los ejemplos (188) y (189). De hecho, Santos Río (2003: *s.v.* para lo que) recoge en su diccionario la entrada *para lo que* como una partícula discursiva más, diferenciada de otras estructuras con *para.*

Por otro lado, creemos que también es importante para la realización de suspendidas el rasgo intensificador que suele asociarse a las concesivas (*cfr.* Galán, 1992a, 1992b; Sánchez López, 1995; Flamenco, 1999; Santos Río, 2000a; Iglesias y Villayandre, 2012; Marcovecchio y Pacagnini, 2013) o a las consecutivas con *para.* Esta intensificación otorga a la estructura un funcionamiento más específico que le permite actuar de forma independiente y no depender de una parte principal. La intensificación, además, va ligada a la expresión de un argumento suficiente que permite predecir la conclusión con facilidad, lo que, a su vez, permite de nuevo su realización como suspendida. Así pues, en este capítulo nos centraremos sobre todo en las construcciones respectuales con *para* que poseen este sentido de intensificación, y las que lo expresan con mayor claridad son las que se configuran con el esquema [*para* + oración de relativo sustantivada] y [*para* + SN con relativo].

6.3.1.2. La estructura de las suspendidas con *para*: ¿un esquema oracional?

Uno de los puntos principales de este estudio ha sido considerar las estructuras suspendidas como enunciados independientes a pesar de que solo están constituidas por una de las cláusulas que conforman una estructura oracional bimembre, como las condicionales o las causales. En los enunciados de dos partes, Rojo (1978) piensa que las dos cláusulas se encuentran en una relación de interdependencia, pero ambas poseen todavía la estructura prototípica de una oración: sujeto y predicación. Sin embargo, en el caso de las respectuales suspendidas con *para,* su estructura oracional no está tan clara, y precisa de una reflexión más profunda.

En la *NGLE* (2009: 2938), *para* es la preposición introductora de un aditamento de finalidad (*necesito dinero para ir al cine*) o de beneficiario (*compré flores para mi marido*), cuyo término es un sintagma nominal o un infinitivo (que también implica cierta nominalización). Cuando *para* introduce una oración subordinada, también lo hace con elementos con un mayor o menor grado de nominalización, ya sea por introducir una oración subordinada sustantiva (*te compré un reloj para que puedas regular el tiempo durante el examen ≈ te compré un reloj para eso*) o una oración de relativo sustantivada. Por tanto, las estructuras con *para* se alejan de la composición de las condicionales o las causales con *como*. Las últimas poseen una estructura predicativa directa y cumplen los requisitos para constituir una oración propiamente dicha. En cambio, en las primeras, cuando aparece la estructura oracional, esta se da a través de un proceso de nominalización, como si estuviéramos simplemente ante un SN. Por este motivo, puede verse que las respectuales suspendidas con *para* se diferencian estructuralmente del resto de suspendidas, ya que no poseen propiamente un esquema oracional, sino que el esquema puede simplificarse en el patrón [*para* + SN].

En cualquier caso, sigue habiendo una predicación que permite que el enunciado posea un sentido completo. Esta predicación no tiene por qué estar inserta sintácticamente en el nivel jerárquico superior de la oración, sino que puede estar representada por una oración subordinada de relativo, como ocurre en la mayoría de los casos. La oración de relativo es la que ofrece, verdaderamente, el contenido proposicional de la estructura. Ciertamente, hay casos en los que no hay oración de relativo y solo tenemos un sustantivo (*para el caso...*), pero en estas situaciones el sustantivo es lo suficientemente significativo o está fijado en la estructura para poder representar por sí mismo todo un contenido proposicional completo. Si la estructura respectual suspendida está introducida directamente por una oración (*para que lo haga él...*), la estructura oracional aparece completa y no hay discusión posible sobre su contenido proposicional.

Por otro lado, las estructuras nominales y de relativo con *para* aún plantean una segunda dificultad. En § 3.4.1, vimos que la capacidad de las estructuras causales y condicionales para actuar como marco de la enunciación en una estructura bimembre podía ser un motivo que propiciara la realización como suspendidas. Con los patrones estructurales de las respectuales con *para*, ¿es posible que estas construcciones puedan actuar como un marco de un enunciado? Nosotros defendemos que son capaces de constituir un marco de la enunciación y que este funcionamiento le permite adquirir cierto grado de predictibilidad para llegar a una conclusión no explicitada, de tal forma que puede enunciarse como una suspendida.

Si admitimos que las respectuales suspendidas provienen de los aditamentos finales, se debe entender que han sufrido un proceso de asimilación de nuevos valores y comportamientos alejados de las restricciones de los adjuntos oracionales. En primer lugar, debemos tener en cuenta que las finales poseen un carácter de posterioridad que propicia su aparición después de la cláusula principal (Narbona, 1990; Galán, 1992a, 1992b). Narbona (1990: 55) comenta que "la relación final supone también que el tiempo en que se expresa el fin que se persigue no puede ser anterior al de la llamada «principal»" y, por tanto, el evento de la final se interpreta como posterior. Sin embargo, el autor también indica que puede existir "una voluntad tematizadora o destacadora" (*idem*) que puede situar la final en posición antepuesta: *para que no me pidáis que repita de nuevo, repito ahora lo que acabo de decir.* Galán (1992b: 47–48) destaca la gran libertad de posición que poseen las estructuras finales con *para*, así que no es extraño que también puedan aparecer antepuestas. Sin embargo, la anteposición no es neutral y para Narbona (1990: 56) puede conllevar valores añadidos. El autor comenta lo siguiente en relación con el ejemplo *Para que nadie pueda protestar después, volveré a leer el Reglamento*: "La anteposición, con todo, se ve acompañada de su parcial desvinculación de la proposición principal (ello se refleja en la pausa), lo que contribuye a los usos a que inmediatamente aludiremos". Los usos a los que se refiere el autor son aquellos que se alejan de la finalidad, como *Para que lo haga él, lo hago yo* (extraído de Narbona, 1990: 56) u otros que referimos en el apartado § 6.2. Coincidimos con Narbona en que esta desvinculación parcial de la oración principal se hace efectiva a través de la pausa y propicia los nuevos valores que se alejan del sentido final y que en última instancia propiciarán la génesis de estructuras suspendidas. De hecho, el autor (*idem*) comenta también que la prosodia se convierte en decisiva para dar lugar a estructuras independientes que ejemplifica con estas frases, entre otras: *¡Lo hago yo! / Para que lo haga él.* ;.*–Pedro se ha hecho* *rico en dos años. –¡Para que después digan que no dejan dinero los churros!; ¡Y ahora, para que no venga ese tren!*

Así pues, vemos que es la posición inicial la que permite que las respectuales adquieran nuevos valores y se transformen en algo distinto a las estructuras finales. De los valores que adquieren las estructuras con *para* en la posición de marco se desprenden los usos de las suspendidas. Además, las respectuales con *para* muestran algunos valores que son muy difíciles de imaginar si no es en posición antepuesta, lo que da muestra de su carácter diferenciado de las estructuras finales:

(191) El mensaje navideño del Rey Alberto II en el que señaló que "nadie puede estar por encima de la ley" ha convertido este caso de malversación de fondos de la Marina Real belga en una especie de huracán que se ventila en voz alta en las portadas de los medios de comunicación. *Para lo que suele ser este país*, un escándalo de esta cuantía es prácticamente el pan nuestro de cada día en la vida política, una minucia si se compara, por ejemplo, con lo que han sido los problemas en Charleroi, ciudad gobernada por los socialistas valones.
(CORPES XXI, 2007. Enrique Serbeto, «El fiscal pide penas de cuatro años en el caso del fraude de la Marina belga». *ABC.es*)

Situar "para lo que suele ser este país" en una posición pospuesta dentro del enunciado, le haría perder el valor cohesivo que tiene como circunstante. El hecho de que la posición inicial pueda convertirse en prototípica de los usos de las estructuras con *para* es otro argumento para equipararlas con las prótasis causales o condicionales, aunque tengan una constitución interna diferente. De hecho, podemos ver en el siguiente ejemplo una coordinación de una causal con *como* y una respectual con *para* que poseen un funcionamiento equivalente como marco:

(192) Y que como tal "padre o madre de segunda" no tiene que preocuparse por las tareas relevantes en la vida de sus hijos. *Como dispone de poco tiempo para estar con ellos, y para lo poco que los ve*, no va a estar reprimiéndolos ni corrigiendo sus malos modales ("¡ya se encargará su madre o su padre!"). él, o ella, es el progenitor del tiempo de ocio, de pasarlo bien con los críos.
(CORPES XXI, 2009. Paulino Castells, *Los padres no se divorcian de sus hijos. Claves para seguir con ellos tras la separación*)

Por este comportamiento de las respectuales con *para,* y a pesar de sus diferencias en su constitución interna, las causales con *como* y *ya que*, las condicionales y las respectuales con *para* son equiparables con respecto a su funcionamiento sintáctico. Los tres tipos pueden actuar como marcos que implican una relación predecible con una conclusión, lo que permite que puedan realizarse como suspendidas.

6.3.1.3. *Las respectuales suspendidas con* **para** *y las estructuras focalizadoras*

Casi todos aquellos sentidos de las estructuras con *para* que se alejan de la finalidad, y que vimos en el apartado § 6.2, poseen algún tipo de carácter cuantificador o ponderativo que nos sitúa en una determinada escala. Las más prototípicas, en este sentido, son las concesivas con *para*, sobre las que Sánchez López (1995) ya argumentó su relación con la cuantificación explícita o implícita. Para la autora, de hecho, el carácter cuantificador constituye uno de los motores para el surgimiento del valor concesivo de las estructuras con *para.* Santos Río (2000a: 126), como ya comentamos, también asocia el rasgo intensificador a este tipo de estructuras. Sin embargo, otros sentidos como el consecutivo (compárese con las marcas prototípicas de consecuencia correlativa, que son elementos cuantificadores: *tan, tanto. . .*; *vid.* § 7.3.1), o el comparativo también implican algún tipo de cuantificación. Estos aspectos cuantificativos son compartidos por las respectuales suspendidas:

(193) CÉSAR: Lo de Milán fue un intento absurdo de salvar algo que ya estaba muerto. Pero yo siempre he sido cabezota y no estaba dispuesto a tirar la toalla. *Para una vez que apostaba por alguien. . .*
ELOY: No podíamos dejar que todo se fuese a la mierda, así, sin más, por unos cuantos correos mal leídos. . .
CÉSAR: . . .una novela ridícula. . .
(CORPES XXI, 2012. Fernando J. López, *Cuando fuimos dos*)

(194) ¿Ahora va a salir usted? Sí, pero Ahora mira, a ver si podemos ir para allá. Si es que no ahí, mira. Sí, sí. Aquí nos podemos agarrar. Aquí mismo. A ver si molestamos menos. Si en todos los lados se va mal. Mira, allí hay sitio. Allí hay sitio. Vaya vaya para allá. Vamos andando. *¡Para lo que nos queda ya!*
(CREA, 1991. Conversación oral. Formalidad baja)

En las respectuales suspendidas, la cuantificación no se establece directamente, sino con valor relativo. Nos ofrece un sentido escalar que nos sitúa en una parte elevada de la escala, al menos, en una parte lo suficientemente elevada para validar la tesis del hablante. En (193) y (194), se observa cómo los hablantes nos llevan a un extremo de la escala con una cuantificación muy baja. En (193), el hablante expresa que 'únicamente ha apostado una vez por una persona', e implica que 'no apuesta *mucho*' en general. En (194), se puede parafrasear el enunciado por *para lo (poco) que nos queda ya*. En este ejemplo, se sustituye el operador *poco* por una construcción respectual suspendida que activa la inferencia de la cuantificación. Aunque la cantidad inferida en las respectuales suspendidas puede ser tanto elevada como baja, lo más común es que la interpretación se oriente hacia una cantidad (muy) baja. De hecho, en nuestros ejemplos de respectuales suspendidas solo hemos encontrado la aparición de *poco* cuando se explicita un cuantificador:

(195) No sabemos como (*sic*) discurre la procesión de la Santina por las calles de Oviedo o de Gijón, ni si doña Isabel Pérez se ha dignado a llamar a Cascos para pedir una reunión, o si el gorrino de Gabino ha decidido retirarse de la alcaldía de Oviedo -total, *para lo poco que va a los plenos*-, o si desde Madrid Rajoy le ha enviado un 'emir' para parlamentar de pactos con el discípulo aventajado de Jovellanos. Ojalá sea así y todo vaya por buen camino.
(CORPES XXI, 2011. Marcello: «Cuidado con Pelayo/Cascos». *Las pesquisas de Marcello.* www.republica.com/las-pesquisas-de-marcello/: republica.com/las-pesquisas-de-marcello/)

La aparición del cuantificador es más común en estructuras bimembres, pero sigue siendo mayoritaria la aparición de *poco* (196) frente a *mucho* (197):

(196) *Para lo poco que llevamos de libro*, quizá hemos hablado demasiado de lo que es un blog, sin haber tenido ocasión de mostrar uno. Es momento de examinar un blog y analizar las partes que lo componen. He elegido uno bastante popular: el del televisivo divulgador científico Eduard Punset.
(CORPES XXI, 2008. Alberto Ortiz de Zárate Tercero, *Manual de uso del blog en la empresa*)

(197) No tenía valor, ni aun deseo de mandar a don Álvaro que se callase, que se reportase, que mirase quién era ella. "Bastante lo miraba, bastante se contenía *para lo mucho que aseguraba sentir y sentiría de fijo.*"

"No, no, que no calle, que hable toda la vida", decía el alma entera. Y Ana, encendida la mejilla, cerca de la cual hablaba el presidente del Casino, no pensaba en tal instante ni en que ella era casada, ni en que había sido mística, ni siquiera en que había maridos y Magistrales en el mundo.
(CORDE, 1884–1885. Leopoldo Alas "Clarín", *La Regenta*)

Cuando se cuantifica una cualidad, no se hace énfasis en la escasez de algo, sino que se refuerza una valoración negativa. De hecho, tanto para hablar de elementos cuantificables o de cualidades, la información expresada suele implicar una valoración negativa por parte del hablante:

(198) Marta.-; ¿La que se fue?
Ozkar.-; Una de las que se fue.
Marta.-; Edith.
Ozkar.-; Edith.
Marta.-; Hijo, es que *para lo feo que eres...*
Ozkar.-; Tengo debilidad por las argentinas.
Marta.-; ¿Por el acento?
Ozkar.-; Por las mujeres.
(CORPES XXI, 2005. Ozkar Galán Pérez, «Yo mismo y la Martuka (director's cut)». Amestoy, Ignacio... [et al.] [ed.]: *Teatro. Piezas breves curso Resad 2004–2005*)

La cuantificación, en cualquier caso, parece un elemento de significado ligado a estas construcciones, tanto bimembres como suspendidas, pero existen otros elementos formales en su constitución que son igualmente necesarios. En § 6.3.1.2, vimos que uno de los constituyentes de estas construcciones son las oraciones de relativo, pero más que funcionar como adyacentes de un SN, se corresponden con esquemas prototípicos de focalización y realce. Gutiérrez Ordóñez (1997a) muestra algunos ejemplos de estructuras focalizadoras muy similares a SN con relativo o a los relativos nominalizados de las respectuales suspendidas. Podemos destacar las "secuencias del modelo «lo fuertes que eran»" (*idem*: 38), que tienen un esquema coincidente al ejemplo (198): (*para*) *lo feo que es*. Pero también es posible incluir las estructuras de relativo nominalizadas en las que hay implícito un cuantificador, como en (194): *para lo (poco) que nos queda ya...* Por tanto, parece que la preposición *para* se hace compatible con estas estructuras de focalización y con las que, conjuntamente, adquiere un valor especializado de intensificación como suspendida.

En el apartado anterior discutíamos cuál era el contenido predicativo de las estructuras de relativo nominalizadas que aparecen en las respectuales con *para*. A través de esta combinatoria con recursos de focalización podemos concluir que en realidad no se trata de relativos nominalizados al uso, sino de auténticas construcciones de realce; de este grupo surge el contenido de una predicación completa. Así pues, creemos viable la interpretación de que el esquema constituyente de las respectuales suspendidas no es [*para* + SN]; más bien, podría reinterpretarse en el siguiente esquema: [*para* + estructura focalizadora nominal]. Esta es una reflexión similar a la que llegan Iglesias y Villayandre (2012), que toman las estructuras concesivas con *para* como elementos propios de una sintaxis basada en la focalización. Sin embargo, esta constitución del patrón de las respectuales suspendidas no es posible con las herramientas tradicionales de la sintaxis, sino que es necesario hacer uso de los conceptos y fenómenos de una macrosintaxis, ya que la focalización es un fenómeno que excede las fronteras de la oración. Sin embargo, como estamos viendo, la única forma de establecer un esquema preciso de la constitución de las respectuales suspendidas es a través de elementos de realce, ya que hablar simplemente de relativos no permite entender el verdadero funcionamiento del fenómeno.

6.3.2. La entonación de las respectuales suspendidas con para

Mostramos en este apartado los resultados por informante obtenidos del experimento fonético realizado en este estudio (§ 2.3) para el análisis acústico de la melodía de las respectuales bimembres y suspendidas (Figuras 73 y 74). Se han analizado las siguientes grabaciones:

- Cláusulas respectuales con *para* en estructuras bimembres: 34 grabaciones.
- Cláusulas respectuales con *para* suspendidas: 34 grabaciones.

Respectual con *para* bimembre	**Inicio de la inflexión (Hz)**	**Final de la inflexión (Hz)**	**Diferencia (en Hz)**	**Porcentaje de ascenso**	**Diferencia en semitonos**
1	276,89	298,70	21,81	7,88 %	1,31
2	196,36	251,68	55,32	28,17 %	4,30
3	254,26	213,98	-40,28	-15,84 %	-2,99
4	200,87	400,55	199,68	99,41 %	11,95
5	234,82	297,09	62,27	26,52 %	4,07
6	185,98	236,70	50,72	27,27 %	4,17
7	179,06	220,04	40,98	22,89 %	3,57
8	246,12	405,82	159,70	64,89 %	8,66
9	277,50	308,23	30,73	11,07 %	1,82
10	100,23	114,62	14,39	14,36 %	2,32
11	252,93	256,14	3,21	1,27 %	0,22
12	221,89	350,22	128,33	57,83 %	7,90
13	235,87	281,23	45,36	19,23 %	3,05
14	186,87	207,23	20,36	10,90 %	1,79
15	236,64	365,03	128,39	54,26 %	7,50
16	170,07	225,60	55,53	32,65 %	4,89
17	307,57	315,98	8,41	2,73 %	0,47
18	219,70	407,91	188,21	85,67 %	10,71
19	228,39	248,07	19,68	8,62 %	1,43
20	246,63	274,55	27,92	11,32%	1,86
21	88,24	203,49	115,25	130,61 %	14,47
22	215,84	226,68	10,84	5,02 %	0,85
23	266,92	432,37	165,45	61,98 %	8,35
24	181,19	262,51	81,32	44,88 %	6,42
25	200,13	259,35	59,22	29,59 %	4,49
26	226,08	278,82	52,74	23,33 %	3,63
27	163,85	178,95	15,10	9,22 %	1,53
28	142,42	219,64	77,22	54,22 %	7,50
29	182,17	207,58	25,41	13,95 %	2,26
30	208,44	257,06	48,62	23,33 %	3,63
31	186,85	267,08	80,23	42,94 %	6,18
32	103,37	105,93	2,56	2,48 %	0,42
33	217,92	290,71	72,79	33,40 %	4,99
34	169,08	189,92	20,84	12,33 %	2,01

Figura 73. Resultados acústicos por informante de las respectuales con *para* bimembres

Respectual con *para* suspendida	Inicio de la inflexión (Hz)	Final de la inflexión (Hz)	Diferencia (en Hz)	Porcentaje de ascenso	Diferencia en semitonos
1	192,58	280,79	88,21	45,80 %	6,53
2	214,13	246,35	32,22	15,05 %	2,43
3	232,67	367,69	135,02	58,03 %	7,92
4	218,14	233,81	15,67	7,18 %	1,20
5	206,46	350,64	144,18	69,83 %	9,17
6	211,57	278,71	67,14	31,73 %	4,77
7	136,79	168,62	31,83	23,27 %	3,62
8	254,47	372,60	118,13	46,42 %	6,60
9	201,02	260,68	59,66	29,68 %	4,50
10	114,42	122,01	7,59	6,63 %	1,11
11	176,75	297,18	120,43	68,14 %	9,00
12	254,36	292,02	37,66	14,81 %	2,39
13	181,88	229,78	47,90	26,34 %	4,05
14	206,16	230,39	24,23	11,75 %	1,92
15	197,66	331,44	133,78	67,68 %	8,95
16	201,30	253,01	51,71	25,69 %	3,96
17	232,24	292,57	60,33	25,98 %	4,00
18	247,85	479,26	231,41	93,37 %	11,42
19	278,77	361,37	82,60	29,63 %	4,49
20	247,90	289,08	41,18	16,61 %	2,66
21	193,46	215,95	22,49	11,63 %	1,90
22	193,47	440,37	246,90	127,62 %	14,24
23	247,98	301,34	53,36	21,52 %	3,37
24	169,23	268,47	99,24	58,64 %	7,99
25	215,26	262,34	47,08	21,87 %	3,42
26	158,13	245,82	87,69	55,45 %	7,64
27	176,09	221,29	45,20	25,67 %	3,96
28	116,87	159,16	42,29	36,19 %	5,35
29	193,20	226,81	33,61	17,40 %	2,78
30	151,53	190,70	39,17	25,85 %	3,98
31	236,30	285,12	48,82	20,66 %	3,25
32	85,23	74,31	-10,92	-12,81 %	-2,37
33	246,51	326,61	80,10	32,49 %	4,87
34	124,52	174,20	49,68	39,90 %	5,81

Figura 74. Resultados acústicos por informante de las respectuales con *para* suspendidas

Promedio de valores (Figura 75):

		Bimembre	Suspendida
Respectuales	Porcentaje de ascenso	31,13 %	35,17 %
	Diferencia en Hz	60,24	71,05
	75 % o más	3	2
	30 - 75 %	9	12
	0 - 30 %	21	19
	-30 - 0 %	1	1
	-30 % o menos	0	0
	Diferencia en semitonos	4,29	4,91

Figura 75. Promedio de valores acústicos de las respectuales con *para*

Lo primero que llama la atención en los resultados obtenidos, como se ve en la Figura 74, es la poca diferencia en el porcentaje de elevación entre las respectuales en estructuras bimembres y las respectuales suspendidas, 31,13 % y 35,17 % respectivamente. Esto es algo que ocurre también en las ponderativas suspendidas con los cuantificadores *tan* y *tanto* (*vid.* § 7.3.3.1). Aunque las suspendidas sigan teniendo una elevación levemente más pronunciada que las cláusulas con *para* en estructuras bimembres, la diferencia es poco significativa. Sin embargo, la interpretación de los datos nos lleva a pensar que una oración respectual se identifica antes en la mente del hablante como una suspendida que como un marco en una estructura bimembre. Llegamos a esta conclusión porque la enunciación de muchos de los informantes de las respectuales "marco" presentaba una pausa muy marcada. Tal es el caso del informante 4, en el que se refleja con claridad la elevación del tono y la pausa marcada (Figura 76):

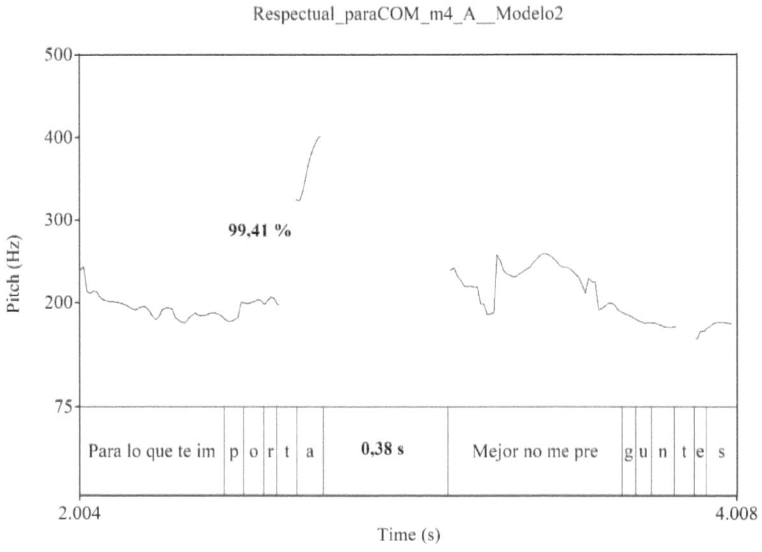

Figura 76. Contorno melódico de una respectual suspendida bimembre (informante 4, mujer)

Poseemos muy pocos datos para corroborar esta hipótesis, y la duración de la pausa no es una de las variables dependientes que se haya tenido en cuenta en el análisis. Sin embargo, puede que en la interpretación de la respectual como una suspendida antes que como un marco de una estructura bimembre esté parte de la explicación del fenómeno. De corroborarse esta hipótesis, supondría un argumento a favor del asentamiento de las suspendidas en la lengua, ya que corroboraría la existencia de estructuras cuya realización más natural sería la realización suspendida (como ocurre con algunos casos de las ponderativas suspendidas [§ 7.3.3.1]). Aparte, es una razón que permite explicar los resultados tan similares entre bimembres y suspendidas tanto en elevación como en el número de casos por rango de elevación (*vid.* Figura 74).

El porcentaje de elevación de las respectuales suspendidas es similar a las causales suspendidas. Aunque este porcentaje o la diferencia media en semitonos es lo suficientemente elevada para que sea perceptible su naturaleza como suspendidas, no parece que necesite un desnivel muy pronunciado para diferenciarse de otras estructuras. Además, aunque poseen cierto carácter intensificador, es bastante moderado y no necesitan marcarlo a través de la entonación (como un acento de insistencia, por ejemplo) como sí ocurre con las ponderativas (*vid.* § 7.3.3.2), en las que el proceso de intensificación viene acompañado de un refuerzo tonal muy marcado. Las respectuales suspendidas, por tanto, poseen una elevación moderada del tono, porque no les hace falta más para que sean interpretadas por el oyente como estructuras en suspensión; pero, a la vez, la elevación final del tono es lo suficientemente marcada para que no constituya un simple mantenimiento.

6.4. Las respectuales suspendidas en la macroestructura

A continuación, y como parte de nuestro análisis de esta y el resto de las construcciones suspendidas, plantearemos una relación de funciones dentro del discurso de las respectuales suspendidas en el corpus analizado, teniendo en cuenta su repercusión en las dimensiones que configuran la macroestructura del discurso.

6.4.1. Marca de suficiencia argumentativa: entre la orientación y la intensificación de la argumentación

Como con el resto de las estructuras suspendidas, el plano argumentativo es uno de los que más importancia tiene en la descripción de las respectuales con *para*. Estas estructuras introducen un argumento coorientado con una intensificación que es suficiente para llegar a una conclusión. Por ello, constituyen por sí mismas el grupo de suspendidas de *suficiencia argumentativa.*

Las respectuales suspendidas suelen estar conformadas por una estructura de focalización del tipo *lo bueno que es* (*vid.* § 6.3.1.3), lo que suele conllevar una intensificación moderada de una cantidad o una cualidad. Este argumento intensificado, cuando la respectual suspendida se sitúa en contextos reactivos, es muy propenso a tener un valor de réplica y contraargumentación:

(199) - Habrá que avisar a la guardia civila.
- Para el caso que te va a hacer.
Reme dejó de anudar la trenza de Hortensia.
- Yo voy a ir.
(CREA, 2002. Dulce Chacón, *La voz dormida*)

(200) El retrato de aquellos cuatro varones tirando de las únicas extremidades de las que disponía el cadáver resultó grotesco.
- Cuidado, que usted está hecho un mulo y lo va a desmembrar -avisaba el alcalde al dueño.
- Para lo que le dolerá.
- Así no vamos a ningún sitio, el brazo se ha hinchado -sentenció el comisario- y vamos a terminar arrancándoselo. Una de dos, o abrimos un agujero mayor rompiendo la piedra, o lo pinchamos para reducir el edema. Alcalde, usted es la autoridad. Decida.
(CORPES XXI, 2009. Teresa Viejo, *La memoria del agua*)

En ambos casos el proceso es el siguiente: el interlocutor introduce un esquema argumentativo que lleva a una conclusión; el hablante, entonces, de forma reactiva, introduce un argumento nuevo que reduce la fuerza del anterior y que prevalece sobre él al ser destacado en el discurso. En (199), se rechaza el argumento de llamar a la Guardia Civil ya que se evalúa como poco rentable ('va a servir de poco llamar a la guardia civil y, por tanto, no merece la pena llamarla'). En (200), se rechaza la conclusión de que el muerto pueda verse afectado por los movimientos del hablante ('no le va a doler nada que lo mueva, así que no importa ser brusco'). El argumento de la respectual se muestra más potente o válido que los del interlocutor, ya que posee la fuerza suficiente para validar la conclusión contraria.

A pesar de que estas suspendidas puedan constituir réplicas por sí mismas, pueden aparecer precedidas por otros elementos que tengan codificado más explícitamente el sentido de antiorientación, como *pero* (201), o de contraargumentación, como el *si* de réplica (202). Las respectuales suspendidas se muestran afines a estos elementos, al igual que el resto:

(201) DOÑA DOLORES Es verdad, que me dijo usted que no tenía vivienda.
DOÑA ANTONIA ¡Qué iba a tener! Yo pensé en mudarme. Pero este piso cualquiera lo deja.

DOÑA DOLORES El piso de usted es una ganga.
DOÑA ANTONIA Por eso lo digo... Es muy pequeño, *pero para lo que ha quedado de la familia...*
DOÑA DOLORES Yo oí una vez que cuanto más pequeña es la casa, más grandes son las cosas.
(CREA, 1982. Fernando Fernán Gómez, *Las bicicletas son para el verano*)

(202) A: [Porque falté a francés y ponía]
B: [Sí XXX]
A: Lengua extranjera dos y yo sí pues yo a inglés fui no sé qué / y yo sabiendo que era francés ya le preguntaré
C: [Imagináis si no llega a tomar ninguna falta]
A: [Buah siii]
C: La de ingléees va a seeer
A: Me suena a polla ¿sabes?↓ / iiir a a a.. *si para lo que hay hoy*
B: Pero lo del número del teléfonooo... / le habéis dado eeel
A: Es que eeel tutor tiene el móvil de mi viejo ¿sabes?↓
(COLA, malce4-02)

Otra de las formas en la que puede aparecer el valor de réplica de las respectuales suspendidas es a través de invalidar el argumento del interlocutor, restándole importancia en la estructura argumentativa o valorando la inutilidad de lo dicho. En esta función, es habitual encontrar el verbo "servir"[94]:

(203) A él, por ejemplo, como director general que era de la policía, le encantaría tenerle a su lado, pero también podía nombrársele para coordinar la seguridad en casos como la visita de alguna alta personalidad extranjera, o de reuniones de carácter político internacional, o en el Servicio de Inteligencia. Lo que había hecho, lo que había descubierto en el asunto de la Clínica Santa Ana había escapado a todo el mundo policial, y nadie se lo explicaba.
-*¡Para lo que va a servir!* -dijo el comisario.
-Eso es otro asunto. Nosotros cumplimos con nuestra obligación, y en paz.
(CORPES, 2008. José Jiménez Lozano, *Agua de noria*)

94 En estas respectuales con el verbo servir todavía queda cierto eco de un sentido final originario. *Servir*, en su acepción de 'valer' o 'ser apto para realizar cierta función' (María Moliner, 2007 [1967]: *s. v.* servir), incluye entre sus complementos argumentales un SN término de la preposición *para*. Este sentido se corresponde con una de las formas de finalidad que describe Galán (1999: 3622) de "objetivo como finalidad". En los ejemplos (203) y (204), todavía podemos parafrasear los enunciados con la estructura final prototípica: *Me va a servir para poco.*

(204) CARDENAL CEREJEIRA Las cuentas es mejor ajustarlas con Dios, que él se encarga de ajustárselas después a los hombres... Anda, toma, besa esta reliquia de San Antonio de Padua...
SALAZAR (La besa.) *Para lo que me va a servir ya...*
CARDENAL CEREJEIRA Para ir al cielo, que te encuentro muy agnóstico últimamente.
(CREA, 1991. Manuel Martínez Mediero, *Las largas vacaciones de Oliveira Salazar*)

En estos dos casos, la respectual suspendida quita validez a un argumento previo. Equivale a decir 'no va servir para nada', que nos sitúa en un límite de la escala argumentativa. Los emisores expresan que ni los hechos acaecidos en el caso de la clínica de Santa Ana (203) ni besar la reliquia de san Antonio de Padua (204) son argumentativamente relevantes en el discurso.

Pero a pesar de que en contextos interactivos estas estructuras se orienten a la refutación, en intervenciones monologales suelen presentar un argumento, que normalmente se sitúa al final de la estructura argumentativa, coorientado a una conclusión.

(205) Todas las pupilas de la Flora habían venido, algunas a medio vestir. Lloraban. «¿Y qué va a ser de nosotras?», clamaba la más joven de todas, aquella rubia gordita que se me había sentado en las rodillas una noche lejana. Las apacigüé como pude, busqué el dinero en la cómoda, lo conté delante de ellas: había unos miles de pesetas. «Todo lo que sobre de los gastos del entierro lo repartiré entre vosotras.» «¿Y los parientes? -preguntó una-. Porque ella tenía parientes en Celanova.» «¡Al carajo los parientes! -le respondieron-. *¡Para el caso que le hicieron!*» Todas gritaban, todas tenían quehacer, todas querían echar una mano. Dispuse que dos fueran a la funeraria, y que las otras lavasen y amortajasen a la muerta con una sábana.
(CREA, 1988. Torrente Ballester, Gonzalo: *Filomeno, a mi pesar. Memorias de un señorito descolocado*)

(206) -Qué quieres.
-Que se ha ido la luz ¿Dónde hay una vela?
-Para qué quieres una vela. Con la lumbre se ve de sobra. *Para lo que estamos haciendo...*
-Venga, madre
-Si te empeñas... Habrá alguna en la alacena de la cocina.
(CORPES XXI, 2007. Pedro A. González Moreno, *Los puentes rotos*)

En (205), el hablante justifica el ataque a los parientes debido a que no prestaron ninguna atención al muerto en vida; en (206), el emisor da el argumento que considera más relevante ('lo que están haciendo no precisa de mucha luz') para justificar que no hay necesidad de encender una vela. La tendencia a la posición final de la respectual dentro de la estructura argumentativa (al final del enunciado) no creemos que sea arbitraria. El argumento intensificado por la estructura de focalización es el idóneo para cerrar una escala argumentativa en la que es el elemento más alto, el argumento más fuerte. Además, este sí se muestra como suficiente para llegar a una conclusión, y así lo interpreta el hablante, que no considera necesario seguir con la argumentación. Si tomamos de nuevo el ejemplo (206), podemos parafrasear el proceso argumentativo para llegar a la conclusión de por qué no es necesario encender la vela:

- *Argumento 1* ("¿Para qué quieres una vela?"): 'No se entienden tus motivos para encender una vela'
- *Argumento 2* ("Con la lumbre se ve de sobra"): 'La lumbre da suficiente luz y una vela no aportaría mucho más'.
- *Argumento 3* ("Para lo que estamos haciendo"): 'Si los argumentos anteriores no son suficientes, defiendo que lo que estamos haciendo no necesita mucha luz, y este hecho es más que suficiente para concluir que no necesitamos encender una vela'.

Lo relevante, por tanto, es la suficiencia argumentativa a la que llega la intensificación y que da a entender que no es necesaria una mayor discusión (convenza o no al hablante). Las respectuales suspendidas son estructuras complejas por su actuación argumentativa, ya que actúan en varias direcciones al mismo tiempo que acaban confluyendo. Que posean un valor de intensificación suficiente no impide su capacidad de actuar también orientando los argumentos hacia una conclusión o la contraria, tal como vemos en los ejemplos interactivos y monologales. Este comportamiento complejo hace de las respectuales unas "estructuras puente" entre las suspendidas de orientación argumentativa (causales y condicionales) y las ponderativas suspendidas (cuya función principal es la intensificación); las respectuales actúan en estos dos aspectos argumentativos, pero nunca del mismo modo que los otros tipos. Así, también su naturaleza y comportamiento (macro)sintácticos comparten elementos en común con las otras, aunque no todos. Las respectuales poseen la capacidad de constituir un marco en estructuras bimembres e introducir argumentos coorientados como las causales y condicionales, pero al mismo tiempo, también tienen un carácter encarecedor que las acerca a las ponderativas. Por esta naturaleza híbrida constituyen un grupo diferenciado de suspendidas.

6.4.2. La expresión de quejas, de lamentos y de indiferencia a través de valoraciones negativas

La expresión de la actitud del hablante ante lo dicho en una estructura respectual suspendida está determinada, en primer lugar, por la entonación, que le otorga una caracterización modal parecida a la de las exclamativas y, en segundo lugar, por el proceso de focalización que suponen estas estructuras, ya que, a fin de cuentas, uno de sus constituyentes es un esquema oracional de realce. Su especial entonación y el hecho de estar ligado a un patrón de focalización, más allá de ser construcciones propias de la oralidad y la inmediatez comunicativa, las hacen propensas a desempeñar actos de habla expresivos, marcados con una actitud modal evidente, como quejas, lamentos o alabanzas. Estos constituyen, a su vez, argumentos con la suficiente fuerza como para llegar a una conclusión.

Los contenidos que expresan, por lo general, las respectuales suspendidas suelen ser valorados negativamente por el emisor, sobre todo en aquellos casos en los que no aparece un elemento valorativo como núcleo del SN, sino que se trata de una oración de relativo sustantivada, que se entiende, por defecto, evaluada negativamente. Recordemos que la cuantificación o ponderación presentada por las estructuras con *para* solía situarnos en un extremo de una escala de valoración peyorativa (*para lo* [*poco* / *malo*] *que*. . .)[95]. Con estas consideraciones, es habitual encontrarse con la expresión de lamentos o quejas:

(207) LA ESCRITORA SIN HISTORIA.- No seas así, será divertido. Tendré muchas cosas que contarte.

95 Tal y como plantean Briz (1995) o Albelda Marco (2007) la modalidad, se puede interpretar que las estructuras con *para* son un recurso intensificador.

EL CONFIDENTE.- ¿Que contarme? Pensé que aquí el que hablaba era yo y tú sólo escuchabas.
LA ESCRITORA SIN HISTORIA.- *Para lo que me ha servido.*
EL CONFIDENTE (Algo ofendido).- No sabía que fuera así.
LA ESCRITORA SIN HISTORIA.- No seas tonto. La tonta soy yo. Tengo una temporada muy mala.
(CORPES XXI, 2012. Pablo Iglesias Simón, *El lado oeste del Golden Gate*)

(208) A: Qué firma he hecho Dios mío qué mal
B: ¿Qué más da?↓
A: Ya bueno me gusta firmar siempre igual / [y *para un día que tengo una firma*]
C: [Je je je]
D: [Es que luego te la]
A: [Para un día que sí le pagan jornal↓] joder
C: Qué e e que
(COLA, maesb2-02)

La especialización en estos actos de queja y lamentación suele ser común cuando el estado de cosas evaluado subjetivamente por el hablante incluye acciones representadas por verbos de percepción como *ver* u *oír*. Las respectuales suspendidas aparecen muy a menudo con este tipo de verbos y consideran que "todo lo que se puede oír" o "ver" en un contexto determinado no merece la pena:

(209) Fumemos, amigo Frasier, fumemos y perdamos el mundo de vista. *¡Para lo que hay que ver!* Abraham Lincoln -me dijo entonces tendiéndome la mano-, me llamo Abraham Lincoln y me honra ofrecerle mi amistad. -Descubrir el nombre de mi acompañante me encojonó. Le di la espalda, me tumbé y me concentré en la pipa. No le dije que sabía quién era ni que había leído alguno de sus discursos abolicionistas en la prensa y discrepaba profundamente de él.
(CORPES XXI, 2008. Serra Manzanares, Berta: *Los ojos del huracán*)

(210) La radio... Eso es. A lo mejor la puse detrás de la radio, no tiene polvo la radio... ¿Funcionará? *Para lo que está que oír.* No. Mira, aquí hay algo escondido. Un billete de diez dirhams. ¿Para qué quiero yo ahora diez dirhams? Estoy por tirarlos.
(CREA, 1976. Ángel Vázquez, *La vida perra de Juanita Narboni*)

Entre los valores modales de las respectuales suspendidas aparece una estructura que consideramos que tiene un alto grado de fijación en la legua y que se orienta a expresar la indiferencia del emisor ante ciertos hechos: *para el caso...* Su grado de asentamiento en la lengua como elemento independiente es alto, ya que no necesita siquiera una oración relativa que lo complemente como la mayoría de las respectuales suspendidas. Los hablantes relacionan directamente esta respectual suspendida construida con el sustantivo *caso* con esta expresión modal de la indiferencia:

> (211) THEO.- ¡Hay que beber, Nana! Antes, mucho antes, de que una mañana el doctor Laurenti me diga: "Lo siento, Theo, a partir de hoy ni una gota de alcohol. ¿Qué te gusta más, la *coca* o la *pepsi*?"¡Hay que beber! Además, ¿tú qué preferirías: matarte tú misma o que te asesine cualquier desconocido? ¿O cualquier conocido? *Para el caso... (Pausa)* ¿No lo crees así, Nana?
> (CREA, 1982. Ignacio Amestoy Egiguren, *Ederra*)

Para el caso proviene de una estructura tematizadora de encuadre (*cfr.* Gutiérrez Ordóñez, 1997a; Fuentes Rodríguez, 2007), a través de la cual se indica algo parecido a 'en relación con el asunto que nos concierne' o 'en nuestro caso', que sirve de marco de relevancia para expresar un enunciado. Se trata de un establecimiento del tema además de ser una estructura cohesionadora dentro de la secuencia de un texto. Este funcionamiento también es recogido por Santos Río (2003: *s.v.* para el caso) en su *Diccionario de partículas* y podemos dar un ejemplo de él como el siguiente:

> (212) Una mañana, cuando ya era patente que no congeniábamos, recuerdo que me dijo: «¿Sabes qué te digo, Ricardo? Que si quieres vivir la vida no deberías darles tantas vueltas a las cosas». Le respondí con alguna broma, más sorprendido que propiamente irritado. Que lo dijera precisamente aquel verano, cuando la mayor parte de nuestros amigos se vieron arrastrados a una serie de problemas de pareja de los que sólo Magda y yo supimos quedar al margen, hacía de su observación algo especialmente fuera de lugar. Y que lo dijera él, que iba por la vida de paseante curioso, resultaba ya paradójico. *Para el caso,* la actitud risueña y reticente de Aurea daba pie, al menos, al misterio. ¿O era precisamente a ese misterio a lo que él se refería cuando hablaba de vivir la vida?
> (CORPES XXI, 2003. Luis Goytisolo, *Liberación*)

Pero el punto de inflexión que permite la especialización modal que estamos describiendo, la expresión de la indiferencia, es su frecuente aparición con locuciones o enunciados que reflejan esta actitud de forma más explícita. Esta frecuencia la atestigua Santos Río (*idem*) cuando la estructura va acompañada de enunciados como "es lo mismo", pero encontramos otros enunciados que poseen un sentido similar como "es/da igual" (213) y (214), "es lo mismo" (215), "es irrelevante" (216), "tanto da" (217) o comparaciones hipotéticas (218) (*cfr.* Pérez Béjar, 2019c):

(213) Pablo Motos es un excelente profesional y su programa es uno de los mejores del momento, por no decir el mejor. Es joven, tiene fuerza, le sobra talento para caer
en la vulgaridad, tiene buen gusto, y o bien es un chico humilde o bien sabe disimular; lo que *para el caso es exactamente igual.*
(CORPES XXI, 2012. Salvador Sostres, «El Hormiguero». *Guantánamo.* www.elmundo.es)

(214) La plana mayor de las *fuerzas vivas* llenaba el local: el párroco, un sargento de la Guardia Civil, el señor alcalde... Uno de ellos, *para el caso da igual el que fuese*, le reprochó: «Olivia, ya va siendo hora de que olvides y perdones».
(CORPES XXI, 2007. Juan Cobos Wilkins, *El mar invisible*)

(215) A: Ya claro y luego / ve je je cinco mil puntos menos tal viaje a París dos noches / je je a nombre deee je je
B: [Pero lo puede]
A: [No]
B: Toda la familia eso
A: Yo supongo que necesitarás una autorización / o supongo que tendrá que pedir él el viaje y luego te vas tú / porque *para el caso es lo mismo* / o sea tu cuando te vas de viaje te lo pagan tus padres
B: Claro
A: Pero vamos / yo o o lo estoy intentando
(COLA, maesb2-05a)

(216) -Ese evangelista sólo habla de varias mujeres que acompañaban a Jesús en el Calvario, pero sin precisar el nombre de ninguna de ellas. ¿Te queda ahora alguna duda
de que Santiago el Menor y Santiago, el hermano de Jesús, fueron la misma persona?
-Tal vez tengas razón, pero *para el caso que nos ocupa esa cuestión es irrelevante.*
-¿Por qué?
-Porque el Códice Calixtino y el sepulcro de Compostela se refieren a Santiago el Mayor, que no era hermano de Jesús.
(CORPES XXI, 2012. José Luis Corral, *El códice del peregrino*)

(217) En el futuro todo ha ocurrido ya también, se ve como conseguido aquello por lo que se lucha y entonces, sólo entonces, puede saberse a ciencia cierta por qué se lucha: por qué y para qué; podrá finalmente descansarse pues todo habrá salido ya bien (o mal, *para el caso tanto da*) y uno se habrá aliviado ya también de la zozobra, *de esa incertidumbre que nace de que el cumplimiento de las cosas depende aún de nosotros y no del tiempo…* Como su lugar no es el futuro, es decir, como su fuerza no le viene de lo que pasará después, *la ética no distingue entre fines y medios:* quizá sea ésta su principal característica.
(CREA, 1982. Fernando Savater, *Invitación a la ética*)

(218) Cierto, para la historia queda una bonita historia de una gran promesa que vio truncada su carrera por una entrada a destiempo en el último minuto de partido y cuando el mismo estaba ya sentenciado. Para la historia, también, el equipo titular que formó en aquel encuentro de Sabadell, que no fue el último pero, *para el caso, como si lo fuera*: Iríbar, Iñaki Sáez (que acabó siendo también seleccionador nacional), Etxeberria, Aranguren, Igartua, Larrauri, Argoitia, Uriarte, Arieta, Clemente y Txetxu Rojo.
(CORPES XXI, 2009. José Javier Santos, *Abrazos y zancadillas. Memorias deportivas*)

Para el caso ha absorbido el valor de indiferencia de estos enunciados, que cualquier oyente es capaz de reponer sin problema. De esta forma, la estructura ha quedado fijada en esta expresión modal que dista ya mucho del carácter tematizador o de encuadre de los ejemplos como el (212). Podemos estar perfectamente ante la formación de un operador del discurso[96] que caracteriza la enunciación de un mensaje dado, como se defiende en Pérez Béjar (2019c). Cuando aparece como suspendida, el hablante descodifica sin problema el sentido de indiferencia que ha adquirido la estructura respectual:

96 Los segmentos sintácticos cuyo núcleo es el sustantivo *caso* se han mostrado muy rentables a la hora de conformar partículas discursivas como demuestran todas las formas discursivas recogidas por Santos Río (2003) o los conectores recogidos por Fuentes Rodríguez (1995–1996): *en ese caso, en todo caso, en cualquier caso, ni caso, en caso contrario…* Sin embargo, aunque Fuentes Rodríguez encuentra la rentabilidad de *caso* en el plano de la conexión, en este caso parece adquirir un funcionamiento similar al de un operador, ya que no conecta dos enunciados, sino que caracteriza modalmente la enunciación.

(219) El hombre del lobanillo se apretaba el vientre con el puño.
- Debíamos haber esperado...
- ¿A qué?
- Al levante.
- ¿Qué más da?
- Con esta calma, se oye andar a una legua.
- *Para el caso...*
- Debíamos haber esperado, ya verás tú.
(CORDE, 1962. José Manuel Caballero Bonald, *Dos días de setiembre*)

(220) Ya no está desnuda, aunque *para el caso...* Lleva una cosita tidícula, a modo de salto de cama liviano y semitransparente, que apenas cubre la inmensidad de sus pechos por arriba y el *smile* por abajo. Sin maquillaje es más hermosa que con maquillaje. Cosas de la vida.
(CREA, 1995. Jordi Sierra i Fabra, *El regreso de Johnny Pickup*)

En (219), vemos que el enunciado suspendido aparece como intervención única, como enunciado reactivo al precedente del interlocutor. Santos Río (2003: *s.v.* para el caso) comenta que esta estructura con *para* suele aparecer en enunciados reactivos, pero no tiene en cuenta los casos de suspensión. Sin embargo, esta posibilidad de que la respectual suspendida *para el caso...* aparezca conformando intervención independiente da idea de su fijación como operador modal[97]. Este comportamiento es el mismo que otros adverbios de modalidad de los que habla Fuentes Rodríguez (1991b) o de los *disjuncts* de Greenbaum (1969). Pero al contrario de lo que ocurre en estos adverbios modales, la entonación suspendida sigue presente, quizás debido a que su evolución parte de una estructura compleja y no de una clase de palabra concreta.

97 En Pérez Béjar (2019c) se argumenta que este operador oscila entre los planos modales informativos. Al mismo tiempo que muestra la actitud subjetiva del emisor de indiferencia, funciona de forma opuesta a los focalizadores. Más que realzar una información, ayuda a difuminarla como poco relevante en el discurso.

Capítulo 7 Las ponderativas suspendidas

7.1. ¿Qué son las ponderativas suspendidas?

Las ponderativas suspendidas constituyen en nuestro análisis un grupo independiente debido a las diferencias que presentan con el resto de suspendidas hasta ahora analizadas. Su rasgo identificativo es contener una cuantificación, ya se aplique a hechos contables o a grados de una cualidad. Esto supone, a su vez, una intensificación del argumento que expresa el hecho cuantificado. Un par de ejemplos de estos enunciados nos lo muestran los siguientes ejemplos:

(221) -¡Papá! ¿Estás bien?
-No me acuerdo.
-¿De qué?
-De si estoy bien. *Ha pasado todo tan deprisa...*
-Toma. Ya la tienes.
-Eso, aprovecha que nadie te ve para darle con la manopla a un viejo desvalido en pelota picada. Sucia, que eres una sucia.
(CORPES XXI, 2008. Alejandro Palomas, *El secreto de los Hoffman*)

(222) A: Los bebés lo tienen así de pequeño.
B: Lo tienen más grande, tía.
C: No, tía
A: [ja ja ja ja ja]
B: [*je je je je sois más pervertidas*]
B: No estará encendido señoras qué queréis
A: Yaa está
C: [Ya estáaa señora]
(COLA, malce2-09)

Tanto las consecutivas como las comparativas suspendidas poseen una serie de puntos en común que nos llevan a considerarlas en un mismo capítulo. Aparte de su valor cuantificador, ambas poseen marcadores vistos tradicionalmente como complejos, ya que contienen dos partes que establecen una correlación entre un hecho ponderado, que constituye una causa, y su respectiva consecuencia o elemento con el que se compara: *tan(to)... que* (consecutiva), *más... que* (comparativa). Se trata de una doble marcación, una en cada miembro de la estructura bimembre. De estas dos partes, la introducida por *que* es la que se suele considerar en relación de dependencia: en las consecutivas se considera una subordinada consecutiva y en las comparativas el segundo término de la comparación. La otra parte del nexo, un intensificador, está inserta en la cláusula principal en la que desempeña una función sintáctica; puede ser un modificador adverbial de un verbo o de un adjetivo, o un presentador de un sustantivo. Así, cuando aparecen suspendidos, al eliminarse el segundo miembro el valor consecutivo o comparativo no es expresado de forma tan evidente, pero sí permanece el valor ponderativo que poseen los intensificadores aludidos. En estas suspendidas, pues, se produce un cambio en el comportamiento con respecto a la estructura bimembre equivalente.

A pesar de esta particular naturaleza, las consecutivas suspendidas son muy frecuentes y han aparecido en multitud de trabajos: *cfr.* Hernández Alonso (1970: 125), Fernández Ramírez (1987: 204 y ss.), Fuentes Rodríguez (1985: 130), Álvarez (1995, 1999: 3750 y ss.), Alarcos (2006: 439–440), Albelda (2007: 69–70), *NGLE* (2009: 3445 y ss.). Se trata de uno de los tipos de suspendidas más tratados en la bibliografía especializada junto con las condicionales. Las comparativas suspendidas no son tan frecuentes como las consecutivas y no se suelen incluir en los trabajos de sintaxis más tradicionales, pero sí suelen aparecer en descripciones del español coloquial (*cfr.* Beinhauer, 1978 [1964]: 306–308; Narbona, 1990: 73). Esto da a entender que estas comparativas se relacionan principalmente con un registro coloquial informal y que todavía no se han considerado con el suficiente asentamiento o prestigio para formar parte de los estudios gramaticales más estandarizados. En los corpus analizados, han sido estructuras difíciles de detectar por su carácter oral y por la posible ambigüedad con otras construcciones de forma similar. Sin embargo, sí hay cierta frecuencia de aparición que permite ver que son estructuras asentadas en el código del español y que no se trata de una mera *aposiopesis,* como comenta Beinhauer

(1978 [1964]: 306–307). Este alto grado de asentamiento en la lengua es lo que defendimos en Pérez Béjar (2019a). En este capítulo, retomaremos muchas de las consideraciones de ese trabajo, y las ampliaremos y desarrollaremos pormenorizadamente.

En este capítulo, debido a las particularidades de las estructuras suspendidas de cuantificación, haremos un repaso de las descripciones de consecutivas y comparativas y plantearemos la pertinencia de usar este concepto con las estructuras suspendidas que aquí se tratan. Después de ello, continuaremos con la estructura general del resto de capítulos, analizando los niveles micro- y macroestructurales de estas suspendidas.

7.2. Estructuras consecutivas y comparativas bimembres frente a las suspendidas

Antes de centrarnos específicamente en las ponderativas suspendidas, conviene marcar la distinción de estas con sus correlatos bimembres consecutivos y comparativos en los que parecen tener su origen. De esta forma, puede justificarse mejor el desligamiento que se da entre ellas y que hace que las construcciones suspendidas se vean como un fenómeno independiente de los sentidos comparativos y consecutivos.

7.2.1. Las consecutivas bimembres y las suspendidas

7.2.1.1. Las categorizaciones de las consecutivas en la tradición

Narbona (1978), en un estudio centrado en el español medieval, divide las consecutivas bimembres en varios grupos:

- Consecutivas de intensidad (*tal, tanto, tan… que*).
- Consecutivas de manera (preposición + *guisa / manera* + *que*).
- Consecutivas de intensidad-manera (preposición + *tal* + *guisa / manera* + *que*).
- *Así que* y otras partículas y locuciones ilativas (*por ende, por tanto…*).

Fuentes Rodríguez (1985), aunque plantea varios tipos de consecutivas según la expresión de distintos sentidos, en la práctica hace una diferenciación formal que entraña, además, la expresión de distintos significados:

- Consecutivas sin correlativo, que corresponden a las de tipo ilativo con conectores como *así que, de modo que, luego*... En ellas, la relación entre las dos partes es de coordinación.
- Consecutivas con correlativo, que se ajustan al grupo de consecutivas de intensidad con nexos discontinuos (*tal, tanto, tan... que*). La segunda parte introducida por *que* se considera subordinada a la cláusula con el intensificador.

Las gramáticas académicas en el marco de la lingüística actual suelen considerar que solo son propiamente consecutivas las llamadas consecutivas ponderativas o las correlativas, introducidas por los conectores complejos que establecen una correlación entre dos elementos (*cfr.* Álvarez, 1999; Alarcos, 2006: 434 y ss.; *NGLE,* 2009: 3440 y ss.). Frente a estas, la *NGLE* (2009: 3513–3514) considera que las consecutivas marcadas por los conectores *así que*, *conque, de modo que* o *luego* no expresan una consecuencia derivada de un hecho cuantificado en un alto grado, sino que transmiten una "derivación natural" de un hecho anterior. A estas las engloba dentro de las estructuras *ilativas*.

Mucho se ha debatido sobre el tipo de relación que existe entre las dos partes u oraciones de estos distintos tipos de consecutivas (*cfr.* Narbona, 1978, 1990: 75 y ss.; Rojo, 1978; Fuentes Rodríguez, 1985; Manzano Rovira, 2011: 53 y ss.). Tradicionalmente, se ha considerado que las ponderativas con correlativos poseen una relación de subordinación (principalmente marcada por la conjunción subordinante *que*), mientras que las ilativas poseen una relación de coordinación (*cfr.* Fuentes Rodríguez, 1985; Álvarez, 1999: 3789; Gómez Torrego, 2011 [1997]: 370). Hay quien incluye todas bajo la relación de hipotaxis (*cfr.* Gili Gaya, 1970: 272, § 205), o bien se considera que ambos tipos expresan una relación de interdependencia (*cfr.* Manzano Rovira, 2011) en el marco descrito por Rojo (1978).

Para nosotros, también se establece una clara diferencia entre estos tipos de consecutivas, ya que solo las que poseen un valor ponderativo o intensificado pueden realizarse como suspendidas, esto es, solo las que poseen un nexo correlativo. Por ello, de ahora en adelante nos centraremos solo en ellas.

7.2.1.2. El segundo miembro de las consecutivas ponderativas o de intensificación

La etiqueta *consecutiva* solo tiene sentido en estas estructuras bimembres si el segundo miembro expresa una consecuencia con respecto al primero, que se considera la causa o el origen de esos hechos derivados. Del mismo modo, en las suspendidas solo tendría sentido hablar de *consecutivas* si el oyente es capaz de inferir unas consecuencias derivadas que no se dicen. También se consideraría consecutiva si es posible reponer una segunda parte que exprese una consecuencia de manera similar a las bimembres. Recordemos que este criterio de reposición es el que usa Lombardi (2010, 2016) para clasificar las condicionales suspendidas en italiano (*vid.* § 5.4.1.1). Así pues, conviene hacer una reflexión sobre en qué medida esta segunda parte de las consecutivas expresa una consecuencia.

A pesar de que la *NGLE* (2009: 3440 y ss.) considere propiamente consecutivas las estructuras de correlativo, no siempre queda claro en todos los casos que, de haber una segunda parte, esta exprese siempre unas consecuencias. Existen dos clases de estructuras cuyos límites se solapan con las consecutivas de correlativo o de intensidad: las estructuras comparativas y las estructuras relativas. Con respecto a las primeras, Narbona (1978: 168–169) comenta que toda oración consecutiva posee implícita una comparación. Esta confluencia la explica con el siguiente ejemplo: *Es tan grande que no cabe por la puerta.* Para el autor, el procesamiento de esta estructura implica el siguiente esquema comparativo:

(I) es tan grande como X;

(II) X no cabe por la puerta.

Esta interpretación nos lleva a una similitud con las comparativas de igualdad cuyos marcadores prototípicos coinciden, de hecho, con la primera parte de algunos nexos consecutivos: *tan, tanto... que* (consecuencia) / *tan, tanto... como* (comparación de igualdad). Sin embargo, algunos autores exponen ciertos argumentos para marcar las diferencias entre un tipo de estructura y otro. Fuentes Rodríguez (1985: 104–105) comenta, entre otros argumentos, lo siguiente:

- El sentido de *tan* o *tanto* en las comparativas es el de "igual cantidad", mientras que en las consecutivas es equivalente al sentido de "*muy / mucho*".
- Hay una confusión entre relaciones sintácticas y las presuposiciones de la situación comunicativa. Que una consecutiva pueda implicar en algunos casos que existe una comparación no significa que la estructura funcione como una comparativa.
- Es más difícil encontrar la comparación cuando *tan* o *tanto* no modifican adjetivos.

Álvarez (1999: 3747) añade también otras diferencias entre ambos tipos de estructura:

- El segundo miembro de las comparativas normalmente es un elemento con elipsis verbal, mientras que la consecutiva tras *que* es siempre una oración.
- El segmento comparado puede aparecer en cualquier posición de la oración, mientras que las consecutivas siempre cierran la estructuras.

Como vemos, suele haber consenso general para considerar que consecutivas y comparativas son construcciones diferenciadas.

La otra frontera común de las consecutivas es con las oraciones subordinadas de relativo. Para Alarcos (2006: 425), tanto las consecutivas como las comparativas son "oraciones degradadas" de una oración relativa. Así, *que* es visto como un pronombre relativo cuyo antecedente es "un cuantificador o una unidad cuantificada" (*idem*). Sin embargo, para Parodi (2014: 4103) existen estructuras que formalmente permiten la doble interpretación, pero dependiendo de si se trata de una o de otra, poseen un comportamiento sintáctico diferenciado. Así, como dice Álvarez (*supra*), indica que la oración de relativo puede tener movilidad en la oración, mientras que la interpretación consecutiva siempre situaría a la cláusula en posición final. Narbona (1978: 174), por su parte, también encuentra ejemplos de doble interpretación en español medieval para justificar los puntos de coincidencia formal entre estos dos tipos, como el siguiente del *Libro de los buenos proverbios:*

> Cada uno de los sabios dixo *tales palabras* y *tales exiemplos que* los coraçones de los omnes entendidos fuelgan *con ellos* ([. . .] *que. . . con ellos* = 'con los que').

En nuestra opinión, los casos de ambigüedad son más comunes cuando el primer elemento del nexo correlativo es un presentador prototípico como el indefinido *un*. Su funcionamiento básico como introductor de un sintagma nominal puede, simplemente, remitirnos un hecho calificado por una oración de relativo. Pero si se considera un hecho ponderado, entonces nos encontramos ante un *que* consecutivo:

> (223) Estaban los sevillanos dos puntitos por abajo y 10 minutos decisivos por delante. Y llegó la pájara, el desfondamiento, la desmotivación y el éxtasis chicharrero. Roe se había llevado golpes de todo tipo ante el pasotismo arbitral, pero en el periodo anterior la terna estuvo más condescendiente con los visitantes. No valió para nada después. Dos tiros libres de Racca abren el episodio; Griffith mete otro, falla su segunda opción, hay varios rechaces y vuelve a caer el balón al gigante estadounidense, *que hace un mate que casi rompe los cimientos del Santiago Martín*: 61–54. Cazorla cortó la hemorragia con dos puntitos, pero McDaniel, fuera de onda antes, metió un triple descorazonador: 64–58.
> (CORPES XXI, 2005. Juan De la Huerga, «Unelco-Caja. La vieja historia. . .». *Diariodesevilla.es*)[98]

La interpretación relativa de (223) nos lleva a entender que el emisor describe el carácter o la naturaleza del mate: 'fue un mate que casi rompió los cimientos del estadio'. La conjunción *que*, como relativo, cumple la función de sujeto de la oración subordinada. La interpretación consecutiva nos lleva a una interpretación ponderada del mate que posee unas determinadas consecuencias: 'hizo un mate tan brutal, que tuvo como consecuencia que casi rompiera el suelo'. En este último caso, el agente de "romper el suelo" no es el mate, sino el jugador que lo ejecuta. *Que* no cumple una función dentro de la oración subordinada. Y, de hecho, este es el argumento que Fuentes Rodríguez (1985: 106) esgrime para establecer la diferencia entre relativas y consecutivas. En las consecutivas, la conjunción nunca puede tener una función dentro de la estructura oracional de la subordinada.

98 Ejemplo también analizado en Pérez Béjar (2019a).

No obstante, a pesar de todas estas diferencias, que consideramos suficientes para discriminar las consecutivas de las comparativas y las relativas, sigue existiendo un problema en la aplicación de estos conceptos a las estructuras suspendidas. En la mayoría de los casos es posible discernir si se trata de una estructura comparativa o una oración de relativo por el segundo miembro de la estructura. Sin embargo, en las estructuras que llamamos consecutivas suspendidas solo poseemos el primer miembro considerado *principal*, en el que aparecen elementos que nos pueden llevar tanto a una interpretación como a otra. Los cuantificadores *tan*, *tanto* son compartidos por comparativas y consecutivas, y el artículo *un* solo nos introduce un sintagma nominal cuyo adyacente puede ser un relativo. Pero en el fondo, tanto en una interpretación como en otra, hay un contenido intensificado. Por tanto, da igual la continuación de uno u otro modo, ya que lo importante en la estructura suspendida es este realce de un hecho. En (224) y (225), podemos imaginar una continuación oracional consecutiva y otra comparativa:

(224) El óvulo, ahora rellenado con el material genético obtenido de una célula mamaria, se implantó en el útero de una tercera oveja y el resultado de esa gestación fue Dolly, un clon o animal genéticamente idéntico al donante de esa célula de su ubre.
-Así explicado parece tan fácil...
-En realidad, la transferencia nuclear ha resultado ser técnicamente muy difícil y poco reproducible, pero, aun así, se han logrado clonar varios tipos de mamíferos, incluidos pequeños primates, utilizando esta técnica.
(CORPES XXI, 2010. Inés García-Albi y Marcos Isamat, *¿Por qué mi hijo se parece a su abuela?*)

a. Continuación consecutiva: *Así explicado parece tan fácil que cualquiera podría entenderlo.*
b. Continuación comparativa: *Así explicado parece tan fácil como hacer un huevo frito.*

(225) **R.** Lo peor es el miedo al ridículo. Me preocupa mucho más que la gente esté bien que una cogida del toro. Delante del toro estás tan entregado que llega un momento que te da igual que te coja: lo que quieres es triunfar, te echas al vacío, pasa, *estás disfrutando tanto...*
(CORPES XXI, 2003. Elena Pita, «"Un buen torero debe pensar en el toro hasta en la ducha"». *El Mundo. Magazine*)

a. Continuación consecutiva: *Estás disfrutando tanto que te da igual si el toro te acaba pillando.*
b. Continuación comparativa: *Estás disfrutando tanto como un niño con su juguete.*

De igual forma, una estructura suspendida con *un* puede continuarse con una oración consecutiva, una oración de relativo con función de adyacente o, incluso, un adyacente adjetivo:

(226) -La madre intentará quitarle importancia a ese gesto inesperado.
-Déjales, Pedro, luego les hablamos. Tienes razón, aunque también debes entenderles, *están en una edad...*
-Claro -contesta, como si ella tuviese la culpa de todo el incidente-, como tú eres tan moderna, la disciplina te suena a chino.
(CORPES XXI, 2003. María Tena, *Tenemos que vernos*)

a. Continuación consecutiva: *Están en una edad que van a estar haciendo trastadas hasta que maduren.*
b. Continuación con relativo: *Están en una edad que es complicada.*
c. Continuación con adjetivo: *Están en una edad difícil.*

En otras ocasiones, la segunda parte de la estructura puede estar constituida por una interjección, como indican Hernández Alonso (1970: 125) y Fuentes Rodríguez (1985: 130), sobre todo en los casos con el presentador *un*: *Ha venido de unos «humos» que... ¡vamos! (¡vaya!; ¡Válgame Dios!...* etcétera*)* (Hernández Alonso, 170: 125). Aunque la estructura pueda interpretarse como una consecutiva por la continuación con *que*, no se explicita unas consecuencias concretas. No parece relevante la expresión de hechos derivados, sino la opinión o actitud del hablante ante un hecho que intensifica.

Por estos motivos, es difícil considerar a las ponderativas suspendidas como *consecutivas*. Sin una segunda parte que nos ofrezca la pista definitiva del sentido, no es posible asegurar que se trate de una consecuencia, una comparación o una oración de relativo "suspendida". Llegamos, así, a una conclusión parecida a la que llega Alarcos (2006: 439):

> Tampoco son propiamente estructuras consecutivas ciertas secuencias truncas en que puede sospecharse la supresión de una oración degradada por *que*. Son

> estructuras provistas de entonación exclamativa y con ello ponen de relieve el encarecimiento significado por el cuantificador. Pero aunque acaben con tonema de suspensión, ello no implica ninguna elipsis, ni por fuerza sugieren solo el sentido consecutivo.

Como indican estas palabras, pensamos que lo realmente importante en estas estructuras suspendidas es el valor que permanece del cuantificador. Hernández Alonso (1970: 125) habla de una *reticencia* "con supresión de toda la consecutiva para reforzar enfáticamente la primera; *¡Está la sopa (que)...!*". En el fondo, no importa que lo que haya detrás sea una consecuencia, una comparación o una calificación. Estos sentidos son solo puntos de referencia para la intensificación. Lo que de verdad importa es el hecho ponderado y, por ello, creemos que es más oportuno referirnos a ellas como *estructuras suspendidas de ponderación.*

7.2.1.3. La expresión de la ponderación en las consecuencias

Las llamadas consecutivas de intensidad o ponderativas son las que la *NGLE* (2009: 3440 y ss.) entiende por propiamente consecutivas, pero en ellas el valor ponderativo adquiere la misma importancia que los hechos derivados (o más). Fuentes Rodríguez (1985: 99) describe estas consecutivas como "las que expresan la consecuencia de una intensificación o ponderación que hay en la primera cláusula: Hecho + Ponderación → Hecho". La intensificación puede ser tanto cuantitativa como cualitativa. Por este proceso, es normal considerar que hay una relación de interdependencia entre las dos partes: sin un hecho ponderado no pueden derivarse unas consecuencias. La doble marcación del conector correlativo es también reflejo de este proceso: *tal, tan, tanto* intensifican y *que* presenta las consecuencias derivadas. Esto también implica que el *que* nunca va a considerarse consecutivo si no hay una intensificación en la cláusula previa.

El valor ponderativo de *tan, tal* y *tanto* proviene de su propia naturaleza y, por ello, se consideran marcas prototípicas de las consecutivas. Otros elementos intensificadores, como *muy, mucho* o *bastante,* no son propensos a desencadenar una segunda parte consecutiva, pero en algunos contextos podría desprenderse esta implicatura. Narbona (1978: 124–125), incluso, encuentra entre sus ejemplos medievales casos de posibles oraciones consecutivas con *que* precedidas de oraciones con cuantificadores como *muy* o *asaz*[99]:

> Enfermó esti clérigo de *muy* fuerte manera,/ qe li querién los ojos essir de la mollera (Gonzalo de Berceo, *Milagros de Nuestra Señora*)
>
> Assaz eran nauarros caveros esforçados/ que en qualquier lugar serian buenos prouados (*Poema de Fernán González*)

Sin embargo, el problema de la ponderación en las consecutivas surge cuando es expresada por un elemento que por naturaleza no expresa una intensificación, como es el caso del artículo *un* (*tiene un carácter que es mejor no hablarle*) o de la preposición *de* (*me tiene de harto que no puedo ni verlo*). Narbona (1978: 138) también atestigua estos usos del indeterminado *un* en el español medieval, con lo que se concluye que no es un uso moderno, a pesar de considerarse prototípico del registro coloquial actual (Herrero Ruiz de Loizaga, 2005: 507):

> e diole vna ferida de vna saeta en la cara, *que* luego aquella ora cuydo ser muerto el rrey Fion (*Historia troyana en prosa y verso*) (Narbona, 1978: 138)

Por último, Narbona (*idem*: 137) llega a indicar que un contraste entre dos proposiciones en contexto puede desencadenar un sentido ponderativo que establezca una relación consecutiva de intensidad. Por tanto, no hay necesidad de marca explícita de la ponderación para expresar este sentido, ya que el contexto puede ser suficiente. El autor lo ejemplifica con esta oración del *Cantar de Mío Cid*:

> miedo an en Valençia *que no* saben qué se far

Álvarez (1999: 3751) comenta que la marca de cuantificación de las consecutivas puede estar elidida, pero el sentido consecutivo puede permanecer siempre que el encarecimiento en la principal sea percibido. Así, incluso una única forma verbal que constituye una oración

99 Narbona (1978: 124) precisa que con estos ejemplos consecutivos con *muy* no pretende "afirmar que *mucho (muy)* constituya correlación con *que*, pero sí que es un primer indicio de que la relación envolvente de las dos partes del período camina hacia la adquisición de elementos formales de expresión".

puede desencadenar una consecutiva. Uno de los ejemplos que usa Álvarez es el siguiente:

Llovía, que era una bendición de Dios.

Entender por qué permanece el sentido ponderativo, a pesar de que no haya una marcación explícita o que las marcas no lo expresen por naturaleza, es necesario para conocer también por qué hablamos de ponderativas (consecutivas o comparativas) suspendidas y no de una estructura oracional habitual. Solo así podríamos comprender la diferencia entre estos dos enunciados:

a. *Tiene un cuarto de baño* ↓ (Respuesta a la pregunta: "¿Cuántos cuartos de baño tiene la casa?") → Oración transitiva.
b. *¡Tiene un cuarto de baño…!* ↑ ('La casa tiene un cuarto de baño que es impresionante') → Ponderativa suspendida.

Ante la falta de un segundo miembro de la estructura que exprese unas consecuencias derivadas de una cuantificación, creemos que la clave para expresar la ponderación en las consecutivas suspendidas está en dos puntos: la relevancia del enunciado y la prosodia.

La teoría de la relevancia permite describir el funcionamiento de ciertos enunciados que no tienen sentido en el contexto si no es a través de entender un encarecimiento del hecho expresado. El receptor (oyente o lector), cuando no encuentra un sentido a la información aportada por el emisor, busca la interpretación posible más relevante:

(227) Presentador: Hoy es un día especial, se celebra el centésimo cuarto aniversario del nacimiento de Rafael Alberti. Es decir, si Alberti siguiera vivo ahora tendría ciento y pico. Aprovechando que el Pisuerga pasa por la tumba de Alberti, se va a presentar una obra teatral inédita del escritor que fue descubierta hace dos años en Moscú. Nos acompaña el descubridor de esta obra, don Alfredo Patas. Hola.
Alfredo Patas: Hola. Qué frío hace, ¿eh? Pero muchísimo menos que en Moscú, desde luego. *En Moscú hace un frío…*
Presentador: No hace falta que nos lo restriegue. Ya sabemos que ha estado en Moscú, por eso está usted aquí. Por *El romance de don Bueso y la infanta cautiva.*
(CORPES XXI, 2010. *Especialistas secundarios. Podría ser peor*)

La interpretación del ejemplo (227) es 'en Moscú hace mucho frío'. No tiene sentido informar del "número de *fríos*" que hay en Moscú, sino valorar su calidad. La búsqueda de la relevancia nos permite entender que estamos ante una consecutiva suspendida.

En segundo lugar, la prosodia es también un factor relevante para determinar si estamos ante una intensificación o no. En muchas ocasiones es la única pista que tenemos para percibir este sentido, como ocurre con las frases *Tiene un cuarto de baño* ↓ y *¡Tiene un cuarto de baño...!* ↑ (*vid. supra*). No hablamos solo del tonema final en anticadencia, sino de un acento de frase marcado que aparece en el propio cuantificador (a) o en el hecho cuantificado (b):

a. *Te echo TANto de menos...*
b. *Tengo unas GAnas de ir a la playa...*

Este refuerzo acentual es relevante en la comunicación y expresa el énfasis necesario para percibir el sentido ponderativo: a) 'Te echo mucho de menos', b) 'Tengo muchas ganas de ir a la playa'. Únicamente cuando se da esta entonación es posible percibir un sentido ponderativo. Esta intensificación, a su vez, es lo que permite que la estructura sea continuada por la expresión de las consecuencias o por un tonema en anticadencia. Dicho de otro modo, sin el refuerzo de este acento de frase no es posible obtener una estructura suspendida:

a. **Tengo unos libros...* ↑
b. *Tengo unos LIbros...*↑ [que te vas a quedar impresionado cuando los leas]

Sobre las implicaciones de la entonación suspendida en conjunción con este refuerzo acentual nos detendremos en el apartado § 7.3.3.2.

Tras esta argumentación, hemos tratado de justificar la importancia del sentido ponderativo frente al consecutivo, que adquiere mayor relevancia en el objetivo comunicativo de las consecutivas suspendidas frente a la intención de transmitir unas determinadas consecuencias. Esto nos lleva de nuevo a considerar que es más adecuado referirnos a *estructuras suspendidas ponderativas, de intensificación o de cuantificación* que *consecutivas suspendidas*. Esto, además, permite acercarlas a las comparativas suspendidas que veremos a continuación y permite integrar ambas en un mismo grupo.

7.2.2. Las comparativas bimembres y las suspendidas

Partiendo de la definición de construcciones comparativas de la *NGLE* (2009: 3365), se obtiene una concepción lo suficientemente abarcadora para integrar lo que se considera una construcción comparativa:

> Se llaman CONSTRUCCIONES COMPARATIVAS las que establecen alguna relación de superioridad, inferioridad o igualdad entre dos nociones mediante recursos gramaticales. Las magnitudes comparadas son, fundamentalmente, tres: números, cantidades y grados.

Los marcadores prototípicos de las tres relaciones comparativas son *más... que* (superioridad), *menos... que* (inferioridad) y *tan(to)... como* (igualdad) (*cfr.* Alarcos, 2006: 426). Se trata de marcadores complejos correlativos, elemento común con las consecutivas ponderativas, que normalmente hace que se incluyan dentro de las oraciones complejas del español[100]. Sin embargo, el segundo término de la comparación no tiene por qué tener una estructura oracional y, por ello, no suele presentar relaciones entre dos oraciones como otras estructuras complejas. Esto le otorga un carácter bastante diferenciado de aquellas.

De hecho, una construcción comparativa posee una serie de elementos constituyentes y funcionales que le son propios y que no suelen compartir con otras estructuras. Estos constituyentes, siguiendo las definiciones de la *NGLE* (2009: 3365 y ss.), son la *noción comparada*, que constituye el *núcleo* de la comparación, y los *términos de la comparación*. La noción comparada o base de la comparación es el "concepto semántico sobre el que se establece la comparación" (*idem*: 3368) y los términos de la comparación son los dos conceptos entre los que se aplica la desigualdad o la equiparación. El segundo término de la comparación es el que se sitúa detrás de *que* y este es el elemento que

100 Gili Gaya (1970: 317), por ejemplo, incluye las oraciones comparativas entre las subordinadas adverbiales, pero no reflexiona sobre las razones de esta clasificación.

se puede considerar elidido (o, mejor, *sustituido*) por un tonema en anticadencia en las llamadas comparativas suspendidas. Beinhauer (1978 [1964]: 306–307) piensa que la aparición de estas comparativas suspendidas es producto de una aposiopesis por la cual "el hablante no encuentra de momento ningún objeto para la comparación y la frase queda sin concluir" (para nosotros, es posible también que no quiera decirla) y pone el siguiente ejemplo obtenido de la obra *Pepe Conde* (1920), de Pedro Muñoz Seca y Pedro Pérez Fernández: *Calle usté, que estoy más quemao...* Esta interpretación, efectivamente, aún establece la conexión de las suspendidas con la estructura y sentido de las comparativas. Sin embargo, creemos que lo que percibe el oyente es algo bastante distinto, sobre todo, cuando no hay voluntad explícita de completar la comparación.

El problema que encontramos es que una comparativa, debido a su propio funcionamiento, establece una cuantificación o gradación que siempre es relativa, es decir, que siempre depende un punto de referencia que restringe el valor cuantificado. En una oración como *Ana es más alta que Luisa* no implica necesariamente que el hablante considere a Ana alta y a Luisa baja. Las dos pueden ser altas o bajas, pero lo que cuenta es el valor relativo de la altura con referencia a las chicas comparadas. Es común considerar que las comparativas establecen escalas de un hecho (la base de la comparación), pero los puntos elevados y bajos de esta escala siempre son relativos a los dos términos que componen la comparación. Este proceso limita la capacidad intensificadora de las comparaciones y le quita expresividad al enunciado. Sin embargo, en el enunciado *Calle usté, que estoy más quemao...* el receptor no percibe una comparación relativa a dos términos enfrentados, sino una intensificación absoluta cargada de la afectividad y la actitud subjetiva del hablante: 'Estoy *muy* quemao'.

Narbona (1990: 72) ya percibe que ni siquiera todas las comparativas bimembres se dedican simplemente a establecer relaciones relativas a una cualidad entre dos elementos, sino que son capaces de expresar intensificaciones de un único elemento:

> Rara vez una estructura comparativa se limita a establecer una mera relación de comparación, es decir, constatar la igualdad (o semejanza) o desigualdad entre dos procesos, objetos o cualidades. Repetidamente se ha destacado que lo normal es que encierre –y transmita– alguna intención valorativa, de uno u otro

signo. De ahí que constituya uno de los más fáciles y frecuentes recursos para la ponderación o el realce expresivo. Muchas frases comparativas acaban convirtiéndose –precisamente por su gran difusión e intenso empleo– en expresiones más o menos fijadas:

Fuma más que un carretero
Está más loco que una cabra
Se mueve más que un saco (de) ratones
Está (tan) sordo como una tapia
Vive como un cura
Come como una lima
Trabaja como un chino
Pesa menos que una pluma, etc.

El segundo término de la comparación en los ejemplos que pone el autor forma parte de un proceso de encarecimiento del primer término, pero deja de ser un elemento que sea verdaderamente tenido en cuenta en la comparación. Se trata de conceptos que socialmente se encuentran asociados a un grado extremo de una cualidad (la elevada locura de las cabras, los movimientos excitados de un ratón encerrado o el poco peso de una pluma) y se utilizan como parte de un proceso de intensificación bajo la apariencia de una comparación. Se podría considerar un uso retórico de la comparativa en la que el sentido ponderado se consigue a través de una equiparación exagerada: si alguien está más loco que una cabra, que ya está bastante loca, es que *está muy loco*; o si alguien pesa menos que una pluma, que no pesa demasiado, es que *pesa muy poco*. Coincidimos con Narbona en que el sentido de este tipo de estructuras deja de ser comparativo y se acerca más a la ponderación elativa o al funcionamiento del superlativo. Es lo mismo que ocurre con las consecutivas suspendidas, en las que ya no interesa tanto la segunda parte que indica las consecuencias sino el hecho ponderado (que constituye la causa de la relación).

Para Narbona (1990: 73), la ponderación también se consigue a través de la suspensión de la segunda parte, de tal forma que acerca las comparativas suspendidas a estos usos superlativos, opinión que comparte Albelda (2007: 72): *Es más bueno… [que el pan]*. Esta concepción se ajusta mejor para entender el procesamiento de las comparativas suspendidas que la "aposiopesis" de Beinhauer (*supra*), puesto que el sentido comparativo deja de ser relevante. De hecho, la ponderación adquiere tal relevancia en las comparativas suspendidas que también viene reflejada en la prosodia, ya que suelen poseer el mismo refuerzo en el acento de frase en el grupo cuantificativo que aparece en las consecutivas: *Es más LISto…, Se cuida MÁS…*

Resumiendo todo lo expuesto, las comparativas y consecutivas suspendidas tienen más en común entre sí que con sus análogas construcciones bimembres. En ellas no importan los contrastes de una cualidad o las consecuencias derivadas de otro hecho. Estos son solo puntos de referencia para lograr el encarecimiento de un concepto, pero no expresan verdaderamente el sentido final del enunciado. En ellas, lo importante es la intensificación de una determinada realidad en detrimento de la comparación y de la consecuencia. Por ello, a partir de ahora nos referiremos a ambos tipos de suspendidas como *construcciones suspendidas de cuantificación* o *ponderativas suspendidas*, ya que refleja mejor la realidad de su funcionamiento comunicativo. El término ponderación lo usamos en su acepción más amplia, para indicar tanto la intensificación de una cantidad como la de una cualidad.

7.3. Microestructura de las ponderativas suspendidas

La especial naturaleza de las construcciones suspendidas ponderativas hace que tengamos que atender a constituyentes diferentes de los de otras. Uno de los motivos principales de esto es que son estructuras suspendidas que se equiparan a una principal y no a una subordinada, a diferencia del resto de estructuras de este estudio. Esto hace que no podamos centrar nuestro análisis en una conjunción concreta que exprese un sentido específico que caracterice todo el enunciado. Además, en estas suspendidas, el sentido ponderativo no suele modificar la proposición completa, sino que aparece dentro de algún constituyente de la oración, como el implemento, aunque a partir de este constituyente ponderado toda la estructura queda caracterizada. Por estas diferencias constitutivas, analizaremos todos aquellos aspectos que consideramos relevantes en el surgimiento de una ponderativa suspendida: los elementos cuantificadores o las marcas morfológicas de ponderación, los usos verbales, los tipos de oración y los complementos oracionales que permiten la ponderación y, finalmente, la prosodia.

7.3.1. Elementos morfosintácticos de ponderación

Una de las características más importantes de las estructuras suspendidas de cuantificación es que no poseen un nexo subordinante. Esto hace que no podamos considerar de ningún modo que estamos ante un tipo de insubordinada si tenemos en cuenta la definición de Evans (2007: 367) que recordamos de nuevo: "I will apply the term 'insubordination' to the conventionalized main clause use of what, on prima facie grounds, appear to be formally subordinate clauses". Las ponderativas suspendidas no son, *prima facie*, una estructura subordinada que actúa como una principal, ya que la considerada principal es la que aparece como suspendida. A pesar de ello, como el resto de suspendidas, parece que pueden ser continuadas por una segunda parte. O, dicho de otro modo, poseen el mismo valor que el resto de suspendidas de incitar a la colaboración del receptor para completar el sentido de la estructura. Siguen siendo estructuras de una gramática de la interacción (*cfr.* Montolío, 1996; Gras, 2010) propias del fenómeno de la coconstrucción del discurso (Fuentes Rodríguez, 2014a).

Pero, ciertamente, la falta de un nexo tradicionalmente considerado subordinante obliga a cambiar el punto de vista del análisis de estas estructuras. En sus análogas bimembres, no constituye un marco de enunciación como las causales con *como*, las condicionales o las respectuales. Tampoco suelen expresar un contenido presupuesto, ya que normalmente transmiten valoraciones subjetivas que no se dan por sentado. Su posibilidad de realización como suspendidas debe responder, por fuerza, a otras consideraciones diferentes que el resto.

A pesar de la diferencia de constituyentes, suelen aparecer elementos morfológicos que nos orientan a una interpretación ponderativa que al final quedará en suspenso sin continuación consecutiva o comparativa: los cuantificadores o intensificadores. Estos elementos no son nexos propiamente dichos, ya que cumplen una función concreta dentro de la estructura oracional que sirve de núcleo al enunciado. Estos intensificadores modifican algún otro elemento (sustantivos, adjetivos y adverbios, principalmente) con los que forman un grupo cuantificativo o lo constituyen por sí mismos. Estos grupos cuantificativos funcionan como sujeto, implemento, atributo, aditamento o alguna otra función oracional. Así pues, estos intensificadores cumplen la doble función de ser complemento oracional y marca de la estructura ponderativa. Aunque, en cualquier caso, tampoco hay que olvidar que estas marcas forman la primera parte de los nexos discontinuos de las consecutivas y las comparativas, y que tanto la segunda parte consecutiva o el segundo término de la comparación constituyen el punto de referencia para que quede fijada la expresión de la ponderación en las suspensiones.

En las ponderativas suspendidas encontramos el número más variado de marcadores en relación con otras suspendidas. Para facilitar su análisis, los dividiremos en varios grupos según su naturaleza morfológica y su funcionamiento sintáctico:

- Presentadores y sustitutos cuantificadores
- Adverbios cuantificadores
- Preposición *de* seguida de grupo nominal o adjetival

7.3.1.1. Presentadores y sustitutos cuantificadores

En este grupo, incluimos los cuantificadores que constituye la marca prototípica de las consecutivas: *tanto(s)/a(s)* y *tal(es)*. Pero también agrupamos el artículo indeterminado *un/a(s)/o(s)* (con un valor, además, de cuantificador indefinido) y el indefinido *cada*.

Tanto(s)/a(s) y *tal(es)*, en las consecutivas y ponderativas suspendidas, constituyen elementos que cuantifican en un punto elevado de la escala un determinado hecho, ya sea introduciéndolo (función de presentador: *Hace tanto calor...*) o sustituyéndolo (proforma: *No sé qué carrera escoger. Hay tantas...*). *Tanto* se especializa en la intensificación de una cantidad (≈ *mucho*), mientras que *tal* se especializa en intensificar una cualidad (≈ *muy*). Aunque no es infrecuente que *tal* pueda aparecer modificando la cualidad de un sustantivo que exprese un valor cuantificable como *cantidad* o *calibre*, por lo que se obtiene un sentido final del enunciado de ponderación de una cantidad:

(228) NELY
Uy, mira quién va a hablar, el rey del relax. *(Tratando de aparentar serenidad)* Andará muy liado, ¿no?
JUANA
Hasta arriba, ya te digo. *Mueve tal cantidad de cosas…*
NELY
Me imagino.
TONI
(Ensimismado con su blackberry) Pues yo no me lo quiero ni imaginar.
(CORPES XXI, 2013. Maxi Rodríguez, *Low Cost*. *www.muestrateatro.com*)

Como nos indica Narbona (1978: 39), *tal* proviene del latín TALIS ('semejante') y *tanto* integra los valores de TANTUS ('tan grande') y TOT ('tan numeroso') (*idem*: 65). Partiendo de estos sentidos, ambos elementos adquirieron un funcionamiento deíctico y en ambos se aprecian designaciones catafóricas y anafóricas con el elemento al que modifican (*cfr.* Narbona, 1978; Fuentes Rodríguez, 1985). Por este motivo, estos elementos se suelen incluir entre los presentadores demostrativos: *Mi hermano corrió ayer 20 km. Yo no hice tantos/esos kilómetros; A ti te encanta hacer escalada o piragüismo, pero yo no creo que pueda hacer tales/esos deportes.* En cualquier caso, incluso con este valor demostrativo, *tanto* no pierde su sentido de cuantificación ni *tal* su valoración de una cualidad, que es el rasgo básico de estos elementos que les permiten ser un constituyente básico de las consecutivas bimembres y de las ponderativas suspendidas. De este modo, podemos encontrar ponderativas suspendidas con *tanto* funcionando como presentador o atributo, al igual que con *tal*:

a) *Tanto* como presentador:

(229) A: Vale yo de hacer haría psicología clínica. Por ejemplo.
B: Claro.
A: Y luego especialidades.
B: Yo a mí lo de carrera de eh he psicología yo me informado un montón. *Hay tantas cosas.* Luego porque llega el tercero en tercero de carrera y es donde tienes que elegir. Psicología industriaaal no sé qué luego hay otras las.
A: Y luego te puedes hacer psicoanalista. Tengo una amiga que es psicoanalista.
(COLA, mamte2-08)

b) *Tanto* como atributo:

(230) PRESENTADOR: ¿Cómo? ¿Quién es usted? ¿Quién le ha dado permiso para entrar sin permiso? Y ahora que me fijo, ¿dónde está el productor? ¿Dónde está. . .? Ay, ahora no sé cómo se llama, *son tantos ya*. . .
(CORPES XXI, 2010. *Especialistas secundarios. Podría ser peor*)

c) *Tal* como presentador:

(231) Helena.- ¿Qué pasa? Te ha dejado bien deprimido ¿eh?
Ulises.- *Nos hacemos tales ideas*. . . A la larga, esperaba que no fuera esa su reacción. Sorpresa, maravilla, algo así. . . Hubiera sido bien bonito que tuviera de nosotros un gran concepto, que comprendiera. . . ciertas cosas.
Helena.- Que le deslumbraran, que le enamorasen. . . ¡Ay, querido, sueños de juventud! Pasado tanto tiempo, es imposible corresponder con la juventud verdadera. La experiencia me lo ha demostrado ya.
(CORPES XXI, 2005. Francisco Nieva, «Los mismos. Nocturno para chico y fantasmas», *¡Viva el estupor!; Los mismos: dos comedias televisivas*)

d) *Tal* como atributo:

(232) Hay algo sobre lo que no cabe duda: la educación que recibimos no enseña a pensar, sino a obedecer. ¿Obedecer a quién? A las viejas fuerzas del poder, del dinero, que hoy como ayer dominan la tecnología, secuestran la ciencia, mientras nos atiborran de falacias. Y pido excusas por el tono, pero *el hartazgo es tal*. . .
(CORPES XXI, 2001. «El perro y el coche». *La Vanguardia*)

Las ponderativas suspendidas con *tal* son mucho menos frecuentes que las de *tanto*, sobre todo, cuando *tal* actúa como pronombre. Quizás, como apunta Narbona (1978: 39), su carácter más propio de los textos escritos las relega a estos contextos y las hace menos frecuentes en entornos orales. Las estructuras suspendidas, por ser precisamente estructuras prototípicas de la oralidad, encuentran más afinidad con elementos que no se relegan principalmente a lo escrito y, por ello, no es tan frecuente que se constituyan con el presentador *tal*.

El segundo elemento que integramos dentro de los presentadores ponderativos es el artículo indefinido *un*. Este artículo no expresa por sí mismo una intensificación de un hecho, pero, cuando va cargado de un refuerzo acentual dentro de su grupo nominal, puede ser interpretado como consecutivo o ponderativo (Fuentes Rodríguez, 1985: 129). En estos casos, solo hemos encontrado ejemplos claros del artículo indefinido ponderativo como presentador, aunque virtualmente creemos posible también un uso ponderativo como sustituto *(uno): Yo quiero un coche como el de Miguel. Se ha comprado ahora uno...* Fernández Ramírez (1987: 206) da cuenta de una ponderativa suspendida con el pronombre *una* (siempre en femenino) seguida de un complemento del nombre: *Ahí la tiene usted, con una de brillantes encima...* (J. Benavente, *Todos somos unos,* 1917, II, 74; *apud.* Fernández Ramírez, *idem*). Sin embargo, durante nuestro análisis no hemos encontrado ejemplos claros de esta secuencia. En cualquier caso, como presentador, todas las formas flexionadas del artículo pueden aparecer constituyendo una ponderativa suspendida:

(233) A mí lo que me gusta de la Biblia es que Dios es partidario del nudismo, como yo. De lo que no es partidario es de la fruta, porque no le importaba que Adán y Eva fueran en pelotas, pero *cuando se comieron una manzana se pilló un cabreo...* Los echó del Paraíso. ¡Oye, con razón! ¿No te han dicho que no cojas la manzana?
(CORPES XXI, 2001. «Expedientes X. La Biblia», *El club de la Comedia Presenta Ventajas de ser incompetente y otros monólogos de humor*)

(234) A: Luego dice el partido el diccionario del partido el domingo porque, joder se puede escribir un diccionario. Se puede escribir un diccionario sobre tus cagadas gilipollas.
B: [Ese tío esas cosas].
A: [Que jodiste el partido tú solo]. [Sacando a @nombre sacando a cuatro fríos].
C: [Es un cagón]. Es el típico que dice pra a e e e l día queee. [Me echó a las gradas y yo me puse histérico y tenía ganas de matarlo].
D: [Es que cuando dijo eso me puse histérico].
A: *Ese día también unas gilipolleces.* No no pero no sabe.
C: [Es el típico inoportuno inoportuno es la palabra].
(COLA, maesb2-03)

A pesar de la frecuencia de su uso como ponderativo, es posible pensar que el artículo indeterminado no forme parte verdaderamente del proceso de encarecimiento y que la marca de intensificación esté únicamente en el refuerzo acentual. En las consecutivas bimembres, Narbona (1978: 137), por ejemplo, considera que es un caso en los que la consecutiva con *que* no posee un antecedente, y Fuentes Rodríguez

(1985: 125) piensa que puede tratarse de una elisión de un intensificador *tal* (*se pilló un cabreo tal*. . .). Sin embargo, el uso recurrente de este artículo como ponderativo hace que pueda ser considerado marca habitual de consecutivas bimembres y de enunciados suspendidos de cuantificación. Además, como vimos en § 7.2.1.3, el uso de este *un* en construcciones consecutivas parece ser bastante antiguo. La *NGLE* (2009: 3443) considera, por su parte, que el indefinido *un* es más frecuente que *tal* en la lengua coloquial.

Por otro lado, el uso de *un* como ponderativo podría venir también motivado por su carácter de cuantificador indefinido, compartiendo su naturaleza con *tanto* y *tal*. Esto podría explicar, a su vez, por qué el artículo determinado parece excluir estos usos ponderativos (**Se pilló el caBREo*↑), ya que no puede cuantificar del mismo modo que hace *un*. Sin embargo, hay dos aspectos que no encajan bien en esta explicación. *Un* como cuantificador implica un grado bajo en la escala de cuantificación y esto no casa bien con la intensificación que expresa en los casos que estamos analizando. Por otro lado, al contrario de lo que pasa con *tanto*, *un* no expresa una cantidad elevada de algo cuantificable, sino un encarecimiento de la cualidad del elemento introducido:

(235) -Ha abierto mucho los ojos, ha murmurado algo y se ha ido a hacer sus cosas.
-Claro, *la pones en una situación*. . .
-Pero no la voy a poner en más. Si quieres algo, a partir de ahora, es asunto tuyo. Y además no me cuentes nada. Lo que hagáis o no hagáis, allá vosotros.
(CORPES XXI, 2007. José Ovejero, *Nunca pasa nada*)

Como vemos, no se trata de situar a nadie en muchas situaciones diferentes, sino de caracterizar la situación como muy conflictiva o complicada. Por ello, no tiene mucho sentido hablar de la influencia de *un* como cuantificador indefinido en este tipo de usos. Como Fuentes Rodríguez (1985: 124–125), pensamos que la explicación que más se ajusta a la realidad es la concurrencia de *un* con *tal* (*la pones en una situación tal*. . .), marcador específico de la intensificación cualitativa, y que, cuando este último se elide, el artículo *un* se hace con sus valores. Por esto mismo, creemos que es posible explicar aquellos casos en los que la "continuación" de una estructura ponderativa con *un* no se hace con una subordinada consecutiva, sino con un adjetivo elativo como adyacente que confirma y explicita léxicamente la expresión de la ponderación. En el siguiente ejemplo, *complicada* intensifica el valor argumentativo de *época*, como un modificador desrealizante:

(236) P: Pero hubo otras jugadoras que llegaron al uno sin ganar Grand Slams y haciendo menos globalmente que usted, que fue número tres.
R: Sí, pero pienso también que *jugué en una época...*
P: Complicada...
R: Complicada, pero también una de las más lindas. Llegué a jugar con Chris Evert, con Martina, y estando Steffi, Monica Seles, Arantxa... Fue una de las mejores épocas, me parece algo muy positivo las rivales que tuve.
(CORPES XXI, 2006. Sebastián Fest, «SE CUMPLEN 10 AÑOS DE SU RETIRADA. Gabriela Sabatini: 'Tendría que haber tenido un poco más de coraje'», *Elmundo.es*)

Otra posibilidad es que la continuación pueda ser interpretada como una oración relativa con función de adyacente. Esta oración también confirma a través del léxico una cualidad intensificada:

(237) LINA Golfería. Lo de siempre. A él le gustan mucho los libros de la conquista de América, pero ya se los ha leído todos, sobre todo los de Pizarro... Y a veces se pone tan excitado que se mueve durante la lectura... y *da un espectáculo... que hay que verlo...* Lo peor es cuando te toca debajo, claro está.
(CORPES XXI: Vallejo, Alfonso: *Culpable.* Madrid: Caos, 2010)

En este ejemplo, "hay que verlo" es una expresión que transmite un sentido similar al adjetivo *increíble* ('hay que verlo para creerlo').

Conviene también destacar otras apariciones del artículo indefinido en construcciones en las que se hace una valoración introduciendo un sustantivo caracterizado por una cualidad (*es un genio; es un payaso...*) o sustantivando un adjetivo calificativo referido a seres animados (*es un imbécil; es un sabio; es un ignorante; es un valiente...*). Tanto Lipski (1978) como Winther (1980) se percatan de este especial uso de los indefinidos en las valoraciones en español y en francés, respectivamente. Ambos se dan cuenta de que no es posible este uso del indefinido con cualquier elemento nominal o nominalizado, como ocurre con **es un inteligente* (aunque sí es posible *es un estúpido*; Lipski,

1978: 108). La nómina de términos que permiten esta aparición del indefinido es difícil de acotar, debido también a que la frontera entre estos sustantivos y adjetivos de cualificación es bastante difusa. Lipski considera que este uso del indefinido en valoraciones depende de la posibilidad de individualizar una cualidad en un sujeto, de factores culturales como la necesidad de etiquetar ciertos grupos sociales (*es un viejo, es un pobre. . .*), de si se trata de una cualidad perceptible (*es un chiquillo*) o que pasa más desapercibida (**es un tímido*), o también si se trata de un término peyorativo (*es un matasanos, es un imbécil*). Winther (1980: 108 y ss.), por su parte, piensa que el rasgo semántico que deben tener estos adjetivos nominalizados es el de /+ peyorativo/ o /+ laudatorio/, pero nunca un elemento neutro o considerado socialmente como "lo habitual", como lo no marcado. Así, hay ciertos adjetivos laudatorios que no permiten la nominalización con *un*, como *inteligente*, porque se considera que es lo habitual o lo no marcado, mientras que la construcción *es un sabio* es posible porque *sabio* sí se encuentra en una parte marcadamente elevada en la escala de inteligencia. Lo que nos interesa sobre todo de este fenómeno es que el indefinido *un* se muestra propenso a la presentación de elementos nominales (o nominalizados) que están claramente polarizados (con más frecuencia, hacia lo negativo) y ponderados. Ciertamente, ese tipo de usos parece afín y compatible con el funcionamiento del indefinido en las consecutivas y ponderativas suspendidas (aunque con matices).

Finalmente, un proceso parecido al *un* ponderativo le ocurre al indefinido *cada*. *Cada,* como presentador, individualiza cada elemento contable de un conjunto, pero el valor ponderativo que adquiere también se orienta a la cualidad de un hecho. En este uso, *cada* solo puede aparecer como presentador y no como sustituto, y solo introduciendo sustantivos contables (Albelda, 2007: 68):

(238) Masajista.- Hoy en día no hay que hacerse ilusiones con los hombres. *Te llevas cada chasco. . .* O son muy cortados y no se atreven, o se lo hacen entre ellos. Tal vez sea lo mejor: los hombres con los hombres y las mujeres entre nosotras. Nos evitaríamos muchos problemas. *(Le da masajes acariciándola cada vez con más intención.)* ¿Usted ha probado alguna vez con una tía? Con este cuerpo que tiene. . .
(CORPES XXI, 2006. José Luis Alonso de Santos, «Secretos eróticos». *Cuadros de amor y humor, al fresco*)

"Chasco" ya posee una valoración negativa que se ve intensificada por la estructura ponderativa suspendida con *cada*. Se trata, finalmente, al igual que con *un*, de un uso de intensificación de la fuerza argumentativa de los elementos implicados y que veremos con más detenimiento en el apartado § 7.4.1.

7.3.1.2. Adverbios cuantificadores

Los adverbios cuantificadores de las ponderativas suspendidas son *tanto* (y su forma apocopada *tan*), que se identifica como marca prototípica de las consecutivas, y el adverbio *más,* prototípico de las comparativas de superioridad. *Tanto*, como adverbio invariable, posee el mismo origen que el presentador *tanto/a*, pero ejerce la función de atribución o modificador del verbo:

(239) Maldito cretino. Ha sido él, todo ha sido una conjura de él, ella me quería, me amaba, *nos amábamos tanto. . .*
(CORPES XXI, 2013. Carlos Be, *Enemigos*. http://carlosbe.blogspot.cz)

Tan y *más* son adverbios que, por lo general, modifican un adjetivo intensificando la cualidad que expresa:

(240) A: Te aburres ¿eh? ↑ <pausa/> ¿Qué tronqui coño hacen? ↓. Como que me estan tocando las pelotas.
B: A mí también. Yo no te digo nada.
C: Ya después suponen porque no.
B: [Así].
A: [@*nombre es tan importante en el mundo*].
B: ¿Cómo así? ↓ je je.
A: Pues sí. Me ataca.
(COLA, malce4-07)

(241) C: y es que a mí me vio allí↓ y empezó a contarme↓ // tía↓ [porque es TO(DO)=]
A: [(RISAS)]
C: = el rato diciendo§
B: § y a mí también me lo dijiste [¡qué guapo!=]
C: [¿quién?]
B: = no se que y lo he vistoo§
C: § y to(do) el rato diciendo/ "¡ay! ¡qué bonico tía!/ porque tía es que *es más dulce tía más bonico*/ no se que porque tía" entonces me miro °(no se que)°/ "*si es que es más bonico"* [y yo dije "a esta tía le mola este tío"=]
(Corpus Val.Es.Co. 2.0, 1994. Conversación 20)

También es posible encontrar el adverbio *tan* modificando elementos que por naturaleza no son adjetivos, pero que funcionan como tales. Suele ser el caso de elementos introducidos por la preposición *de* que adjetiva el elemento:

(242) "Por otro lado -casi murmuró para sí-, el arte del insulto es una cosa *tan española, tan nuestra, tan de aquí*... El insulto ha sido literaria, política y hasta científicamente productivo de toda la vida: aunque los resultados sean en algunos casos inciertos, al menos obliga a unos y a otros a esforzarse. Quizás sea mejor cultivarlo, tal como se viene haciendo hasta la fecha, que intentar erradicarlo, inútilmente además".
(CORPES XXI, 2008. Ángela Vallvey, *Muerte entre poetas*)

(243) Los bosques superaban la idea que se había hecho de ellos. Se sentía *tan minúsculo, tan de otra escala*...; aquella bárbara inmensidad le estaba permitiendo visualizar su irrisorio tamaño. Menuda lección. El paisaje le explicaba mejor que nada anterior lo poco que él era, lo poco que significaba.
(CORPES XXI, 2011. Gabi Martínez, *Sólo para gigantes*)

(244) Mira que estáis desfasados. *Lo de atribuir huracanes y terremotos a la ira de Dios es tan del siglo IX*...
(Corpus MEsA, 2017. TW 2017 sep BRA 01)

El adverbio *más*, aparte de adjetivos, también puede modificar sustantivos indicando una gran cantidad de algo:

(245) Polo fue a su mesa a preparar el informe a partir de la sucinta información que les había proporcionado Silvia Marrero, mientras Gómez se dedicaba a fardar y de paso a fantasear con lo sucedido en la sede de la CLEN.
-Muy buena estaba la tía, *tenía más ganas*... Si no está éste- señaló a Polo con un movimiento de cabeza-, me la tiro encima de la mesa.
El inspector jefe David Vicente salió de la sala que utilizaban para estudiar los casos y pidió a todos los encargados del de Torres que entrasen.
(CORPES XXI, 2011. Carlos Santos Unamuno, *Cabello de ángel*)

No hemos encontrado ejemplos de *más* en ponderativas suspendidas modificando a un verbo, aunque creemos que es virtualmente posible que se dé ese caso: *No he sentido esto antes. ¡Lo quiero más...!*

Un último marcador adverbial de ponderativas suspendidas que puede incluirse en este grupo es el adverbio *menos*, que se identifica con el marcador de las comparativas de inferioridad. Narbona (1990: 73) sí considera posible que existan casos suspendidos con *menos* y pone el siguiente ejemplo: *¡Tiene menos inteligencia…!* En cualquier caso, no parece que tenga tanta frecuencia como *más*, ya que no hemos encontrado ejemplos de ponderativas suspendidas con *menos* en nuestro corpus.

7.3.1.3. La preposición *de* seguida de grupo nominal o adjetival

La *NGLE* (2009: 3446) explica que pueden constituir consecutivas suspendidas las secuencias introducidas por [*de* + grupo nominal o adjetival]. En el corpus analizado, también hemos encontrado algún caso de ponderativas suspendidas con esta estructura:

a) [*De* + sustantivo]:

(246) Valerio.- Llámalo como quieras, es mi alma gemela.
Consuelo- Pues si es tu alma gemela *os vais a poner de cuernos…*
Valerio- (*Trascendental y con algún gesto afeminado.*) Consuelo, me he pasado la vida buscando algo que no había encontrado, pero ahora lo veo todo con claridad meridiana y he tomado la decisión más importante de mi vida, «he decidido salir del armario».
(CORPES XXI, 2003. M.ª Luz Cruz, *Esta casa está okupada*)

b) [*De* + adjetivo]:

(247) *Y es de cremoso…* y eso que no lleva nata ni leche, en realidad es un sorbete (no helado), pero en cremosidad gana a cualquier helado: recién sacado del congelador se puede servir uno directamente con una cuchara, sin necesidad ni de apretar.
(CORPES XXI, 2010. Julia Guarch, «Sorbete de mango». Guarch, Julia; Rayo, Julián: *Postreadicción.* www.postreadiccion.com)

A pesar de que las ponderativas suspendidas (246) y (247) se construyan ambas con la preposición *de*, poseen sentidos distintos. Con sustantivo se intensifica una cantidad, mientras que con adjetivo se encarece una cualidad.

Cuando las ponderativas con *de* introducen un grupo nominal, es más común que este vaya precedido del presentador indeterminado *un*, que intensifica la cualidad del núcleo del sintagma:

(248) ¡Te vende! ¡te vende...! En fin, no hablemos de eso... ya has dicho que no quieres mis filosofías. Ello es, que si armas arriba una escena de honor ultrajado, en seguida hay otra de entierro.
- ¡Hombre, *dices las cosas de un modo...!*
- La verdad. Un drama completo. Pero en último caso, si tan irritado estás, si tan ciego te ves, si no puedes atender a razones, ni a tu conciencia que bien claro te habla, llama, sube, alborota, quema la casa...
(CORDE 1884–1885. Clarín (Leopoldo Alas), *La Regenta*)

Paralelamente, *de un* puede aparecer introduciendo un adjetivo calificativo al que el artículo nominaliza, de forma similar a los usos de *un* descritos por Lipski (1978) y Winther (1980). Expresa la ponderación de una cualidad de forma similar al ejemplo anterior:

(249) PILUCA
Julio Alberto dice que eso es cosa de los socialistas que no saben qué hacer para que se nos corte la digestión.
POCHOLA
No me extrañaría, que *son de un envidioso...*
PILUCA
Porque es lo que yo me digo: si esas cosas pasaran de verdad, pues ya las habríamos visto alguna vez. Vamos, digo yo.
(CORPES XXI, 2012. Jesús Campos García, *De compras*. www.jesuscam pos.com)

Para la *NGLE* (2009: 3444–3445), el adjetivo de esta secuencia, "siempre en masculino singular, suele ser depreciativo, o al menos usarse en sentido irónico". Y, efectivamente, todos los casos encontrados con esta secuencia intensifican alguna cualidad negativa representada por un adjetivo, hecho que parece indicar un proceso de especialización de esta estructura. Sin embargo, no descartamos que existe la posibilidad de encontrar casos con valoraciones positivas: *Me atendieron muy bien en el bufete. Son de un amable...*

Por otro lado, creemos que merece una reflexión el funcionamiento de estas secuencias con *de* seguidas de grupo nominal o adjetival. Cuesta distinguir algunas diferencias significativas entre este tipo de estructuras y parece que todavía existe cierta variación formal para expresar sentidos similares. Así, tomando de base el ejemplo (249), podemos pensar en dos posibilidades:

(249) Son de un envidioso
(249') Son de envidiosos / Son de envidiosas

Aparte de las diferencias formales entre estos ejemplos, no parece que exista un cambio de significado aparente, aunque sí es evidente el cambio gramatical. Cuando *de* introduce un adjetivo directamente, aún se produce la concordancia con el elemento que caracteriza, cumpliendo la función de atributo. Por el contrario, en la secuencia con *un*, la flexión está restringida por el proceso de nominalización del presentador. No nos queda claro qué aporta de más esta nominalización del adjetivo, el motivo por la que la efectúa el hablante. La nominalización presenta un proceso de objetivación del hecho, lo que puede traducirse en un refuerzo argumentativo en el enunciado. Pero este refuerzo es bastante tenue, ya que la construcción sin *un* ya nos sitúa en un punto bastante elevado de la escala. Una intensificación algo mayor no parece suponer una diferencia efectiva en el uso de la construcción con [*de un* + adjetivo].

Sí se ve una diferencia más clara en el uso de la estructura con [*de* + sustantivo] cuando no posee el presentador *un*, como hemos indicado más arriba. Este esquema se orienta más a cuantificar una cantidad que una cualidad. En (246), con el enunciado "os vais a poner de cuernos...", se interpreta que el hablante se refiere a una gran cantidad de infidelidades. Para encarecer la cualidad de los "cuernos" debemos hacer uso de otro marcador ponderativo como el presentador *un* sin la preposición: *Os vais a poner unos cuernos... [terribles].* Nótese también la diferencia entre *¡Mi hijo tiene de amigos...!* y *¡Mi hijo tiene unos amigos...!* La primera expresa la gran cantidad de amigos que tiene el hijo, que nos lleva a una conclusión positiva como 'mi hijo es muy sociable'; por el contrario, el segundo enunciado nos lleva a interpretar que el hijo tiene unos amigos bastante malos y nos orienta a interpretar cierta preocupación por él, ya que se está juntando con malas compañías.

Sobre esta secuencia [*de* + sustantivo], la *NGLE* (2009: 3446) comenta, además, lo siguiente: "Las [consecutivas suspendidas] constituidas con «*de* + grupo nominal» se caracterizan porque son raras sin suspensión. Contrastan, pues, *¡Tiene de dinero...!* y **Tiene de dinero que podría comprarse un palacio*". Esta caracterización confirma, en cierto modo, que este tipo de estructuras ya se han erigido de forma independiente como suspendidas y que ya poco tienen que ver con las consecutivas bimembres con las que tradicionalmente se relacionan. Lo importante, como defendimos en § 7.2.1.3, es la expresión de la ponderación y no la expresión de las consecuencias. Pero este es un rasgo común a todas las ponderativas suspendidas que hemos visto hasta el momento y creemos que, dependiendo del contexto, puede ser difícil la reposición de una segunda parte en cualquiera de ellas sin importar la estructura.

Es conveniente destacar que existe una última posibilidad de construir una ponderativa suspendida con [*de* + adverbio]:

(250) Usuario 9 (hombre): No sabia que hubiera tanto gay en el foro.
Usuario 9 (hombre): @usuario38, ven a mi casa y lo comprobamos ;-).
Usuario 3 (hombre): Perdona @usuario9, pero yo no soy gay, yo soy una reinona.
Usuario 26 (no identificado): jajajajaja
Usuario 29 (hombre): Yo quiero ver al @usuario3 por el Skype :D :D
Usuario 38 (no identificado): *me pillas de mal @usuario9, cielo...*
(Corpus MEsA, 2011–15. FO 2011–15 ago-nov SPA 02)

El funcionamiento es similar a las secuencias [*de (un)* + adjetivo/sustantivo], ya que suele realizar la función de modificador verbal intensificado. Sin embargo, aunque es perfectamente posible construir una ponderativa suspendida en estas secuencias con adverbio, no hemos encontrado demasiados ejemplos que den cuenta de ello, únicamente un par de casos. No parece que la nómina de adverbios que pueden aparecer en esta secuencia sea muy extensa y requeriría un análisis más detenido del fenómeno.

7.3.1.4. Ponderativas suspendidas sin marcador aparente

Pensamos que es necesario añadir un último apartado dentro de la clasificación de los marcadores de ponderativas suspendidas: el grupo de estas estructuras en las que no aparece un elemento morfológico que sustente la intensificación. Son los casos que registra Albelda (2007: 84) de formas verbales suspendidas como *¡llovía...!*, *¡lloró...!*, *¡se puso...!*, entre otros ejemplos, y que poseen los sentidos de 'llovía mucho', 'lloró mucho' o 'se puso muy mal'. Para la autora, se trata de un mecanismo de intensificación que podemos equiparar a nuestras ponderativas suspendidas. De hecho, Álvarez (1995: 28–31, 1999: 3751) relaciona estas formas verbales con una elisión de un cuantificador consecutivo: *¡llovió [tanto]...*

[que se inundaron las calles]! Pero, como indica Albelda (2007: 84), no podemos explicar estas ponderativas solo con la ausencia de una marca morfológica, ya que "es su peculiar entonación la que transmite el valor de intensificación". La prosodia es una marca suficiente para expresar la intensificación tanto en estas formas verbales como en el resto, aunque no podemos tener únicamente en cuenta el tonema final en anticadencia, que caracteriza la estructura como suspendida, sino también el refuerzo acentual en el elemento cuantificado. Por tratarse de un aspecto fonético, volveremos a referirnos a ello en el apartado § 7.3.3.

7.3.2. Las ponderativas suspendidas y la estructura oracional

7.3.2.1. El modo verbal

El modo verbal absolutamente predominante en las cláusulas ponderativas es el indicativo. Esta preferencia es equivalente a la descrita por Narbona (1978: 155) o Fuentes Rodríguez (1985: 52) para las consecutivas. No es nuestra intención detenernos demasiado en este punto, ya que cualquier ejemplo de este capítulo puede servir para mostrar que es posible encontrar ponderativas suspendidas con presente, pretérito perfecto, pretérito indefinido, pretérito pluscuamperfecto o imperfecto de indicativo. Los casos de futuro son menos habituales y se suele expresar mediante la perífrasis "*ir* + infinitivo":

(251) A: @nombre deja de chuparme la polla
B: *Te voy a meter cada hostia @nombre*
A: [Dejas las gilipollas... pues ya está ves]
B: [Vale vale vale vale]
(COLA, malce2-10)

También se puede dar la forma sintética del futuro, aunque en menor medida:

(252) -No importa, Mizkey, no importa... Sólo siento -añadió- cómo hemos dejado las sábanas con la pintura. ¿Tú no crees que deberíamos cambiarlas? *Porque harán un efecto...*
-¡Justo, en eso estoy pensando! -rugió el hombre, sorbiéndose los mocos con amargo resentimiento.
(CORPES XXI, 2003. José Luis Borau, «Ratones sin remedio». *Camisa de once varas*)

La forma condicional también es poco frecuente, pero, en principio, nada impide que pueda aparecer como otro tiempo posible:

(253) Aunque a Lali la lleve a casa -no demasiado: mamá la encuentra vulgar y no pierde ocasión de criticar cómo viste o cómo habla y se mueve-, no podría confesarle según qué angustias. No las entendería. *Tendría que explicarle tal cantidad de cosas...* Y seguramente no me compensaría. (CORPES XXI, 2009. Jorge De Cominges, *El desconcierto*)

Las formas en subjuntivo también pueden ser parte de una estructura ponderativa suspendida, pero su grado de frecuencia es visiblemente más bajo que el indicativo y, como dice Fuentes Rodríguez (1985: 52), su utilización "va condicionada por otros factores externos a la naturaleza de la oración. Por ejemplo, como manifestación de una modalidad no declarativa". También influyen otros factores como los procesos de nominalización a través de una oración sustantiva (254) o la expresión explícita de la modalidad a través de algún operador modal como *seguramente* (255):

(254) -Y eso ocurrió bastante después de que yo te dijera que conocía el rollo. Qué cosas. Lo raro es que te durase tanto. A lo mejor sólo querías tener una historia que contar, como todo el mundo. Lo de huérfano a secas no da para mucho. *Pero que te durase tanto...* ¿Llegaste a creértela en serio? (CORPES XXI, 2008. Alejandro Gándara, *El día de hoy*)

(255) A: Bua esto está guapísimo. Ah este altavoz también eees. *Lo que pasa es que seguramente estos altavoces cuesten tan caros.* Por ejemplo aquí hay uno que cuesta novecientos y pico euros por pareja. pero es madera de cerezo o
B: Ba pero a mí la madera me da igual.
(COLA, malcc2-07)

En cualquier caso, el indicativo es el modo prominente de las ponderativas suspendidas y la libertad temporal que poseen es amplia y no tan restringida como en otras estructuras suspendidas. Su naturaleza de oración principal hace que la selección de verbos no dependa tanto de elementos regidos gramaticalmente sino de la propia situación comunicativa.

7.3.2.2. Las preferencias léxicas de los verbos y las funciones oracionales del grupo cuantificativo

Aunque no parezca haber restricciones con respecto al tiempo y el modo verbal, las ponderativas suspendidas analizadas sí parecen tener un ámbito más restringido en la selección léxica de las formas verbales. El abanico de formas léxicas, en cualquier caso, es muy amplio y es difícil establecer una clasificación precisa de las lexías que propician la construcción de una ponderativa suspendida. Sin embargo, sí creemos posible establecer ciertas preferencias léxicas de los verbos que constituyen estas suspendidas. La elección de un lexema verbal u otro dependerá en gran medida de la marca de ponderación que utilicemos, de tal forma que es necesario establecer varias líneas de selección. Además, cada lexía utilizada implica, a su vez, una preferencia del grupo cuantificativo por desempeñar una función u otra de la oración, que dependerá del tipo de complementos que pueda acompañar al verbo designado (ya sea un argumento verbal o un adjunto).

7.3.2.2.1. Las funciones oracionales de la calificación valorativa

En primer lugar, hay que tener en cuenta que las ponderativas suspendidas realizan, principalmente, el acto de habla de expresar una valoración intensificada, a través del que el hablante expresa sus preferencias o gustos por un determinado hecho. Por ello, es normal que una de las selecciones verbales más frecuentes sea con verbos copulativos, *ser, estar* y *parecer,* que introducen un grupo cuantificativo formado por un intensificador y un adjetivo calificativo. Los intensificadores más habituales en estos casos son *tan*, *de (un)* y *más*:

(256) Entonces, con la luminosidad que acompaña una revelación, lo vi todo claro. Eso era, había estado allí desde el principio, cómo no darme cuenta antes. Se me había brindado la posibilidad de ir siempre que quisiera. *Parecía tan fácil*...
(CORPES XXI, 2010. Ana Ripoll, *Los Incorpóreos I. El mundo de las sombras*)

(257) A: El otro día lo leí en el periódico
B: Sí he visto que la chica <inglés> wonderbra </inglés> es la que canta no sé qué
A: *Y está de buena*

B: No como como aquella es
C: Es feísima
(COLA, mashe3-07)

(258) A: Voy a hacer ell la coña la coña de Praga <pausa/> No sé no no ja ja ja no no pero que no pero no ja ja ja ja ja. Hola, ¿qué tal? ↑ Je je je ah sí. Ja ja ja mira mira ja ja
B: [*Es más empalmado el chaval* es que yo (lo flipo)]
A: [Mira quita quita]
C: Es que yo lo flipo vamos
(COLA, maesb2-03)

Con verbos copulativos, la función principal es la de atributo, que es aquella donde se establece verdaderamente la valoración de un hecho. Con verbos no copulativos, este mismo tipo de grupos cuantificativos puede aparecer ejerciendo de adyacente de un sintagma nominal, con un uso valorativo similar que en las estructuras copulativas:

(259) Las niñas insistían en que me hiciera arzobispo.
- *El arzobispo tiene un vestido más bonito*... Con una cinta muy ancha de color y una capita encarnada -decía Pili, incitándome a vestirme así.
- Y además lleva un collar con una cruz con piedras muy bonitas, una joya preciosa -decía Anita, que se había deslumbrado con el pectoral del obispo de la diócesis el día en que monseñor Pérez Cáceres fue a confirmarnos.
(CORPES XXI, 2009. Fernando Delgado, *De una vida a otra*)

Tampoco es extraña la aparición de uno de estos grupos cuantificativos funcionando como atributo de un verbo semicopulativo (*resultar, volverse, quedarse*...) o como el comúnmente llamado complemento predicativo. Ambos complementos poseen el mismo funcionamiento calificativo que los ejemplos anteriores:

(260) Giro en redondo sobre mis talones y ya estoy al límite de su campo magnético, de su zona de atracción, cuando le oigo decir en un tono más alto quizá debido a esa urgencia que se adivina en su voz: "En este lugar hay negocio, a ver si de una puñetera vez haces caso a mi olfato. Se piensan que en esta cajita de cristal están a salvo, pero *va a resultar tan fácil*... Será coser y cantar".
(CORPES XXI, 2010. Mercedes Castro, *Mantis*)

(261) A: Tía @nombre no tienes una sola foto mía eres una cabrona.
B: @nombre tienes aquí deee tienes aquíiii negativos ↑.
A: Sí perdona perdona *es que salgo tan mona*.

B: Me tienes que dar negativos que sí tía.
C: Tengo perdona . . . espera.
(COLA, maore2-09e)

(262) PACÍFICO.- Quiero un bombón helado de nata.
PERPETUA.- Pues te resignas, que sabes que hasta que no pasen dos horas y hayas hecho la digestión no puedes tomar leche. Sólo faltaba que encima te pusieras malo. . .
PLÁCIDO.- Como si no tuviéramos bastante con tus cuescos, con perdón.
PACÍFICO.- *Me tenéis de un harto. . .*
PLÁCIDO.- Pues ya sabes dónde tienes la puerta.
(CORPES XXI, 2011. Laila Ripoll, *Santa Perpetua*)

(263) - ¿Me vas a zurrar a mí también?
- *Desde que vengo a terapia me estoy volviendo de puta. . .*
- Pues yo vivo en un universo paralelo, como si me hubiera fumado un porro. Debe de ser por la medicación.
(CORPES XXI, 2001. Lola Beccaria, *La luna en Jorge*)

(264) *CAYE*
Un amigo.
PILAR
Pues a ver si te lo traes a comer un día, *que te vas a quedar más sola. . .*
Y se aleja hacia el salón, resuelta. Caye se queda en el pasillo, con el recipiente de plástico en la mano.
(CORPES XXI, 2005. Fernando León de Aranoa, *Princesas*)

La última forma para la expresión de calificaciones valorativas con estos esquemas es la no selección de una lexía verbal. El núcleo del enunciado acaba siendo el grupo cuantificativo, aunque en ellos se sobreentienda el verbo copulativo *ser* implícito. El intensificador más común en estos casos es *tan*:

(265) MARGARITA
Cada cosa en su tiempo. Dime, Tino, ¿eres viudo? ¿Separado?
CONSTANTINO
Separado de cuerpo y alma.
MARGARITA
Ah, qué tontas somos a veces las mujeres. *Un hombre tan galante, tan encantador* y dejarte escapar... seguro que la culpa fue de ella, ¿y por qué te separaste?
(CORPES XXI, 2011. Paco Racionero, *Hagamos lo que hagamos*)

Con cualquiera de las formas vistas, parece establecerse cierta relación entre las ponderativas suspendidas con [*tan* + adjetivo], [*de (un)* +

adjetivo] y [*más* + adjetivo] utilizadas para emitir calificaciones valorativas y ciertas funciones oracionales que se ajustan a este espíritu calificativo: atributos, adyacentes y predicativos. Se trata de una de las muchas conexiones que se establecen entre los componentes de la microestructura y los valores de la macroestructura. Así, entendemos que un acto de habla de valoración intensificada como los vistos no puede realizarse sin tener en cuenta el funcionamiento del grupo cuantificativo dentro de la estructura oracional, que también ayudan a orientar las implicaturas discursivas para una correcta interpretación de las ponderativas suspendidas.

7.3.2.2.2. El grupo cuantificativo como modificador verbal

Otra de las funciones más comunes del grupo cuantificativo es modificar directamente al verbo, que queda potenciado. Este es el caso de los intensificadores adverbios en las siguientes secuencias: [verbo + *tanto*], [*tan* + adverbio] y [*de un* + sustantivo]. Existen dos posibilidades para intensificar la acción verbal: que el intensificador incida directamente sobre el verbo o que forme grupo con otro adverbio que actúa como modificador verbal. En cualquiera de los dos casos, el grupo cuantificativo cumple la función de modificador verbal, indicando el modo o la cantidad:

(266) - Ganó con su obra «Hombre en la niebla». Buen título para tiempos de crisis...
- Sí, pero no va por ahí. Hablo del hombre ante la nada, del ser humano y la muerte, de la soledad y el tiempo.
- No de amor...
- No me siento cómodo escribiendo de amor. *Se ha escrito tanto y tan bien...*
- Curioso: ¿por qué los poetas explican siempre sus poemas?
- Yo creo que se explican por sí solos. Un poema tiene tantos sentidos como lectores.
(CORPES XXI, 2012. «Jesús Francisco Bernal: «Mi madre no entiende lo que escribo»». *La Razón.es*)

(267) A: *Me ha maltratado de una manera*
B: ¿Quién? ↓
A: Túúúú
A: Ja ja ja ja ja
C: Túúúú

B: Ja ja ja ja ja
B: Vale hombre vale
(COLA, malce2-02b)

En (266), tenemos el ejemplo de un modificador de cantidad con *tanto* y otro de modo con [*tan* + adverbio]. En (267), *de* introduce el sintagma nominal permitiendo que actúe como aditamento de modo. También se da algún caso con *un* que no va precedido de la preposición *de*, sino de otras como *con* y que hace cumplir al grupo cuantificativo una función de aditamento de algún tipo:

(268) - ¿Le canta?
- Sí, poquita cosa, *pero me mira y me mira, con unos ojos...*
- Su agenda sigue sin un hueco, señora Caballé.
(CORPES XXI, 2012. Gema Pajares, «Montserrat Caballé: «Vivo pegada al móvil pero no puedo con internet»». *La Razón.es*)

Estas secuencias que actúan de modificadores no se asimilan del todo a los mismos usos que las calificaciones valorativas de estructuras de atribución. No hay un adjetivo en el que basar la calificación. Se especializan más en la expresión de quejas u otros actos de habla afectivos como la expresión de los sentimientos a los que intensifican su fuerza. De hecho, una de las combinaciones más frecuentes con *tanto* son verbos que expresan emociones como *querer, sentir* ('lamentar') o *echar de menos*:

(269) -perdona...
-ahora ya da igual... joder, *te quiero tanto...* creí que se me había pasado...
-yo también, iris... yo también te quiero...
(CORPES XXI, 2011. Celso Castro, *Astillas*)

(270) GEORGE
El sol, definitivamente debe de ser el sol.
MARGARET
El sol, sí, George... En Wyoming el sol es más amable, pero aquí... Me puse este sombrero de fieltro rojo para intentar que no ocurriera algo así, pero... *Lo siento tanto...* Quizá un sombrero de fieltro verde hubiese sido más indicado...
GEORGE
Está bien. Sé que no es culpa tuya.
(CORPES XXI, 2006. Juan Carlos Rubio, *Arizona. Una tragedia musical americana.* s. l.)

Esta intensificación de actos de habla expresivos será también uno de los valores más recurrentes de las ponderativas suspendidas y que veremos con más detenimiento en el apartado § 7.4.3.

7.3.2.2.3. ***Ponderación en sustantivos: grupos cuantificativos como sujeto y complemento directo***

Otro de los grandes tipos de ponderativas suspendidas es aquel en el que el elemento cuantificador funciona de presentador de un sustantivo. El sustantivo puede ser intensificado de dos maneras:

- Estableciendo un grado elevado de la cantidad de algo. Esto se consigue mediante la secuencia [*tanto (a, s)* + sustantivo] (o como pronombre) o [*más* + sustantivo].
- Valorando positiva o negativamente ese sustantivo. En este uso se especializan los presentadores *un* y *cada*.

En cualquiera de estos dos grupos, la nómina de lexías verbales es muy amplia, aunque se pueden establecer algunas formas verbales que son recurrentes. Es muy común, por otro lado, que los verbos de este grupo de ponderativas sean transitivos y que el sintagma nominal que constituye el grupo cuantificativo ejerza la función de complemento directo:

(271) A: [Hostia qué movida]
B: [*Pide tanto*]. [Cuando te pida cosas dile]
C: [Que qué movida je je je]
(COLA, malce2-06)

(272) -Te has puesto muy guapa para la fiesta, ¿sabes?
-Ya lo sé que sigo resultando: me han echado hoy unas miradas y *me han dicho cada piropo...*
Miguel se hizo ilusiones, pero no parecían propicios los hados de la noche para Miguel Laverón, porque Mayte cambió repentinamente de tema: "¿Nos vamos, Migue? Estoy... molida", pidió suplicante
(CORPES XXI, 2001. Miguel Naveros, *Al calor del día*)

Entre los verbos transitivos, es frecuente la aparición del verbo impersonal *haber* y de *tener*:

(273) Manolo es del Madrid, y, aun así, es mi mejor amigo. Por eso está feliz:
-¡Qué bien, Sol! *Tenía tantas ganas...*

Manolo tiene dos niñas y ya está haciendo planes para que nos vayamos juntos de vacaciones
(CORPES XXI, 2010. Paloma Bravo Aquilar, *La novia de papá*)

(274) Se echa un poco hacia atrás sobre las almohadas. Sé que sigue habiendo rabia en mi voz y que todavía mucha es contra él, aunque ahora la siento dispersa, más dúctil. Necesito tiempo, tiempo con él y también sin él. *Hay tanto que recolocar...*
(CORPES XXI, 2008. Alejandro Palomas, *El secreto de los Hoffman*)

(275) - M1: *Tng ma sueño*
- M2: Y yo
- M2: Me ha costado levantarme hoy
- M2: Tela
- M1: Ya somos dos
(Corpus MEsA, 2016. WA 2016 feb-mar)

(276) - H1: el rubius ya no me quiere
- H1: guiño guiño*
- H5: Me he quedado dormido 😌
- H1: estas en el curro ?
- H5: No, acabo de llegar a casa. *Y tengo unas agujetas*
- H1: de trabajar?
- H1: o del gym?
- H5: Del padel
(CORPUS MEsA, 2015. WA 2015/16 ago-mar)

(277) Ya en la calle, el guardia Amancio Perona se permitió abrir el pico y entrarle al comentario.
- Pero, ¿ha visto, mi Cabo? ¡Qué facha más descabalada!
- Desde luego el hombre no tiene desperdicio. Esa altura, la nariz.
- Y el pelo.
- Ya, y el pelo.
- *Hay cada cosa en el mundo.*
- Vivir para ver.
- ¿Y cómo habrá tragado la Paula?
- Mira, hijo, con las mujeres no hay que asombrarse de nada.
(CREA, 1984. Ramón Ayerra, *La lucha inútil*)

Este tipo de ponderativas suspendidas suele encajar muy bien con función de implemento, ya que el grupo cuantificativo parece preferir la posición posverbal que cierra, en muchas ocasiones, el enunciado. De hecho, incluso cuando el grupo cuantificativo actúa de sujeto, lo más frecuente es también la posición posverbal y, llegado el caso, el cierre del enunciado:

(278) Poseía la fuerza de un volcán pero con un rostro increíblemente delicado, dulce, casi infantil. *En sus ojos palpitaban tanta hondura y calor...* Javi soltó una bocanada de aire que se confundió con un suspiro y regresó a la realidad.
(CORPES XXI, 2007. César Fernández García, *El e-mail del mal*)

(279) CATALINA.- No fui yo. En tal caso, sería Celia. Fue Celia. Se le pusieron esos ojos acuosos y dijo que tenía una idea, y tú, te pusiste despreciativa, y le dijiste: *(Imitando a Julia)* "¿Cuándo has tenido tú una idea?" *Y a ella se le caían unos lagrimones...* Y Celia dijo: *(Imitando a Celia)* "¿Por qué no acabamos?" Literalmente: "¿Por qué no acabamos?"
(CORPES XXI, 2013. Lucía Vilanova, *Invidere.* www.iberescena.org)

(280) - Para esto, mi Mariano, escuchad, escuchad que os vais a tronchar, ya veréis, es buenísimo. Mariano, cuéntales lo que te pasó cuando confundiste el champú con el matarratas, que decías, no hace espuma, no hace espuma... *Es que a Mariano, le pasa cada cosa...*
(CORPES XXI, 2001. «¿La pareja? Bien, gracias. Tipos de pareja». *El club de la Comedia Presenta Ventajas de ser incompetente y otros monólogos de humor*)

Son especialmente llamativos los casos en los que se hace uso de una ponderativa suspendida con *un* para expresar estados físicos y anímicos, en los que el grupo cuantificativo puede ser sujeto o implemento, pero siempre aparecen en posición posverbal:

(281) LUCÍA Sí, bien, una vaca. Bueno, yo no sé si es vaca o es toro. Lo que sí sé es que nos mira con una cara que *me está dando un miedo...*
(CORPES XXI, 2003. Ernesto Caballero, *Tierra de por medio*)

(282) Elena.- No tienes ni idea de cómo lo pasé. Estuve meses sin salir de casa. Y lo peor es que no había un porqué. *Al bajar las escaleras de la cámara me daban unas tentaciones...* pero fui fuerte.
Él.- Como siempre.
(CORPES XXI, 2003. Ana Casas, «Y desaparecer...». Arija Martínez, Malco ... [et al.], *Teatro. Promoción 1998–2002*)

En (281) y (282) tenemos dos usos del verbo *dar.* El primero es transitivo con el sentido de 'producir', mientras que el segundo es intransitivo y expresa un significado similar a 'sobrevenir' (*DLE*, 2014: *s.v.* dar). Ambas acepciones comparten un campo significativo y de uso común, pero el funcionamiento requerido por el grupo cuantificativo es distinto. Ahora bien, es significativo que, tanto de implemento (281) como de sujeto (282), el grupo cuantificativo se encuentre en posición posverbal, lo que parece indicar un funcionamiento más cercano entre estas dos secuencias que el que deja ver la concordancia. Parte de la explicación a esta posición puede estar en que el grupo cuantificativo suele marcar el cierre del enunciado, pero también es posible una interpretación lógica del complemento como paciente y no como agente, aunque sea sujeto gramatical. Así, en (282), se sobrentiende que hay algo que produce una tentación y que estas no surgen por sí mismas, aunque constituyan sujeto gramatical.

En contraposición a la posición posverbal del grupo cuantificativo, son muy raros los casos de posición inicial en el enunciado o en la estructura oracional. No hemos encontrado casos de ello, aunque tampoco parece imposible: *Tanta gente se ha ido a la playa ya...* En principio, suponemos que las ponderativas suspendidas tienen preferencia por situar la marca de intensificación al final del enunciado.

Por último, hemos atestiguado algún caso de enunciado nominal con *tanto* y con *un* sin grupo verbal:

(283) Nada más lejos de mi intención, chiquilla. Este niño vivirá mucho, mucho tiempo. Su sangre es un tesoro que no se debe malgastar... -la Sombra clavó una de sus afiladas garras en la mejilla de Víctor. Una gota de sangre resbaló por el rostro del muchacho-. *Tanto poder... Tanta magia en una sola gota...*
(CORPES XXI, 2006. José Antonio Cotrina, *La casa de la colina negra*)

(284) LUIS: No te ha gustado.
MAITE: Sí que me gusta.
LUIS: *Un entusiasmo...*
MAITE: Estoy un poco cansada.
LUIS: Porque en rojo es muy llamativo, pero si te lo imaginas en negro.
(CORPES XXI, 2013. Lucía Carballal, «Mejor historia que la nuestra». *Textos teatrales Marqués de Bradomín.* www.injuve.es)

Estos enunciados sin verbos parecen orientados a la expresión de la afectividad, ya que, sin el verbo, queda totalmente focalizado el hecho ponderado.

7.3.2.2.4. Compilación de las secuencias recurrentes en la estructura oracional de las ponderativas suspendidas

A modo de resumen, hemos realizado este cuadro (Figura 77) con las funciones más frecuentes de los distintos grupos cuantificativos en la oración, los usos discursivos más comunes implicados en cada grupo y las formas verbales más habituales con las que aparecen:

<table>
<tr><th>Grupo cuantificativo</th><th>Usos</th><th>Formas verbales recurrentes</th><th>Funciones del grupo cuantificativo</th><th>Ejemplo</th></tr>
<tr><td rowspan="5">Tan + adjetivo

De (un) + adjetivo

Más + adjetivo</td><td rowspan="5">Valoraciones (afectivas)</td><td>Verbos copulativos</td><td>Atributo</td><td>Está de buena...</td></tr>
<tr><td>Verbos semiatributivos</td><td>Atributo</td><td>Va a resultar tan fácil...</td></tr>
<tr><td rowspan="2">Verbo predicativos</td><td>Predicativo</td><td>Salgo tan mona...</td></tr>
<tr><td>Adyacente de SN</td><td>Tiene un vestido más bonito...</td></tr>
<tr><td>Sin verbo</td><td>Adyacente de SN</td><td>Un hombre tan galante...</td></tr>
<tr><td>Verbo + tanto

Tan + adverbio

De un + sustantivo</td><td>Actos de habla expresivos (intensificados) como quejas o muestras de afecto</td><td>Verbos de expresión de sentimientos

Otros verbos predicativos</td><td>Aditamento de modo</td><td>Te quiero tanto...

Me ha maltratado de una manera...</td></tr>
<tr><td rowspan="2">Tanto (a, s) + sustantivo

Más + sustantivo

Un (a, (o)s) + sustantivo

Cada + sustantivo</td><td rowspan="2">Valoraciones (afectivas)

Expresión de estados físicos y anímicos</td><td>Verbos transitivos</td><td>Implemento</td><td>Me han dicho cada piropo...

Esa cara me está dando un miedo...</td></tr>
<tr><td>Verbos intransitivos</td><td>Sujeto (pospuesto)</td><td>Le caían unos lagrimones

Viendo esos chocolates me dan unas tentaciones...</td></tr>
</table>

Figura 77. Secuencias oracionales más recurrentes en las ponderativas suspendidas

7.3.2.3. Las restricciones de las ponderativas suspendidas según el tipo de oración

Todos los ejemplos que hemos visto hasta el momento de cualquier tipo de ponderativa suspendida tienen algo en común: son oraciones declarativas y afirmativas. Existe, pues, una restricción que depende de las comúnmente llamadas modalidades de frase o modalidad de la enunciación (*cfr.* Otaola, 1988: 101). No es posible tener casos de ponderativas suspendidas con una oración interrogativa, exhortativa ni negativa[101]:

a) *¿Claudia es tan inteligente?*
b) *Hacedlo de tal forma.*
c) *No hay tantos coches.*
d) *Tu novio no te quiere tanto.*

Estas cuatro oraciones son gramaticalmente correctas, pero ya están lejos de considerarse ponderativas. Lo primero que ocurre en cualquiera de estos tipos de oración es que desaparece el tonema final en anticadencia propio de las estructuras suspendidas que analizamos. En el caso de la interrogativa en a), el tonema es en anticadencia, pero posee la elevación propia de las interrogativas (*cfr.* Cantero y Font, 2010; Cantero y Mateo, 2011). Sin este tonema de la suspensión, no es posible una reposición de una segunda parte, ya que el enunciado se cierra en todas sus vertientes.

En segundo lugar, estas modalidades de la enunciación no permiten la aparición del sentido elativo que sí poseen las ponderativas suspendidas. En ninguna de estas cuatro oraciones, a), b), c) o d), se expresa la cualidad o la cantidad de algo en un punto absoluto de la escala, sino que se trata de valores relativos a una comparación o son simplemente demostrativos con un sentido similar a *ese/a*.

Por otra parte, se suelen comparar las construcciones ponderativas suspendidas con la modalidad de la enunciación exclamativa. Ciertamente, el valor ponderativo que poseen estas construcciones suspendidas les otorga sentidos que tradicionalmente se han relacionado con las exclamaciones: exageraciones, valoraciones afectivas, quejas, lamentos... Además, no es extraño que una suspendida de cuantificación aparezca en la escritura con signos de exclamación:

101 El resto de las construcciones suspendidas de este estudio tampoco suelen constituirse por esquemas oracionales interrogativos o exhortativos debido a su naturaleza funcional de marcos enunciativos. La diferencia con las ponderativas suspendidas es que estas no suelen actuar como marco, sino que son "oraciones principales".

(285) Don Álvaro no se confesaba a sí mismo que había habido un tiempo en que perdiera la esperanza de vencer a la Regenta. *¡La tenía ahora tan vencida!* Mejor que nunca lo conoció cuando hubo que dar la gran batalla para trasladar al caserón de los Ozores el nido del amor adultero.
(CORDE, 1884–1885. Clarín (Leopoldo Alas), *La Regenta*)

Álvarez (1999: 3751) entiende que es un tipo específico de exclamación en el que "el desarrollo de la construcción [consecutiva] queda interrumpido mediante un tonema en suspensión". Sin embargo, existen ciertos enunciados que, aun considerándose exclamativos, pueden no constituir un enunciado suspendido. Partiendo de un ejemplo de Álvarez (*idem*), podemos tener dos interpretaciones de un enunciado aparentemente similar:

a) *¡Me ponía de los nervios!* ↓
b) *¡Me ponía de unos NERvios...!* ↑ *[que me apetecía abofetearlo] [que no te puedes ni imaginar]*

Ambos enunciados pueden considerar exclamativos, pero solo uno es suspendido. En a), el enunciado nos sitúa en un punto elevado de la escala: 'me ponía muy nervioso'. Pero b), gracias al refuerzo acentual en el grupo cuantificativo y al tonema final en anticadencia que marcan la ponderativa suspendida, nos sitúa en un punto aún más alto de la escala con el que es posible imaginar una serie de consecuencias terribles: ... *que me apetecía abofetearlo / que no te puedes ni imaginar*. Estas consecuencias solo se toman como punto de referencia para lograr el encarecimiento tan elevado de "poner de los nervios". La suspensión consigue cargar la estructura de una mayor expresividad y subjetividad del hablante comparable a los usos superlativos. Así, puede considerarse un tipo de exclamación, pero con implicaciones particulares que no son comunes a todos los enunciados con esta modalidad de la enunciación.

7.3.3. La entonación de las ponderativas suspendidas

Hay dos elementos prosódicos que componen también la estructuración interna de las ponderativas suspendidas: el tonema final en anticadencia y el refuerzo del acento de frase en el grupo cuantificativo.

7.3.3.1. El tonema final

El tonema final de las ponderativas suspendidas se ha analizado a través de la comparación de la frecuencia fundamental de una serie de grabaciones de lecturas dramatizadas en una cabina de grabación, como el resto de las construcciones suspendidas (*vid.* § 2.3). La variable que se tiene en cuenta como base para la comparación es la aparición de la estructura en un enunciado suspendido o en un enunciado bimembre, al igual que hemos hecho con el resto.

Debido a la gran cantidad de marcadores que poseen las ponderativas suspendidas, hemos optado por analizar únicamente dos variantes como representativas del conjunto: ponderativas con *tan* y *tanto* iniciando un grupo cuantificativo seguido de adjetivo o sustantivo, y ponderativas con el adverbio *tanto* en posición posverbal que conforman un grupo cuantificativo con él. Con esta elección, hemos obtenido el siguiente número de grabaciones:

- Cláusulas con *tan* y *tanto* introductores de grupo cuantificativo en estructuras consecutivas bimembres: 34 grabaciones.
- Cláusulas ponderativas suspendidas con *tan* y *tanto* introductores de grupo cuantificativo: 33 grabaciones.
- Cláusulas con el adverbio *tanto* en estructuras consecutivas bimembres: 34 grabaciones.
- Cláusulas ponderativas suspendidas con el adverbio *tanto*: 34 grabaciones.

La elección de estos marcadores ponderativos como representación de las ponderativas responde a varios motivos. Por un lado, *tan* y *tanto* son los marcadores más prototípicos de estas construcciones ponderativas y sirven de eje de referencia para el resto. Como el sentido ponderativo lo llevan por su naturaleza al ser cuantificadores, no precisan de otros elementos (contextuales, entonativos o gramaticales) para expresar la intensificación y, por tanto, hay menos posibilidades de que su prosodia se vea afectada para compensar la falta de sentido ponderativo, como ocurre en las estructuras con *un* o *cada*.

Las variantes que analizamos también responden a la posición que ocupa el cuantificador en el enunciado. Por un lado, tenemos en cuenta las ponderativas que forman un grupo cuantificativo con un sustantivo o un adjetivo y que se encuentran a mitad de la estructura oracional. Por otro, vemos las ponderativas con el adverbio *tanto* que modifica a un verbo y que suele constituir el cierre absoluto del enunciado. Con estos dos grupos es posible comprobar superficialmente si existe una repercusión en el tonema final de estas dos posiciones.

A pesar de esta justificación, somos conscientes de las repercusiones que puede tener desprenderse de otras variantes que pueden ser significativas para una caracterización entonativa exhaustiva de las ponderativas suspendidas en su totalidad. Los resultados obtenidos, por tanto, no tienen por qué corresponderse fielmente a otras estructuras ponderativas con [*un, cada, más, de* + adjetivo, etc.], y creemos que es necesario un análisis acústico exhaustivo de todas ellas si se pretende conseguir una caracterización fiable y particularizada de la entonación de todas ellas. Sin embargo, para llegar a este objetivo, haría falta un estudio mucho más amplio y centrado en el aspecto fonético y fonológico de estas estructuras. Este análisis sale de nuestras pretensiones en la caracterización de las estructuras suspendidas, ya que nuestro estudio está enfocado a marcar ciertas pautas entonativas que permitan hacer una descripción general de la suspensión. Por tanto, nuestros datos deben tomarse como una primera aproximación a establecer una tendencia del tonema final de estas estructuras y es conveniente establecer una comparativa con otros estudios de estructuras suspendidas o libres que realizan un análisis acústico con otros enfoques como el realizado por Pérez Giménez (2012) o Elvira-García (2016).

Los resultados obtenidos por informante de las ponderativas suspendidas son los siguientes:

a) Ponderativas con *tan* y *tanto* que forman un grupo cuantificativo con un sustantivo o un adjetivo (Figuras 78 y 79).

Ponderativa con *tan* + adjetivo y *tanto* + sustantivo bimembre	**Inicio de la inflexión (Hz)**	**Final de la inflexión (Hz)**	**Diferencia (en Hz)**	**Porcentaje de ascenso**	**Diferencia en semitonos**
1	250,55	294,99	44,44	17,74 %	2,83
2	158,63	235,07	76,44	48,19 %	6,81
3	288,15	155,66	-132,49	-45,98 %	-10,66
4	216,92	474,15	257,23	118,58 %	13,54
5	273,23	352,80	79,57	29,12 %	4,42
6	140,94	411,23	270,29	191,78 %	18,54
7	254,14	330,60	76,46	30,09 %	4,55
8	232,72	356,92	124,20	53,37 %	7,40
9	275,31	332,09	56,78	20,62 %	3,25
10	99,73	145,87	46,14	46,26 %	6,58
11	303,68	323,12	19,44	6,40 %	1,07
12	187,23	363,41	176,18	94,10 %	11,48
13	208,90	261,01	52,11	24,94 %	3,86
14	198,61	289,85	91,24	45,94 %	6,54
15	250,68	288,93	38,25	15,26 %	2,46
16	156,52	260,42	103,90	66,38 %	8,81
17	366,25	393,77	27,52	7,51 %	1,25
18	305,14	586,51	281,37	92,21 %	11,31
19	224,78	357,49	132,71	59,04 %	8,03
20	289,84	366,31	76,47	26,38 %	4,05
21	200,26	320,94	120,68	60,26 %	8,17
22	217,54	369,50	151,96	69,85 %	9,17
23	213,53	312,90	99,37	46,54 %	6,62
24	336,01	371,77	35,76	10,64 %	1,75
25	204,86	238,82	33,96	16,58 %	2,66
26	234,33	299,48	65,15	27,80 %	4,25
27	141,09	386,67	245,58	174,06 %	17,45
28	123,10	151,05	27,95	22,71 %	3,54
29	190,68	372,95	182,27	95,59 %	11,61
30	213,64	265,63	51,99	24,34 %	3,77
31	185,87	433,92	248,05	133,45 %	14,68
32	106,61	107,75	1,14	1,07 %	0,18
33	235,12	317,91	82,79	35,21 %	5,22
34	174,37	230,35	55,98	32,10 %	4,82

Figura 78. Resultados acústicos por informante de las ponderativas con [*tan* + adjetivo] y [*tanto* + sustantivo] bimembre

Ponderativa con *tan* + adj. y *tanto* + sust. suspendida	**Inicio de la inflexión (Hz)**	**Final de la inflexión (Hz)**	**Diferencia (en Hz)**	**Porcentaje de ascenso**	**Diferencia en semitonos**
1	193,55	350,34	156,79	81,01 %	10,27
2	190,67	362,14	171,47	89,93 %	11,11
3	237,90	272,68	34,78	14,62 %	2,36
4	293,78	443,67	149,89	51,02 %	7,14
5	252,85	338,65	85,80	33,93 %	5,06
6	149,38	209,81	60,43	40,45 %	5,88
7	269,60	337,66	68,06	25,24 %	3,90
8	246,32	334,54	88,22	35,82 %	5,30
9	121,92	178,72	56,80	46,59 %	6,62
10	298,64	325,35	26,71	8,94 %	1,48
11	209,58	332,65	123,07	58,72 %	8,00
12	160,58	343,05	182,47	113,63 %	13,14
13	208,33	297,66	89,33	42,88 %	6,18
14	243,29	307,97	64,68	26,59 %	4,08
15	207,26	256,78	49,52	23,89 %	3,71
16	285,32	324,71	39,39	13,81 %	2,24
17	247,94	458,89	210,95	85,08 %	10,66
18	243,69	379,07	135,38	55,55 %	7,65
19	273,14	279,10	5,96	2,18 %	0,37
20	204,73	295,82	91,09	44,49 %	6,37
21	342,95	425,09	82,14	23,95 %	3,72
22	261,44	390,44	129,00	49,34 %	6,94
23	249,47	427,57	178,10	71,39 %	9,33
24	210,10	245,80	35,70	16,99 %	2,72
25	131,42	240,23	108,81	82,80 %	10,44
26	259,71	467,10	207,39	79,85 %	10,16
27	120,12	229,40	109,28	90,98 %	11,20
28	247,08	328,15	81,07	32,81 %	4,91
29	151,01	235,92	84,91	56,23 %	7,72
30	246,86	439,30	192,44	77,96 %	9,98
31	73,13	83,96	10,83	14,81 %	2,39
32	207,23	372,65	165,42	79,82 %	10,16
33	127,51	174,92	47,41	37,18 %	5,47

Figura 79. Resultados acústicos por informante de las ponderativas con [*tan* + adj.] y [*tanto* + sust.] suspendida

Promedio de valores (Figura 80):

		Bimembre	**Suspendida**
Ponderativa con *tan* + adj. y *tanto* + sust.	Porcentaje de ascenso	49,95 %	48,74 %
	Diferencia en Hz	97,08	100,71
	75 % o más	7	9
	30 - 75 %	12	14
	0 - 30 %	14	10
	-30 - 0 %	0	0
	-30 % o menos	1	0
	Diferencia en semitonos	6,18	6,57

Figura 80. Promedio de valores acústicos de las ponderativas con [*tan* + adj.] y [*tanto* + sust.]

b) Ponderativas con *tanto* como adverbio (Figuras 81 y 82).

Ponderativa con *tanto* (adverbio) bimembre	**Inicio de la inflexión (Hz)**	**Final de la inflexión (Hz)**	**Diferencia (en Hz)**	**Porcentaje de ascenso**	**Diferencia en semitonos**
1	240,38	297,42	57,04	23,73 %	3,69
2	178,30	231,15	52,85	29,64 %	4,49
3	233,19	174,24	-58,95	-25,28 %	-5,05
4	216,07	310,68	94,61	43,79 %	6,29
5	267,72	345,55	77,83	29,07 %	4,42
6	240,70	264,44	23,74	9,86 %	1,63
7	171,21	192,37	21,16	12,36 %	2,02
8	278,41	380,99	102,58	36,84 %	5,43
9	236,71	319,55	82,84	35,00 %	5,20
10	104,06	129,20	25,14	24,16 %	3,75
11	222,25	272,64	50,39	22,67 %	3,54
12	265,40	369,55	104,15	39,24 %	5,73
13	199,94	241,54	41,60	20,81 %	3,27
14	203,19	243,51	40,32	19,84 %	3,13
15	244,94	271,58	26,64	10,88 %	1,79
16	164,06	221,35	57,29	34,92 %	5,19
17	367,85	365,21	-2,64	-0,72 %	-0,12
18	227,04	299,98	72,94	32,13 %	4,82
19	287,13	382,63	95,50	33,26 %	4,97
20	261,21	287,70	26,49	10,14 %	1,67
21	168,86	345,57	176,71	104,65 %	12,40
22	213,71	256,02	42,31	19,80 %	3,13
23	223,37	262,36	38,99	17,46 %	2,79
24	232,78	357,02	124,24	53,37 %	7,40
25	195,84	257,83	61,99	31,65 %	4,76
26	181,32	376,21	194,89	107,48 %	12,64
27	167,39	404,48	237,09	141,64 %	15,27
28	145,70	156,62	10,92	7,49 %	1,25
29	219,66	456,10	236,44	107,64 %	12,65
30	204,66	305,24	100,58	49,14 %	6,92
31	189,68	272,11	82,43	43,46 %	6,25
32	83,58	90,91	7,33	8,77 %	1,46
33	230,18	351,58	121,40	52,74 %	7,33
34	166,07	205,71	39,64	23,87 %	3,71

Figura 81. Resultados acústicos por informante de las ponderativas con *tanto* (adverbio) bimembre

Ponderativa con *tanto* (adverb.) suspendida	**Inicio de la inflexión (Hz)**	**Final de la inflexión (Hz)**	**Diferencia (en Hz)**	**Porcentaje de ascenso**	**Diferencia en semitonos**
1	215,77	312,18	96,41	44,68 %	6,39
2	206,45	213,04	6,59	3,19 %	0,54
3	183,27	272,46	89,19	48,67 %	6,86
4	147,44	285,45	138,01	93,60 %	11,44
5	271,28	398,73	127,45	46,98 %	6,67
6	252,85	338,65	85,80	33,93 %	5,06
7	162,43	214,32	51,89	31,95 %	4,80
8	286,09	428,34	142,25	49,72 %	6,99
9	223,79	392,47	168,68	75,37 %	9,73
10	109,13	140,99	31,86	29,19 %	4,43
11	294,74	321,53	26,79	9,09 %	1,51
12	167,95	393,27	225,32	134,16 %	14,73
13	129,85	337,71	207,86	160,08 %	16,55
14	202,90	269,27	66,37	32,71 %	4,90
15	207,25	385,45	178,20	85,98 %	10,74
16	176,14	245,42	69,28	39,33 %	5,74
17	320,57	343,96	23,39	7,30 %	1,22
18	258,37	459,83	201,46	77,97 %	9,98
19	247,95	455,92	207,97	83,88 %	10,54
20	216,63	378,13	161,50	74,55 %	9,64
21	147,17	290,39	143,22	97,32 %	11,77
22	218,85	274,81	55,96	25,57 %	3,94
23	248,57	375,42	126,85	51,03 %	7,14
24	180,54	489,74	309,20	171,26 %	17,28
25	194,89	226,42	31,53	16,18 %	2,60
26	167,90	364,53	196,63	117,11 %	13,42
27	136,06	271,61	135,55	99,63 %	11,97
28	131,05	196,73	65,68	50,12 %	7,03
29	162,85	325,92	163,07	100,14 %	12,01
30	171,28	352,66	181,38	105,90 %	12,50
31	177,89	237,95	60,06	33,76 %	5,04
32	82,64	76,78	-5,86	-7,09 %	-1,27
33	216,81	342,36	125,55	57,91 %	7,91
34	132,18	181,44	49,26	37,27 %	5,48

Figura 82. Resultados acústicos por informante de las ponderativas con *tanto* (adverbio) suspendida

Promedio de valores (Figura 83):

		Bimembre	**Suspendida**
Ponderativa con *tanto* (adverb.)	Porcentaje de ascenso	35,63 %	62,31 %
	Diferencia en Hz	72,54	116,01
	75 % o más	4	12
	30 - 75 %	12	15
	0 - 30 %	16	6
	-30 - 0 %	2	1
	-30 % o menos	0	0
	Diferencia en semitonos	4,82	7,8

Figura 83. Promedio de valores acústicos de las ponderativas con *tanto* (adverbio)

La caracterización general que se hace de las ponderativas suspendidas en la literatura (concretamente, de las llamadas consecutivas suspendidas) en cuanto a su prosodia se basa en su terminación con tonema en suspensión. Fernández Ramírez (1987: 206) o Álvarez (1999: 3751) hablan de un tonema suspendido, pero según nuestros resultados expuestos en las Figuras 79 y 82, parece que estas estructuras se acercan más a la anticadencia que al mantenimiento. La elevación del tono desde la última vocal acentuada hasta el final se sitúa, de media, por encima del 45 % de elevación y por encima de los 6 semitonos, de tal forma que queda bastante alejado del umbral funcional definido por Pamies *et al.* (2002). El tonema en anticadencia se ajusta bastante mejor a esta elevación, aunque la sigamos llamando "suspendida". Las ponderativas son uno de los tipos de suspendidas que presenta una elevación notablemente más marcada que el resto.

En cuanto a la comparación de las ponderativas que inician grupo cuantificador, bimembres y suspendidas (Figura 79), hay un par de aspectos sobre los que conviene detenerse un momento. En primer lugar, es significativa la poca diferencia que hay entre la cláusula con *tan* y *tanto* en estructuras bimembres (49,95 %; 6,18 semitonos) y la realización suspendida (48,74 %; 6,57 semitonos). Es posible que la cláusula de la estructura bimembre sea tan elevada (en relación con otras cláusulas de estructuras bimembres ya vistas en § 3.4.3.1) debido a que los informantes, durante la lectura, las han identificado en un primer momento como suspendidas, que más tarde han completado con una segunda parte. Si tomamos de ejemplo el caso 4, observamos que, junto a una elevación de 118,58 %, hay una pausa de 0,31 segundos hasta la siguiente cláusula que completa la estructura consecutiva (Figura 84):

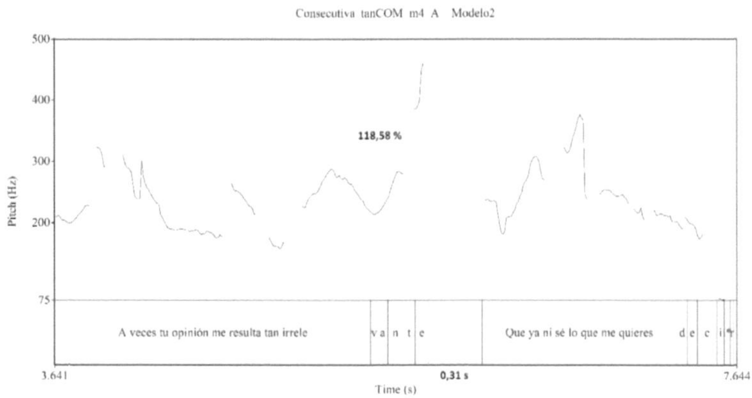

Figura 84. Curva melódica de una estructura consecutiva bimembre con *tan* dramatizada de la informante 4 (mujer)

En cambio, con elevaciones más moderadas, la pausa es apenas perceptible (caso 33, Figura 85):

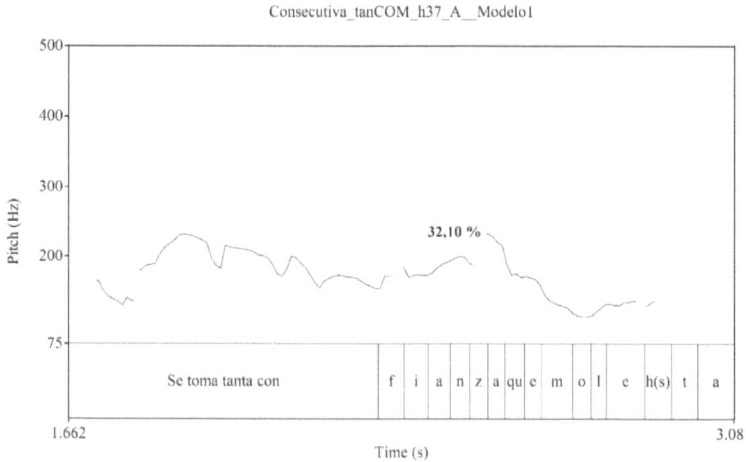

Figura 85. Curva melódica de una estructura consecutiva bimembre con *tan* dramatizada del caso 33 (informante 37, hombre)

Este fenómeno no tiene por qué ocurrir con las consecutivas bimembres con el adverbio *tanto*, ya que esta marca de la consecutiva se encuentra al final de la estructura, más ligada y más cerca (espacial y temporalmente) de su continuación y, por ello, resulta más natural realizar la entonación con una elevación más moderada (35,63 %) con un carácter de concatenación. En cualquier caso, no podemos establecer (aún) una regla general argumentada de esta diferencia de elevación entre consecutivas bimembres que inician un grupo cuantificador y las que cierran un enunciado, ya que solo disponemos de unos pocos ejemplos de este hecho. Se requiere un análisis más profundo.

Con relación a las ponderativas suspendidas con el adverbio *tanto* (Figura 82), es notable el grado de elevación media que alcanzan (62,31 %). Creemos que esta pronunciada elevación puede tener que ver con la coincidencia de la posición del cuantificador con el final del enunciado. La entonación suspendida, que indica el término de la estructura, se vería reforzada por el sentido intensificador de *tanto*, elemento sobre el que se desarrolla la inflexión final. La elevación pronunciada transmite una mayor afectividad del hablante que quiere expresar su deseo de resaltar el elemento intensificador. Además, esta elevación puede verse también potenciada por el hecho de que se intenta establecer una focalización entonativa en un segmento sobre el que ya recae el acento de frase, que aumenta la inflexión tonal.

Por un motivo u otro, parece justificarse la división entonativa entre estructuras bimembres y estructuras suspendidas, cuya melodía queda diferenciada por cumplir objetivos distintos. La entonación de las estructuras bimembres tiene un carácter continuativo frente a la de las estructuras suspendidas que buscan activar una serie de inferencias que se traducen en intenciones discursivas. Por ello, no podemos considerar que se trate de la misma entonación. Álvarez (1999: 3751) hace una observación pertinente al respecto:

> Sólo gracias al tonema de suspensión se produce la supresión de la subordinada sin alteración de la significación peculiar consecutiva. Ahora bien, no se trata de una supresión sin más de la oración subordinada, sino de su sustitución por un procedimiento lingüístico que, aunque de diferente naturaleza, asegura igualmente la expresión del sentido consecutivo.
>
> Estamos, pues, ante dos procedimientos formalmente diferenciados –uno de naturaleza sintáctica y otro de carácter entonativo– pero semánticamente

> equivalentes. Subordinada y tonema de suspensión actúan, en definitiva, como requisitos, alternativos exigidos por el encarecimiento consecutivo, que, como hemos visto, no pueden garantizar por sí mismos los contenidos léxicos de los cuantificadores intensivos.

Salvo por el hecho de que es discutible si con una suspensión podemos seguir hablando de consecutivas (*vid.* § 7.2), es relevante la idea que expone el autor de "sustitución". No se trata de una mera elipsis, sino de una posibilidad de realización de una estructura ponderativa que puede acabar como una consecutiva o como una estructura suspendida. Son soluciones diferenciadas y cada una de ellas genera implicaciones discursivas distintas. Como ya hemos visto, lo mismo es aplicable al resto de estructuras suspendidas que hemos analizado.

7.3.3.2. El refuerzo del acento de frase

Creemos que para completar la descripción de las ponderativas suspendidas hace falta comprender, al menos superficialmente, en qué consiste el acento de frase y su relación con la focalización entonativa de algún elemento del enunciado. Para las definiciones y descripción del comportamiento del acento de frase, seguiremos las consideraciones de Cantero (2002: 75 y ss.).

El acento de frase o el acento sintagmático, para Cantero, afecta a una unidad superior en la jerarquía fónica a las vocales tónicas: el grupo fónico. Los sonidos y las sílabas de un grupo fónico se reúnen en torno a una sílaba acentuada que constituye el acento sintagmático. Como indica el autor, este acento en español suele colocarse en la última vocal tónica de la frase e influye en el ritmo de la prosodia del enunciado. Para Cantero, la naturaleza de este acento es principalmente tonal (un refuerzo en la inflexión tonal de la vocal), y no tanto de intensidad, como tradicionalmente se ha considerado; secundariamente, también posee relación con la duración de la vocal. Paralelo a este fenómeno, puede darse una focalización acentual en un determinado elemento que el hablante quiere destacar, lo que puede producir un desplazamiento del acento sintagmático. Pero hay casos en los que se quiere focalizar el elemento en el que se encuentra el acento de frase y, entonces, se produce el fenómeno que se suele llamar acento de insistencia. Creemos que este acento de insistencia es el fenómeno que acaba caracterizando a estas ponderativas suspendidas.

Tal como lo define Cantero (2002: 96), el acento de insistencia "consiste en un reforzamiento acentual de la palabra fónica en la que está situado el acento sintagmático, convirtiendo una vocal átona en una vocal tónica equiparable a las demás vocales que son tónicas por naturaleza". Así, la focalización acentual que se efectúa en un enunciado ponderativo suspendido recae sobre el grupo cuantificativo, corazón de este tipo de estructuras, que suele constituir también el final del grupo fónico y de la construcción. En este proceso, probablemente, acabe apareciendo otra vocal tónica como "insistencia" de este valor ponderativo. En un grupo cuantificativo con dos elementos, lo más natural es que tengamos una vocal tónica en el elemento cuantificado y otra en el cuantificador: /tiene laskosas tán klÁras ↑/. Este doble refuerzo tonal (unido, además, a un tonema final en anticadencia) es el que ayuda, finalmente, a conformar el sentido de encarecimiento de la estructura y es de vital importancia cuando no tenemos un elemento que sea un cuantificador intensificativo por naturaleza como ocurre en los casos con el artículo *un*: /tiene ún mÓro↑/. Solo gracias a este acento y a la entonación suspendida es posible reinterpretar estas estructuras con *un* como una ponderativa suspendida y no como un mero enunciado declarativo. En el siguiente ejemplo de una transcripción de una conversación real también, han marcado el refuerzo acentual (en mayúscula):

(286) D: uno que se llama Emilio que va a mi clase eso sí que es ser guei por [faVOOR]
A: [en mi clase] hay uno que no lo es pero parece §
D: §*¡es que es TAN mujeer!* / [*¡es TAN mujer!* porque es mujer tía ¡va más apretado que yoo!]
A: [es más]
B: [¿por qué?]
A: [la chica a principio de curso↑] / [((llegamos unos)) de clase] / [y ((me dice))] / [si estaba sentado con todas las chicaas siempre las chicas (( ))]
D: [¡es que no puede ir más petado! y en] plan↑ §
(Val.Es.Co. 2.0., 2011. Conversación 46)

Hay casos en los que el grupo cuantificativo está conformado solo por el cuantificador, como ocurre en los enunciados con el adverbio *tanto*. En estas situaciones, no tenemos el cambio de una vocal átona por una tónica, pero el refuerzo en la inflexión tonal parece que sigue estableciéndose, aunque sea en la última vocal acentuada del grupo fónico donde está posicionado el acento sintagmático: /tekiéɾo tÁnto/. En este ejemplo, no hay ninguna vocal átona que pueda pasar a tónica en el grupo cuantificativo, pero creemos que continúa el refuerzo a la inflexión en el tonema final ya que, de hecho, este tipo de ponderativas posee el mayor porcentaje de elevación de todas las suspendidas analizadas, según nuestros resultados experimentales: 62,31 % (Figura 82). Algo similar parece ocurrir en aquellas ponderativas en las que la intensificación se produce solo con una forma verbal: /latáɾta estÁba↑/ [...*buenísima*].

Por un motivo u otro, y como ya hemos dado a entender en otros momentos de este capítulo, este refuerzo acentual o la aparición de un acento de insistencia parecen poseer bastante relevancia en la expresión de un sentido ponderativo. Con este rasgo acentual se producen las inferencias necesarias para comprender que puede haber una continuación de la estructura en forma de oración consecutiva, de segundo término de la comparación o de tonema en anticadencia. Deja de ser, por tanto, un fenómeno fonológico orientado únicamente a la focalización de un elemento, y se convierte en una auténtica marca de la ponderación sin la cual no pueden darse las posibles continuaciones que hemos mencionado.

Otro aspecto que nos permite entender esta capacidad funcional del refuerzo acentual de las ponderativas es que no puede ir con cualquier tipo de estructura y, de aparecer, poseería otro tipo de sentido. Por ello, solo las relacionamos con elementos gramaticales de una lista restringida como los cuantificadores *tan* y *tanto,* pero también con el indefinido *un* (y no con el artículo determinado, por ejemplo), con *cada*, con la preposición *de* seguida de adjetivo y otras marcas y locuciones similares. Incluso cuando tenemos únicamente un verbo, parece haber ciertas restricciones. Tal como comenta Albelda (2007: 84), no todas las formas verbales pueden ser susceptibles de poseer este tipo de entonación, como las flexiones del subjuntivo o ciertos verbos transitivos[102].

102 "La nómina de verbos susceptibles de configurar estos enunciados es cerrada. Por ejemplo, hay restricción para el subjuntivo y el imperativo, su modo es siempre indicativo, no forman parte de estos verbos los transitivos que requieran imprescindiblemente de un implemento para realizarse; así, serían inaceptables enunciados como **dió...; *castigó...*" (Albelda, 2007: 84).

Todo lo expuesto, desde nuestra perspectiva, destaca la importancia de considerar este refuerzo acentual, paralelo al tonema final en anticadencia, en la constitución interna de las ponderativas suspendidas. Sin embargo, somos conscientes de que esta aproximación que hemos hecho no sirve como análisis exhaustivo de este rasgo y solo se trata de una aproximación teórica. Creemos que se debe hacer un estudio acústico pormenorizado de este refuerzo acentual que termine de caracterizarlo, pero no nos podemos detener sobre él, ya que nos alejaría de los objetivos planteados. Nos conformaremos, de momento, con hacer mención de este refuerzo acentual y de que se da un tonema en anticadencia comparable a otras construcciones suspendidas.

7.3.3.3. Análisis de la curva melódica con otros marcadores

Ya que las ponderativas suspendidas poseen una gran variedad de marcadores y que en nuestra descripción fonética experimental solo nos hemos centrado en los cuantificadores *tan* y *tanto,* conviene mostrar y analizar algunos de los espectrogramas de audios reales con otras marcas obtenidos del corpus COLA. Estos ejemplos pueden ser comparados con la descripción acústica de § 7.3.3.1. Nos centraremos en los marcadores ponderativos [*un*, *cada, de* + adjetivo] y [*más* + adj.]:

a) Ponderativa suspendida con *un* (Figura 86):

(287) A: No es el primer final. Luego o o es que todavía no hemos acabado el temario. *Así que me queda un final* ↑ / Igual nos hace otro examen entremedias y luego el final <ruido/>
(COLA, maesb2-05d)

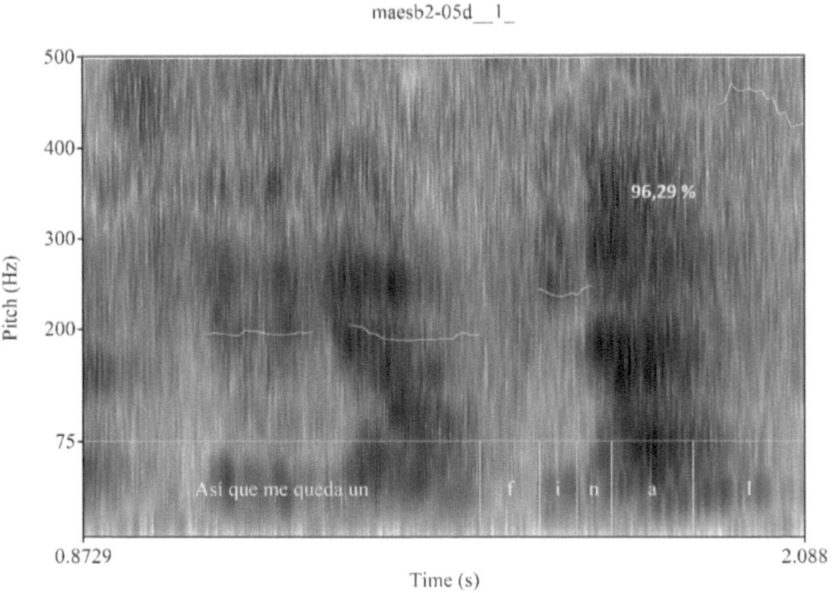

Figura 86. Curva melódica de una ponderativa suspendida con *un*

b) Ponderativa suspendida con *cada* (Figura 87):

(288) A: [Se está riendo pero se está riendo]
B: [¿Qué? ↑]
C: [De lo que ha dicho @nombre]
B: [*Tronca te estoy diciendo cada gilipollez* ↑]. Sí por eso justamente cuando se van. O sea sería al revés, ¿no? ↑
(COLA, mamte2-01)

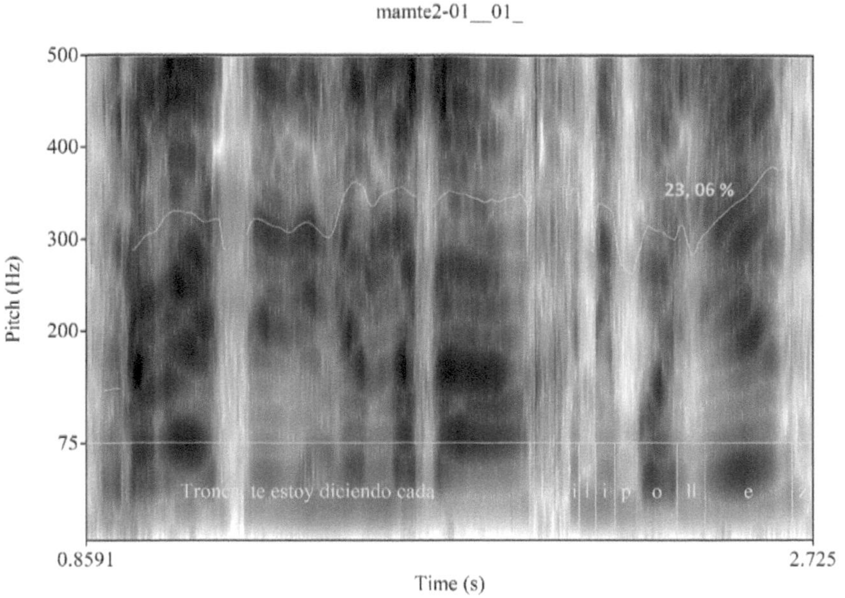

Figura 87. Curva melódica de una ponderativa suspendida con *cada*

c) Ponderativa suspendida con [*de* + adjetivo] (Figura 88):

(289) A: El otro día lo leí en el periódico.
B: Sí he visto que la chica <inglés> wonderbra </inglés> es la que canta no sé qué.
A: *Y está de buena* ↑.
B: No como como aquella es.
C: Es feísima.
(COLA, mashe3-07)

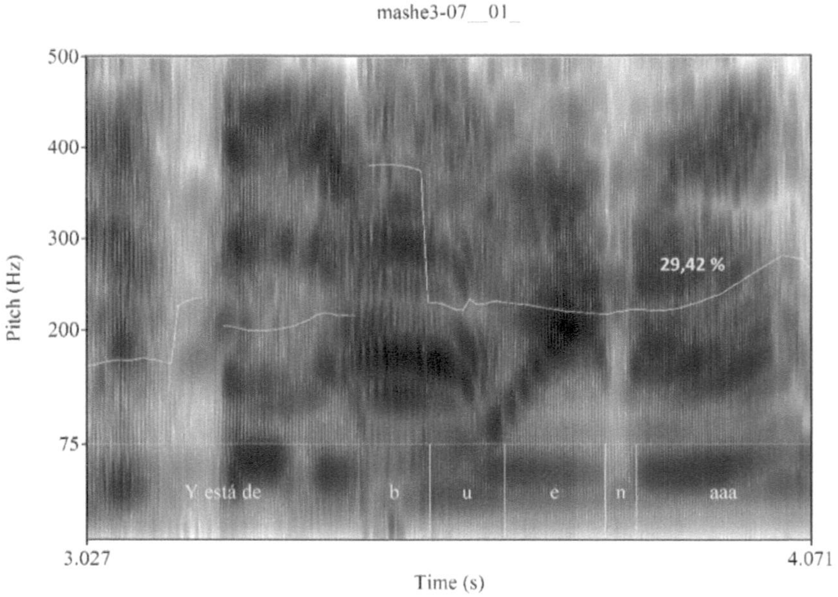

Figura 88. Curva melódica de una ponderativa suspendida con [*de* + adjetivo]

d) Ponderativa suspendida con *más* (Figura 89):

(290) A: Puedo agarrar una Chichu.
B: Claro coge
C: Que están mazo de buenas, ¿sabes? ↑
D: Pásame
A: No
E: Tronco ↑
C: *Es más asqueroso* ↑
A: Ábrelo tú por favor
(COLA, malce2-13)

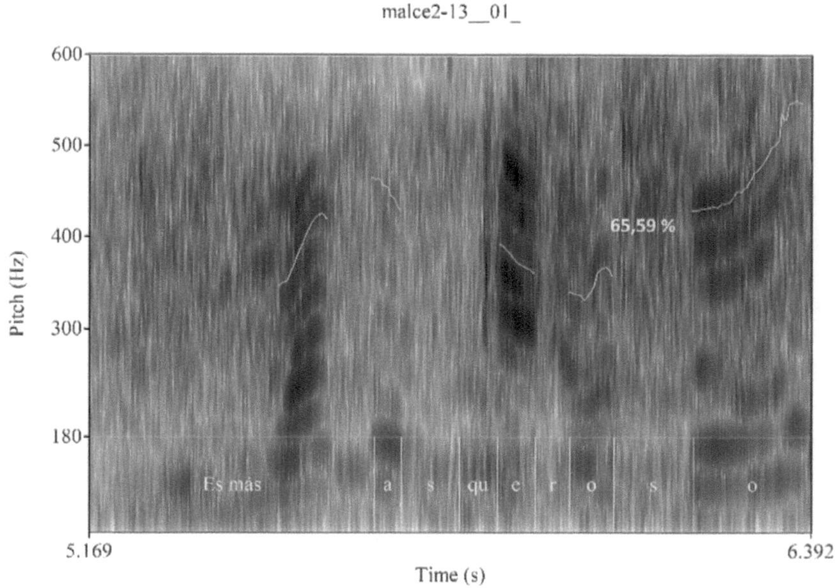

Figura 89. Curva melódica de una ponderativa suspendida con más

Aparentemente, nada nos indica que el tonema final se erija de forma diferente en estos últimos cuatro tipos que en el resto de ponderativas suspendidas. Como puede observarse en las representaciones de las curvas melódicas, la mayoría de estos tipos encaja dentro de los grupos más numerosos de las ponderativas, los casos entre el 20 % y 30 % de ascenso del tonema final. Por ello, en principio, parece que no hay problema en que se comporten entonativamente como otras suspendidas. Creemos que el grado de ascenso de la entonación depende de que el hablante se cerciore de que la entonación suspendida va a ser percibida por el receptor y que va a permitir la activación de una serie de inferencias en él. Además, puede existir un refuerzo en el ascenso debido al acento de insistencia de las ponderativas para expresar un hecho intensificado.

7.4. Las ponderativas suspendidas en la macroestructura

Las ponderativas suspendidas no suelen aparecer como un grupo unitario en las clasificaciones sobre estructuras truncadas o independientes. Sí aparecen dentro de los grupos de sus estructuras bimembres análogas, las consecutivas y las comparativas suspendidas. De este modo, se ven como un subtipo de consecutiva o un subtipo de comparativa. Pérez Giménez (2012: 133 y ss.) sí contempla ambas estructuras como tipos de estructuras suspendidas prototípicas, ambas con sentido ponderativo, pero están prácticamente ausentes de los estudios de insubordinación, ya que tampoco constituyen una estructura en la que a pesar de la marca de subordinación actúe como principal (Evans, 2007; Evans y Watanabe, 2016). Por estos motivos, creemos que hace falta un análisis más profundo de los valores que pueden adquirir estas estructuras más allá de resaltar su valor ponderativo básico y del que se desprenden otros funcionamientos en el discurso.

Ciertamente, las ponderativas tienen un funcionamiento discursivo basado principalmente en la intensificación de la fuerza de un argumento. Su capacidad de realizar valoraciones elativas las convierte en elementos especializados en la intensificación, mientras que las causales y condicionales suspendidas tienen una mayor conexión con la orientación del argumento o con la atenuación. Se asimilan a las respectuales en que las dos establecen una intensificación, pero en las ponderativas está mucho más marcada. Por otro lado, estas suspendidas siguen teniendo un alto carácter afectivo basado en la subjetividad del hablante que comparten con los demás tipos. También van a ser capaces de expresar actos de habla como quejas o lamentos intensificados por el efecto del grupo cuantificativo. Los valores de intensificación de la argumentación y de realización de actos de habla expresivos son los principales que se destacan en Pérez Béjar (2019a). A continuación, ahondaremos en estos valores y entraremos en un mayor nivel de detalle.

7.4.1. La intensificación de la fuerza argumentativa

Las ponderativas suspendidas poseen un funcionamiento intensificador que se desarrolla en dos sentidos. Por un lado, expresan una cuantificación de una cantidad o de una cualidad. Por otro, establecen una cualificación intensificada (Figura 90):

CUANTIFICACIÓN	*Ejemplos*	CUALIFICACIÓN	*Ejemplos*
***Tan* + adjetivo / adverbio**	*Es tan bueno...* ('Es muy bueno')	***Tal* + sustantivo**	*Hay tal gente...* ('Hay gente impresentable')
***Tanto* + sustantivo**	*Tiene tantos amigos...* ('Tiene muchos amigos')	***Un* + sustantivo**	*Tiene unos amigos...* ('Tiene amigos impresentables')
***Tanto* (adverbio)**	*Habla tanto...* ('Habla mucho')	***Cada* + sustantivo**	*Tiene cada amigo* ('Tiene amigos impresentables')
***Más* + sustantivo / adjetivo**	*Es más bueno...* ('Es muy bueno')		
***De (un)* + adjetivo**	*Es de un estúpido* ('Es muy estúpido')		
***De* + sustantivo**	*Había de gente...* ('Había mucha gente')		

Figura 90. Clasificación de marcadores ponderativos de cantidad y cualidad

Como puede observarse en la tabla, las cuantificaciones pueden reformular el argumento con los cuantificadores *muy* y *mucho*. En cambio, las cualificaciones intensificadas solo pueden ser reformuladas con un adjetivo calificativo (con un sentido superlativo, por lo general). De este modo, se pueden hacer contrastes o cambios de argumentos si sustituimos un marcador por otro:

(291) "Para mí Águila Roja es más un cómic, una especie de Batman o Miguel Strogoff, que una serie de época, que no podría serlo nunca *porque de vez en cuando le damos cada patada a la historia. . .*", sigue Javier Gutiérrez. (CORPES XXI, 2011. Ana Rodríguez, «PELÍCULA "ÁGUILA ROJA". "Dicen que Galicia está ahora de moda. ¿Y se puede saber cuándo no lo estuvo?"». *La Voz de Galicia.es*)

Sustituyendo *cada patada* por *de patadas* cambiamos también el sentido de la ponderación, de la valoración de una cualidad encarecida a la cuantificación intensificada: 'le damos unas patadas *terribles* a la historia' (*cada patada*) <> 'le damos *muchas* patadas a la historia' (*de patadas*).

Por otro lado, algunos marcadores de cualificación pueden intensificar sustantivos que indican una cantidad. En estos casos, el argumento se apoya también en la cantidad, como sentido final:

(292) Yo ahora tengo que cuidarla y conseguir dinero para el castillo, que como es muy grande *tiene una cantidad de gastos...* Por eso estaba aquella noche en el club "La Gardenia", dispuesta a tirarme a la mala vida.
(CREA, 1992. José Luis Alonso de Santos, *Vis a vis en Hawai*)

El argumento se interpreta como 'tiene muchos gastos' y el hecho que adquiere relevancia como argumento final es una elevada cantidad de gastos. En el fondo, cualquier sentido ponderativo se basa en mecanismos similares y pueden intensificar elementos de uno u otro tipo.

Sea cual sea el elemento o carácter intensificado en las ponderativas suspendidas, lo cierto es que su objetivo suele ser dejar claro que se trata de un argumento relevante en el discurso y, por ello, las ponderativas suspendidas suelen aparecer en estrategias o recursos argumentativos situados en un punto muy elevado de la escala, e intensifican aún más la fuerza argumentativa de un hecho, si cabe. Ciertamente, una ponderativa suspendida puede constituir por sí misma una forma de intensificación argumentativa:

(293) Ahora pienso muchas veces en mis tías... *Son tan importantes para mí...* Fundamentales... Pero las personas que, como yo, salimos de casa muy jóvenes, tuvimos que hacernos autosuficientes.
(CORPES XXI, 2012. Enrique Beotas, «««La música me traduce la vida me hace mirar con más ternura y eso me ayuda»»». *La Razón.es*)

En este caso, tenemos una estructura argumentativa simple constituida por varios argumentos que pretenden "demostrar" que las tías del hablante influyeron en su vida. El argumento de la ponderativa queda intensificado por *tan* ('son muy importantes') de tal forma que se presenta destacado o con mucha fuerza dentro del discurso para llegar a una conclusión determinada. Sin embargo, la intensificación de la fuerza argumentativa que suponen las ponderativas suspendidas puede verse incrementada por combinaciones sintagmáticas como la acumulación de argumentos bajo la misma forma de una ponderativa suspendida (una *acumulatio*) o la aparición dentro de la estructura de elementos modales u otros con un carácter intensificador. La acumulación de argumentos es una estrategia argumentativa en la que suelen aparecer estas construcciones. Se suele expresar con la coordinación con *y* de una serie de argumentos bajo la forma de un tipo o varios de ponderativas suspendidas:

(294) -Por una tía impresionante que va al gimnasio, pero impresionante de dar miedo, aunque... ¡Joder, no hay manera de hacer nada con ella! *Es más seca y más borde...*
-Ésa es... una marimacho, que te lo he dicho ya muchas veces, Vicente.
(CORPES XXI, 2001. Miguel Naveros, *Al calor del día*)

(295) - Aquello ampliaría tu mirada.
- De hecho, conservo a todos los amigos de entonces. Además, el inglés es mi lengua favorita. *Me parece un idioma tan completo, tan bello y tan preciso...*
- También hablas italiano y francés...
(CORPES XXI, 2012. Enrique Beotas, ««La música me traduce la vida me hace mirar con más ternura y eso me ayuda»». *La Razón.es*)

(296) Perdió a su madre de niña, y yo no pude conocer a mi abuela. Es como mirarse en un espejo negro, no ves nada... *sientes un vacío tan profundo... una tristeza... y entonces necesitas un abrazo tan hondo...*
(CORPES XXI, 2007. Alberto Espina Eizaguirre, «Alicia y la luna». *Alicia y la luna; Ni son todos los que están...*)

La sucesión de ponderativas suspendidas nos muestra un argumento intensificado tras otro, lo que aumenta la contundencia con la que se pretende hacer llegar al receptor a una conclusión. Se trata de una estrategia argumentativa generalmente asociada a la *serie enumerativa*, que es reconocida como un procedimiento de intensificación (Cortés Rodríguez, 2008a, 2008b; Brenes Peña, 2016). Diciendo que el inglés es "muy completo", "muy bello" y "muy preciso" (295) el hablante no quiere dejar lugar a la duda de que para él es su idioma favorito y al oyente no le queda más que aceptar su preferencia.

También se puede reforzar el proceso de intensificación de un argumento repitiendo el elemento cuantificador, hecho que aparece en unos pocos casos en nuestro corpus:

(297) En cuanto se ponía a hablarme de política, que era su profesión, o de los problemas que tenía con su hijo adolescente, o de un libro que acababa de leer sobre, qué sé yo, la crisis del petróleo o la historia de la socialdemocracia... *me aburría tanto, tanto...*
(CORPES XXI, 2001. Laura Freixas, «La noche». *Cuentos a los cuarenta*)

(298) -*La vida se ha vuelto tan... tan... primitiva y estúpida...* -dijo-. Todo el mundo habla del odio que nos tiene Occidente, de la guerra y de nada más... Pero ¿sabes qué es lo peor? Que todos nos hemos vuelto muy feos.
(CORPES XXI, 2009. Ignacio Vidal-Folch, «Un oso en los bosques de Bohemia». *Noche sobre noche*)

Otra estrategia común y similar a la anterior es utilizar el mismo argumento dos veces, uno sin intensificar y el otro intensificado por una ponderativa suspendida:

(299) En el taller de mi padre, cuando bajaba a aprender el oficio, *las horas pasaban lentas. Tan lentas...* Era como si me obligasen a comer sopa de arroz pasada.
(CORPES XXI, 2008. Natàlia Cantó Milà, *El tesoro del maestro Liu*)

El hablante, en este ejemplo, quiere asegurarse de que el oyente recibe las inferencias correctas. Valora primero “lo lenta que pasaban las horas”, pero para asegurarse de que el receptor percibe su hastío intensifica su argumento: “pasaban muy lentas”. Estamos, pues, ante el mismo argumento, pero en dos puntos distintos de la escala de fuerza argumentativa, una más baja y el de la ponderativa suspendida más alta. El contraste entre estos dos grados hace que el elemento más intensificado se perciba con más potencia. Otro contraste entre dos puntos de la escala lo tenemos en el siguiente ejemplo:

(300) A: Entonces nada eh eh eh dice éste venga no sé qué vamonos tal. Y estos no se quieren mover no porque estaban sentados un @nombre el otro @nombre y en medio @nombre. *Y estaban los dos metiendo mano a @nombre pero de una manera* ↑. Yo claro yo no decía ni boca y la otra haciéndose la zorrilla sabes en plaaan. Y yooo .. y se deja tía yo me quedé flipada.
(COLA, maore2-07a)

De nuevo, estamos ante dos grados distintos del mismo argumento. El emisor quiere criticar a unas personas que estaban “metiendo mano” a otra. Sin embargo, piensa que la fuerza con la que ha emitido el argumento no es suficiente y lo matiza intensificándolo a través de una ponderativa suspendida: “... no pienses que le han metido mano sutilmente, sino de una manera muy descarada”. En este ejemplo, *pero* marca de forma más explícita el contraste: ‘esto es así, pero no con la intensidad que te la imaginas, sino con más todavía’. La conjunción adversativa actúa así potenciando la fuerza argumentativa. Esta introducción de la ponderativa por un *pero* intensificador también puede ocurrir en contextos interactivos.

(301) A: Que le den por saco, chaval.
B: *Pero es que está más rara* ↑

A: Yo ej que no la hablo tronco. Directamente. Yo ej que no voy a ir detrás de una persona. Que la den por culo.
(COLA, mabpe2-07)

El enunciado de la ponderativa presentado por *pero* no viene a contradecir la argumentación de A, sino a introducir una nueva crítica intensificada en la conversación entre los dos interlocutores.

Finalmente, podemos destacar que las ponderativas suspendidas aparecen muy a menudo intensificando términos que, por su semántica, ya están bastante elevados en una determinada escala valorativa:

(302) UNA.- Lo del abogado y el banco, bien. Pero las discotecas. . .No sé qué decirle. *Hay cada impresentable*. . . Lo digo por experiencia propia. La gente de
nuestra edad está muy quemada.
(CORPES XXI, 2004. Isabel Martín, *Collar de cerezas*)

(303) Pero ¿qué sabía él, si no era médico? Y yo, la muy tonta, preguntándole esas cosas. (. . .) *¡Leches, Mika, que he sido más pánfila. . . !* (. . .) Pero cuando sucedió lo mismo con el segundo y el tercero y el doctor de la capital nos dijo que eso no era normal y que no tenía nada que ver con el deseo o no deseo, supe que se trataba de la virilidad de Tomás.
(CORPES XXI, 2006. Fernando Trías de Bes, *Palabras bajo el mar*)

(304) A: ¿¡qué tontería [es esa!?]
C: [con gris las] combina con gris §
D: §[(( ))]
A: [¿qué tontería es esa @nombre?]
C: [¡*es TAN genial*!] §
D: §(RISAS)
B: ¿el qué? §
A: §¡yo no sabía que eras tan cerrada! pues yo podría plantarme una camiseta rosa y sin problemas
B: ¡pues [nada llévala! (( ))]
(Val.Es.Co. 2.0., 2011. Conversación 46)

(305) *Desde que Thérèse desapareció se han escrito tantas sandeces y tantas locuras sobre ella*. . ., si bien la más detestable de todas es la capitaneada por el doctor Sinclair, quien ha asegurado que todo lo que escribió Thérèse Fuler tenía una sola función: ennoblecer las dos protuberancias de su espalda, que ella tenía a bien.
(CORPES XXI, 2011. Irene Gracia, *El beso del ángel*)

(306) ALFREDO
El que avisa no es traidor..., Carmen. Pero como se acerque más de la cuenta el pimpollo de Máximo, *le voy a dar un guantazo*... Se va a enterar de quién es Alfredo López.
Carmen, con el guión (*sic*) entre las manos, mira al infinito a través de la ventana.
CARMEN
Parece que va a llover.
(CORPES XXI, 2003. Pablo Berger, *Torremolinos 73*)

Todos estos ejemplos muestran sustantivos y adjetivos que poseen una cualidad que ya se sitúa en un grado alto de su propia escala. Así, por encima de "lo maleducado" está la persona que es "impresentable" (302), por encima de ser "ingenua" está el ser "pánfila" (303), por encima de "lo bueno" está "lo genial" (304), por encima de las "tonterías" están las "sandeces" o las "locuras" (305) o, dentro de la escala de los golpes, un "guantazo" se percibe más agresivo o más doloroso que una "bofetada" (306). Al aparecer estos términos dentro de una ponderativa suspendida, se eleva todavía más la fuerza argumentativa en la escala que establece su cualidad.

¿Qué se pretende conseguir con estos refuerzos añadidos a la fuerza argumentativa? En principio, podemos pensar que un argumento intensificado por una ponderativa es suficiente para llegar a una conclusión o que un hecho que ya está intensificado mediante otros medios no es necesario intensificarlo más para cumplir con los objetivos del discurso. Entonces, ¿qué beneficio le reporta al hablante? No siempre hay una respuesta clara a esto, pero pensamos que cuando un hablante usa una ponderativa suspendida tiene interés en demostrar con creces la suficiencia de su argumento para que no haya resquicio de duda en la conclusión. Esto es, para nosotros, el punto verdaderamente diferenciador en la dimensión argumentativa con las otras suspendidas: el grado de suficiencia argumentativa que muestran. Las ponderativas suspendidas tienden a mostrar un argumento más que suficiente para llegar a una conclusión, mientras que en el resto de suspendidas el grado de suficiencia es más moderado. En estas últimas, se muestra un argumento mínimo, necesario, aunque también informativamente destacado, pero no tiene por qué considerarse que posea una gran fuerza. En las ponderativas suspendidas, el hablante no se conforma con dar un argumento mínimo, sino uno lo suficientemente fuerte que pueda lidiar contra cualquier argumento en contra. Para ello, no importa aumentar de nuevo la posición en la escala de un argumento si con ello consigue ser más contundente y, de hecho, en determinados contextos se puede permitir hacerlo para ser más efectivo. Este continuo movimiento de aumento de la fuerza del argumento se relaciona claramente con la expresividad del hablante y, como veremos, va a tener también una repercusión en el plano modal.

7.4.2. Introducción de argumentos y conclusiones

Las ponderativas suspendidas, como norma general, introducen un argumento coorientado a una conclusión. Esto las equipara al resto de estructuras suspendidas de nuestro estudio, que ayudan a la progresión de los argumentos hasta llegar a una conclusión o justifican una conclusión previa:

> (307) A: Ya. El tú no es feo el chaval no es feooo porquee no sé el chaval no es feo. Pero tío las pibas o sea yo creo que se asustan tío. *Le ven tan grandeee.*
> B: Ya ves... Yo estuve ayeeer vi un programa tío que sale un pibe de dos metros cuarenta.
> (COLA, malce4-02)

Para defender su tesis de que "las pibas se asustan", el hablante hace uso de un argumento intensificado y orientado hacia esa conclusión: 'las chicas le ven muy grande (argumento) > y por eso > se asustan (conclusión)'.

En bastantes ocasiones, aparecen elementos que marcan de forma más explícita la relación entre los enunciados (como ocurría con las causales y condicionales suspendidas). La conjunción *porque* (308), que puede introducir una causa de la enunciación, o el nexo justificativo *es que* (309) son formas habituales de establecer la relación argumentativa:

> (308) CATALINA.- Yo tampoco me la he tomado. Yo también lo pensé mirando para el guapo. Oí una voz rara que salía de los ojos de Zemir: "Lo que te pasó, Caty, es que perdiste la autoestima. Tú lo habías dado todo con aquella obra. Y fue un fracaso... Y por eso ahora no te sale nada... Pues, no pasa nada. Sigue adelante. Con esa imaginación que tienes. Con ese mundo tan rico... Lo que te pasaba, Caty, es que ibas a explotar... *Porque*

tienes tanto... pero, a partir de ahora, lo vas a dejar salir." Y entonces, miré a Zemir y... Y le di para que me diera. Polvos de menta... Polvos de menta metí.
(CORPES XXI, 2013. Lucía Vilanova, *Invidere.* www.iberescena.org)

(309) -Doctor, ¿va usted para su casa? *Es que llevo una prisa...*
-Sí, para allí voy, y también a escape, Mayte, porque tengo que pasar a saludar a mi gato antes de reunirme con unos amigos para una cena que me han montado, una cena muy curiosa por cierto...
(CORPES XXI, 2001. Miguel Naveros, *Al calor del día*)

Por otro lado, y como ocurre también en el resto de las construcciones suspendidas, es posible que un nexo o una conjunción adversativa pueda redirigir la orientación del enunciado hacia una conclusión opuesta a los argumentos anteriores:

(310) Claudia.- No pensaba que iba a ser tan difícil marcharse...
Fátima.- También difísil para Fátima.
Claudia.- Para ti también, ya lo sé... Llevamos dos meses preparando este viaje y, *sin embargo, ahora todo parece tan precipitado...*
Fátima.- Sinioreto Jaime dice si tú no baja enseguida tiene que ir a Spania nadando.
(CORPES XXI, 2004. Jesús Carazo, *Último verano en el paraíso*)

(311) "Laurent decía bien, estábamos nosotros mucho más adelantados que los bárbaros. *¡Pero había cada pillo todavía!* ¿Y la amistad? La amistad era cosa perdida".
(CORDE, 1884–1885. Clarín (Leopoldo Alas), *La Regenta*)

Aparte de introducir un argumento, las ponderativas suspendidas, por su funcionamiento para establecer valoraciones, parecen más propensas que otras suspendidas para presentar una conclusión:

(312) La Ciudad de los Horizontes rezuma por los intersticios de sus adoquines una atracción difícil de describir. *A veces cuesta tanto abandonar la ciudad...* No recuerdo quién escribió que vivir en Praga era vivir encerrado en una bola de nieve cuyos horizontes entelan tus sueños pero cuidado, porque si por casualidad encuentras un punto de fuga y logras huir de la ciudad, ésta tironeará de ti como la costura de una herida aún prendida al ojal de la aguja.
(CORPES XXI, 2009. Carlos Be, «Nieva en la ciudad de los horizontes (II)». *Artez*)

En este ejemplo, toda la argumentación gira para defender la conclusión de que 'a veces cuesta mucho abandonar la ciudad'.

Las ponderativas suspendidas se comportan en la orientación argumentativa de forma similar al resto de estructuras suspendidas. La gran diferencia entre ellas está en la caracterización del argumento y en el grado de fuerza que se le confiere. Así, una ponderativa suspendida no se limita a plantear un argumento más para llegar a una conclusión, sino que se trata de uno de los argumentos con mayor fuerza del discurso.

7.4.3. Valoraciones intensificadas

Las estructuras suspendidas, desde nuestro punto de vista, son construcciones que influyen directamente en el plano modal. Una valoración de un estado de cosas expresada a través de una ponderativa suspendida carga todo el contenido de actitud subjetiva del hablante, que deja plasmado sus sentimientos ante lo que dice:

(313) A: Toma toma toma
B: @nombre *tú eres más tonto chavaaal*
C: Dijistes una cien @nombre. [Vamos no te he dicho yo una cien en la puta vida]
B: [Venga chaval]
(COLA, malce4-01)

(314) -Pues que se marchó, Lian. Se marchó muy lejos. Inició el viaje más largo de su vida hasta la tierra de su madre, hacia sí misma. Escribía a menudo. *Sus cartas tardaban tanto en llegar...* era como mirar una estrella lejana. La luz que nos ilumina es una luz pasada, una luz que ya no brilla... que llega después de tan largo viaje que la realidad de la estrella es ya diferente.
(CORPES XXI, 2008. Natàlia Cantó Milà, *El tesoro del maestro Liu*)

El sentido de la ponderativa en (313) se puede parafrasear por 'eres muy tonto', y en (314) por 'sus cartas tardaban mucho en llegar'. Sin embargo, pensamos que enunciar "eres más tonto..." y "eres muy tonto", o enunciar "sus cartas tardaban mucho en llegar" o "sus cartas tardaban tanto en llegar..." no activa las mismas inferencias. En todas estas formas se expresa una opinión, pero los enunciados suspendidos y los enunciados con *muy* o *mucho* no poseen la misma carga afectiva. En un enunciado como "eres muy feo", ciertamente, el hablante expresa su punto de vista sobre el grado de belleza de su interlocutor, pero esta opinión se hace a través de una modalidad declarativa, como si la intención del hablante fuera simplemente informativa y no le afectase de ninguna forma. En cambio, cuando enuncia "eres más feo. . ." no solo da su opinión, sino que se compromete con ella y da entender que su fealdad le afecta de alguna forma. La entonación suspendida puede tener un funcionamiento expresivo que, junto con el proceso de intensificación de una ponderativa, hace que el hablante muestre una determinada actitud ante lo que dice. De esta forma, las ponderativas suspendidas pueden verse perfectamente como un tipo de enunciado exclamativo. Esta intervención del locutor es más clara en aquellas construcciones en que se presenta una cualificación intensificada: *Tiene cada amigo* (*vid.* Figura 89).

Por otro lado, expresar una valoración con una alta carga modal suele dejar explícita la preferencia o no preferencia por un hecho. Por ello, las ponderativas suspendidas son capaces de realizar valoraciones altamente positivas o negativas, laudatorias o peyorativas. Las valoraciones no son nunca neutras, ya que la ponderación nos sitúa en un punto elevado de la escala de evaluación, ya sea mostrando preferencia o desagrado. La orientación hacia una evaluación positiva o negativa depende en gran medida de si el adjetivo o el sustantivo es marcadamente peyorativo o no. Esto nos sitúa en un debate similar (aunque no totalmente equivalente) al de Winther (1980) en relación con la posibilidad de que un adjetivo sustantivado de cualificación como *maleducado* pueda ir presentado por el indefinido *un* (*es un maleducado*), pero no es posible la construcción **es un educado.* La justificación de Winther ante este hecho es que el indefinido solo puede aparecer sustantivando al adjetivo cuando está claramente marcado por una polarización laudatoria o peyorativa. *Educado*, para el autor, no está marcado, pues es el rasgo considerado socialmente como lo normal, como el término 0 de la gradación dentro de la escala de la "educación". Podríamos decir que es el término "apropiado" (Locher y Watts, 2005) o preferido. En una línea similar, es destacable la frecuencia con que las ponderativas suspendidas valorativas se construyen con sustantivos y adjetivos que presenten una característica marcadamente polarizada hacia la evaluación positiva o negativa, y pocas veces presentan un término en un grado 0 de la escala:

(315) A: ¿La has visto? ↑ A @nombre ¿sabes? ↑. Echaron en la tele.
B: Ya @nombre a que está guapo el @nombre.
C: Me llamó ayer el de @nombre.
B: ¿Y eso? ↑.
C: *Tiene una voz tan bonitaa* ↑.
B: Trae trae trae trae.
(COLA, mabpe2-01c)

(316) A: Hey <ingl> travelling </ingl> oye por favor imita el acento británico.
B: Ah no déjame ya.
A: [Por favor díselo *es que era tan repugnante tan repolludo*].
B: [No no.. ji ji ji]. Eh por favor díselo es que @nombre lo dijo igual.
A: [Es que yo no lo sé hacer].
(COLA, maore2-07b)

(317) A: Tiene bastante alcance. Tiene mazo de alcance. Este es. Que la verdad es que. La verdad es que es la hostia. *Tiene una calidad el bichito este* ↑. Es estéreo el micrófono.
(COLA, malcc2-12)

(318) - *Con un odio, Carmen, con un cinismo me respondió, con una agresividad...* Yo sólo le pregunté por el muchacho porque hace tiempo que no le vemos por allí. Y se puso como una fiera, nunca la había visto así. No digo que no tenga algo de razón, Dios me perdone, puede que sí, pero no te puedes imaginar..., no puedes entender...
(CORPES XXI, 2006. Berta Marsé, «Primer amor». *En jaque*)

El cuantificador *tan* permite expresar tanto términos positivos como negativos, al igual que el indefinido *un* permite intensificar sustantivos con diferente polaridad. Sin embargo, existe una tendencia a pensar que los términos peyorativos son más propensos a este tipo de intensificación que los laudatorios[103], sobre todo, con determinados marcadores (algo similar ocurre con las respectuales suspendidas). La *NGLE* (2009: 3444–3445) defiende, por ejemplo, que la secuencia [*de un* + adjetivo] es frecuentemente depreciativa:

103 Lipski (1978) y Winther (1980) piensan que los términos connotativamente negativos son más propensos a aparecer en valoraciones con *un*: *es un tonto, es un imbécil, es un lento...*, pero no **es un inteligente,* es un rápido...*

(319) FINA.- ¡Qué animal! Yo no me sé ni un chiste, bueno, alguno que me contó Manolo, de sexo. Es que él sólo sabe chistes de sexo, tiene el cerebro entre las piernas...
COMPAÑERA DE CELDA.- Como casi todos los de veintitantos años.
FINA.- Sí, *pero es que era de un cansino...*
COMPAÑERA DE CELDA.- Porque no te gustaría. ¿A que al indio no le hacías ascos?
FINA.- Sabes la respuesta, nunca le haría ascos.
(CORPES XXI, 2001. María del Mar Zúñiga, *Como un asta de toro*)

Pero esta tendencia a la polarización negativa no es una regla fija y es posible que esta misma secuencia pueda intensificar un término laudatorio:

(320) Emi.- No me habías dicho ni que tuvieras un nieto.
Pedro.- Ha cumplido quince años y me adora. En cuanto me ve, me dice: "Abuelo, cabroncete, hijo de puta...", y me sacude un puñetazo en el estómago. *¡Es de un cariñoso...!*
Emi.- Yo también podría ser abuela, ¿sabes? (Sombría) Pero no lo soy. Mi hija es punkabilly, de la rama necrótica light.
(CREA, 1991. Santiago Moncada, *Cena para dos*)

Depende, pues, de la semántica del elemento con el que se combine. Es el contexto el que lo marca, aunque pueda haber una tendencia a combinarse con un tipo de polaridad.

Por otro lado, aunque parece que hay una tendencia a emitir valoraciones tomando como base un sustantivo o un adjetivo marcadamente peyorativo o laudatorio en relación con una cualidad expresada, lo cierto es que en ocasiones sí aparecen elementos valorativos más "neutros":

(321) Cocina tradicional y de temporada para una tasca ilustrada que se transmite de padres a hijos: ahora Santiago, el alma de San Mamés, comienza a dejar el relevo a su hijo Jorge y todo parece que es igual que ayer pero *tan diferente...*
(CORPES XXI, Sara Cucala, *Los templos de la tapa. Los mejores locales de la Comunidad de Madrid*)

(322) P. Lo local y lo global que resume Rulfo... *Pedro Páramo es tan local...*
R. Lo más local de la tierra. Rulfo conocía México centímetro a centímetro. Fue agente de ventas de los neumáticos Goodrich y gracias a eso recorrió el país vendiendo llantas y hablando con la gente, oyendo las historias

más extrañas en los pueblos más apartados de México, y le salió *Pedro Páramo,* una gran novela universal basada en cosas muy locales. Éste es el secreto.
(CORPES XXI, Cruz, Juan: «El tiempo de Fuentes». *El País.com. Babelia*)

(323) Ana Mateos, tesorera de La Tentación Blanca, aun a riesgo de caer en la trampa de la determinación genética, se atreve a decir que ellas son «más madres», una etiqueta que explica como sigue: «Los tapamos más, los protegemos de otra manera, no nos metemos tanto con ellos. *Porque oyes cada cosa en los campos...* Es como un hijo tuyo que se está preparando mucho un examen y yo qué sé, tiene la mala suerte ese día de que le ponen una cosa que no sabe, y se ofusca en otra, y le ha salido mal, y entonces sufres [...]».
(CORPES XXI, 2001. E. Orúe, S. Gutiérrez, *Locas por el fútbol. De las gradas al vestuario*)

(324) Emilio.- Mi novia me dejó por uno que tocaba la trompeta en una banda.
Consuelo.- Pobrecito, *tienes una suerte...*
Choto.- Tío, no seas ignorante, eso no es una trompeta, es el saxo de la vecina.
(CORPES XXI, 2003. M.ª Luz Cruz, *Esta casa está okupada*)

Adjetivos como “diferente” (321) o “local” (322) y sustantivos como “cosa” (323) o “suerte” (324) están lejos de poder considerarse solamente por su semántica orientados a una valoración negativa o positiva. Esto no quiere decir que se prescinda de la subjetividad, ya que la ponderativa suspendida aún mantiene presente la actitud del hablante en lo dicho. Lo que ocurre realmente es que la modalidad se puede orientar, en estos casos, a la expresión de otros sentidos más allá de la preferencia o el rechazo. Así, “tan diferente” (321) expresa una gran nostalgia de la autora, “tan local” (322) transmite la importancia y el cariño que le da Rulfo a los pueblos de México, o “cada cosa” (323) nos hace entender que las cosas que se dicen son sorprendentes. “Una suerte” (324) sí transmite una evaluación negativa (la implicatura es ‘tiene mala suerte’), ya que este término es fácilmente posicionable en los dos polos opuestos (‘buena o mala suerte’). Seguimos estando ante valoraciones de diverso tipo (visión nostálgica de un hecho, consideración de algo como sorprendente o, también, aprecio o desprecio por algún elemento), aunque la clave de la evaluación subjetiva nos la da el propio contexto y no la semántica del término. Lo que tienen en común todos estos casos es el proceso de intensificación valorativa a la que nos lleva el sentido ponderativo de la estructura. Al mostrarse implicado el hablante con lo que dice a través de una intensificación parecida a una exclamación, nunca va a poder mostrarse imparcial.

7.4.3.1. Coaparición con otros elementos expresivos

Dentro de su funcionamiento modal-valorativo, conviene destacar que las ponderativas suspendidas tienden a rodearse de otros elementos que también conllevan actitudes modales con los que se muestran afines. Del mismo modo que en la dimensión argumentativa, el proceso de intensificación se ve reforzado por la inclusión de las ponderativas en estrategias argumentativas, también el hablante muestra interés por dejar clara su actitud en la valoración de la ponderativa valiéndose de otros elementos con una fuerte carga modal. Estos elementos pueden tener una naturaleza morfológica, sintáctica o léxica. Veremos a continuación algunos ejemplos de ello.

Las ponderativas suspendidas introducen un argumento valorativo modalizado a causa del enunciado suspendido. Pero no es infrecuente que la suspendida se haga acompañar de otros enunciados modalizados que expresan el mismo argumento. Se produce una especie de acumulación de recursos de modalidad que deja patente la actitud del hablante:

(325) DAMIÁN
Le voy a dar una hostia... Qué hostia le voy a dar.
CECILIA LE AYUDA. LES CUESTA MUCHO.
CECILIA
Como se rompa...
(CORPES XXI, 2009. Juan Mayorga, *Teatro para minutos: (28 piezas breves)*)

A la respectual suspendida modalizadora "le voy a dar una hostia..." le sigue otro enunciado modalizado, una estructura exclamativa prototípica con *qué*: "qué hostia le voy a dar". Ambas construcciones se pueden ver como distintas formas de exclamación y, por tanto, dos enfoques distintos para que el hablante pueda mostrar su actitud ante lo que está diciendo, el enfado del hablante contra alguien a quien quiere golpear. La coaparición de ambas refuerza la expresión emotiva del hablante.

Es patente también que el hecho que es valorado en la ponderativa suspendida vaya acompañado de elementos calificativos cargados de afectividad más allá del grupo cuantificativo. Este es el caso de la frecuente aparición del SN "el pobre", que ya constituye una expresión fijada para expresar lástima o compasión por alguien. Para Fuentes Rodríguez (2009: *s. v.* pobre) constituye ya un operador modal:

(326) A: ¿Quién es? ↑
B: [Es @nombre].
C: [@nombre].
B: [ah].
D: [a ↑].
C: *Está más perdido el pobre* ↑.
D: Tía que no es @nombre es @nombre.
(COLA, malce2-06)

(327) y nada, que el padre de ignacio se había quedado dormido en el sofá, que no era demasiado halagador pero... -claro, *el pobre madruga tanto...*- y que si le pedíamos un taxi. y al momento pareció cambiar de idea, y que si alguno de nosotros sabía preparar -un cóctel o... algo estimulante, afrodisíaco, lo que sea...
(CORPES XXI, 2011. Celso Castro, *Astillas*)

Con la expresión *el pobre*, el hablante regula las inferencias que va a recibir el oyente. Ante la gama de emociones que puede expresar una ponderativa suspendida, *el pobre* nos indica que lo que siente por la persona que está valorando es compasión o lástima.

También es frecuente que las ponderativas suspendidas aparezcan rodeadas de interjecciones o complementos de modalidad similares:

(328) A: Oh oh hostia. Coño si es tu paquete. *Es cada tontería* ↑
B: eh a ver
A: ¿Esto? ↑. Pero que es un juego tío.
(COLA, malce4-06)

(329) -No te equivocas. Ejem. Uf. *Son tan mayores...* -yo misma me quedé boquiabierta de lo que acababa de decir.
(CORPES XXI, 2009. Màxim Huerta, *Que sea la última vez que me llamas Reina de la Tele*)

(330) A: Tienes una verruga enorme en el dedo.
B: Ya.
C: Una verruga.
B: Sí.
A: Y tan feliz. Ay *tan pija pa unas cosas* ↑. No me des una patada.
(COLA, maesb2-04a)

(331) A: Tronca es que no me jodas *es más enano esto* ↑ <pausa/> Te he dicho cosas que eh eh eh
B: Espera que ha contestado. Que era para para que le digo para.
(COLA, malce2-09)

(332) A: Pruébatela coño. Que te la pruebes que te la pruebes que te la pruebes.
B: No quiero.
C: [¿Y ahora te gusta sí o no? ↑]
B: [Sí].
C: ¿No? ↑. No me jodas @nombre cámbiala que. Que no que es fea.
B: No no la voy a cambiar por nada. Ya vas a ver.
C: Pero tío por Dios que *eres más tiquis miquis.*
A: ¿A qué hora te fuistes a tu casa? ↑
B: ¿Ayer? ↑
C: No no llegó directamente.
(COLA, mamte2-02b)

En (332), por ejemplo, se reúnen en torno a la suspendida varios elementos modales que se van acumulando y que caracterizan el contenido de lo que se está diciendo con la actitud del hablante: el vocativo *tío*, la interjección *por Dios* o el *que* enunciativo de réplica.

Por último, se puede destacar que, en ocasiones, el elemento cuantificado o encarecido en el grupo cuantificativo aparece caracterizado por un sufijo aumentativo o diminutivo que también carga de afectividad la estructura. La carga afectiva de estos afijos es defendida por Castillo Carballo y García Platero (2006) y por Martín Zorraquino (2012) en los diminutivos, aunque Castillo Carballo y García Platero piensan (2006) que también puede verse, aunque en menor medida, en los aumentativos, sobre todo cuando tienen un funcionamiento apreciativo encaminado a la connotación meliorativa o peyorativa. La aparición de estos afijos es más frecuente cuando la estructura no está marcada por un elemento que es cuantificador por naturaleza, como *tan*. Hay cierta recurrencia de este fenómeno en las ponderativas construidas con el indefinido *un*:

(333) Jonás Romagosa: ¡No me joda! Hostia, qué disgusto. Yo que me estaba preparando a tope... Bueno, es igual. Al final será mejor, sí, porque el sistema de cuerdas ese que me había inventado fallaba constantemente y *me pegaba cada hostión*... A los vecinos de abajo los tenía contentos.
(CORPES XXI, 2010. *Especialistas secundarios. Podría ser peor*)

(334) Rosa.- Lo que una fantasea, en realidad, es otra vida. Con otros hombres. Y empieza así, como por juego. Vas imaginando cómo sería con éste, cómo sería con ése, el otro, el de más allá. Y todas las fantasías tienen su punto. Se salen de la rutina. Si no, qué bodrio de fantasías. Y mi marido, el pobre, muy buena persona, todo lo que tú quieras, *pero tan paradito*. . .
(CORPES XXI, 2012. Almudena Grandes, *Atlas de geografía humana*)

(335) Bueno, da igual. Lo que pasa es que entonces es horrible, porque *hace un bochornazo*. . . Entonces sí que se suda, pero a chorros, porque además casi siempre trae humedad. ¡Buah! No se puede salir a la calle, ni jugar al fútbol, ni nada.
(CORPES XXI, 2002. Almudena Grandes, *Los aires difíciles*)

(336) EUSEBIO: Hacía una tarde de postal. *¡Un solazo. . .!* Esto fue el viernes. Después del trabajo me fui a pescar al Paseo Nuevo, donde termina el río, con un amigo.
(CORPES XXI, 2006. Fernando Aramburu, «Después de las llamas». *Los peces de la amargura*)

(337) H4: Alguno sabe si merece la pena pillarse un barebone decente en lugar de un pc completo?
H4: Se pueden conectar a la tele por hdmi y ponerle una gráfica tocha
H1: No se que es un barebone
H4: Es una torre pequeñita en la que viene placa base y tu eliges la gráfica, disco duro y cosas de esas
H4: *He visto algunos orientados a jugar que tenían una pintaca*. . .y eso lo conectas a la tele y te pillas raton, teclado y un mando inalámbricos y a jugar a lo que te de la gana en el salón
(Corpus MEsA, 2015. WA 2015/16 ago-mar)

(338) A: Tía qué mal.. tía pues que me lo devuelva
B: [*Si está de un tontín* ↑ está muy tonto]
A: [Tía nooo]
C: Está muy tonto
A: ¿Qué? ↑
B: [Está muy bobo ahora, ¿eh? ↑]
(COLA, malce2-09)

Las ponderativas son, entre las suspendidas, las que más parecen atraer elementos afectivos y modales afines. Estos fenómenos modales refuerzan aún más la implicación emocional del hablante con lo dicho. Este hecho es un rasgo más para considerar las ponderativas como un fenómeno del español coloquial y familiar, ya que en esta variedad se potencian los elementos que muestran la expresividad del hablante en su enunciación (*cfr.* Koch y Oesterreicher, 2007 [1990]).

7.4.4. Expresión de estados físicos y anímicos a través de quejas y lamentos

Existen unos usos específicos entre las ponderativas suspendidas destinados a la expresión de estados físicos y anímicos. Normalmente, estas expresiones aparecen en forma de queja o lamento, ya que el hablante deja patente cómo le afecta personalmente. Por lo general, lo que se expresa en este tipo de casos es un estado físico o de ánimo temporal, producido por algún hecho en un momento concreto. Las formas verbales más recurrentes en estos casos son las que pueden expresar un sentido de cambio repentino en el estado de una persona como "dar", "entrar" o "llevarse", o los verbos "estar" o "tener", que indican una situación temporal. Estos verbos van acompañados de grupos cuantificativos con *un* o *tanto* seguidos de sustantivos como "fiebre", "miedo", "susto", "mareo", etc. En el caso de "estar", lo más común es encontrar al verbo acompañado del cuantificador *más* seguido de adjetivo. Entre los estados físicos encontramos ejemplos como los siguientes:

(339) Piloto.- (*Retirándose un poco. Bosteza.*) *¡Estoy más cansado…!* He tenido un día muy duro.
Enara.- No me digas eso, si ahora viene lo mejor.
(CORPES XXI, 2008. Rocío Callejón Martínez, «A 300 metros». Ismael Baile Cortés,… [et al.]: *Teatro. Promoción RESAD 2007.*)

(340) -Kate… ¿No es Kate? ¿Miss Dudley? Por favor, envíeme una camarera con una botella de cerveza. *Tengo tanta sed…*
La Casa tenía encendidos los cuatro ojos de siempre. Dos en la planta baja, dos en el último piso.
(CORPES XXI, 2005. Josefina Aldecoa, *La Casa Gris*)

(341) Pero bueno, a lo que íbamos, que eso no es lo peor; en cambio, lo de los pelos… *A mí es que lo de los pelos me da un repelús…* Y si no, lo del bigote; los besos con bigote es que los llevo fatal.
(CORPES XXI, 2001. Jesús Campos García, *Me acuso de ser hetero.* www.jesuscampos.com)

(342) A: [Ay me voy a tomar el beso].
B: [Mazo de caro]
A: [*Me va a dar una cagalera*]
B: [No te lo doy]
A: [Son mazo de caros chaval]
(COLA, mabpe2-01c)

(343) Venga, vamos a cenar de una vez, *que tengo un hambre...* Menudo anfitrión estoy hecho.
(CORPES XXI, 2011. Gabi Martínez, *Sólo para gigantes*)

(344) Y si no le das de comer pronto... se va a poner a llorar... O quizá revienta... *porque tiene una fiebre...*
(CORPES XXI, 2003. Alfonso Vallejo, *Hiroshima-Sevilla. 6A*)

Entre los estados anímicos, con una estructura similar a los físicos, encontramos casos como los siguientes:

(345) Acabo de llegar de clase de inglés, y *estoy más aburrida...* aunque el profesor es muy majo, es canadiense y lleva gafas.
(CORPES XXI, 2001. «¿La pareja? Bien, gracias. Tonterías que hacemos cuando nos enamoramos». *El club de la Comedia Presenta Ventajas de ser incompetente y otros monólogos de humor*)

(346) A: O sea no me te lo juro te lo juro es que no me estudié nada. Ni una literatura. Y además llegaba al recreo y todo el mundo repasando y *a mí me daba tanta pereza tía* porque digo no me sé nada. Y nada y en el examen empecé como típico que te lo empiezas a inventar un poco pueeesss sabes. [Queee te lo empiezas a inventar improvisandoo]
B: [Hija, pero como te vas a inventar hija pero]. Cómo vas a improvisar en Literatura ja ja ja ja.
(COLA, maore2-02a)

(347) -Ésa es otra, cómo era el tren. Para empezar, estaba vacío. Ni un alma, te lo juro. Llegué al andén y, oye, *me entró un yuyu...*
-...
-Yo tampoco me tengo por miedosa, pero ponte en mi lugar... Toda la noche sola o, lo que es peor, acompañada por ese tío siniestro... Lo peor es que me tocó tragar.
(CORPES XXI, 2005. Enriqueta Antolín, *Final feliz*)

(348) Genciano.- Te has colado así como así.
Felisa.- ¡Jesús mío! *Me he llevado un susto...* Me ha parecido usted un fantasma, con esa ropa que se pone ahora. Parece más un empleado de la funeraria. Incluso peor, un empleado disecado.
(CORPES XXI, 2005. Francisco Nieva, «Los mismos. Nocturno para chico y fantasmas». *¡Viva el estupor!; Los mismos: dos comedias televisivas*)

(349) Y ahora encima tenía que bailar con la tarada. Menuda ocurrencia de mi mujer. *Me daba una pereza...*, pero sobre todo, como un repelús. No sé, algo como supersticioso.
(CORPES XXI, 2005. Íñigo Ramírez de Haro Valdés, *Historia de un triunfador*)

(350) Consuelo- ¡Qué sabrás tú de este hombre que es todo un héroe! Emilio, cuéntale tu hazaña, o mejor, no le cuentes nada, porque a él tampoco le importa. ¡Anda, guapetón!, ven conmigo a la cocina a preparar la manzanilla.
Emilio.- Yo me torno una, *porque se me han puesto unos nervios...*
Valerio.- El hígado, los nervios, la espalda... ¿Qué es lo que tiene bien?
(CORPES XXI, 2003. M.ª Luz Cruz, *Esta casa está okupada*)

Uno de los aspectos más característicos de estas estructuras es la posibilidad de que el estado expresado en cada una de ellas pueda actuar como sujeto en los verbos del tipo "dar" o "entrar", o como complemento directo de "llevarse" aunque el sentido sea básicamente el mismo. En este uso de las ponderativas suspendidas, los estados expresados siempre son negativos (miedo, susto, repelús, fiebre...) y, como pasaba en la expresión de emociones, lo que persigue el hablante es que el receptor sienta o empatice con su estado.

Capítulo 8 Recapitulación y conclusiones

Este profundo análisis de las construcciones suspendidas en español nos ha permitido alcanzar una mayor comprensión de la constitución interna de las estructuras suspendidas, de sus valores discursivos, de su proceso de formación y de su categorización como grupo propio dentro de una macrosintaxis. Para cerrar este trabajo, haremos una recapitulación por capítulos de las consideraciones más relevantes, destacaremos las conclusiones principales y plantearemos algunas líneas futuras de investigación en este ámbito.

En la introducción hemos llamado *construcción suspendida,* nuestro principal objeto de estudio, a un enunciado caracterizado por un tonema final ascendente (una prosodia a la que nos referimos como *suspendida*) que surge tras la no enunciación de una parte del mismo, generalmente la que constituiría la cláusula principal, que se sustituye por ese tonema. Constituyen un correlato de estructuras o periodos bimembres como las oraciones comparativas, consecutivas, condicionales, causales o respectuales, y se erigen como una posibilidad de realización de estas categorías. Falta el segundo miembro del periodo, pero pervive el nexo o parte de él. Este, junto con la entonación ascendente, constituyen la marca de la construcción. Las suspendidas son enunciados completos con un sentido pleno en el discurso, aunque exigen la participación del receptor para recuperar del contexto la información no explicitada, que obtiene por implicaturas. El hablante no considera necesario emitir dicha información, pues considera que no hay dificultad en reponerla.

Para lograr una caracterización completa del fenómeno desde un marco de sintaxis del discurso, nos propusimos los siguientes objetivos:

1. Describir el rasgo entonativo de la suspensión.

2. Caracterizar las estructuras suspendidas como enunciados sintáctica y significativamente completos.
3. Describir su funcionamiento discursivo.
4. Determinar los rasgos que propician su realización y establecer sus contextos de aparición.
5. Insertar el análisis de las estructuras suspendidas dentro de un modelo de macrosintaxis del español que permita su inclusión en la estructura del discurso. Este objetivo también implica configurar un modelo macrositáctico de análisis que integre un enfoque pragmático en la descripción gramatical.

Para cumplir estos objetivos, el trabajo se ha dividido en siete partes: una introducción para delimitar el objeto de estudio, una segunda parte dedicada a la descripción del modelo teórico y de una metodología que nos ha permitido abordar el análisis de las estructuras suspendidas (capítulo § 2), una tercera parte orientada a la categorización de las construcciones suspendidas como grupo propio dentro de una gramática del discurso (capítulo § 3) y cuatro partes más que constituyen el análisis de cada uno de los tipos de suspendidas que abordamos (capítulos § 4, § 5, § 6 y § 7).

Como modelo teórico, hemos partido de la *lingüística pragmática* de Fuentes Rodríguez (2000 [2017], 2013a, 2017), que nos ha permitido realizar una descripción lingüística completa de forma y función de las construcciones suspendidas al mismo tiempo que nos ha permitido integrarlas dentro de una gramática del discurso. En la configuración de este modelo, se constatan una serie de beneficios de análisis. Estos beneficios se basan en dos aspectos: la superación de los límites de algunos marcos teóricos que han quedado obsoletos o son más restrictivos, y la integración de herramientas teóricas de otras disciplinas y modelos que han demostrado su eficacia en los análisis de fenómenos discursivos. La lingüística pragmática es un modelo que permite poner en relación elementos de distintos niveles y dimensiones o planos con un planteamiento poliédrico en la configuración del discurso: los elementos de un determinado nivel o especializados en una dimensión del discurso (enunciativa, modal, informativa y argumentativa) pueden acabar afectando a otros. Gracias a este marco, nos hemos podido centrar tanto en el nivel de la microestructura (configuración interna) como en el de la macroestructura (valores en las dimensiones del discurso) de las construcciones suspendidas. Una de estas cuatro dimensiones, la argumentativa, es la que da cuenta principalmente del funcionamiento de las estructuras suspendidas en la lengua.

Por otro lado, para completar el análisis fue necesario integrar la caracterización sintáctica con la entonativa. Para ello buscamos un marco de análisis que permitiese la caracterización formal y acústica de uno de los rasgos más representativos de las estructuras suspendidas: el tonema final. Para esta caracterización formal, era preciso salvar una serie de escollos:

- La falta de suficientes audios de conversaciones reales que diesen cuenta de todos los tipos de suspendidas.
- La falta de una base comparativa común de estructuras suspendidas que permitiese aislar variables fonéticas y sintácticas.
- La baja calidad de los audios de conversaciones reales obtenidos.

Para superar estos obstáculos se optó por la creación de un corpus experimental de grabaciones con informantes nativos de español peninsular. Estas grabaciones se realizaron en una cabina insonorizada en el laboratorio de fonética de la Universidad de Sevilla. Se grabó a más de 30 informantes que realizaron lecturas dramatizadas de conversaciones en las que se ocultaban las construcciones suspendidas como elementos críticos. Este método de obtención de material permitió lo siguiente:

- Comparar la variable entonación en construcciones suspendidas y bimembres, de tal forma que se pudiera comprobar si la inflexión final de una estructura suspendida es equivalente a la del primer miembro de una estructura bimembre.
- Obtener una muestra mínimamente significativa de realizaciones de estructuras suspendidas para su análisis.
- Obtener audios en alta calidad y sin ruido de fondo que ofrecieran una representación limpia y sin interferencias de la curva melódica en un espectrograma.

El análisis del material acústico obtenido se realizó a través del programa Praat, que ofrece una representación visual de la frecuencia fundamental (F_0) y calcula en hercios la frecuencia en cualquier punto temporal de la curva melódica. Basándonos en una adaptación del modelo *Melodic Analysis of Speech* (MAS), descrito en Cantero (2002) y desarrollado en diversos trabajos posteriores, realizamos una caracterización del ascenso (o el descenso) de la inflexión final a través de porcentajes. El método por porcentajes, como indica el propio Cantero, es una forma más intuitiva de caracterización de la curva melódica con respecto a otros métodos basados en semitonos y, en nuestro caso, ha permitido establecer patrones de realización fácilmente reconocibles de las construcciones suspendidas en nuestro corpus experimental. Además, ha facilitado la comparación por porcentajes de los resultados del análisis experimental con algunos resultados obtenidos del análisis de audios de conversaciones reales. Esta comparación entre ejemplos "reales" y "de laboratorio" ofrece cierta garantía de fiabilidad de los datos.

El uso de estas herramientas metodológicas en la investigación sobre estructuras suspendidas nos ha permitido llegar a una serie de consideraciones que delimitan el fenómeno y lo definen como un grupo propio y específico en español. Hemos partido de una clasificación en cuatro tipos de suspendidas, que quedan bien categorizadas tras el análisis y pueden integrarse en una gramática española del discurso:

Figura 1. Tipos de estructuras suspendidas (*vid.* § 1.2.2.)

TIPO	VARIANTES	*EJEMPLOS*
Causales suspendidas	Introducida por *como*	*No podemos salir.* Como no para de llover...
	Introducida por *ya que*	*¿Quieres venir?* Ya que estás tirado en el sofá...
Condicionales suspendidas	Introducida por *si*	*No tengo lápiz, pero* si quieres un boli...
	Introducida por *como*	Como no me toque la lotería...
Respectuales suspendidas	Introducida por *para*	*No quiero ir.* Para lo que hay que ver...
Ponderativas suspendidas	Con marca de consecutivas	Es un libro tan interesante...
	Con marca de comparativas	Tu amigo es más seco...

Lo primero que hemos podido comprobar es que el grado de aceptación de los hablantes de estas estructuras permite descartar que, en el momento actual, este tipo de enunciados consista simplemente en un truncamiento o una elipsis, aunque en ellos podría estar su origen lingüístico, tal como se considera para algunas llamadas construcciones *insubordinadas*. Las estructuras suspendidas pueden verse como variantes de realización de una estructura básica que puede desarrollarse como un enunciado bimembre o como una cláusula independiente suspendida. El esquema de realizaciones posibles sería el de la Figura 22 que volvemos a reproducir:

Figura 22. Comparativa de constitución de estructuras bimembres y suspendidas (*vid.* § 3.3.)

Causales con *como* y *que*	Bimembre: *Como no para de llover no salgo.*
	Suspendida: *Como no para de llover...*
Condicionales con *si* y *como*	Bimembre: *Si quieres un boli toma este.*
	Suspendida: *Si quieres un boli...*
Respectuales con *para*	Bimembre: *Para lo que hay que ver, prefiero no ir.*
	Suspendida: *Para lo que hay que ver...*
Ponderativas	Bimembre: *Es tan bueno que todo el mundo lo toma por tonto* (consecutiva); *Este libro es más interesante que otras cosas que he leído* (comparativa).
	Suspendida: *Es tan bueno...; es más bueno...*

Las realizaciones bimembres y suspendidas de cada tipo de estructura activan inferencias distintas en el receptor y poseen formas de procesamiento diferenciadas de una misma información. Las versiones suspendidas son formas indirectas de expresión. El hablante prefiere sugerir una conclusión y que sea el oyente el que termine de reponer la información que falta. Esto supone una serie de efectos y comportamientos en el discurso que no son compartidos por las variantes bimembres.

Así pues, una vez definidas y delimitadas como construcciones del español, fue posible su análisis de forma general en dos niveles siguiendo nuestro modelo de lingüística pragmática: el nivel de la microestructura y la macroestructura del discurso.

La microestructura de las construcciones suspendidas

En el nivel de la microestructura pudimos diferenciar una serie de rasgos constituyentes que las conforman como categoría propia:

1. Las construcciones suspendidas se suelen componer de tres elementos internos básicos: una marca con un sentido procedimental específico (como la causa o la ponderación), una estructura morfosintáctica restringida por el funcionamiento de la marca y una entonación con una inflexión final tendente a la anticandencia.
2. Las marcas de causa, condición, respectualidad o ponderación que aparecen en las estructuras suspendidas transmiten una idea de *prospección,* de tal forma que caracterizan el contenido expresado como el punto de partida de otros hechos que son fácilmente predecibles en el mundo compartido de los interlocutores. La relación entre el hecho expresado y el no expresado se considera evidente, lo que permite el paso a la conclusión sin necesidad de que esta sea explicitada.
3. Las restricciones morfosintácticas de cada marcador dependen de la naturaleza de este, aunque en ocasiones permiten discriminar usos distintos de las suspendidas en el discurso o se consideran rasgos funcionales de diferenciación de estructuras. Así, la única diferencia formal entre las causales suspendidas con *como* y las condicionales suspendidas con el mismo nexo es el uso del modo indicativo (causal) o subjuntivo (condicional).
4. El tonema final tendente a la anticadencia, y que denominamos suspendido, es uno de los elementos centrales para constituir una construcción suspendida. Cuando la inflexión final en ascenso de la estructura es percibida por el oyente, permite reinterpretar toda la estructura como un enunciado suspendido. Con este criterio, quedan fuera de las suspendidas otros fenómenos como los anacolutos, las aposiopesis o los truncamientos no intencionados que no poseen un tonema final en anticadencia.

Formalmente, gracias a los resultados experimentales, hemos podido observar una tendencia a una mayor elevación del tono en la parte final de las estructuras suspendidas que en las cláusulas equivalentes que constituyen la primera parte de un enunciado bimembre. El tipo de tonema final que las caracteriza es más cercano a la anticadencia que a la semianticadencia o el mantenimiento, mientras que en las cláusulas de estructuras bimembres el ascenso es más moderado. Este tonema final, además, afecta a diversos aspectos en el procesamiento de la estructura:

a) Constituye el límite final de la estructura suspendida, lo que la diferencia de la inflexión que se considera el cierre prototípico de los enunciados en general: la cadencia.
b) Caracteriza la estructura con un contenido expresivo que le hace tener un comportamiento modal similar a los enunciados exclamativos.
c) Posee un carácter diferenciador, ya que permite discriminar los casos de enunciados suspendidos de otras construcciones independientes o de relación diádica que acaban en cadencia.
d) Tiene un funcionamiento interactivo en la conversación. Constituye una marca para avisar al interlocutor de que es él el que tiene que completar el sentido final del mensaje y, en muchas ocasiones, se le invita a continuar con el discurso. La entonación suspendida constituye, así, un lugar de transición pertinente para el cambio de turno en la conversación.

Las construcciones suspendidas en la macroestructura

Las construcciones suspendidas se insertan en el discurso como un enunciado más que compone su macroestructura. Sus relaciones con el resto de las unidades del discurso vienen determinadas por los cuatro planos o dimensiones de la macroestructura: dimensión argumentativa, informativa, modal y enunciativa.

La dimensión argumentativa es el ámbito que caracteriza mejor a las estructuras suspendidas y es donde más desarrollan sus capacidades. Por ello, el fenómeno de la suspensión puede ser visto a la luz de su funcionamiento persuasivo, lo que valida su denominación como *argumentación suspendida.*

Como regla general, todos los tipos de estructuras suspendidas presentan un argumento coorientado a una conclusión dentro de una estructura argumentativa del discurso. La conclusión a la que llevan las suspendidas no suele estar explicitada y en esto se basa su valor de *sugerencia.* El argumento presentado suele ser suficiente para validar la conclusión. Las estructuras suspendidas también pueden afectar a la fuerza de los argumentos, intensificándolos o atenuándolos, dependiendo de cada tipo.

Con estos rasgos hemos establecido una clasificación en tres grupos:

- *Construcciones suspendidas de coorientación argumentativa.* Se especializan en introducir un argumento relevante coorientado a una conclusión que se considera fácil de predecir. Poseen un sentido básico de causa y pueden conllevar la atenuación de un argumento. En este grupo se incluyen las causales y condicionales suspendidas.
- *Construcciones suspendidas de suficiencia argumentativa.* Introducen un argumento que se considera suficientemente fuerte como para validar la tesis del hablante. Corresponden a las respectuales suspendidas con *para.*
- *Construcciones suspendidas de cuantificación o ponderación.* Son estructuras suspendidas que se especializan en la intensificación de la fuerza argumentativa. Sitúan el argumento en un punto muy elevado de la escala, lo que suele venir acompañado de un refuerzo modal. Este grupo está constituido por las ponderativas suspendidas.

Desde el punto de vista informativo, las estructuras suspendidas presentan la información mínima que permite llegar a una conclusión sin necesidad de que el hablante ofrezca más datos. Esta información mínima queda focalizada en las construcciones suspendidas a causa de la entonación en anticadencia, que constituye una llamada de atención al receptor sobre lo que se está diciendo. La focalización permite hacerle entender al oyente que la información que se le está ofreciendo es la única que necesita para que pueda llegar por sí mismo a una conclusión.

Desde un enfoque modal, la entonación suspendida tiende a caracterizar modalmente los enunciados, de tal forma que deja entrever la actitud subjetiva del hablante ante lo que dice. Esto las puede equiparar a los enunciados con modalidad exclamativa. Por este carácter modal, las estructuras suspendidas son propensas a emitir actos de habla expresivos como valoraciones, quejas, lamentos o deseos. Estos actos de habla expresivos se orientan con más frecuencia a las valoraciones y emociones negativas que a las positivas.

Desde el punto de vista enunciativo, estamos ante estrategias indirectas en las que el hablante pretende "no decir", de tal forma que sea el oyente el que obtenga la información del contexto. Esta es fácilmente accesible y no es necesario explicitarla. En ocasiones, pueden interpretarse como causas de la enunciación de un enunciado previo, aunque no parece que se especialicen en este valor más allá de ser una implicatura habitual.

Exponemos a continuación las características y los valores más relevantes de cada grupo analizado:

Las causales suspendidas

Las causales suspendidas están constituidas principalmente por la conjunción *como* y *ya que* seguidas de un modo verbal en indicativo. Se especializan principalmente en presentar un argumento coorientado a una conclusión que posee cierto grado de atenuación. Expresa un sentido básico de causa asertada. En el siguiente esquema (Figura 91) sintetizamos su funcionamiento microestructural y macroestructural de forma más pormenorizada:

<table>
<tr><th colspan="4">Causales suspendidas
Marca de causa (como, ya que) + verbo en indicativo + tonema en anticadenica</th></tr>
<tr><td rowspan="6">MICROESTRUCTURA</td><td rowspan="4">Marcas de causa</td><td>Rasgos generales</td><td>- Introducen un contenido de causa presupuesto y con un valor predictivo que permite imaginar con facilidad unas consecuencias. Relación causa-efecto conocida.
- Posibilidad de constituir un marco antepuesto en estructuras bimembres.</td></tr>
<tr><td>Como</td><td>- Introduce una causa necesaria.
- No está necesariamente ligado a un aspecto temporal.</td></tr>
<tr><td>Ya que</td><td>- Suele introducir un hecho fácilmente verificable por el contexto que sirve de causa.
-Ligado al valor temporal de la inmediatez y a hechos perfectivos cuando posee el sentido de una vez que.</td></tr>
<tr><td>Otras locuciones</td><td>-Puesto que, al + infinitivo, por + infinitivo...
-Suelen estar relacionados con un sentido temporal básico.</td></tr>
<tr><td>Verbo en indicativo</td><td colspan="2">- En las estructuras con como, el indicativo se opone al subjuntivo para indicar causa o condición, respectivamente.
- El indicativo relaciona las causales suspendidas con hechos asertados.</td></tr>
<tr><td>Entonación suspendida</td><td colspan="2">- Entonación en anticadencia con una elevación moderada del tono en la inflexión final de la estructura, en relación con otras suspendidas.
- Elevación más marcada que en los marcos causales en estructuras bimembres.</td></tr>
<tr><td>MACROESTRUCT URA</td><td>Introducción de argumentos coorientados (dimensión argumentativa)</td><td colspan="2">- Las causales suspendidas introducen un argumento coorientado a una conclusión. A menudo, pueden ir precedidas de un nexo adversativo que antiorienta todo el enunciado.
- La coorientación argumentativa que ofrece una causal suspendida puede ayudar a conformar un esquema argumentativo colaborativo en la interacción, compuesto por varios interlocutores. Así, el hablante puede mostrar su apoyo al interlocutor usando una causal suspendida.</td></tr>
</table>

		- Las causales suspendidas se relacionan con un topos conocido y fácilmente recuperable por el contexto, que permite el paso a una conclusión no explicitada. - La focalización de la información hace que el contenido expresado se considere un argumento relevante y suficiente para llegar a una conclusión. La entonación suspendida llama la atención sobre ese argumento para indicar que esa es la única información que el oyente necesita para llegar por sí mismo a una tesis que no se explicita. - Aunque las causales suspendidas no implican intensificación por sí mismas, a menudo aparecen acompañadas de conectores y operadores argumentativos que sí la expresan. Es destacable la recurrente aparición de causales suspendidas con el operador de intensificación *tan(to)*: *Como escribe tan bien...*
	Focalización de la información (dimensión informativa)	- La información expresada por la causal suspendida se muestra como un aporte relevante en el discurso. La información aportada queda focalizada en el texto.
	Caracterización de la información como conocida (dimensión informativa)	- La información expresada por la causal suspendida suele interpretarse como conocida por ambos interlocutores, aunque no siempre es así. Lo que se considera conocido, en realidad, es la relación entre el hecho expresado y las consecuencias que no se explicitan.
	Realización de actos de habla expresivos (dimensión modal)	- Se relacionan con un registro coloquial y son estructuras cargadas de afectividad y expresividad. - Suelen realizar actos de habla expresivos que muestran la actitud subjetiva del hablante como quejas, reproches o excusas. - Algunos usos de *ya que* en enunciados suspendidos con verbos como *insistir* o *estar* se están especializando en la expresión del consentimiento o la confirmación (*ya que estoy...*). Este consentimiento está cargado de un valor modal de indiferencia, resignación o de restar importancia a un hecho.
	Introducción de una causa de enunicación (dimensión enunciativa)	- Pueden actuar como causales de la enunciación de un enunciado previo gracias a su sentido de causa. Esta relación de enunciación puede ser marcada explícitamente cuando la causal suspendida va precedida de *porque*.

Figura 91. Relación de los constituyentes formales y los valores discursivos de las causales suspendidas

Las condicionales suspendidas

Se construyen principalmente con las conjunciones *si* (las más analizadas por la bibliografía) *y como*. *Si* puede combinarse con verbos tanto en indicativo como en subjuntivo, pero *como* y otras marcas y locuciones necesitan del subjuntivo para expresar un sentido de no aserción similar al que posee una condicional con *si*. Poseen un sentido básico de causa no asertada.

Las condicionales suspendidas son uno de los tipos de suspendidas más comunes. Generalmente introducen un argumento mínimo para llegar a una conclusión, como las causales, y también permiten realizar actos de habla expresivos como deseos, quejas y lamentos. Sin embargo, entre sus usos discursivos es posible encontrar la realización de actos de habla directivos, acciones que otras suspendidas no pueden realizar. Así, las condicionales con *si* integran entre sus funciones actos de habla como el ofrecimiento, la petición o la invitación; las condicionales suspendidas con *como* son usadas frecuentemente para la expresión de amenazas y advertencias. La elisión de una segunda parte que haría explícito el directivo suele interpretarse como una atenuación del grado de amenaza. Resumimos en la siguiente tabla (Figura 92) sus características principales:

<table>
<tr><td colspan="4">Condicionales suspendidas
Marca de condición (si, como) + forma verbal restringida por las marcas de condición
+ tonema en anticadenica</td></tr>
<tr><td rowspan="5">MICROESTRUCTURA</td><td rowspan="4">Marcas de condición</td><td>Rasgos generales</td><td>- Caracterizan un hecho con un valor de no aserción.
- Expresan un sentido de causa basado en una contingencia.
- Posibilidad de constituir el marco de una enunciación en estructuras bimembres.</td></tr>
<tr><td>Si</td><td>- Expresa distintos grados de aserción dependiendo de las formas verbales usadas: condicionales reales (indicativo), condicionales potenciales (imperfecto de subjuntivo) e irreales (pluscuamperfecto de subjuntivo).
- Conjunción muy versátil. Su valor de no aserción no está relacionado únicamente con la condición, sino también con la expresión de la cortesía o con la regulación de ciertos aspectos metadiscursivos.</td></tr>
<tr><td>Como</td><td>- Posee una estructura similar a las causales con como, pero como condicional solo puede construirse con una forma verbal en subjuntivo.
-Indica que un hecho tiene pocas posibilidades de llegar a realizarse.</td></tr>
<tr><td>Otras locuciones y marcas</td><td>-Mientras + subjuntivo, ciertos usos del gerundio (teniendo tanto dinero...), cuando + subjuntivo, con tal de que + subjuntivo...
-Suelen estar muy ligados a un sentido temporal básico.</td></tr>
<tr><td>Verbo restringido por las marcas de condición</td><td colspan="2">-En las condicionales con si no pueden aparecer los tiempos del futuro de indicativo, el condicional ni el presente de subjuntivo.
-La forma verbal que acompaña a si determina el grado de aserción que puede expresar la estructura: condicionales reales (indicativo), condicionales potenciales (imperfecto de subjuntivo) e irreales (pluscuamperfecto de subjuntivo).
- La conjunción si puede expresar por sí misma el valor de no aserción, pero como necesita de un verbo en subjuntivo.
- En las estructuras con como, el indicativo se opone al subjuntivo para indicar causa o condición, respectivamente.
- Otras locuciones y marcas que pueden adquirir valor condicional suelen aparecer con formas verbales en subjuntivo. Este es el modo verbal que desencadena el valor de no aserción prototípico de las condicionales.</td></tr>
</table>

	Entonación suspendida	-Elevación final del tono muy marcada en las condicionales suspendidas con *si,* quizás debido a su valor funcional para diferenciarse de estructuras con *si* con valor de aserción del tipo *¡si yo no he hecho nada!* (↓) . -Elevación final del tono bastante marcada en las condicionales suspendidas con *como*, quizás debido a la influencia de representar actos de habla directivos con una gran fuerza ilocutiva.
MACROESTRUCTURA	**Coorientación argumentativa basada en hechos no asertados (dimensión argumentativa)**	- Las condicionales suspendidas introducen un argumento coorientado a una conclusión dentro del esquema argumentativo del texto. Esta es su función básica como condicional suspendida. El argumento se sustenta en hechos no asertados, como hipótesis. - Pueden constituir un argumento antiorientado cuando van precedidas por la conjunción adversativa *pero* o alguna partícula similar. - Debido a su valor de sugerencia por no estar explicitada la conclusión, pueden atenuar la fuerza de un acto de habla directivo potencialmente amenazante a la imagen de los interlocutores. Este uso es más patente en las condicionales suspendidas con *si.*
	Realización de actos de habla directivos atenuados (dimensión modal)	- Las condicionales suspendidas parecen las únicas capaces de realizar actos directivos, como ofrecimientos, peticiones u órdenes: *si te apetece venir con nosotros..., si me das un pañuelo..., como no estés aquí a tiempo...*
		- Al no indicarse de forma explícita el acto directivo, sino solo su marco de realización, se considera que atenúan el grado de amenaza que podrían suponer estas acciones.
	Realización de actos de habla expresivos (dimensión modal)	- Las condicionales suspendidas son productivas para realizar actos de habla expresivos que están totalmente imbuidos por la subjetividad del hablante: deseos, lamentos, ataques a la imagen, reproches, preocupaciones... - Algunas expresiones concretas de las suspendidas con *si* pueden conformar una intervención de asentimiento, confirmación o aceptación (*si lo quieres llamar así..., si se empeña..., si insiste...*). - Las condicionales suspendidas con *como* suelen plantear una polaridad invertida: el hecho expresado por la suspendida es lo no preferido por el hablante. - Las condicionales suspendidas con *como* también son eficaces en la expresión de conjeturas que el hablante considera poco probables: *como no se trate de un cuento de los hermanos Grimm... [no sé qué puede ser].*

Figura 92. Relación de los constituyentes formales y los valores discursivos de las condicionales suspendidas

Las respectuales suspendidas

Son estructuras que se forman con la preposición *para* seguidas de una estructura de focalización con relativo del tipo *lo (poco) que cuesta.* Estas estructuras comparten rasgos con las suspendidas de coorientación argumentativa y con las de ponderación. Son estructuras que introducen un argumento coorientado pero con cierto grado de intensificación de la fuerza del argumento, la fuerza suficiente para validar la tesis del hablante. Expresan, pues, otra de las dimensiones argumentativas: la suficiencia. Las respectuales, además, al estar compuestas por una estructura focalizadora, suelen destacar la información presentada. Entre sus usos está la expresión de actos de habla expresivos y la formulación de réplicas. Podemos ver de forma resumida sus rasgos micro- y macroestructurales en la Figura 93:

Respectuales suspendidas Preposición *para* + SN con relativo u oración de relativo sustantivada (estructura de focalización informativa) + tonema en anticadencia		
MICROESTRUCTURA	**Preposición *para***	- Alejamiento del sentido final de *para* y acercamiento a un valor de "respectualidad". - Introduce un complemento que puede actuar de marco de relevancia de una oración en un enunciado bimembre. - Aunque para Santos Río (2000a) existan marcas de complementación respectual más allá de *para*, las construcciones respectuales con esta preposición son las que se muestran más propensas a su realización como suspendidas.
	Estructura de focalización (SN con relativo u oración de relativo sustantivada)	- El sentido respectual con *para* se desprende de su combinación con estructuras sintácticas que responden al esquema "SN con relativo" (*para lo mala que es la película...*) u "oración de relativo sustantivada" (*para lo que hay que ver...*). En el fondo, se trata de estructuras de focalización informativa que realzan una determinada valoración del hablante. - Aunque es posible que las respectuales suspendidas se conformen con infinitivo (*para ver dos tonterías...*), no queda claro que tengan el mismo valor que las respectuales con estructura relativa. Por un lado, la pérdida de la estructura focal orienta la estructura a otro tipo de funcionamiento; por otro, el uso del infinitivo las acerca al sentido de finalidad de los complementos adjuntos finales con *para*.
	Entonación suspendida	- Entonación en anticadencia con una elevación moderada del tono en la inflexión final de la estructura, semejante a las causales suspendidas. -Las respectuales suspendidas no presentan apenas diferencias en el grado de elevación de la inflexión final de la melodía con respecto a las respectuales que constituyen la primera parte de una estructura bimembre.
MACROESTRUCTURA	**Caracterización del argumento como suficiente (dimensión argumentativa)**	- Las respectuales suspendidas actúan introduciendo un argumento lo suficientemente intensificado para validar a una conclusión. - Las respectuales suspendidas nos sitúan, por lo general, en el límite de una escala argumentativa de valoración, generalmente, negativa. - En contextos interactivos, suelen constituir intervenciones de réplica a las conclusiones del interlocutor. -En contextos monologales, introducen un argumento coorientado y suficiente para validar la conclusión del hablante.
	Realización de actos de habla expresivos (dimensión modal)	- La capacidad de las respectuales suspendidas para emitir valoraciones permite que suelan realizar actos de habla expresivos. - Las valoraciones emitidas por las respectuales suspendidas suelen orientarse por defecto a una consideración negativa de un estado de cosas. Por ello, los actos de habla expresivos más comunes que suelen realizar son quejas y lamentos. - La estructura respectual suspendida *para el caso...* se ha especializado en la expresión de una actitud de indiferencia del hablante ante un estado de cosas.

Figura 93. Relación de los constituyentes formales y los valores discursivos de las respectuales suspendidas

Las ponderativas suspendidas

Las ponderativas suspendidas se construyen con la primera parte de los nexos correlativos prototípicos de las estructuras consecutivas y comparativas. El sentido de consecuencia y de comparación deja de ser relevante y solo sirve de punto de referencia para marcar aún más el funcionamiento intensificador de estas estructuras. Esta especialización en la intensificación de la fuerza argumentativa es su valor principal. La intensificación en las ponderativas va de la mano de la expresión de la modalidad, que se ve reflejada en la actitud de agrado o rechazo del hablante ante un hecho sobre el que emite una valoración. Constituyen uno de los tipos de suspendidas más frecuentes y, en ocasiones, no es posible su realización como una estructura bimembre. Sus rasgos micro- y macroestructurales se pueden resumir con la Figura 94:

<table>
<tr><th colspan="5">Ponderativas suspendidas
Primera parte de los nexos correlativos consecutivos y comparativos + estructura oracional con grupo cuantificativo + entonación en anticadencia + acento de insistencia</th></tr>
<tr><td rowspan="4">MICROESTRUCTURA</td><td rowspan="2">Primera parte de los nexos correlativos consecutivos y comparativos</td><td colspan="2">Cuantificadores de ponderación de una cantidad o una cualidad</td><td>- Tan + adjetivo / adverbio
- Tanto + sustantivo
- Tanto (adverbio)
- Más + sustantivo / adjetivo
- De (un) + adjetivo
- De + sustantivo</td></tr>
<tr><td colspan="2">Valoración intensificada</td><td>- Tal + sustantivo
- Un + sustantivo
- Cada + sustantivo</td></tr>
<tr><td rowspan="2">Grupo cuantificativo con una función oracional</td><td>Con función de atributo, predicativo o modificador adyacente en un SN</td><td>- Tan + adjetivo
- De (un) + adjetivo
- Más + adjetivo</td><td>Usados para expresar valoraciones afectivas</td></tr>
<tr><td>Con función de aditamento de modo</td><td>- Verbo + tanto
- Tan + adverbio
- De un + sustantivo</td><td>Usados para expresar emociones intensificadas</td></tr>
</table>

		Con función de sujeto (pospuesto) o complemento directo	- *Tanto/a* + sustantivo - *Más* + sustantivo - *Un/a* + sustantivo - *Cada* + sustantivo	Usados para emitir valoraciones afectivas o estados físicos y anímicos.
	Entonación	- Tonema final con una inflexión marcadamente ascendente	- El ascenso marcado forma parte del funcionamiento de intensificación de estas estructuras. - Los hablantes suelen reconocer este tipo de ponderativas antes como una construcción suspendida que como una consecutiva o comparativa bimembre.	
		- Acento de insistencia	- Refuerzo tonal en algunas vocales átonas del grupo cuantificativo para focalizar este grupo sobre el resto de los elementos de la frase. - El refuerzo tonal del acento de insistencia permite reinterpretar algunos elementos como ponderativos cuando, por naturaleza, no lo son: *un, cada...*	
MACROESTRUCTURA	**La intensificación de la fuerza argumentativa (dimensión argumentativa)**	- El funcionamiento principal de las estructuras suspendidas es la intensificación de un argumento que se considera más que suficiente para llegar a una conclusión. - Las ponderativas suspendidas se muestran proclives a aparecer con otros mecanismos y recursos de intensificación argumentativa como la acumulación de argumentos, la repetición, la aparición conjunta con operadores argumentativos, etc.		
	Introducción de argumentos y conclusiones (dimensión argumentativa)	- Aparte de su valor de intensificación argumentativo, también presentan un argumento coorientado a una conclusión. Puede quedar antiorientado si la estructura aparece precedida de *pero* u otros conectores adversativos. - Asimismo, y de forma habitual, las ponderativas suspendidas suelen introducir la conclusión de un esquema argumentativo.		
	Expresión de valoraciones intensificadas (dimensión modal)	- Expresan actos de habla expresivos basados en valoraciones subjetivas. - Estas estructuras no se limitan a dar una simple opinión de un hecho, sino que muestran la implicación y los sentimientos del hablante con lo que dice. El hablante, con esta estructura, es capaz de expresar su preferencia o rechazo ante un hecho. Por este funcionamiento, pueden equipararse a enunciados modales exclamativos y, por tanto, pueden considerarse construcciones modales. - Las valoraciones emitidas pueden estar orientadas hacia lo laudatorio o a lo peyorativo, pero tienden a los sentidos negativos. - Las ponderativas suspendidas se muestran proclives a aparecer con otros elementos de expresión modal como enunciados exclamativos, interjecciones u operadores de modalidad.		
	Expresión de quejas y lamentos sobre estados físicos y anímicos (dimensión modal)	- Las ponderativas suspendidas son eficaces para expresar dolencias o impresiones producidas por estados físicos o anímicos. En estos casos casi siempre se da una valoración negativa.		

Figura 94. Relación de los constituyentes formales y los valores discursivos de las ponderativas suspendidas

En conclusión, las suspendidas son estructuras totalmente vigentes en el código del español. Son enunciados delimitados sintáctica y entonativamente, tienen usos discursivos determinados que se ponen de manifiesto al realizar un análisis macrosintáctico. Los hablantes reconocen estas estructuras como propias de su lengua en la variedad coloquial y hacen uso de ellas en el discurso para expresar diferentes contenidos argumentativos. Su capacidad persuasiva es amplia y constituye, así, un procedimiento al que puede acudir el hablante para introducir argumentos, conclusiones o manifestar fuerza o suficiencia. Deben ser, pues, incorporadas al inventario de recursos argumentativos del español.

A través del análisis multidimensional que nos ofrece el modelo de lingüística pragmática ha sido posible establecer una caracterización completa de estas estructuras suspendidas e integrarlas dentro de un modelo discursivo-gramatical del español lo suficientemente amplio como para abarcar los fenómenos que atañen a la variedad coloquial. Reivindicamos, por tanto, la utilidad de la metodología para integrar en un sistema gramatical global fenómenos similares a las suspendidas que todavía quedan por describir e incluir en este sistema. Es el caso, por ejemplo, de muchas estructuras insubordinadas en español que están empezando a cobrar especial relevancia en las líneas de investigación más recientes. De este modo, el trabajo presentado tiene una proyección de futuro: abrimos el campo a nuevas investigaciones sobre fenómenos macrosintácticos con una metodología similar para que no queden en los márgenes de la gramática del español. De esta forma, se podrá aspirar a la creación de una pragmagramática que se acerque a la lengua como un fenómeno vivo y en continuo cambio, y que no puede ser entendido si no es en relación con su uso real.

Referencias bibliográficas

Adam, Jean-Michele (2001) *Les textes. Types et prototypes.* Paris: Nathan.

Adam, Jean-Michele (2002) "De la période à la séquence. Contribution à une (trans)linguistique textuelle comparative". En H. L. Andersen y H. Nølke (eds.) *Macro-syntaxe et macro-sémantique.* Berne: Peter Lang, 167–188.

Adam, Jean-Michel (2004) *Linguistique textuelle. Des genres de discours aux textes.* Paris: Nathan.

Adam, Jean-Michel (2008 [2005]) *La linguistique textuelle. Introduction à l'analyse textuelle des discours.* Paris: Armand Colin.

Alarcos Llorach, Emilio (2006) *Gramática de la lengua española.* Madrid: Espasa-Calpe. Decimoquinta reimpresión.

Albelda Marco, Marta (2007) *La intensificación como categoría pragmática: revisión y propuesta.* Frankfurt am Main: Peter Lang.

Alcaide Lara, Esperanza R. (1992) "Funciones del lenguaje y/o modalidad". Investigaciones semióticas IV (II): describir, inventar, transcribir el mundo. Madrid: Visor Libros, 865–874.

Almela Pérez, Ramón (1985) "El *si* introductor de oraciones independientes en español". *LEA, Lingüística Española Actual* VII (1): 5–13.

Alturo, Núria y Marianna Chodorowska-Pilch (2009) "La gramaticalització de «sisplau»". *Els Marges: revista de llengua i literatura* 88: 15–38.

Álvarez, Alfredo I. (1995) *Las construcciones consecutivas.* Madrid: Arco Libros.

Álvarez, Alfredo I. (1999) "Las construcciones consecutivas". En I. Bosque y V. Demonte (dirs.) *Gramática Descriptiva de la Lengua Española*, vol. 3. Madrid: Espasa, 3739–3804.

Anscombre, Jean-Claude y Oswald Ducrot (1983) *L'argumentation dans la langue.* Liège: Pierre-Mardaga.

Anscombre, Jean-Claude y Oswald Ducrot (1989) "Argumentativity and informativity". En M. Meyer (ed.) *From metaphysics to rhetoric*. Dordrecht: Kluwer, 71–87.

Austin, John L. (1970 [1961]) "If and cans", en J.O. Urmson and G.J. Warnock (1970) *Philosophical papers*. London [etc.]: Oxford University Press. 2.ª edición..

Austin, John L. (1990 [1962]) *Cómo hacer cosas con palabras: palabras y acciones*. Barcelona: Paidós. 3.ª reimpresión.

Bajtín, Mijaíl (2004 [1936]) *Problemas de la poética de Dostoievski*. Madrid: Fondo de Cultura Económica. Traducción de Tatiana Bubnova. 2.ª edición.

Bally, Charles (1965 [1944]) *Linguistique générale et Linguistique française*. Berne: A. Franck AG Verlag.

Bedmar Gómez, María Jesús y Francisca Pose Furest (2005) "Sobre análisis del discurso y sintaxis de la comunicación. A propósito del estudio de las estructuras truncadas en el Corpus PRESEEA-Granada". En J. A. Moya Corral y M. Sosinski (eds.) *Las hablas andaluzas y la enseñanza de la lengua. Actas de las XII Jornadas sobre la enseñanza de la lengua española*. Granada: Universidad de Granada, 137–167.

Beinhauer, Werner (1978 [1964]) *El español coloquial*. Madrid: Gredos. Tercera edición.

Bello, Andrés (1972 [1847]) *Gramática: gramática de la lengua castellana destinada al uso de los americanos*. Caracas: Ministerio de Educación.

Benveniste, Émile (1966) *Problèmes de linguistique générale I*. Paris: Gallimard.

Benveniste, Émile (1974) *Problèmes de linguistique générale II*. Paris: Gallimard.

Berrendonner, Alain (1990) "Pour une macro-syntaxe". En D. Willems (ed.) *Données orales et théories linguistiques. Travaux de Linguistique* 21. Paris: Louvain Duculot, 25–36.

Berrendonner, Alain (2002a) "Morpho-syntaxe, pragma-syntaxe, et ambivalences sémantiques". En H. L. Andersen y H. Nølke (eds.) (2002) *Macro-syntaxe et micro-sémantique: actes du colloque international d'Arhus, 17–19 mai 2001*. Berne: Peter Lang, 23–41.

Berrendonner, Alain (2002b) "Les deux syntaxes". *Verbum* XXIV (1–2): 23–36.

Berrendonner, Alain (2011) "Unités syntaxiques & unités prosodiques". *Langue française* 170 (2011/2): 81–93.

Berrendonner, Alain (2012a) "Chapitre II. Le discours et ses articulations". En Groupe de Fribourg, *Grammaire de la période.* Berne: Peter Lang, 21–39.

Berrendonner, Alain (2012b) "Chapitre VII. *Periodus trimembris* ". En Groupe de Fribourg, *Grammaire de la période.* Berne: Peter Lang, 145–154.

Berrendonner, Alain (2012c) "Chapitre XV. Qu'est-ce qu'un période ?". En Groupe de Fribourg, *Grammaire de la période.* Berne: Peter Lang, 319–336.

Blanche-Benveniste, Claire (1984) "La dénomination dans le française parlé: une interprétation pour les 'répétitions' et les 'hésitations' ". *RSFP* 6: 109–130.

Blanche-Benveniste, Claire (2000) *Approches de la langue parlée en français.* Paris: Orphys.

Blanche-Benveniste, Claire (2002) "Macro-syntaxe et macro-syntaxe: les dispositifs de la rection verbale", en H. L. Andersen y H. Nølke (eds.) (2002) *Macro-syntaxe et micro-sémantique: actes du colloque international d'Arhus, 17–19 mai 2001.* Berne: Peter Lang, págs. 95–118.

Blanche-Benveniste, Claire (2003) "La recouvrement de la syntaxe et de la macro-syntaxe". En *Macro-syntaxe et pragmatique. L'analyse linguistique de l'oral. Atti dell'Incontro Internazionale Dipartimento di Italianistica, Firenze 23–24 aprile 1999.* Roma: Bulzoni Editore, 53–75.

Blanche-Benveniste, Claire (2010) *Le français. Usages de la langue parlée.* Leuven / Paris: Peeters.

Blanche-Benveniste, Claire (2011) "Structuration prosodique, dernière réorganisation avant énonciation". *Langue française* 170 (2011/2): 127–142.

Blakemore, Diane (1987) *Semantic Constraints on Relevance.* Oxford: Basil Blackwell.

Boersma, Paul y David Weenink (2018) *Praat: doing phonetics by computer* [Programa informático]: http://www.praat.org/

Bolinger, Dwight L. (1944) "Purpose with *Por* and *Para*". *The Modern Language Journal*, 28 (1): 15–21.

Borreguero Zuloaga, Margarita. (2006) "Naturaleza y función de los encapsuladores en los textos informativamente densos (la noticia periodística)". *Cuadernos de Filología Italiana,* 13, 73–95.

Borreguero Zuloaga, Margarita. (2018) "Los encapsuladores anafóricos: Una propuesta de clasificación". *Caplletra,* 64, 179–203.

Brenes Peña, Ester (2016) "Gender differences in enumerative series". En C. Fuentes Rodríguez y G. Álvarez Benito (eds.) *A Gender-based Approach to Parliamentary Discourse. The Andalusian Parliament.* Amsterdam / Philadelphia: John Benajmins, 61–75.

Briz, Antonio (1995) "La atenuación en la conversación coloquial. Una categoría pragmática". En Luis Cortés (ed.) *El español coloquial: Actas del I Simposio sobre análisis del discurso oral.* Almería: Universidad de Almería, 103–122.

Briz, Antonio (2000) "Las unidades de la conversación". *RILCE* 16 (2): 225–246.

Briz, Antonio (2001 [1998]) *El español coloquial en la conversación. Esbozo de una pragmagramática.* Barcelona: Ariel.

Briz, Antonio (2002–2004) "La estructura de la conversación. Orden externo y orden interno". En R. M. Castañer y J. M. Enguita (eds.) *Archivo de Filología Aragonesa. In memoriam Manuel Alvar (1923–2001)*, LIX–LX (1). Zaragoza: Institución "Fernando el Católico", 265–280.

Briz, Antonio (2003) "La estrategia atenuadora en la conversación cotidiana española". En D. Bravo (ed.) *La perspectiva no etnocentrista de la cortesía: identidad sociocultural de las comunidades hispanohablantes. 1er Coloquio del Programa EDICE.* Stockholm: Stockholms universitet, 17–46.

Briz, Antonio (2005) *El español coloquial: situación y uso.* Madrid: Arco Libros. 3.ª edición.

Briz, Antonio (2008) "Presentación". En A. Briz, S. Pons y J. Portolés (coords.) (2008): *Diccionario de partículas discursivas del español.* En línea: www.dpde.es [Consultado: 11/03/2017].

Briz, Antonio (2011) "La subordinación sintáctica desde una teoría de unidades del discurso: el caso de las llamadas causales de la enunciación". En J. J. de Bustos Tovar, R. Cano Aguilar, E. Méndez García de Paredes, A. López Serena (coords.) *Sintaxis y análisis del discurso hablado en español: homenaje a Antonio Narbona*, Vol. 1. Sevilla: Universidad de Sevilla, 137–154.

Briz, Antonio (2018) "Los llamados «cortes sintácticos» de la conversación coloquial". *Anuari de filologia. Estudis de lingüística*, 8: 1–19. https://doi.org/10.1344/AFEL2018.8.1

Briz, Antonio y grupo Val.Es.Co. (2002) *Corpus de conversaciones coloquiales* [número monográfico de la revista *Oralia*]. Madrid, Almería: Arco Libros, Universidad de Almería.

Briz, Antonio, Salvador Pons y José Portolés (coord. 2008) *Diccionario de partículas discursivas del español*. En línea, www.dpde.es

Brown, Penelope y Stephen C. Levinson (2006 [1987]) *Politeness: Some Universals in Language Usage*. Cambridge: Cambridge University Press. 15.ª reimpresión.

Cabedo Nebot, Adrián (2009) *Segmentación prosódica en la conversación coloquial: sobre el grupo entonativo como mecanismo demarcativo de unidades mínimas*. València: Universitat de València. Tesis doctoral.

Cabedo Nebot, Adrián (2014) "On delimitation of discursive units in colloquial Spanish. Val.Es.Co. application model". En S. Pons Bordería (ed.) *Discourse Segmentation in Romance Language*. Amsterdam / Philadelphia: John Benjamins, 157–183.

Calvo Pérez, Julio (1994) *Introducción a la pragmática del español*. Madrid: Cátedra.

Camacho, José (1999) "La coordinación". En I. Bosque y V. Demonte (dirs.) *Gramática Descriptiva de la Lengua Española*, vol. 2. Madrid: Espasa, 2635–2694.

Canestrelli, Anneloes R., Willem M. Mak, y Ted J. M. Sanders (2013) "Causal connectives in discourse processing: How differences in subjectivity are reflected in eye movements". *Language and Cognitive Processes* 28 (9): 1394–1413.

Cano Aguilar, Rafael (1992) "Nuevas precisiones sobre *como* + subjuntivo". En M. Ariza Viguera (coord.) *Actas del II Congreso Internacional de Historia de la Lengua Española,* Vol. 1. Madrid: Pabellón de España, 333–345.

Cano Aguilar, Rafael (1995) *Sintaxis histórica de la comparación en español: la historia de "como"*. Sevilla: Universidad de Sevilla.

Cano Aguilar, Rafael (2011) "Entre la sintaxis histórica y el análisis del discurso: las condicionales en la historia del español (Edad Media y Siglos de Oro)". En E. Carmona Yanes y S. del Rey Quesada (coords.) *Id est, loquendi peritia: aportaciones a la lingüística diacrónica de los jóvenes investigadores de Historiografía e Historia de la Lengua Española.* Sevilla: Universidad de Sevilla, 29–54.

Cantero Serena, Francisco José (2002) *Teoría y análisis de la entonación.* Barcelona: Universitat de Barcelona.

Cantero Serena, Francisco José (2016) "Corpus de habla espontánea para el estudio de la entonación". En A. M.ª Fernández Planas (ed.) *53 reflexiones sobre aspectos de la fonética y otros temas de lingüística.* Barcelona: Universidad de Barcelona, 151–160.

Cantero Serena, Francisco José y Dolors Font Rotchés (2010) "Patrones melódicos coincidentes en español y en catalán". En Maria Iliescu, Heidi M. Siller-Runggaldier y Paul Danler (eds.) *Actes du XXV Congrès International de Linguistique et de Philologie Romanes*, Vol. II. Berlin: De Gruyter, 33–43.

Cantero Serena, Francisco José y Miguel Mateo Ruiz (2011) "Análisis melódico del habla: complejidad y entonación en el discurso". *Oralia* 14: 105–127.

Carmona Yanes, Elena (2015) *El lector (inter)activo en la prensa española.* Sevilla: Universidad de Sevilla. Tesis doctoral.

Castillo Carballo, M.ª Auxiliadora y Juan Manuel García Platero (2006) "Valor pragmático de la apreciación en español". *Actas del XVI Congreso Internacional de la Asociación para la Enseñanza del Español como Lengua Extranjera (ASELE), Oviedo 2005*, 208–212.

Cervoni, Jean (1987) *L'Énonciation.* Paris: Presses Universitaires de France.

Chevalier, Jean-Claude, Michel Launay y Maurice Molho (1985) "Del morfema *si* (hipótesis y afirmación en español y en francés)", *Philologica hispaniensia in honorem Manuel Alvar,* II (Lingüística). Madrid: Gredos, 129–166.

Chomsky, Noam (1980) *Rules and representations.* New York: Columbia University Press.

Comrie, Bernard (1986) "Conditionals: a Typology", en E. C. Traugott, A. ter Meulen, J. S. Reilly y Ch. A. Ferguson (eds.) *On conditionals.* Cambridge: Cambridge University Press, 77–99.

Cornillie, Bert (2009) "Evidentiality and epistemic modality: On the close relationship between two different categories". *Functions of language* 16 (1): 44–62.

Cortés Rodríguez, Luis (2008a) "La repetición de formas y funciones como mecanismo de coherencia y énfasis. Perspectiva textual". En L. Cortés Rodríguez (coord.) *La serie enumerativa en el discurso oral en español. Oralia: Análisis del discurso oral,* Anejo 4. Madrid: Arco Libros, 335–362.

Cortés Rodríguez, Luis (2008b) "La repetición de formas y funciones como mecanismo intencional. Perspectiva interactiva". En L. Cortés Rodríguez (coord.) *La serie enumerativa en el discurso oral en español. Oralia: Análisis del discurso oral,* Anejo 4. Madrid: Arco Libros, 363–374.

Cortés Rodríguez, Luis (2014) "Las unidades de segmentación y su entramado en un discurso de Rodríguez Zapatero [2011]". *Estudios de Lingüística del Español* 35 (1): 112–136.

Cresti, Emanuela y Valentina Firenzuoli (2002) "L'articolazione informativa topic-comment e comment-appendice: correlate intonativi". En A. Regnicoli (ed.) *La fonética acustica come strumento di analisi della variazione linguistica in Italia: attidelle XII giornate distudio del Gruppo di fonetica sperimentale (A.I.A.), Macerata, Università degli studi, 13–15 dicembre 2001.* Roma: Calamo, 153–166.

Cristofaro, Sonia (2016) "Routes to insubordination. A cross-linguistic perspective". En Nicholas Evans y Honoré Watanabe (eds.) *Insubordination.* Amsterdam / Philadelphia: John Benjamins, 393–422.

Croft, William y D. Alan Cruse (2004) *Cognitive Linguistics.* Cambridge: Cambridge University Press.

Culioli, Antoine (1999) *Pour une linguistique de l'énonciation. Formalisation et opérations de repérage.* Tome 2. Paris: Ophrys.

D'Hertefelt, Sarah (2015) *Insubordination in Germanic: A typology of complement and conditional constructions.* Tesis doctoral.

Dancygier, Barbara y Eve Sweetser (2000) "Constructions with if, since, and because: Causality, epistemic stance, and clause order". E. Couper-Kuhlen y B. Kortmann (eds.) *Cause, condition, concession, contrast: Cognitive and discourse* perspectives, Berlin: Mouton de Gruyter, 111–142.

Dancygier, Barbara y Eve Sweetser (2005) *Mental spaces in grammar: Conditional constructions.* Cambridge: Cambridge University Press.

Daneš, František (1974) "Functional sentence perspective and the organization of text". En F. Daneš (ed.) *Papers on Functional Sentence*

Perspective. Prague: Academia; The Hague, Paris: Mouton, 106–128.

Dancygier, Barbara y Eve Sweetser (2000) "Constructions with if, since, and because: Causality, epistemic stance, and clause order". E. Couper-Kuhlen y B. Kortmann (eds.) *Cause, condition, concession, contrast: Cognitive and discourse* perspectives, Berlin: Mouton de Gruyter, 111–142.

Dancygier, Barbara y Eve Sweetser (2005) *Mental spaces in grammar: Conditional constructions.* Cambridge: Cambridge University Press.

Degand, Liesbeth y Anne Catherine Simon (2008) "Minimal discourse units in spoken French: Uncovering genre-bound segmentation strategies". En W. Ramm y C. Fabricius-Hansen (eds.) *Linearisation and Segmentation in Discourse. Multidisciplinary Approaches to Discourse.* Oslo: University of Oslo, 31–41.

Degand, Liesbeth y Anne Catherine Simon (2009) "On identifying basic discourse units in speech: theoretical and empirical issues". *Discours* 4, *Linearization and Segmentation in Discourse (Special issue)*: 1–19.

Dehé, Nicole (2014) *Parentheticals in spoken English: the syntax prosody relation.* Cambridge: Cambridge University Press.

del Rey Quesada, Santiago (2019) "Variantes de la oralidad elaborada en la segunda mitad del siglo XIX: dos traducciones coetáneas de Los cautivos de Plauto". *Oralia*, 22 (2): 283–326.

Demonte, Violeta y Olga Fernández Soriano (2007) "La periferia izquierda oracional y los complementantes del español". En Juan Cuartero y Martine Emsel (eds.) *Vernetzungen: Kognition, Bedeutung, (kontrastive) Pragmatik.* Frankfurt: Peter Lang, 133–147.

Deulofeu, Henri-Jose (2011) "L'approche macrosyntaxique en syntaxe: un outil pour traiter le problème des constructions improprement appelées subordonnées". En J. J. Bustos Tovar, R. Cano Aguilar, E. Méndez García de Paredes y A. López Serena (coords.) *Sintaxis y Análisis del discurso hablado en español. Homenaje a Antonio Narbona.* Sevilla: Universidad de Sevilla, 731–746.

Ducrot, Oswald (1972) *Dire et ne pas dire : principes de sémantique linguistique.* Paris: Hermann.

Ducrot, Oswald (1983) "Opérateurs argumentatifs et visée argumentative". *Cahiers de linguistique française* 5: 7–36.

Ducrot, Oswald (1984) *Le dire et le dit*. Paris: Les Éditions de Minuit.

Ducrot, Oswald (1989) *Logique, structure, énonciation*. Paris: Les Éditions de Minuit.

Ducrot, Oswald (1995) "Les modificateurs déréalisants". *Journal of Pragmatics* 24 (1–2): 145–165.

Duque, Eladio (2016) *Las relaciones de discurso*. Madrid: Arco Libros.

Eggs, Ekkehard (1994) *Grammaire du discours argumentatif*. Paris: Kimé.

Elvira-García, Wendy (2016) *La prosodia de las construcciones insubordinadas conectivo-argumentativas del español*. Tesis doctoral.

Escandell Vidal, M.ª Victoria (2013 [1996]) *Introducción a la pragmática*. Barcelona: Ariel.

Escandell Vidal, M.ª Victoria y Manuel Leonetti (2009) "La expresión del *Verum Focus* en español". *Español actual* 92: 11–46.

Estellés Arguedas, María y Pons Bordería (2014) "Absolute initial position". En S. Pons Bordería (ed.) *Discourse Segmentation in Romance Language*. Amsterdam / Philadelphia: John Benjamins, 121–155.

Evans, Nicholas (2007) "Insubordination and its uses". En Irina Nikolavea (ed.) *Finiteness*. Oxford: Oxford University Press, págs. 366–431.

Evans, Nicholas y Honoré Watanabe (2016) "The dynamics of insubordination: An overview". En Nicholas Evans y Honoré Watanabe (eds.) *Insubordination*. Amsterdam / Philadelphia: John Benjamins, 1–38.

Evans, Nicholas y Honoré Watanabe (eds. 2016) *Insubordination*. Amsterdam / Philadelphia: John Benjamins.

Fernández Alcaide, Marta (2009) *Cartas de particulares en Indias del siglo XVI. Edición y estudio discursivo*. Madrid, Frankfurt am Main: Iberoamericana, Vervuert.

Fernández Ramírez, Salvador (1987) *Gramática española. 3.2. El pronombre*. Madrid: Arco Libros. Volumen preparado por José Polo.

Ferrari, Angela y Margarita Borreguero Zuloaga (2015) *La interfaz lengua-texto. Un modelo de estructura informativa*. Madrid: Biblioteca Nueva.

Filliettaz, Laurent y Eddy Roulet (2002) "The Geneva Model of discourse analysis: an interactionist and modular approach to discourse organization". *Discourse Studies* 4 (3): 369–393.

Fillmore, Charles (1988) "The mechanisms of «Construction Grammar»". *Berkeley Linguistics Society* 14: 95–107.

Fillmore, C. J., P. Kay y M. C. O'Connor (1988) "Regularity and idiomaticity in grammatical constructions: the case of *let alone*". *Language* 64: 501–538.

Firbas, Jan (1964) "On defining the Theme in Functional Sentence Analysis". *Travaux linguistiques de Prague* 1: 267–280.

Flamenco García, Luis (1999) "Las construcciones concesivas y adversativas". En Ignacio Bosque y Violeta Demonte (dirs.) *Gramática Descriptiva de la Lengua Española*, vol. 3. Madrid: Espasa, 3805–3878.

Font-Rotchés, Dolors (2011) "Melodic Analysis of Speech (MAS): Aplicaciones en la comparación de lenguas". ABRALIN 10 (3), número especial, 1.ª parte: 333–366.

Font-Rotchés, Dolors y Francisco José Cantero Serena (2009) "Melodic Analysis of Speech Method (MAS) applied to Spanish and Catalan". *PHONICA* 5: 33–47.

Fraser, Bruce y William Nolen (1981) "The association of deference with linguistic form". *International Journal of the Sociology of Language* 27: 93–109.

Fuentes Rodríguez, Catalina (1985) *Sintaxis oracional*. Sevilla: Alfar.

Fuentes Rodríguez, Catalina (1991a) "Algunas reflexiones sobre el concepto de modalidad". *Revista española de lingüística aplicada* 7: 93–108.

Fuentes Rodríguez, Catalina (1991b) "Adverbios de modalidad". *Verba: Anuario galego de filoloxia* 18: 275–321.

Fuentes Rodríguez, Catalina (1993) "Acercamiento a las unidades supraoracionales". *Philologia Hispalensis* 8: 7–23.

Fuentes Rodríguez, Catalina (1995–1996) "El lexema 'caso' y su rendimiento en el ámbito de la conexión". *Pragmalingüística* 3–4: 329–349.

Fuentes Rodríguez, Catalina (1999a) *La organización informativa del texto*. Madrid: Arco Libros.

Fuentes Rodríguez, Catalina (1999b) "Lo oral en lo escrito: los enunciados parentéticos". *Moenia* 5, 225–246.

Fuentes Rodríguez, Catalina (2003) "Operador/Conector, un criterio para la sintaxis discursiva". *RILCE* 19 (1): 61–85.

Fuentes Rodríguez, Catalina (2007) *Sintaxis del enunciado: los complementos periféricos*. Madrid: Arco Libros.

Fuentes Rodríguez, Catalina (2009) *Diccionario de operadores y conectores del español*. Madrid: Arco Libros.

Fuentes Rodríguez, Catalina (2013a) "La gramática discursiva: niveles, unidades y planos de análisis". *Cuadernos AISPI* 2: 15–36.

Fuentes Rodríguez, Catalina (2013b) "Parentéticos 'hedging' y sintaxis del enunciado". *Círculo de Lingüística Aplicada a la Comunicación* 55, 61–94.

Fuentes Rodríguez, Catalina (2014a) "Los límites del enunciado". En L. Cortés (coord.) *Unidades de segmentación en el discurso. Estudios de Lingüística del Español* 35: 137–160.

Fuentes Rodríguez, Catalina (2014b) "Enunciación, aserción y modalidad. Tres clásicos". *Anuario de estudios filológicos* XXVII: 121–145.

Fuentes Rodríguez, Catalina (2015a) "Nuevos retos en sintaxis del discurso". En Cristóbal José Álvarez López, Blanca Garrido Martín y Marina González Sanz (coords.) *Jóvenes aportaciones a la investigación lingüística*. Sevilla: Alfar, 35–55.

Fuentes Rodríguez, Catalina (2015b) "Pragmagramática de *es que*: el operador de intensificación". *Estudios filológicos* 55: 53–76.

Fuentes Rodríguez, Catalina (2015c) "La intensificación como estrategia de refuerzo argumentativo en el discurso de parlamentarios y parlamentarias". En D. Bravo y M. Bernal (eds.) *Perspectivas sociopragmáticas y socioculturales del análisis del discurso*. Buenos Aires: Dunken, 183–226.

Fuentes Rodríguez, Catalina (2016a) "Dinámicas discursivas de focalización". En A. M. Bañón Hernández, M. M. Espejo Muriel, B. Herrero Muñoz-Cobo, J. L. López Cruces (eds.) (2016) *Oralidad y análisis del discurso. Homenaje a Luis Cortés Rodríguez*. Almería: Edual, Universidad de Almería, 239–255.

Fuentes Rodríguez, Catalina (2016b) "Atenuación e intensificación estratégicas". En Catalina Fuentes Rodríguez (ed.) *Estrategias argumentativas y discurso político*. Madrid: Arco Libros, 161–219.

Fuentes Rodríguez, Catalina (2017) "Macrosintaxis y lingüística pragmática". *CLAC* 71: 5–34.

Fuentes Rodríguez, Catalina (2017 [2000]) *Lingüística pragmática y análisis del discurso.* Madrid: Arco Libros. 3.ª edición.

Fuentes Rodríguez, Catalina (coord. 2020) *Operadores en proceso.* München: LINCOM.

Fuentes Rodríguez, Catalina (2021a) "Macrosintaxis y discurso. Construcciones y categorías específicas". En Juana Herrera Santana y Ana Díaz Galán (coords.) *Aportaciones al estudio de las lenguas: Perspectivas teóricas y aplicadas.* Bern: Peter Lang, 141–172.

Fuentes Rodríguez, Catalina (2021b) "Discursive functions and constructionalization of independent "subordinate" sentences in Spanish". *CLAC*, 87: 173–184.

Fuentes Rodríguez, Catalina (ed. 2022) *Operadores argumentativos.* Madrid: Arco libros.

Fuentes Rodríguez, Catalina y Esperanza R. Alcaide Lara (2002) *Mecanismos lingüísticos de la persuasión.* Madrid: Arco Libros.

Fuentes Rodríguez, Catalina y Esperanza R. Alcaide Lara (2007) *La argumentación lingüística y sus medios de expresión.* Madrid: Arco Libros.

Fuentes Rodríguez, Catalina, Ester Brenes Peña y Víctor Pérez Béjar (eds. 2021) *Sintaxis discursiva: construcciones y operadores en español.* Bern: Peter Lang.

Fuentes Rodríguez, Catalina y Salvador Gutiérrez Ordóñez (eds. 2019) *Avances en macrosintaxis.* Madrid: Arco Libros.

Gagliardi, Gloria, Edoardo Lombardi y Fabio Tamburini (2012) "La prominenza in italiano: demarcazione piu' che culminazione". En M. Falcone y A. Paoloni (eds.) *La voce nelle applicazioni.* Roma: Bulzoni, 255–270.

Galán Rodríguez, Carmen (1992a) "La renovación de nexos: las falsas finales". En M. Ariza Viguera (coord.) *Actas del II Congreso Internacional de Historia de la Lengua española*, Tomo I. Madrid: Asociación de Historia de la Lengua Española, 429–436.

Galán Rodríguez, Carmen (1992b) *Las oraciones finales en español. Estudio sincrónico. Anuario de Estudios Filológicos,* Anejo n.º 9. Cáceres: Universidad de Extremadura.

Galán Rodríguez, Carmen (1996) "Sobre las oraciones de relativo con valor final". *Anuario de Estudios Filológicos* XIX: 191–204.

Galán Rodríguez, Carmen (1999) "La subordinación causal y final". En I. Bosque y V. Demonte (dirs.) *Gramática Descriptiva de la Lengua Española*, vol. 3. Madrid: Espasa, 3597–3642.

Gallardo Paúls, Beatriz (1993a) *Lingüística perceptiva y conversación: secuencias. Lynx: Monographic Series in Linguistics and World Perception,* Annexa 4. Valencia: Universidad de Valencia.

Gallardo Paúls, Beatriz (1993b) "La transición entre turnos conversacionales: silencios, solapamientos e interrupciones". *Contextos* XI (21–22): 189–220.

Garachana Camarero, Mar (2006) "Coordinación copulativa *et* / *y* y disyuntiva". En C. Company Company (coord.) *Sintaxis histórica de la lengua española*, vol. 3, Tomo 2. México: Fondo de cultura económica, 2337–2518.

Garcés Gómez, María del Pilar (2011) "Procesos de reformulación en el discurso oral: corrección y rectificación". *Español actual: Revista de español vivo* 96: 89–106.

Garcés Gómez, María del Pilar (2017) "La reformulación discursiva y los procesos de recapitulación y conclusión: a propósito de los marcadores en fin y total". *Romanische Forschungen* 129 (3): 295–316.

Garrido Medina, Joaquín (2011) "Unidades y relaciones en la construcción del discurso". *Actas del IX Congreso de Lingüística General.* Valladolid: Universidad de Valladolid, 976–990.

Garrido Medina, Joaquín (2016) "Unidades de interacción en el discurso". En A. Bañón Hernández, M.ª M. Espejo Muriel, B. Herrero Muñoz-Cobo, J. L. López Cruces (eds.) *Oralidad y análisis del discurso. Homenaje a Luis Cortés Rodríguez.* Almería: Edual, Universidad de Almería, 257–272.

Garrido Medina, Joaquín (2017) "Segmentación del discurso e interacción". *Círculo de lingüística aplicada a la comunicación*, 71: 35–62.

Garrido Medina, Joaquín y Teresa María Rodríguez Ramalle (2015) "Constituyentes y relaciones en la oración y en el discurso". *Círculo de lingüística aplicada a la comunicación*, 62: 199–225.

Gili Gaya, Samuel (1970) *Curso superior de sintaxis española.* Barcelona: Bibliograf. 9.ª edición.

Goethals, Patrick (2002) *Las conjunciones causales explicativas españolas,* como*,* ya que*,* pues *y* porque*: un estudio semiótico-lingüístico.* Leuven: Peeters.

Goffman, Erving (1956) "On Face Work". *Psychiatry,* 18 (3): 213–231.

Goffman, Erving (1959) *The Presentation of Self in Everyday Life*. Garden City (New York): Doubleday Anchor Books.

Goldberg, Adele E. (1995) *Constructions: A Construction Grammar Approach to Argument Structure.* Chicago / London: The University of Chicago Press.

Goldberg, Adele E. (2003) "Constructions: a new theoretical approach to language". *TRENDS in Cognitive Sciences* 7 (5): 219–224.

Goldberg, Adele E. (2006) *Constructions at Work: The Nature of Generalization in Language.* Oxford / New York: Oxford University Press.

Gómez Torrego, Leonardo (2011 [1997]) *Gramática didáctica del español.* Madrid: SM. 10.ª edición.

González Calvo, José Manuel (1993) *La oración simple.* Madrid: Arco Libros.

González Sanz, Marina y Víctor Pérez Béjar (2019) "Presentación". En Marina González Sanz y Víctor Pérez Béjar (eds.) *ELUA: Macrosintaxis en construcción*, Anexo VI: 7–8.

Gras, Pedro (2010) *Gramática de construcciones en interacción.* Universitat de Barcelona. Tesis doctoral.

Gras, Pedro (2016) "Revisiting the functional typology of insubordination. Insubordinate *que*-constructions in Spanish". En N. Evans y H. Watanabe (eds.) *Insubordination.* Amsterdam / Philadelphia: John Benjamins, 113–144.

Gras, Pedro (2021) "La gramática de construcciones: una mirada interna, periférica y aplicada". *Borealis: An International Journal of Hispanic Linguistics*, 10 (1): 43–61. https://doi.org/10.7557/1.10.1.5805

Gras, Pedro y María Sol Sansiñena (2015) "An interactional account of discourse connective *que*-constructions in Spanish". *Text&Talk*, 35(4): 505–529. https://doi.org/10.1515/text-2015-0010

Greenbaum, Sidney (1969) *Studies in English adverbial usage.* London: Longman.

Groupe de Fribourg (2012) *Grammaire de la période.* Berne: Peter Lang.

Grupo Val.Es.Co. (2022) "La coloquialidad en Paquita Salas desde el modelo de unidades conversacionales de Val.Es.Co.". En V. Pérez Béjar y M. Méndez Orense (coords.) *Perspectivas integradas para el análisis de la oralidad.* Sevilla: Universidad de Sevilla, 25–56.

Gutiérrez Ordóñez, Salvador (1997a) *Temas, remas, focos, tópicos y comentarios.* Madrid: Arco Libros.

Gutiérrez Ordóñez, Salvador (1997b) "La periferia verbal (II): complementos de verbo enunciativo y atributos de modalidad". En A. Briz (ed.): *Pragmática y gramática del español hablado.* Valencia: Universidad de Valencia, 91–108.

Gutiérrez Ordóñez, Salvador (1997c) *La oración y sus funciones.* Madrid: Arco/Libros.

Gutiérrez Ordóñez, Salvador (2000) "Causales". *Boletín de la Real Academia Española*, tomo LXXX, cuaderno CCLXXIX: 47–159.

Gutiérrez Ordóñez, Salvador (2012) "Interrogativas retóricas en subordinadas causales". En T. E. Jiménez Juliá, B. López Meirama, V. Vázquez Rozas, A. Veiga Rodríguez (coords.) *Cum corde et in nova grammatica.* Santiago de Compostela: Universidad de Santiago de Compostela, 419–428.

Gutiérrez Ordóñez, Salvador (2015 [2002]) *De pragmática y semántica.* Madrid: Arco Libros. 2.ª edición.

Gutiérrez Ordóñez, Salvador (2016) "Relaciones y funciones en sintaxis y macrosintaxis". En A. López Serena, A. Narbona Jiménez y S. del Rey Quesada (dirs.) *El español a través del tiempo. Estudios ofrecidos a Rafael Cano Aguilar*, Vol. I. Sevilla: Universidad de Sevilla, 515–539.

Gutiérrez Ordóñez, Salvador (2018) "Sobre la sintaxis de enunciados en el período". *CLAC* 75: 3–18. http://dx.doi.org/10.5209/CLAC.61344

Gutiérrez Ordóñez, Salvador (2019) "Sintaxis del microdiscurso". En C. Fuentes Rodríguez y S. Gutiérrez Ordóñez (dirs.) *Avances en macrosintaxis.* Madrid: Arco Libros, 287–354.

Haiman, John (1978) "Conditionals are topics". *Language* 54: 564–589.

Hallliday, Michael A. K. (1994 [1985]) *An introduction to functional grammar.* London: Edward Arnold.

Halliday, Michael A. K. y Christian M. I. M. Matthiessen (2014) *Halliday's introduction to Functional Grammar.* London: Routledge.

Heidinger, Steffen (2013) "Information focus, syntactic weight and postverbal constituent order in Spanish". *Borealis: An International Journal of Hispanic Linguistics* 2 (2): 159–190.

Hengeveld, Kees (1998) "Adverbial clauses in the languages of Europe". En Johan van der Auwera (ed.) en colaboración con Dónall P. Ó Baoill: *Adverbial Constructions in the Languages of Europe.* Berlin/New York: Mouton de Gruyter.

Hengeveld, Kees y Lachlan Mackenzie (2008) *Functional Discourse Grammar. A typologically-based theory of language structure.* Oxford: Oxford University Press.

Hengeveld, Kees y Lachlan Mackenzie (2011) "La Gramática Discursivo Funcional". *Moenia* 17: 5–45. Traducción de Daniel García Velasco.

Hermoso Mellado-Damas, Adelaida (1996) "Modalidad y actos de habla". En E. Alonso Montilla, M. Bruña Cuevas y M. Muñoz Romero (eds.) *La lingüística francesa: gramática, historia, epistemología*, Tomo I. Sevilla: Universidad de Sevilla, 247–256.

Hernández Alonso, César (1970) *Sintaxis española.* Valladolid: [el autor].

Herrero, Gemma (1996) "La importancia del concepto *enunciado* en la investigación del español coloquial. A propósito de enunciados suspendidos". En *Pragmática y gramática del español hablado: actas del II Simposio sobre Análisis del Discurso Oral*, 109–126.

Herrero Ruiz de Loizaga, F. Javier (2005) *Sintaxis histórica de la oración compuesta en español.* Madrid: Gredos.

Hidalgo Downing, Raquel (2003) *La tematización en el español hablado.* Madrid: Gredos.

Hidalgo Navarro, Antonio (1998) "Expresividad y función pragmática. De la entonación en la conversación coloquial. Algunos usos frecuentes". *Oralia* 1: 71–93.

Hidalgo Navarro, Antonio (2001) "Modalidad oracional y entonación. Notas sobre el funcionamiento de los rasgos suprasegmentales en la conversación". *Moenia* 7: 271–292.

Hidalgo Navarro, Antonio (2003) "Microestructura discursiva y segmentación informativa en la conversación coloquial". *Estudios de lingüística, ELUA* 17: 367–385.

Hidalgo Navarro, Antonio (2006) "Estructura e interpretación en la conversación coloquial: el papel del componente prosódico". *Revista de Filología de la Universidad de La Laguna* 24, 129–151.

Hidalgo Navarro, Antonio (2011) "Segmentación y discurso oral: notas sobre el papel demarcativo de la prosodia en la conversación". En J. J. de Bustos Tovar, R. Cano Aguilar, E. Méndez García de Paredes y A. López Serena (coords.) *Sintaxis y análisis del discurso hablado en español. Homenaje a Antonio Narbona*, vol I. Sevilla: Universidad de Sevilla, 237–258.

Hidalgo Navarro, Antonio (2016) "Procedimientos de segmentación de la conversación: debilidades de la sintaxis oracional y operatividad de la prosodia". *Lingüística Española Actual* 38 (1): 5–42.

Hidalgo Navarro, Antonio y Mercedes Quilis Merín (2004) *Fonética y fonología españolas*. Valencia: Tirant lo Blanch. 2.ª edición.

Hidalgo Navarro, Antonio y Mercedes Quilis Merín (2012) *La voz del lenguaje: fonética y fonología del español*. Valencia: Tirant Humanidades.

Hidalgo Navarro, Antonio y Xose A. Padilla (2006) "Bases para el análisis de las unidades menores del discurso oral: los subactos". *Oralia. Análisis del discurso oral* 9: 109–144.

Hidalgo Navarro, Antonio y Montserrat Pérez Giménez (2004) "De la sintaxis a la pragmasintaxis: problemas del análisis sintáctico en el discurso oral espontáneo". *CAUCE, Revista de Filología y su Didáctica* 27: 221–245.

Hopper, Paul J. y Elizabeth Closs Traugott (2003 [1993]) *Grammaticalization*. Cambridge: Cambridge University Press.

Hummel, Martin (2004) *El valor básico del subjuntivo español y románico* (Anejo del *Anuario de Estudios Filológicos*, 25). Cáceres: Universidad de Extremadura.

Hummel, Martin (2012) *Polifuncionalidad, polisemia y estrategias retóricas en los signos discursivos con base atributiva – entre oralidad y escritura. Acerca del uso de bueno, claro, total, realmente, etc.* Berlin: de Gruyter.

Hummel, Martin (2013) "Polyfunctionality, polysemy, and rethorical strategy. The functional, semantic and pragmatic motivation of discourse functions". *Grazer Linguistiche Studien* 79 (Frühjahr): 63–91.

Ifantidou, Elly (2014) *Pragmatic competence and relevance.* Amsterdam / Philadelphia: John Benjamins.

Iglesias Bango, Manuel (2003–2004) "Construcciones independientes introducidas por *como si* en español". *Contextos* XXI–XXII (41–44): 151–179.

Iglesias Bango, Manuel (2007) "Algunas construcciones incidentales con *como* en español". En P. Cano López (coord.) *Actas del VI Congreso de Lingüística General*, Vol 2 (1): *Las lenguas y su estructura IIa* (Santiago de Compostela 3–7 de mayo de 2004). Madrid: Arco Libros 1683–1697.

Iglesias Bango, Manuel y Milka Villayandre Llamazares (2012) "Sintaxis de focalización: algunas estructuras inversas ¿con relativos?". En T. Jiménez Juliá, B. López Meirama, V. Vázquez Rozas y A. Veiga (eds). *Cum corde et in nova grammatica. Estudios ofrecidos a Guillermo Rojo.* Santiago de Compostela: Universidade de Santiago de Compostela, 429–442.

Igualada Belchí, Dolores Anunciación (1989) "Nueva hipótesis sobre el subjuntivo en español". *Estudios Románicos* 4: 643–663.

Igualada Belchí, Dolores Anunciación (1990) "Modalidad y acto de habla. A propósito de los enunciados causales en español". *Verba* 17: 229–237.

Jiménez Juliá, Tomás (1986) *Aproximación al estudio de las funciones informativas.* Málaga: Ágora.

Jørgensen, Annette Myre *et al.* Proyecto COLA (2001–2021), *Corpus Oral del Lenguaje Adolescente. COLA.* Institutt for fremmedspråk (Departamento de lenguas Extranjeras) y Fundación Meltzer de la Universitetet i Bergen (Universidad de Bergen), NFR (Norges Forskningsråd, Consejo de Investigaciones Científicas de Noruega). https://blogg.hiof.no/colam-esp/el-corpus-cola/

Julián Mariscal, Olga (2012) *La 'condición': Más allá del* si. *La expresión de la condicionalidad en la Edad Media y Siglos de Oro.* Tesis doctoral.

Kaltenböck, Gunther (2016) "On the grammatical status of insubordinate *if*-clauses". En Gunther Kaltenböck, Evelien Keizer and Arne Lohmann (eds.) *Outside the Clause: Form and function of extra-clausal constituents.* Amsterdam: John Benjamins, 341–378.

Kaltenböck, Gunther y Keizer, Evelien (2022) "Insubordinate if-clauses in FDG: Degrees of independence". *Open Linguistics,* 8: 675–698. https://doi.org/10.1515/opli-2022-0212

Kay, Paul (2004) "Pragmatic aspects of grammatical constructions". En L. Horn y G. Ward (eds.) *Handbook of pragmatics*. Londres: Blackwell, 675–700.

Keizer, Evelien (2015) *A Functional Discourse Grammar for English*. Oxford: Oxford University Press.

Kerbrat-Orecchioni, Catherine (2002 [1999]) *L'énonciation*. Paris: Armand Colin. Reimpresión.

Kiparsky, Paul y Carol Kiparsky (1970) "Fact". En M. Bierwisch y K. E. Heidolph (eds.) *Progress in linguistics. A collection of papers*. The Hague: Mouton, 143–173.

Koch, Peter y Wulf Oesterreicher (2007 [1990]) *La lengua hablada en la Romanía* (versión española de Araceli López Serena). Madrid: Gredos.

Ladd, D. Robert (1996) *Intonational phonology*. Cambridge: Cambridge University Press.

Lapesa, Rafael (1978) "Sobre dos tipos de subordinación causal". En *Estudios ofrecidos a Emilio Alarcos Llorach*, vol. 3. Oviedo: Universidad de Oviedo, 173–205.

Lastres López, Cristina (2018) "*If*-insubordination in spoken British English: Syntactic and pragmatic properties". *Language Sciences* 66: 42–59.

Lastres López, Cristina (2021) *From Subordination to Insubordination. A Functional-Pragmatic Approach to If/Si-Constructions in English, French and Spanish Spoken Discourse*. Bern: Peter Lang.

Levinson, Stephen C. (1989) *Pragmática*. Barcelona: Teide. Versión en español de Àfrica Rubiés Mirabet.

Lipski, John M. (1978) "On the Use of the Indefinite Article". *Hispania* 61 (1): 105–109.

Llisterri, Joaquim (en red) *La melodía y la entonación*. [Recurso electrónico]. http://liceu.uab.cat/~joaquim/phonetics/fon_prosod/suprasegmentales_melodia_entonacion.html.[Consultado por última vez: 03/08/2023]

Lo Cascio, Vicenzo (1998 [1991]) *Gramática de la argumentación*. Madrid: Alianza editorial. Versión española de David Casacuberta.

Locher, Miriam A. y Richard J. Watts (2005) "Politeness theory and relational work". *Journal of Politeness Research* 1 (1): 9–33.

Lombardi, Edoardo (2010) "Free conditionals in discourse. The forming of a construction". *Linguisticae investigationes* 33 (1): 50–85.

Lombardi, Edoardo (2014) "The topologic hypothesis of prominence as a cue to information structure in Italian". En S. Pons Bordería (ed.) *Discourse Segmentation in Romance Languages*. Amsterdam / Philadelphia: John Benjamins, 219–241.

Lombardi, Edoardo (2016) "Insubordinated conditionals in spoken and non-spoken Italian". En Nicholas Evans y Honoré Watanabe (eds.) *Insubordination*. Amsterdadm / Philadelphia: John Benjamins, 145–169.

López García, Ángel (1994) *Gramática del español I. La oración compuesta*. Madrid: Arco Libros.

López Serena, Araceli (2003) "Alguno aspectos epistemológicos de la lingüística contemporánea". *Res Diachronicae* 2: 212–220.

López Serena, Araceli (2007a) "El concepto de 'español coloquial': variación terminológica e indefinición del objeto de estudio". *Oralia* 10: 161–191.

López Serena, Araceli (2007b) "La importancia de la cadena variacional en la superación de la concepción de la modalidad coloquial como registro heterogéneo". *Revista Española de Lingüística (RSEL)* 37: 371–398.

López Serena, Araceli (2009) "Los medios de comunicación audiovisual como corpus para el estudio de la sintaxis coloquial". En M. V. Camacho-Taboada, J. J. Rodríguez Toro, J. Santana Marrero y H. López Morales (coords.) *Estudios de lengua española. Descripción, variación y uso: homenaje a Humberto López Morales*. Madrid: Iberoamericana; Frankfurt am Main: Vervuert, 405–437.

López Serena, Araceli (2012) "En los márgenes de la estructura informativa: la posición inicial de enunciado como «base»". *Lingüística española actual (LEA)* XXXIV (2): 303–337.

Loureda Lamas, Óscar y Esperanza Acín Villa (2010) "Preámbulo: Cuestiones candentes en torno a los marcadores del discurso en español". En Ó. Loureda Lamas y E. Acín Villa (coords.) *Los estudios sobre marcadores del discurso en español, hoy*. Madrid: Arco Libros, 7–59.

Mann, William C. y Sandra A. Thompson (1988) "Rhetorical Structure Theory: Toward a Functional Theory of Text Organization". *Text* 8 (3): 243–281.

Manzano Rovira, Carmen (2011) *La expresión de consecuencia en la narrativa picaresca. Nivel oracional y discursivo.* Tesis doctoral.

Marcovecchio, Ana María y Ana María Judith Pacagnini (2013) "Cuantificación e (in)suficiencia argumentativa: construcciones con *para* de contraexpectativa". *Círculo de Lingüística Aplicada a la Comunicación* 55: 95–110.

Marrero Aguiar, Victoria (2008) "La fonética perceptiva: trascendencia lingüística de mecanismos neuropsicofisiológicos". *Estudios de Fonética Experimental* XVII: 207–245.

Martín Gallego, Carolina (2010) "Perspectiva *discursiva* de la conjunción en la tradición gramatical española". En M.ª T. Encinas, M. González, M. Gutiérrez, M. A. López, C. Martín, L. Romero, M. Torres e I. Vicente (comps.) *Ars Longa. Diez años de AJIHLE,* vol. II. Argentina: Voces del Sur, 723–737.

Martín Gallego, Carolina (2019) "Reflexiones sobre el análisis historiográfico de la conjunción". En C. Sinner, G. Toscano y García y M.ª J. García Folgado (eds.) *Clases y categorías en la gramática española. Una perspectiva historiográfica.* Leipzig: Leipziger Universitätsverlag, 115–132.

Martín Zorraquino, María Antonia y José Portolés Lázaro (1999) "Los marcadores del discurso". En I. Bosque y V. Demonte (dirs.) *Gramática Descriptiva de la Lengua Española,* vol. 3. Madrid: Espasa, 4051–4214.

Martín Zorraquino, María Antonia (2012) "Los diminutivos en español: aspectos morfológicos, semánticos y pragmáticos. Los valores estilísticos de los diminutivos y la teoría de la cortesía verbal". En L. Luque Toro, J. F. Medina Montero y R. Luque (eds. lit.) *Léxico español actual III.* Venezia: Università Ca'Foscari di Venezia, 123–140.

Martínez Celdrán, Eugenio (1994 [1984]) *Fonética (con especial referencia a la lengua castellana).* Barcelona: Teide. 4.ª edición.

Mateo Ruiz, Miguel (2010) "Protocolo para la extracción de datos tonales y curva estándar en Análisis Melódico del Habla (AMH)". *PHONICA* 6: 49–90.

Mathesius, Vilém (1939) "On tak zuaném aktuálním clenení vetném". *Slovo a Slovesnost* 5: 171–174.

Mathesius, Vilém (1975) *A functional analysis of present day English on a general linguistic basis.* Prague: Academia. Editado por Josef Vachek; traducido por Lisbuše Dušková.

Melis, Chantal (1992) “La preposición *para* del español: un acercamiento a sus orígenes”. En R. Barriga y J. García Fajardo (eds.) *Reflexiones lingüísticas y literarias*, vol. 1: *Lingüística*. México: El Colegio de México, 69–86.

Meyer-Hermann, Reinhard (1988) “Atenuación e intensificación (análisis pragmático de sus formas y funciones en español hablado)”. *Anuario de Estudios Filológicos* 11: 275–290.

Moeschler, Jacques (1985) *Argumentation et conversation. Élements pour une analyse pragmatique du discours*. Paris : Hatier-Crédif.

Moliner, María (2007 [1967]) *Diccionario de uso del español*. Madrid: Gredos. 3.ª edición.

Montolío Durán, Estrella (1993) “*Si me lo permiten*... Gramática y pragmática: sobre algunas estructuras condicionales regulativas en español”. *Diálogos hispánicos* 12: 119–148.

Montolío Durán, Estrella (1996) “Gramática e interacción (ensayo metodológico para el análisis del español conversacional)”. En A. Briz *et al.* (eds.) *Pragmática y gramática del español hablado: actas del II Simposio sobre Análisis del Discurso Oral [14–22 de noviembre de 1995, Valencia]*. Zaragoza: Libros Pórtico, 329–342.

Montolío Durán, Estrella (1999a) “*¡Si nunca he dicho que estuviera enamorada de él!* Sobre construcciones independientes introducidas por si con valor replicativo”. *Oralia: Análisis del discurso oral* 2: 37–70.

Montolío Durán, Estrella (1999b) “Las construcciones condicionales”. En I. Bosque y V. Demonte (dirs.) *Gramática Descriptiva de la Lengua Española*, vol. 3. Madrid: Espasa, 3645–3737.

Montolío Durán, Estrella (2000) “Sobre el valor discursivo de la construcción causal [como A, B]”. En J. J. de Bustos Tovar (coord.) *Lengua, discurso, texto: I simposio internacional de análisis del discurso*, vol. I. Madrid: Visor, 359–366.

Montolío Durán, Estrella (2011) “Gramática y conversación: oraciones compuestas construidas en el diálogo”. En J. J. Bustos Tovar, R. Cano Aguilar, E. Méndez García de Paredes y A. López Serena (coords.) *Sintaxis y análisis del discurso hablado en español: homenaje a Antonio Narbona*, vol. 1. Sevilla: Universidad de Sevilla, 313–324.

Morel, Marie-Annick y Laurent Danon-Boileau (1998) *Grammaire de l'intonation*. Paris-Gap: Ophrys.

Moreno Cabrera, Juan Carlos (2000) *Curso universitario de lingüística general. Tomo I: Teoría de la gramática y sintaxis general.* Madrid: Síntesis. 2.ª edición.

Morris, Charles (1985) *Fundamentos de la teoría de los signos.* Barcelona: Paidós.

Narbona, Antonio (1978) *Las proposiciones consecutivas en español medieval.* Granada: Universidad de Granada.

Narbona, Antonio (1989a) *Sintaxis española: nuevos y viejos enfoques.* Barcelona: Ariel.

Narbona, Antonio (1989b) *Las subordinadas adverbiales impropias en español (bases para su estudio).* Málaga: Ágora.

Narbona, Antonio (1990) *Las subordinadas adverbiales impropias en español (Causales y finales, comparativas y consecutivas, condicionales y concesivas).* Málaga: Ágora.

Narbona, Antonio (2015) *Sintaxis del español coloquial.* Sevilla: Universidad de Sevilla.

Navarro Tomás, Tomás (1974) *Manual de entonación española.* Madrid: Guadarrama. 4.ª edición.

Navarro Tomás, Tomás (1989) *Manual de pronunciación española.* Madrid: Revista de Filología Española. 23.ª edición.

Newell, Allen y Herbert Simon (1961) "Computer Simulation of Human Thinking". *Science* 134 (3495): 2011–2017.

Nølke, Henning (1994) *Linguistique modulaire: de la forme au sens.* Louven-Paris: Éditions Peeters.

Ohori, Toshio (1995) "Remarks on suspended clauses: a contribution to Japanese phraseology". En Masayoshi Shibatani y Sandra A. Thompson (eds.) *Essays in Semantics and Pragmatics.* Amsterdam: John Benjamins, 201–218.

Otaola Olano, Concepción (1988) "La modalidad (con especial referencia a la lengua española)". *Revista de Filología Española* LXVIII (1/2): 97–117.

Palmer, Frank Robert (1986) *Mood and modality.* Cambridge: Cambridge University Press.

Pamies Bertrán, Antonio, Ana M.ª Fernández Planas, Eugenio Martínez Celdrán, Alicica Ortega Escandell y M.ª Cruz Amorós Céspedes (2002) "Umbrales tonales en español peninsular". En J. Díaz García (ed.) y M. Barrio, M. H. Cuenca, J. Díaz V., L. F. Rodríguez,

J. A. Vidal (eds. lit.) *Actas del II Congreso de Fonética Experimental (Sevilla 5, 6 y 7 de marzo de 2001).* Sevilla: Universidad de Sevilla, 272–278.

Pano Alamán, Ana y Ana Mancera Rueda (2014) "Identidades falsas en Twitter: la ironía y el humor verbal como mecanismos paródicos". *Discurso & Sociedad* 8 (3): 507–536.

Parodi, Claudia (2014) "Oraciones consecutivas". En C. Company Company (dir.) *Sintaxis histórica de la lengua española. Tercera parte: Preposiciones, adverbios y conjunciones. Relaciones interoracionales*, vol. 3. México: Universidad Nacional Autónoma de México, Fondo de Cultura Económica, 4093–4168.

Perelman, Chaïm y Lucie Olbrechts-Tyteca (1992) *Traité de l'argumentation: la nouvelle rhétorique.* Bruxelles: Université de Bruxelles. 5.ª edición.

Pérez Béjar, Víctor (2018) "*Te ayudo. Como no tengo otra cosa que hacer…* Las construcciones causales suspendidas con «como» en una gramática del discurso". En Ester Brenes Peña, Marina González Sanz, Francisco Javier Grande Alija (eds.) *Enunciado y discurso: Estructura y relaciones.* Sevilla: Universidad de Sevilla, 63 – 80.

Pérez Béjar, Víctor (2019a) "La ponderación suspendida". En Adrián Cabedo y Antonio Hidalgo (eds.) *Pragmática del español hablado. Hacia nuevos horizontes.* València: Universitat de València, 57–70.

Pérez Béjar, Víctor (2019b) "*¿Y si cambiamos de enfoque?* Análisis macrosintáctico de las condicionales suspendidas interrogadas con *¿y si…?*". En Catalina Fuentes Rodríguez y Salvador Gutiérrez Ordóñez (eds.) *Avances en Macrosintaxis.* Madrid: Arco Libros, 151–178.

Pérez Béjar, Víctor (2019c) "*Para el caso*: análisis de una construcción versátil en sintaxis del discurso". *ELUA*, Anexo VI: 111–131.

Pérez Béjar, Víctor (2022) "Las construcciones suspendidas en la estructura del discurso oral". *Anuari de Filologia. Estudis de Lingüística*, 12: 189–218.

Pérez Giménez, Montserrat (2012) *Aproximación a la didáctica de la sintaxis coloquial en bachillerato: el estudio de las construcciones incompletas.* Universitat de València. Tesis doctoral.

Pérez Giménez, Montserrat (2014) "Las llamadas «construcciones incompletas»: estudio pragmaprosódico de los actos truncados". En Y. Congosto Martín, M.ª L. Montero Curiel y A. Salvador Plans (eds.) *Fonética experimental, educación superior e investigación. III. Prosodia*. Madrid: Arco Libros, 479–497.

Pérez Saldanya, Manuel (2014) "Oraciones causales". En C. Company Company (dir.) *Sintaxis histórica de la lengua española. Tercera parte: Preposiciones, adverbios y conjunciones. Relaciones interoracionales*, vol. 3. México: Universidad Nacional Autónoma de México, Fondo de Cultura Económica, 3447–3609.

Pérez Saldanya, Manuel y Vicent Salvador (2014) "Oraciones concesivas". En C. Company Company (dir.) *Sintaxis histórica de la lengua española. Tercera parte: Preposiciones, adverbios y conjunciones. Relaciones interoracionales*, vol. 3. México: Universidad Nacional Autónoma de México, Fondo de Cultura Económica, 3699–3839.

Perona, José (2001) "Causales o condicionales". *Revista de Investigación Lingüística* 1 (IV): 157–174.

Pierrehumbert, Janet (1980) *The phonology and phonetics of English intonation*. Tesis doctoral.

Plantin, Christian (1990) *Essais sur l'argumentation : introduction à l'étude linguistique de la parole argumentative*. Paris: Kimé.

Polo, José (1971) *Las oraciones condicionales en español (ensayo de teoría gramatical)*. Granada: Universidad de Granada.

Pons Bordería, Salvador (2007) "Un sistema de unidades para la conversación coloquial. Turno e intervención del lenguaje coloquial", en Pablo Cano López (coord.) *Actas del VI Congreso de Lingüística General, Santiago de Compostela, 3–7 de mayo de 2004,* vol. 3: *Lingüística y variación de las lenguas*. Madrid: Arco/Libros, 3517–3526.

Pons Bordería, Salvador (2013) "Un solo tipo de reformulación". *Cuadernos AISPI* 2: 151–170.

Pons Bordería, Salvador (2014) "Models of discourse segmentation in Romance languages". En S. Pons Bordería (ed.) *Discourse Segmentation in Romance Languages*. Amsterdam/Philadelphia: John Benjamins, 1–21.

Pons Bordería, Salvador (2016) "Cómo dividir una conversación en actos y subactos". En Bañón Hernández, Antonio Miguel, María del Mar Espejo Muriel, Bárbara Herrero Muñoz-Cobo, Juan Luis López Cruces (eds.) (2016) *Oralidad y análisis del discurso. Homenaje a Luis Cortés Rodríguez*. Almería: Edual, Universidad de Almería, 545–566.

Pons Bordería, S. (coord. 2019) *Corpus Val.Es.Co 2.1* [base de datos]. https://www.valesco.es/#/pages/cod_hj3y7hwvuuajtlkq0ik/cod_fa393ih5l4jx9zssv7

Porroche Ballesteros, Margarita (1998) "Sobre algunos usos de *que*, *si* y *es que* como marcadores discursivos". En M.ª A. Martín Zorraquino y E. Montolío Durán (dirs.) *Los marcadores del discurso: teoría y análisis*. Madrid: Arco/Libros, 229–242.

Portolés, José (1993) "La distinción entre los conectores y otros marcadores del discurso en español". *Verba* 20: 141–170.

Portolés, José (1998) "El concepto de *suficiencia argumentativa*". *Signo & Seña* 9: 201–224.

Portolés, José (2004) *Pragmática para hispanistas*. Madrid: Síntesis.

Prieto, Pilar (2003) "Teorías lingüísticas de la entonación". En P. Prieto (ed.) *Teorías de la entonación*. Barcelona: Ariel, 13–33.

Prieto, Pilar (ed. 2003) *Teorías de la entonación*. Barcelona: Ariel.

Proyecto MEsA. Macrosintaxis del Español Actual (2017) *Corpus MEsA*. http://www.grupoapl.es/materiales-corpus/corpus-mesa

Quilis, Antonio (1993) *Tratado de fonética y fonología españolas*. Madrid: Gredos.

Ramos Sañudo, Ana María (2017) *La fraseología del "decir" en francés: estudio de los marcadores de modalización*. Tesis doctoral.

RAE y ASALE (2009) *Nueva Gramática de la Lengua Española* (*NGLE*). Madrid: Espasa.

Real Academia Española (RAE) (2023 [2014]) *Diccionario de la lengua española*. Madrid: Espasa. [Recurso electrónico]. 23.ª edición. Actualización: diciembre 2022. www.rae.es

Real Academia Española (RAE): Banco de datos (CORDE) [en línea]. *Corpus diacrónico español*. http://www.rae.es

Real Academia Española (RAE): Banco de datos (CORPES XXI) [en línea]. *Corpus del español del siglo XXI*. http://www.rae.es

Real Academia Española (RAE): Banco de datos (CREA) [en línea]. *Corpus de referencia del español actual*. http://www.rae.es

Reyes, Graciela (1996 [1995]) *El abecé de la pragmática*. Madrid: Arco Libros. 2.ª edición.

Rodríguez Ramalle, Teresa M.ª (2011) "Sobre *si* y la organización del margen preverbal en español". *LEA, Lingüística Española Actual* XXXIII (2): 199–221.

Rojo, Guillermo (1978) *Cláusulas y oraciones. Verba*, Anejo 14. Santiago de Compostela: Universidad de Santiago de Compostela.

Roulet, Eddy (1991a) "Vers une approche modulaire de l'analyse du discours". *Cahiers de Linguistique Française* 12 : 53–81.

Roulet, Eddy (1991b) "Une approche discursive de l'hétérogénéité discursive". *Études de Linguistique Appliquée, E.L.A.* 83: 117–130.

Roulet, Eddy (1997) "A modular approach to discourse structures". *Pragmatics* 7 (2): 125–146.

Roulet, Eddy *et al.* (1991) *L'articulation du discours en français contemporaine.* Berna: Peter Lang.

Roulet, Eddy, Laurent Filliettaz y Anne Grobet (2001) *Un modèle et un instrument d'analyse de l'organisation du discours.* Bern *et al.*: Peter Lang. Con la colaboración de Marcel Burger.

Sacks, Harvey, Emanuel Schegloff y Gail Jefferson (1974) "A simplest systematics for the organization of turn-taking for conversation". *Language* 50 (4): 696–735.

Sánchez López, Cristina (1995) "Construcciones concesivas con *para*". *Revista Española de Lingüística* 25 (1): 99–123.

Sanders, Ted J. M. (2005) "Coherence, Causality and Cognitive Complexity in Discourse". En M. Aurnague, M. Bras, A. L. Draoulec y L. Vieu (eds.) *Proceedings of the First International Symposium on the Exploration and Modelling of Meaning SEM-05*, Biarritz (Francia), 31–44.

Sansiñena, María Sol, Hendrik De Smet y Bert Cornillie (2015) "Between subordinate and insubordinate. Paths toward complementizer-initial main clauses". *Journal of Pragmatics* 77: 3–19.

Santos Río, Luis (2000a) "Rasgos, tipos y fronteras en la complementación respectual". En Julio Borreo Nieto, Jesús Fernández González, Luis Santos Río y Ricardo Senabre Sempere (eds.) *Cuestiones de actualidad en lengua española.* Salamanca: Universidad de Salamanca, 119–126.

Santos Río, Luis (2000b) "Causa explicativa y estructuración del discurso". En J. J. de Bustos Tovar, P. Charaudeau, J. L. Girón Alconchel, S. Iglesias Recuero y C. López Alonso (eds.) *Lengua, Discurso, Texto (I Simposio Internacional de Análisis del Discurso)*, Vol. 1. Madrid: Visor Libros, 445–469.

Santos Río, Luis (2002) "Clases de causas pertinentes en lingüística". En M. Casas Gómez (dir.) y L. Escoriza Morera (ed.) *VI Jornadas de Lingüística [Cádiz, 27 y 28 de noviembre de 2001]*. Cádiz: Universidad de Cádiz, 193–228.

Santos Río, Luis (2003) *Diccionario de partículas*. Salamanca: Luso-Española de ediciones.

Saussure, Ferdinand (1995 [1916]) *Course de linguistique générale*. Paris: Payot.

Schiffrin, Deborah (1992) "Conditionals as topics in discourse". *Linguistics* 30: 165–197.

Schegloff, Emanuel y Harvey Sacks (1973) "Opening Up Closings". *Semiotica* 8 (4): 289–327.

Schmid, Hans-Jörg. (2000). *English Abstract Nouns as Conceptual Shells. From Corpus to Cognition*. Berlin; New York: De Gruyter.

Schwenter, Scott A. (1998–1999) "Sobre la sintaxis de una construcción coloquial: oraciones independientes con *si*" en *Anuari de filologia*, XXI (9), Secció F. Barcelona: Universitat de Barcelona, págs. 87–100.

Schwenter, Scott (1999) *Pragmatics of Conditional Marking: Implicature, Scalarity and Exclusivity*. New York: Garland.

Schwenter, Scott (2016) "Independent *si*-clauses in Spanish. Functions and consequences for insubordination". En N. Evans y H. Watanabe (eds.) *Insubordination*. Amsterdadm / Philadelphia: John Benjamins, 89–111.

Searle, John R. (1975) "Indirect speech acts". En P. Cole y J. L. Morgan (eds.) *Syntax and Semantics Vol.* 3: *Speech Acts*. Nueva York: Academic Press: 59–82.

Searle, John R. (1976) "A classification of illocutionary acts". *Language in Society* 5: 1–23.

Seco, Manuel (1973) "La lengua coloquial: «Entre visillos», de Carmen Martín Gaite". En Emilio Alarcos *et al.*, *El comentario de textos*. Madrid: Castalia, 361–379.

Silva Ceceña, Rosaura (2014) "Oraciones finales". En C. Company Company (dir.) *Sintaxis histórica de la lengua española. Tercera parte: Preposiciones, adverbios y conjunciones. Relaciones interoracionales*, vol. 3. México: Universidad Nacional Autónoma de México, Fondo de Cultura Económica, 3613–3696.

Stirling, Lesley (1998) "Isolated *if*-Clauses in Australian English". En P. Collins and D. Lee (eds.) *The Clause in English: In Honour of Rodney Huddleston.* Amsterdam: Benjamins, 273–294.

Stubbs, Michael (1987) *Análisis del discurso. Análisis sociolingüístico del lenguaje natural.* Madrid: Alianza.

Sweetser, Eve (1990) *From etymology to pragmatics.* Cambridge: Cambridge University Press.

't Hart, Johan, René Collier y Antonie Cohen (1990) *A perceptual study of intonation. An experimental-phonetic approach to speech melody.* Cambridge: Cambridge University Press.

Tascón, Mario (dir. 2012) *Escribir en Internet: Guía para los nuevos medios y las redes sociales.* Barcelona: Galaxia Gutenberg.

Traugott, Elizabeth Closs y Graeme Trousdale (2013) *Constructionalization and Constructional Changes.* New York: Oxford University Press.

Van Dijk, Teun A. (1979) "Pragmatic connectives". *Journal of Pragmatics* 3: 447–456.

Van Dijk, Teun A. (1980) *Macrostructures. An Interdisciplinary Study of Global Structures in Discourse, Interaction, and Cognition.* New Jersey: Lawrence Erlbaum Associates.

Van Dijk, Teun A. (1992 [1977]) *Text and Context. Explorations in the Semantics and Pragmatics of Discourse.* New York: Longman.

Van Dijk, Teun A. (1992 [1978]) *La ciencia del texto.* Barcelona: Paidós. 3.ª edición.

Van Eemeren, Frans H., Bart Garssen, Erik C. Krabbe, A. Francisca Snoeck Henkemans, Bart Verheij y Jean H. M. Wagemans (2014) *Handbook of Argumentation Theory.* Dordrecht, Heidelberg, New York, London: Springer.

Veiga, Alexandre (1991) *Condicionales, concesivas y modo verbal en español. Verba,* Anejo 34. Santiago de Compostela: Universidad de Santiago de Compostela.

Veiga, Alexandre y Manuel Mosteiro Luzao (2006) *Gramática española. T.II, Gramática.* Vol. 8, *El modo verbal en cláusulas condicionales, causales, concesivas, finales y adverbiales, de lugar, tiempo y modo: Enseñanza e investigación.* Salamanca: Universidad de Salamanca.

Verschueren, Jef (1987) "The pragmatic perspective". En J. Verschueren y M. Bertuccelli-Papi (eds.) *The Pragmatic Perspective.*

Selected Papers from the 1985 International Pragmatics Conference. Amsterdam / Philadelphia: John Benjamins, 3–8.

Vigara Tauste, Ana María (1980) *Aspectos del español hablado.* Madrid: SGEL.

Vigara Tauste, Ana María (1992) *Morfosintaxis del español coloquial. Esbozo estilístico.* Madrid: Gredos.

Winther, André (1980) "Substantivation et lexicalisation des adjectifs antonymiques dans les catégories des noms d'animés". *Cahiers de lexicologie* 37 (2): 101–112.

Yus, Francisco (2001) *Ciberpragmática: el uso del lenguaje en Internet.* Barcelona: Ariel.

Yus, Francisco (2010) *Ciberpragmática: nuevos usos del lenguaje en Internet.* Barcelona: Ariel.

Yus, Francisco (2011) *Cyberpragmatics. Internet-mediated communication in context.* Amsterdam/Philadelphia: John Benjamins.

Ziti, Abdenbi y Raymond Champagnol (1992) "Effet des connecteurs sur le traitement en temps réel de propositions exprimant des relations de cause/effet". *L'année psychologique* 92 (2): 187–207.

Linguistic Insights

Studies in Language and Communication

This series aims to promote specialist language studies in the fields of linguistic theory and applied linguistics, by publishing volumes that focus on specific aspects of language use in one or several languages and provide valuable insights into language and communication research. A cross-disciplinary approach is favoured and most European languages are accepted.

The series includes two types of books:

- Monographs – featuring in-depth studies on special aspects of language theory, language analysis or language teaching.
- Collected papers – assembling papers from workshops, conferences or symposia.

Each volume of the series is subjected to a double peer-reviewing process.

Vol. 1 Maurizio Gotti & Marina Dossena (eds)
Modality in Specialized Texts. Selected Papers of the 1st CERLIS Conference.
421 pages. 2001. ISBN 3-906767-10-8 · US-ISBN 0-8204-5340-4

Vol. 2 Giuseppina Cortese & Philip Riley (eds)
Domain-specific English. Textual Practices across Communities and Classrooms.
420 pages. 2002. ISBN 3-906768-98-8 · US-ISBN 0-8204-5884-8

Vol. 3 Maurizio Gotti, Dorothee Heller & Marina Dossena (eds)
Conflict and Negotiation in Specialized Texts. Selected Papers of the 2nd CERLIS Conference.
470 pages. 2002. ISBN 3-906769-12-7 · US-ISBN 0-8204-5887-2

Vol. 4 Maurizio Gotti, Marina Dossena, Richard Dury, Roberta Facchinetti & Maria Lima
Variation in Central Modals. A Repertoire of Forms and Types of Usage in Middle English and Early Modern English.
364 pages. 2002. ISBN 3-906769-84-4 · US-ISBN 0-8204-5898-8

Editorial address:

Prof. Maurizio Gotti Università di Bergamo, Dipartimento di Lingue, Letterature e Culture Straniere Piazza Rosate 2, 24129 Bergamo, Italy
Fax: +39 035 2052789, E-Mail: m.gotti@unibg.it

Vol. 5 Stefania Nuccorini (ed.)
Phrases and Phraseology. Data and Descriptions.
187 pages. 2002. ISBN 3-906770-08-7 · US-ISBN 0-8204-5933-X

Vol. 6 Vijay Bhatia, Christopher N. Candlin & Maurizio Gotti (eds)
Legal Discourse in Multilingual and Multicultural Contexts.
Arbitration Texts in Europe.
385 pages. 2003. ISBN 3-906770-85-0 · US-ISBN 0-8204-6254-3

Vol. 7 Marina Dossena & Charles Jones (eds)
Insights into Late Modern English. 2nd edition.
378 pages. 2003, 2007.
ISBN 978-3-03911-257-9 · US-ISBN 978-0-8204-8927-8

Vol. 8 Maurizio Gotti
Specialized Discourse. Linguistic Features and Changing Conventions.
351 pages. 2003, 2005.
ISBN 3-03910-606-6 · US-ISBN 0-8204-7000-7

Vol. 9 Alan Partington, John Morley & Louann Haarman (eds)
Corpora and Discourse.
420 pages. 2004. ISBN 3-03910-026-2 · US-ISBN 0-8204-6262-4

Vol. 10 Martina Möllering
The Acquisition of German Modal Particles. A Corpus-Based Approach.
290 pages. 2004. ISBN 3-03910-043-2 · US-ISBN 0-8204-6273-X

Vol. 11 David Hart (ed.)
English Modality in Context. Diachronic Perspectives.
261 pages. 2003. ISBN 3-03910-046-7 · US-ISBN 0-8204-6852-5

Vol. 12 Wendy Swanson
Modes of Co-reference as an Indicator of Genre.
430 pages. 2003. ISBN 3-03910-052-1 · US-ISBN 0-8204-6855-X

Vol. 13 Gina Poncini
Discursive Strategies in Multicultural Business Meetings.
2nd edition. 338 pages. 2004, 2007.
ISBN 978-3-03911-296-8 · US-ISBN 978-0-8204-8937-7

Vol. 14 Christopher N. Candlin & Maurizio Gotti (eds)
Intercultural Aspects of Specialized Communication. 2nd edition.
369 pages. 2004, 2007.
ISBN 978-3-03911-258-6 · US-ISBN 978-0-8204-8926-1

Vol. 15 Gabriella Del Lungo Camiciotti & Elena Tognini Bonelli (eds)
Academic Discourse. New Insights into Evaluation.
234 pages. 2004. ISBN 3-03910-353-9 · US-ISBN 0-8204-7016-3

Vol. 16 Marina Dossena & Roger Lass (eds)
Methods and Data in English Historical Dialectology.
405 pages. 2004. ISBN 3-03910-362-8 · US-ISBN 0-8204-7018-X

Vol. 17 Judy Noguchi
The Science Review Article. An Opportune Genre in the Construction of Science.
274 pages. 2006. ISBN 3-03910-426-8 · US-ISBN 0-8204-7034-1

Vol. 18 Giuseppina Cortese & Anna Duszak (eds)
Identity, Community, Discourse. English in Intercultural Settings.
495 pages. 2005. ISBN 3-03910-632-5 · US-ISBN 0-8204-7163-1

Vol. 19 Anna Trosborg & Poul Erik Flyvholm Jørgensen (eds)
Business Discourse. Texts and Contexts.
250 pages. 2005. ISBN 3-03910-606-6 · US-ISBN 0-8204-7000-7

Vol. 20 Christopher Williams
Tradition and Change in Legal English. Verbal Constructions in Prescriptive Texts.
2nd revised edition.
216 pages. 2005, 2007. ISBN 978-3-03911-444-3.

Vol. 21 Katarzyna Dziubalska-Kolaczyk & Joanna Przedlacka (eds)
English Pronunciation Models: A Changing Scene.
2nd edition. 476 pages. 2005, 2008. ISBN 978-3-03911-682-9.

Vol. 22 Christián Abello-Contesse, Rubén Chacón-Beltrán,
M. Dolores López-Jiménez & M. Mar Torreblanca-López (eds)
Age in L2 Acquisition and Teaching.
214 pages. 2006. ISBN 3-03910-668-6 · US-ISBN 0-8204-7174-7

Vol. 23 Vijay K. Bhatia, Maurizio Gotti, Jan Engberg & Dorothee Heller (eds)
Vagueness in Normative Texts.
474 pages. 2005. ISBN 3-03910-653-8 · US-ISBN 0-8204-7169-0

Vol. 24 Paul Gillaerts & Maurizio Gotti (eds)
Genre Variation in Business Letters. 2nd printing.
407 pages. 2008. ISBN 978-3-03911-681-2.

Vol. 25 Ana María Hornero, María José Luzón & Silvia Murillo (eds)
Corpus Linguistics. Applications for the Study of English.
2nd printing. 526 pages. 2006, 2008. ISBN 978-3-03911-726-0

Vol. 26 J. Lachlan Mackenzie & María de los Ángeles Gómez-González (eds)
Studies in Functional Discourse Grammar.
259 pages. 2005. ISBN 3-03910-696-1 · US-ISBN 0-8204-7558-0

Vol. 27 Debbie G. E. Ho
Classroom Talk. Exploring the Sociocultural Structure of Formal ESL Learning.
2nd edition. 254 pages. 2006, 2007. ISBN 978-3-03911-434-4

Vol. 28 Javier Pérez-Guerra, Dolores González-Álvarez, Jorge L. Bueno-Alonso & Esperanza Rama-Martínez (eds)
'Of Varying Language and Opposing Creed'. New Insights into Late Modern English.
455 pages. 2007. ISBN 978-3-03910-788-9

Vol. 29 Francesca Bargiela-Chiappini & Maurizio Gotti (eds)
Asian Business Discourse(s).
350 pages. 2005. ISBN 3-03910-804-2 · US-ISBN 0-8204-7574-2

Vol. 30 Nicholas Brownlees (ed.)
News Discourse in Early Modern Britain. Selected Papers of CHINED 2004.
300 pages. 2006. ISBN 3-03910-805-0 · US-ISBN 0-8204-8025-8

Vol. 31 Roberta Facchinetti & Matti Rissanen (eds)
Corpus-based Studies of Diachronic English.
300 pages. 2006. ISBN 3-03910-851-4 · US-ISBN 0-8204-8040-1

Vol. 32 Marina Dossena & Susan M. Fitzmaurice (eds)
Business and Official Correspondence. Historical Investigations.
209 pages. 2006. ISBN 3-03910-880-8 · US-ISBN 0-8204-8352-4

Vol. 33 Giuliana Garzone & Srikant Sarangi (eds)
Discourse, Ideology and Specialized Communication.
494 pages. 2007. ISBN 978-3-03910-888-6

Vol. 34 Giuliana Garzone & Cornelia Ilie (eds)
The Use of English in Institutional and Business Settings. An Intercultural Perspective.
372 pages. 2007. ISBN 978-3-03910-889-3

Vol. 35 Vijay K. Bhatia & Maurizio Gotti (eds) Explorations in Specialized Genres.
316 pages. 2006. ISBN 3-03910-995-2 · US-ISBN 0-8204-8372-9

Vol. 36 Heribert Picht (ed.)
Modern Approaches to Terminological Theories and Applications.
432 pages. 2006. ISBN 3-03911-156-6 · US-ISBN 0-8204-8380-X

Vol. 37 Anne Wagner & Sophie Cacciaguidi-Fahy (eds)
Legal Language and the Search for Clarity / Le langage juridique et la quête de clarté.
Practice and Tools / Pratiques et instruments.
487 pages. 2006. ISBN 3-03911-169-8 · US-ISBN 0-8204-8388-5

Vol. 38 Juan Carlos Palmer-Silveira, Miguel F. Ruiz-Garrido & Inmaculada Fortanet-Gómez (eds)
Intercultural and International Business Communication. Theory, Research and Teaching.
2nd edition. 343 pages. 2006, 2008. ISBN 978-3-03911-680-5

Vol. 39 Christiane Dalton-Puffer, Dieter Kastovsky, Nikolaus Ritt & Herbert Schendl (eds)
Syntax, Style and Grammatical Norms. English from 1500–2000.
250 pages. 2006. ISBN 3-03911-181-7 · US-ISBN 0-8204-8394-X

Vol. 40 Marina Dossena & Irma Taavitsainen (eds)
Diachronic Perspectives on Domain-Specific English.
280 pages. 2006. ISBN 3-03910-176-0 · US-ISBN 0-8204-8391-5

Vol. 41 John Flowerdew & Maurizio Gotti (eds)
Studies in Specialized Discourse.
293 pages. 2006. ISBN 3-03911-178-7

Vol. 42 Ken Hyland & Marina Bondi (eds)
Academic Discourse Across Disciplines.
320 pages. 2006. ISBN 3-03911-183-3 · US-ISBN 0-8204-8396-6

Vol. 43 Paul Gillaerts & Philip Shaw (eds)
The Map and the Landscape. Norms and Practices in Genre.
256 pages. 2006. ISBN 3-03911-182-5 · US-ISBN 0-8204-8395-4

Vol. 44 Maurizio Gotti & Davide Giannoni (eds)
New Trends in Specialized Discourse Analysis.
301 pages. 2006. ISBN 3-03911-184-1 · US-ISBN 0-8204-8381-8

Vol. 45 Maurizio Gotti & Françoise Salager-Meyer (eds)
Advances in Medical Discourse Analysis. Oral and Written Contexts.
492 pages. 2006. ISBN 3-03911-185-X · US-ISBN 0-8204-8382-6

Vol. 46 Maurizio Gotti & Susan Šarcevic' (eds)
Insights into Specialized Translation.
396 pages. 2006. ISBN 3-03911-186-8 · US-ISBN 0-8204-8383-4

Vol. 47 Khurshid Ahmad & Margaret Rogers (eds)
Evidence-based LSP. Translation, Text and Terminology.
584 pages. 2007. ISBN 978-3-03911-187-9

Vol. 48 Hao Sun & Dániel Z. Kádár (eds)
It's the Dragon's Turn. Chinese Institutional Discourses.
262 pages. 2008. ISBN 978-3-03911-175-6

Vol. 49 Cristina Suárez-Gómez
Relativization in Early English (950-1250). the Position of Relative Clauses.
149 pages. 2006. ISBN 3-03911-203-1 · US-ISBN 0-8204-8904-2

Vol. 50 Maria Vittoria Calvi & Luisa Chierichetti (eds)
Nuevas tendencias en el discurso de especialidad.
319 pages. 2006. ISBN 978-3-03911-261-6

Vol. 51 Mari Carmen Campoy & María José Luzón (eds)
Spoken Corpora in Applied Linguistics.
274 pages. 2008. ISBN 978-3-03911-275-3

Vol. 52 Konrad Ehlich & Dorothee Heller (Hrsg.)
Die Wissenschaft und ihre Sprachen.
323 pages. 2006. ISBN 978-3-03911-272-2

Vol. 53 Jingyu Zhang
The Semantic Salience Hierarchy Model. The L2 Acquisition of Psych Predicates
273 pages. 2007. ISBN 978-3-03911-300-2

Vol. 54 Norman Fairclough, Giuseppina Cortese & Patrizia Ardizzone (eds)
Discourse and Contemporary Social Change.
555 pages. 2007. ISBN 978-3-03911-276-0

Vol. 55 Jan Engberg, Marianne Grove Ditlevsen, Peter Kastberg & Martin Stegu (eds)
New Directions in LSP Teaching.
331 pages. 2007. ISBN 978-3-03911-433-7

Vol. 56 Dorothee Heller & Konrad Ehlich (Hrsg.)
Studien zur Rechtskommunikation.
322 pages. 2007. ISBN 978-3-03911-436-8

Vol. 57 Teruhiro Ishiguro & Kang-kwong Luke (eds)
Grammar in Cross-Linguistic Perspective.
The Syntax, Semantics, and Pragmatics of Japanese and Chinese.
304 pages. 2012. ISBN 978-3-03911-445-0

Vol. 58 Carmen Frehner Email – SMS – MMS
294 pages. 2008. ISBN 978-3-03911-451-1

Vol. 59 Isabel Balteiro
The Directionality of Conversion in English. A Dia-Synchronic Study.
276 pages. 2007. ISBN 978-3-03911-241-8

Vol. 60 Maria Milagros Del Saz Rubio
English Discourse Markers of Reformulation.
237 pages. 2007. ISBN 978-3-03911-196-1

Vol. 61 Sally Burgess & Pedro Martín-Martín (eds)
English as an Additional Language in Research Publication and Communication.
259 pages. 2008. ISBN 978-3-03911-462-7

Vol. 62 Sandrine Onillon
Pratiques et représentations de l'écrit.
458 pages. 2008. ISBN 978-3-03911-464-1

Vol. 63 Hugo Bowles & Paul Seedhouse (eds)
Conversation Analysis and Language for Specific Purposes. 2nd edition.
337 pages. 2007, 2009. ISBN 978-3-0343-0045-2

Vol. 64 Vijay K. Bhatia, Christopher N. Candlin & Paola Evangelisti Allori (eds)
Language, Culture and the Law.
The Formulation of Legal Concepts across Systems and Cultures.
342 pages. 2008. ISBN 978-3-03911-470-2

Vol. 65 Jonathan Culpeper & Dániel Z. Kádár (eds)
Historical (Im)politeness.
300 pages. 2010. ISBN 978-3-03911-496-2

Vol. 66 Linda Lombardo (ed.)
Using Corpora to Learn about Language and Discourse.
237 pages. 2009. ISBN 978-3-03911-522-8

Vol. 67 Natsumi Wakamoto
Extroversion/Introversion in Foreign Language Learning. Interactions with Learner Strategy Use.
159 pages. 2009. ISBN 978-3-03911-596-9

Vol. 68 Eva Alcón-Soler (ed.)
Learning How to Request in an Instructed Language Learning Context.
260 pages. 2008. ISBN 978-3-03911-601-0

Vol. 69 Domenico Pezzini
The Translation of Religious Texts in the Middle Ages.
428 pages. 2008. ISBN 978-3-03911-600-3

Vol. 70 Tomoko Tode
Effects of Frequency in Classroom Second Language Learning. Quasi-experiment and stimulated-recall analysis.
195 pages. 2008. ISBN 978-3-03911-602-7

Vol. 71 Egor Tsedryk
Fusion symétrique et alternances ditransitives.
211 pages. 2009. ISBN 978-3-03911-609-6

Vol. 72 Cynthia J. Kellett Bidoli & Elana Ochse (eds)
English in International Deaf Communication.
444 pages. 2008. ISBN 978-3-03911-610-2

Vol. 73 Joan C. Beal, Carmela Nocera & Massimo Sturiale (eds)
Perspectives on Prescriptivism.
269 pages. 2008. ISBN 978-3-03911-632-4

Vol. 74 Carol Taylor Torsello, Katherine Ackerley & Erik Castello (eds)
Corpora for University Language Teachers.
308 pages. 2008. ISBN 978-3-03911-639-3

Vol. 75 María Luisa Pérez Cañado (ed.)
English Language Teaching in the European Credit Transfer System. Facing the Challenge.
251 pages. 2009. ISBN 978-3-03911-654-6

Vol. 76 Marina Dossena & Ingrid Tieken-Boon van Ostade (eds)
Studies in Late Modern English Correspondence. Methodology and Data.
291 pages. 2008. ISBN 978-3-03911-658-4

Vol. 77 Ingrid Tieken-Boon van Ostade & Wim van der Wurff (eds)
Current Issues in Late Modern English.
436 pages. 2009. ISBN 978-3-03911-660-7

Vol. 78 Marta Navarro Coy (ed.)
Practical Approaches to Foreign Language Teaching and Learning.
297 pages. 2009. ISBN 978-3-03911-661-4

Vol. 79 Qing Ma
Second Language Vocabulary Acquisition.
333 pages. 2009. ISBN 978-3-03911-666-9

Vol. 80 Martin Solly, Michelangelo Conoscenti & Sandra Campagna (eds)
Verbal/Visual Narrative Texts in Higher Education.
384 pages. 2008. ISBN 978-3-03911-672-0

Vol. 81 Meiko Matsumoto
From Simple Verbs to Periphrastic Expressions:
The Historical Development of Composite Predicates, Phrasal Verbs, and Related Constructions in English.
235 pages. 2008. ISBN 978-3-03911-675-1

Vol. 82 Melinda Dooly
Doing Diversity. Teachers' Construction of Their Classroom Reality.
180 pages. 2009. ISBN 978-3-03911-687-4

Vol. 83 Victoria Guillén-Nieto, Carmen Marimón-Llorca & Chelo Vargas-Sierra (eds)
Intercultural Business Communication and Simulation and Gaming Methodology.
392 pages. 2009. ISBN 978-3-03911-688-1

Vol. 84 Maria Grazia Guido
English as a Lingua Franca in Cross-cultural Immigration Domains.
285 pages. 2008. ISBN 978-3-03911-689-8

Vol. 85 Erik Castello
Text Complexity and Reading Comprehension Tests.
352 pages. 2008. ISBN 978-3-03911-717-8

Vol. 86 Maria-Lluisa Gea-Valor, Isabel García-Izquierdo & Maria-José Esteve (eds)
Linguistic and Translation Studies in Scientific Communication.
317 pages. 2010. ISBN 978-3-0343-0069-8

Vol. 87 Carmen Navarro, Rosa Ma Rodríguez Abella, Francesca Dalle Pezze & Renzo Miotti (eds)
La comunicación especializada.
355 pages. 2008. ISBN 978-3-03911-733-8

Vol. 88 Kiriko Sato
The Development from Case-Forms to Prepositional Constructions in Old English Prose.
231 pages. 2009. ISBN 978-3-03911-763-5

Vol. 89 Dorothee Heller (Hrsg.)
Formulierungsmuster in deutscher und italienischer Fachkommunikation. Intra- und interlinguale Perspektiven.
315 pages. 2008. ISBN 978-3-03911-778-9

Vol. 90 Henning Bergenholtz, Sandro Nielsen & Sven Tarp (eds)
Lexicography at a Crossroads. Dictionaries and Encyclopedias Today, Lexicographical Tools Tomorrow.
372 pages. 2009. ISBN 978-3-03911-799-4

Vol. 91 Manouchehr Moshtagh Khorasani
The Development of Controversies. From the Early Modern Period to Online Discussion Forums.
317 pages. 2009. ISBN 978-3-3911-711-6

Vol. 92 María Luisa Carrió-Pastor (ed.)
Content and Language Integrated Learning. Cultural Diversity.
178 pages. 2009. ISBN 978-3-3911-818-2

Vol. 93 Roger Berry
Terminology in English Language Teaching. Nature and Use.
262 pages. 2010. ISBN 978-3-0343-0013-1

Vol. 94 Roberto Cagliero & Jennifer Jenkins (eds)
Discourses, Communities, and Global Englishes
240 pages. 2010. ISBN 978-3-0343-0012-4

Vol. 95 Facchinetti Roberta, Crystal David, Seidlhofer Barbara (eds)
From International to Local English – And Back Again.
268 pages. 2010. ISBN 978-3-0343-0011-7

Vol. 96 Cesare Gagliardi & Alan Maley (eds)
EIL, ELF, Global English. Teaching and Learning Issues
376 pages. 2010. ISBN 978-3-0343-0010-0

Vol. 97 Sylvie Hancil (ed.)
The Role of Prosody in Affective Speech.
403 pages. 2009. ISBN 978-3-03911-696-6

Vol. 98 Marina Dossena & Roger Lass (eds)
Studies in English and European Historical Dialectology.
257 pages. 2009. ISBN 978-3-0343-0024-7

Vol. 99 Christine Béal
Les interactions quotidiennes en français et en anglais.
De l'approche comparative à l'analyse des situations interculturelles.
424 pages. 2010. ISBN 978-3-0343-0027-8

Vol. 100 Maurizio Gotti (ed.)
Commonality and Individuality in Academic Discourse.
398 pages. 2009. ISBN 978-3-0343-0023-0

Vol. 101 Javier E. Díaz Vera & Rosario Caballero (eds)
Textual Healing. Studies in Medieval English Medical, Scientific and Technical Texts.
213 pages. 2009. ISBN 978-3-03911-822-9

Vol. 102 Nuria Edo Marzá
The Specialised Lexicographical Approach. A Step further in Dictionary-making.
316 pages. 2009. ISBN 978-3-0343-0043-8

Vol. 103 Carlos Prado-Alonso, Lidia Gómez-García, Iria Pastor-Gómez & David Tizón-Couto (eds)
New Trends and Methodologies in Applied English Language Research. Diachronic, Diatopic and Contrastive Studies.
348 pages. 2009. ISBN 978-3-0343-0046-9

Vol. 104 Françoise Salager-Meyer & Beverly A. Lewin Crossed Words. Criticism in Scholarly Writing?
371 pages. 2011. ISBN 978-3-0343-0049-0.

Vol. 105 Javier Ruano-García
Early Modern Northern English Lexis. A Literary Corpus-Based Study.
611 pages. 2010. ISBN 978-3-0343-0058-2

Vol. 106 Rafael Monroy-Casas
Systems for the Phonetic Transcription of English. Theory and Texts.
280 pages. 2011. ISBN 978-3-0343-0059-9

Vol. 107 Nicola T. Owtram
The Pragmatics of Academic Writing.
A Relevance Approach to the Analysis of Research Article Introductions.
311 pages. 2009. ISBN 978-3-0343-0060-5

Vol. 108 Yolanda Ruiz de Zarobe, Juan Manuel Sierra & Francisco Gallardo del Puerto (eds)
Content and Foreign Language Integrated Learning. Contributions to Multilingualism in European Contexts 343 pages. 2011. ISBN 978-3-0343-0074-2

Vol. 109 Ángeles Linde López & Rosalía Crespo Jiménez (eds)
Professional English in the European context. The EHEA challenge.
374 pages. 2010. ISBN 978-3-0343-0088-9

Vol. 110 Rosalía Rodríguez-Vázquez
The Rhythm of Speech, Verse and Vocal Music. A New Theory.
394 pages. 2010. ISBN 978-3-0343-0309-5

Vol. 111 Anastasios Tsangalidis & Roberta Facchinetti (eds)
Studies on English Modality. In Honour of Frank Palmer.
392 pages. 2009. ISBN 978-3-0343-0310-1

Vol. 112 Jing Huang
Autonomy, Agency and Identity in Foreign Language Learning and Teaching.
400 pages. 2013. ISBN 978-3-0343-0370-5

Vol. 113 Mihhail Lotman & Maria-Kristiina Lotman (eds)
Frontiers in Comparative Prosody. In memoriam: Mikhail Gasparov.
426 pages. 2011. ISBN 978-3-0343-0373-6

Vol. 114 Merja Kytö, John Scahill & Harumi Tanabe (eds)
Language Change and Variation from Old English to Late Modern English. A Festschrift for Minoji Akimoto
422 pages. 2010. ISBN 978-3-0343-0372-9

Vol. 115 Giuliana Garzone & Paola Catenaccio (eds)
Identities across Media and Modes. Discursive Perspectives.
379 pages. 2009. ISBN 978-3-0343-0386-6

Vol. 116 Elena Landone
Los marcadores del discurso y cortesía verbal en español.
390 pages. 2010. ISBN 978-3-0343-0413-9

Vol. 117 Maurizio Gotti & Christopher Williams (eds)
Legal Discourse across Languages and Cultures.
339 pages. 2010. ISBN 978-3-0343-0425-2

Vol. 118 David Hirsh
Academic Vocabulary in Context.
217 pages. 2010. ISBN 978-3-0343-0426-9

Vol. 119 Yvonne Dröschel
Lingua Franca English. The Role of Simplification and Transfer.
358 pages. 2011. ISBN 978-3-0343-0432-0

Vol. 120 Tengku Sepora Tengku Mahadi, Helia Vaezian & Mahmoud Akbari Corpora in Translation. A Practical Guide.
135 pages. 2010. ISBN 978-3-0343-0434-4

Vol. 121 Davide Simone Giannoni & Celina Frade (eds)
Researching Language and the Law. Textual Features and Translation Issues.
278 pages. 2010. ISBN 978-3-0343-0443-6

Vol. 122 Daniel Madrid & Stephen Hughes (eds)
Studies in Bilingual Education.
472 pages. 2011. ISBN 978-3-0343-0474-0

Vol. 123 Vijay K. Bhatia, Christopher N. Candlin & Maurizio Gotti (eds)
The Discourses of Dispute Resolution.
290 pages. 2010. ISBN 978-3-0343-0476-4

Vol. 124 Davide Simone Giannoni
Mapping Academic Values in the Disciplines. A Corpus-Based Approach.
288 pages. 2010. ISBN 978-3-0343-0488-7

Vol. 125 Giuliana Garzone & James Archibald (eds)
Discourse, Identities and Roles in Specialized Communication.
419 pages. 2010. ISBN 978-3-0343-0494-8

Vol. 126 Iria Pastor-Gómez
The Status and Development of N+N Sequences in Contemporary English Noun Phrases.
216 pages. 2011. ISBN 978-3-0343-0534-1

Vol. 127 Carlos Prado-Alonso
Full-verb Inversion in Written and Spoken English.
261 pages. 2011. ISBN 978-3-0343-0535-8

Vol. 128 Tony Harris & María Moreno Jaén (eds)
Corpus Linguistics in Language Teaching.
214 pages. 2010. ISBN 978-3-0343-0524-2

Vol. 129 Tetsuji Oda & Hiroyuki Eto (eds)
Multiple Perspectives on English Philology and History of Linguistics. A Festschrift for Shoichi Watanabe on his 80th Birthday.
378 pages. 2010. ISBN 978-3-0343-0480-1

Vol. 130 Luisa Chierichetti & Giovanni Garofalo (eds)
Lengua y Derecho. líneas de investigación interdisciplinaria.
283 pages. 2010. 978-3-0343-0463-4

Vol. 131 Paola Evangelisti Allori & Giuliana Garzone (eds)
Discourse, Identities and Genres in Corporate Communication. Sponsorship, Advertising and Organizational Communication.
324 pages. 2011. 978-3-0343-0591-4

Vol. 132 Leyre Ruiz de Zarobe & Yolanda Ruiz de Zarobe (eds)
Speech Acts and Politeness across Languages and Cultures.
402 pages. 2012. 978-3-0343-0611-9

Vol. 133 Thomas Christiansen
Cohesion. A Discourse Perspective.
387 pages. 2011. 978-3-0343-0619-5

Vol. 134 Giuliana Garzone & Maurizio Gotti
Discourse, Communication and the Enterprise. Genres and Trends.
451 pages. 2011. ISBN 978-3-0343-0620-1

Vol. 135 Zsuzsa Hoffmann
Ways of the World's Words.
Language Contact in the Age of Globalization.
334 pages 2011. ISBN 978-3-0343-0673-7

Vol. 136 Cecilia Varcasia (ed.) Becoming Multilingual.
Language Learning and Language Policy between Attitudes and Identities.
213 pages. 2011. ISBN 978-3-0343-0687-5

Vol. 137 Susy Macqueen
The Emergence of Patterns in Second Language Writing. A Sociocognitive Exploration of Lexical Trails.
325 pages. 2012. ISBN 978-3-0343-1010-9

Vol. 138 Maria Vittoria Calvi & Giovanna Mapelli (eds)
La lengua del turismo. Géneros discursivos y terminología.
365 pages. 2011.
ISBN 978-3-0343-1011-6

Vol. 139 Ken Lau
Learning to Become a Professional in a Textually-Mediated World. A Text-Oriented Study of Placement Practices.
261 pages. 2012. ISBN 978-3-0343-1016-1

Vol. 140 Sandra Campagna, Giuliana Garzone, Cornelia Ilie & Elizabeth Rowley-Jolivet (eds)
Evolving Genres in Web-mediated Communication.
337 pages. 2012. ISBN 978-3-0343-1013-0

Vol. 141 Edith Esch & Martin Solly (eds)
The Sociolinguistics of Language Education in International Contexts.
263 pages. 2012. ISBN 978-3-0343-1009-3

Vol. 142 Forthcoming.

Vol. 143 David Tizón-Couto
Left Dislocation in English. A Functional-Discoursal Approach.
416 pages. 2012. ISBN 978-3-0343-1037-6

Vol. 144 Margrethe Petersen & Jan Engberg (eds)
Current Trends in LSP Research. Aims and Methods.
323 pages. 2011. ISBN 978-3-0343-1054-3

Vol. 145 David Tizón-Couto, Beatriz Tizón-Couto, Iria Pastor-Gómez & Paula Rodríguez-Puente (eds) New Trends and Methodologies in Applied English Language Research II. Studies in Language Variation, Meaning and Learning.
283 pages. 2012. ISBN 978-3-0343-1061-1

Vol. 146 Rita Salvi & Hiromasa Tanaka (eds)
Intercultural Interactions in Business and Management.
306 pages. 2011. ISBN 978-3-0343-1039-0

Vol. 147 Francesco Straniero Sergio & Caterina Falbo (eds)
Breaking Ground in Corpus-based Interpreting Studies.
254 pages. 2012. ISBN 978-3-0343-1071-0

Vol. 148 Forthcoming.

Vol. 149 Vijay K. Bhatia & Paola Evangelisti Allori (eds)
Discourse and Identity in the Professions. Legal, Corporate and Institutional Citizenship.
352 pages. 2011. ISBN 978-3-0343-1079-6

Vol. 150 Maurizio Gotti (ed.)
Academic Identity Traits. A Corpus-Based Investigation.
363 pages. 2012. ISBN 978-3-0343-1141-0

Vol. 151 Priscilla Heynderickx, Sylvain Dieltjens, Geert Jacobs, Paul Gillaerts & Elizabeth de Groot (eds)
The Language Factor in International Business.
New Perspectives on Research, Teaching and Practice.
320 pages. 2012. ISBN 978-3-0343-1090-1

Vol. 152 Paul Gillaerts, Elizabeth de Groot, Sylvain Dieltjens, Priscilla Heynderickx & Geert Jacobs (eds)
Researching Discourse in Business Genres. Cases and Corpora.
215 pages. 2012. ISBN 978-3-0343-1092-5

Vol. 153 Yongyan Zheng
Dynamic Vocabulary Development in a Foreign Language.
262 pages. 2012. ISBN 978-3-0343-1106-9

Vol. 154 Carmen Argondizzo (ed.)
Creativity and Innovation in Language Education.
357 pages. 2012. ISBN 978-3-0343-1080-2

Vol. 155 David Hirsh (ed.)
Current Perspectives in Second Language Vocabulary Research.
180 pages. 2012. ISBN 978-3-0343-1108-3

Vol. 156 Seiji Shinkawa
Unhistorical Gender Assignment in Lahamon's *Brut*. A Case Study of a Late Stage in the Development of Grammatical Gender toward its Ultimate Loss.
186 pages. 2012. ISBN 978-3-0343-1124-3

Vol. 157 Yeonkwon Jung
Basics of Organizational Writing: A Critical Reading Approach.
151 pages. 2014. ISBN 978-3-0343-1137-3.

Vol. 158 Bárbara Eizaga Rebollar (ed.) Studies in Linguistics and Cognition.
301 pages. 2012. ISBN 978-3-0343-1138-0

Vol. 159 Giuliana Garzone, Paola Catenaccio, Chiara Degano (eds)
Genre Change in the Contemporary World. Short-term Diachronic Perspectives.
329 pages. 2012. ISBN 978-3-0343-1214-1

Vol. 160 Carol Berkenkotter, Vijay K. Bhatia & Maurizio Gotti (eds) Insights into Academic Genres.
468 pages. 2012. ISBN 978-3-0343-1211-0

Vol. 161 Beatriz Tizón-Couto
Clausal Complements in Native and Learner Spoken English. A corpus-based study with Lindsei and Vicolse.
357 pages. 2013. ISBN 978-3-0343-1184-7

Vol. 162 Patrizia Anesa
Jury Trials and the Popularization of Legal Language. A Discourse Analytical Approach.
247 pages. 2012. ISBN 978-3-0343-1231-8

Vol. 163 David Hirsh
Endangered Languages, Knowledge Systems and Belief Systems.
153 pages. 2013. ISBN 978-3-0343-1232-5

Vol. 164 Eugenia Sainz (ed.)
De la estructura de la frase al tejido del discurso. Estudios contrastivos español/italiano.
305 pages. 2014. ISBN 978-3-0343-1253-0

Vol. 165 Julia Bamford, Franca Poppi & Davide Mazzi (eds)
Space, Place and the Discursive Construction of Identity.
367 pages. 2014. ISBN 978-3-0343-1249-3

Vol. 166 Rita Salvi & Janet Bowker (eds)
Space, Time and the Construction of Identity.
Discursive Indexicality in Cultural, Institutional and Professional Fields.
324 pages. 2013. ISBN 978-3-0343-1254-7

Vol. 167 Shunji Yamazaki & Robert Sigley (eds)
Approaching Language Variation through Corpora. A Festschrift in Honour of Toshio Saito. 421 pages. 2013. ISBN 978-3-0343-1264-6

Vol. 168 Franca Poppi
Global Interactions in English as a Lingua Franca. How written communication is changing under the influence of electronic media and new contexts of use.
249 pages. 2012. ISBN 978-3-0343-1276-9

Vol. 169 Miguel A. Aijón Oliva & María José Serrano
Style in syntax. Investigating variation in Spanish pronoun subjects.
239 pages. 2013. ISBN 978-3-0343-1244-8

Vol. 170 Inés Olza, Óscar Loureda & Manuel Casado-Velarde (eds)
Language Use in the Public Sphere. Methodological Perspectives and Empirical Applications
564 pages. 2014. ISBN 978-3-0343-1286-8

Vol. 171 Aleksandra Matulewska
Legilinguistic Translatology. A Parametric Approach to Legal Translation.
279 pages. 2013. ISBN 978-3-0343-1287-5

Vol. 172 Maurizio Gotti & Carmen Sancho Guinda (eds)
Narratives in Academic and Professional Genres.
513 pages. 2013. ISBN 978-3-0343-1371-1

Vol. 173 Madalina Chitez
Learner corpus profiles. The case of Romanian Learner English.
244 pages. 2014. ISBN 978-3-0343-1410-7

Vol. 174 Chihiro Inoue
Task Equivalence in Speaking Tests.
251 pages. 2013. ISBN 978-3-0343-1417-6

Vol. 175 Gabriel Quiroz & Pedro Patiño (eds.)
LSP in Colombia: advances and challenges.
339 pages. 2014. ISBN 978-3-0343-1434-3

Vol. 176 Catherine Resche
Economic Terms and Beyond: Capitalising on the Wealth of Notions.
How Researchers in Specialised Varieties of English Can Benefit from Focusing on Terms.
332 pages. 2013. ISBN 978-3-0343-1435-0

Vol. 177 Wei Wang
Media representation of migrant workers in China. Identities and stances
198 pages. 2018. 978-3-0343-1436-7

Vol. 178 Cécile Desoutter & Caroline Mellet (dir.)
Le discours rapporté: approches linguistiques et perspectives didactiques.
270 pages. 2013. ISBN 978-3-0343-1292-9

Vol. 179 Ana Díaz-Negrillo & Francisco Javier Díaz-Pérez (eds)
Specialisation and Variation in Language Corpora.
341 pages. 2014. ISBN 978-3-0343-1316-2

Vol. 180 Pilar Alonso
A Multi-dimensional Approach to Discourse Coherence. From Standardness to Creativity.
247 pages. 2014. ISBN 978-3-0343-1325-4

Vol. 181 Alejandro Alcaraz-Sintes & Salvador Valera-Hernández (eds)
Diachrony and Synchrony in English Corpus Linguistics.
393 pages. 2014. ISBN 978-3-0343-1326-1

Vol. 182 Runhan Zhang
Investigating Linguistic Knowledge of a Second Language.
207 pages. 2015. ISBN 978-3-0343-1330-8

Vol. 183 Hajar Abdul Rahim & Shakila Abdul Manan (eds.)
English in Malaysia. Postcolonial and Beyond.
267 pages. 2014. ISBN 978-3-0343-1341-4

Vol. 184 Virginie Fasel Lauzon
Comprendre et apprendre dans l'interaction. Les séquences d'explication en classe de français langue seconde.
292 pages. 2014. ISBN 978-3-0343-1451-0

Vol. 185 Forthcoming.

Vol. 186 Wei Ren
L2 Pragmatic Development in Study Abroad Contexts
256 pages. 2015. ISBN 978-3-0343-1358-2

Vol. 187 Marina Bondi & Rosa Lorés Sanz (eds)
Abstracts in Academic Discourse. Variation and Change.
361 pages. 2014. ISBN 978-3-0343-1483-1

Vol. 188 Giuditta Caliendo
Rethinking Community. Discourse, Identity and Citizenship in the European Union.
240 pages. 2017. ISBN 978-3-0343-1561-6

Vol. 189 Paola Evangelisti Allori (ed.) Identities in and across Cultures.
315 pages. 2014. ISBN 978-3-0343-1458-9

Vol. 190 Erik Castello, Katherine Ackerley & Francesca Coccetta (eds).
Studies in Learner Corpus Linguistics. Research and Applications for Foreign Language Teaching and Assessment.
358 pages. 2015. ISBN 978-3-0343-1506-7

Vol. 191 Ruth Breeze, Maurizio Gotti & Carmen Sancho Guinda (eds)
Interpersonality in Legal Genres.
389 pages. 2014. ISBN 978-3-0343-1524-1

Vol. 192 Paola Evangelisti Allori, John Bateman & Vijay K. Bhatia (eds)
Evolution in Genre. Emergence, Variation, Multimodality.
364 pages. 2014. ISBN 978-3-0343-1533-3

Vol. 193 Jiyeon Kook
Agency in Arzt-Patient-Gesprächen. Zur interaktionistischen Konzeptualisierung von Agency 271 pages. 2015. ISBN 978-3-0343-1666-8

Vol. 194 Susana Nicolás Román & Juan José Torres Núñez (eds)
Drama and CLIL. A new challenge for the teaching approaches in bilingual education.
170 pages. 2015. ISBN 978-3-0343-1629-3

Vol. 195 Alessandra Molino & Serenella Zanotti (eds)
Observing Norm, Observing Usage. Lexis in Dictionaries and in the Media.
430 pages. 2015. ISBN 978-3-0343-1584-5

Vol. 196 Begoña Soneira
A Lexical Description of English for Architecture. A Corpus-based Approach.
267 pages. 2015. ISBN 978-3-0343-1602-6

Vol. 197 M Luisa Roca-Varela
False Friends in Learner Corpora. A corpus-based study of English false friends in the written and spoken production of Spanish learners.
348 pages. 2015. ISBN 978-3-0343-1620-0

Vol. 198 Rahma Al-Mahrooqi & Christopher Denman
Bridging the Gap between Education and Employment. English Language Instruction in EFL Contexts.
416 pages. 2015. ISBN 978-3-0343-1681-1

Vol. 199 Rita Salvi & Janet Bowker (eds)
The Dissemination of Contemporary Knowledge in English. Genres, discourse strategies and professional practices.
171 pages. 2015. ISBN 978-3-0343-1679-8

Vol. 200 Maurizio Gotti & Davide S. Giannoni (eds)
Corpus Analysis for Descriptive and Pedagogical Purposes. ESP Perspectives.
432 pages. 2014. ISBN 978-3-0343-1516-6

Vol. 201 Ida Ruffolo
The Perception of Nature in Travel Promotion Texts. A Corpus-based Discourse Analysis.
148 pages. 2015. ISBN 978-3-0343-1521-0

Vol. 202 Ives Trevian
English suffixes. Stress-assignment properties, productivity, selection and combinatorial processes.
471 pages. 2015. ISBN 978-3-0343-1576-0

Vol. 203 Maurizio Gotti, Stefania Maci & Michele Sala (eds) Insights into Medical Communication.
422 pages. 2015. ISBN 978-3-0343-1694-1

Vol. 204 Carmen Argondizzo (ed.)
European Projects in University Language Centres. Creativity, Dynamics, Best Practice.
371 pages. 2015. ISBN 978-3-0343-1696-5

Vol. 205 Aura Luz Duffé Montalván (ed.)
Estudios sobre el léxico. Puntos y contrapuntos.
502 pages. 2016. ISBN 978-3-0343-2011-5

Vol. 206 Maria Pavesi, Maicol Formentelli & Elisa Ghia (eds)
The Languages of Dubbing. Mainstream Audiovisual Translation in Italy.
275 pages. 2014. ISBN 978-3-0343-1646-0

Vol. 207 Ruth Breeze & Inés Olza (eds)
Evaluation in media discourse. European perspectives.
268 pages. 2017. ISBN 978-3-0343-2014-6

Vol. 208 Vijay K. Bhatia & Maurizio Gotti (eds) Arbitration Discourse in Asia.
331 pages. 2015. ISBN 978-3-0343-2032-0

Vol. 209 Sofía Bemposta-Rivas, Carla Bouzada-Jabois, Yolanda Fernández-Pena, Tamara Bouso, Yolanda J. Calvo-Benzies, Iván Tamaredo (eds)
New trends and methodologies in applied English language research III. Synchronic and diachronic studies on discourse, lexis and grammar processing.
280 pages. 2017. ISBN 978-3-0343-2039-9

Vol. 210 Francisco Alonso Almeida, Laura Cruz García & Víctor González Ruiz (eds)
Corpus-based studies on language varieties.
285 pages. 2016. ISBN 978-3-0343-2044-3

Vol. 211 Juan Pedro Rica Peromingo
Aspectos lingüísticos y técnicos de la traducción audiovisual (TAV).
177 pages. 2016. ISBN 978-3-0343-2055-9

Vol. 212 Maria Vender
Disentangling Dyslexia. VenderPhonological and Processing Deficit in Developmental Dyslexia.
338 pages. 2017. ISBN 978-3-0343-2064-1

Vol. 213 Zhilong Xie
Bilingual Advantages. Contributions of Different Bilingual Experiences to Cognitive Control Differences Among Young-adult Bilinguals.
221 pages. 2016. ISBN 978-3-0343-2081-8

Vol. 214 Larissa D'Angelo
Academic posters. A textual and visual metadiscourse analysis.
367 pages. 2016. ISBN 978-3-0343-2083-2

Vol. 215 Evelyne Berger
Prendre la parole en L2. Regard sur la compétence d'interaction en classe de langue.
246 pages. 2016. ISBN 978-3-0343-2084-9

Vol. 216 David Lasagabaster and Aintzane Doiz (eds)
CLIL experiences in secondary and tertiary education: In search of good practices.
262 pages. 2016. ISBN 978-3-0343-2104-4

Vol. 217 Elena Kkese
Identifying Plosives in L2 English: The Case of L1 Cypriot Greek Speakers.
317 pages. 2016. ISBN 978-3-0343-2060-3

Vol. 218 Sandra Campagna, Elana Ochse, Virginia Pulcini & Martin Solly (eds)
Languaging in and across Communities: New Voices, New Identities. Studies in Honour of Giuseppina Cortese.
507 pages. 2016. ISBN 978-3-0343-2073-3

Vol. 219 Adriana Orlandi & Laura Giacomini (ed.)
Defining collocation for lexicographic purposes. From linguistic theory to lexicographic practice.
328 pages. 2016. ISBN 978-3-0343-2054-2

Vol. 220 Pietro Luigi Iaia
Analysing English as a Lingua Franca in Video Games. Linguistic Features, Experiential and Functional Dimensions of Online and Scripted Interactions.
139 pages. 2016. ISBN 978-3-0343-2138-9

Vol. 221 Dimitrinka G. Níkleva (ed.)
La formación de los docentes de español para inmigrantes en distintos contextos educativos.
390 pages. 2017. ISBN 978-3-0343-2135-8

Vol. 222 Katherine Ackerley, Marta Guarda & Francesca Helm (eds)
Sharing Perspectives on English-Medium Instruction.
308 pages. 2017. ISBN 978-3-0343-2537-0

Vol. 223 Juana I. Marín-Arrese, Julia Lavid-López, Marta Carretero, Elena Domínguez Romero, Ma Victoria Martín de la Rosa & María Pérez Blanco (eds)
Evidentiality and Modality in European Languages. Discourse-pragmatic perspectives.
427 pages. 2017. ISBN 978-3-0343-2437-3

Vol. 224 Gilles Col
Construction du sens : un modèle instructionnel pour la sémantique.
292 pages. 2017. ISBN 978-3-0343-2572-1

Vol. 225 Ana Chiquito & Gabriel Quiroz (eds)
Pobreza, Lenguaje y Medios en América Latina.
362 pages. 2017. ISBN 978-3-0343-2142-6

Vol. 226 Xu Zhang
English Quasi-Numeral Classifiers. A Corpus-Based Cognitive-Typological Study.
360 pages. 2017. ISBN 978-3-0343-2818-0

Vol. 227 María Ángeles Orts, Ruth Breeze & Maurizio Gotti (eds)
Power, Persuasion and Manipulation in Specialised Genres. Providing Keys to the Rhetoric of Professional Communities.
368 pages. 2017. ISBN 978-3-0343-3010-7

Vol. 228 Maurizio Gotti, Stefania Maci & Michele Sala (eds)
Ways of Seeing, Ways of Being: Representing the Voices of Tourism.
453 pages. 2017. ISBN 978-3-0343-3031-2

Vol. 229 Dino Selvaggi
Plurilingual Code-Switching between Standard and Local Varieties. A Socio-Psycholinguistic Approach
371 pages. 2018. ISBN 978-3-0343-2663-6

Vol. 230 Anca-Cristina Sterie
Interprofessional interactions at the hospital. Nurses' requests and reports of problems in calls with physicians.
371 pages. 2017. ISBN 978-3-0343-2734-3

Vol. 231 Xiaodong Zhang
Understanding Chinese EFL Teachers' Beliefs and Practices in the Textbook-Based Classroom.
189 pages. 2017. ISBN 978-3-0343-3053-4

Vol. 232 Manuela Caterina Moroni & Federica Ricci Garotti (Hrsg.)
Brücken schlagen zwischen Sprachwissenschaft und DaF-Didaktik.
345 pages. 2017. ISBN 978-3-0343-2667-4

Vol. 233 Dimitrinka Georgieva Níkleva
Necesidades y tendencias en la formación del profesorado de español como lengua extranjera
401 pages. 2017. ISBN 978-3-0343-2946-0

Vol. 234 Juan Santana-Lario & Salvador Valera (Hrsg.) Competing patterns in English affixation.
272 pages. 2017. ISBN 978-3-0343-2701-5

Vol. 235 Francisco Salgado-Robles
Desarrollo de la competencia sociolingüística por aprendices de español en un contexto de inmersión en el extranjero
241 pages. 2018. ISBN 978-3-0343-2323-9

Vol. 236 Maria Chiara Janner
Sguardi linguistici sulla marca. Analisi morfosintattica dei nomi commerciali in italiano
345 pages. 2017. ISBN 978-3-0343-2667-4

Vol. 237 Bárbara Herrero Muñoz-Cobo & Otman El Azami Zalachi La primavera del árabe marroquí.
192 pages. 2017. ISBN 978-3-0343-3104-3

Vol. 238 Consuelo Pascual Escagedo
El papel del oyente en la construcción de la conversación espontánea de estudiantes italianos en su interlengua y en su lengua materna
295 pages. 2017. ISBN 978-3-0343-3186-9

Vol. 239 Stefania M. Maci
The MS Digby 133 *Mary Magdalene*. Beyond scribal practices: language, discourse, values and attitudes.
336 pages. 2017. ISBN 978-3-0343-3256-9

Vol. 240 Eliecer Crespo-Fernández
Taboo in Discourse. Studies on Attenuation and Offence in Communication.
326 pages. 2018. ISBN 978-3-0343-3018-3

Vol. 241 Jana Altmanova, Maria Centrella, Katherine E. Russo (eds)
Terminology & Discourse / Terminologie et discours.
424 pages. 2018. ISBN 978-3-0343-2417-5

Vol. 242 Xavier Blanco et Inès Sfar (dir.)
Lexicologie(s) : approches croisées en sémantique lexicale.
442 pages. 2018. ISBN 978-3-0343-3056-5

Vol. 243 Yunfeng Ge
Resolution of Conflict of Interest in Chinese Civil Court Hearings. A Perspective of Discourse Information Theory.
302 pages. 2018. ISBN 978-3-0343-3313-9

Vol. 244 Carla Vergaro
Illocutionary Shell Nouns in English
322 pages. 2018. ISBN 978-3-0343-3069-5

Vol. 245 Paolo Frassi
L'adjectif en français et sa définition lexicographique.
270 pages. 2018. ISBN 978-3-0343-3394-8

Vol. 246 Suwilai Premsrirat and David Hirsh (eds)
Language Revitalization. Insights from Thailand
328 pages. 2018. ISBN 978-3-0343-3497-6

Vol. 247 Wei Wang
Researching Learning and Learners in Genre-based Academic Writing Instruction
282 pages. 2018. ISBN 978-3-0343-3297-2

Vol. 248 Isusi Alabarte, Alberto & Lahuerta Martínez, Ana Cristina (eds)
La comprensión lectora de lengua extranjera
Estudio de los factores de familiaridad, interés, género y métodos de evaluación
336 pages. 2018. ISBN 978-3-0343-3493-8

Vol. 249 Mercedes Eurrutia Cavero
Approche didactique du langage techno-scientifique Terminologie et discours
374 pages. 2018. ISBN 978-3-0343-3512-6

Vol. 250 Aurora Ruiz Mezcua (ed.)
Approaches to Telephone Interpretation Research, Innovation, Teaching and Transference
268 pages. 2018. ISBN 978-3-0343-3330-6

Vol. 251 Morini Massimiliano A Day in the News
A Stylistic Analysis of Newsspeak
188 pages. 2018. ISBN 978-3-0343-3507-2

Vol. 252 Ignacio Guillén-Galve & Ignacio Vázquez-Orta (eds.)
English as a Lingua Franca and Intercultural Communication Implications and Applications in the Field of English Language Teaching
414 pages. 2018. ISBN 978-3-0343-2763-3

Vol. 253 Bianca Del Villano
Using the Devil with Courtesy
Shakespeare and the Language of (Im)Politeness
216 pages. 2018. ISBN 978-3-0343-2315-4

Vol. 254 David Hirsh (ed.)
Explorations in Second Language Vocabulary Research
252 pages. 2018. ISBN 978-3-0343-2940-8

Vol. 255 Tania Baumann (ed.)
Reiseführer - Sprach- und Kulturmittlung im Tourismus / Le guide turistiche - mediazione linguistica e culturale in ambito turistico
270 pages. 2018. ISBN 978-3-0343-3402-0

Vol. 256 Ariadna Sánchez-Hernández & Ana Herraiz-Martínez (eds)
Learning second language pragmatics beyond traditional contexts
376 pages. 2018. ISBN 978-3-0343-3437-2

Vol. 257 Albert Bastardas-Boada, Emili Boix-Fuster, Rosa Maria Torrens (eds)
Family Multilingualism in Medium-Sized Linguistic Communities
336 pages. 2019. ISBN 978-3-0343-2536-3

Vol. 258 Yuyang Cai
Examining the Interaction among Components of English for Specific Purposes Ability in Reading. The Triple-Decker Model
296 pages. 2020. 978-3-0343-2913-2

Vol. 259 Catia Nannoni
Participe présent et gérondif dans la presse française contemporaine
176 pages. 2019. ISBN 978-3-0343-3631-4

Vol. 260 Nieves Rodríguez Pérez & Bárbara Heinsch (eds.)
Contextos multilingües. Mediadores interculturales, formación del profesorado de lenguas extranjeras
289 pages. 2019. ISBN 978-3-0343-3768-7

Vol. 261 Giuliana Elena Garzone, Mara Logaldo, Francesca Santulli (eds.)
Investigating Conflict Discourses in the Periodical Press
244 pages. 2020. ISBN 978-3-0343-3668-0

Vol. 262 Laura Nadal
Lingüística experimental y contraargumentación
233 pages. 2019. ISBN 978-3-0343-3791-5

Vol. 263 Claudia Claridge & Merja Kytö (eds.)
Punctuation in Context – Past and Present Perspectives
288 pages. 2019. ISBN 978-3-0343-3790-8

Vol. 264 Maurizio Gotti, Stefania Maci, Michele Sala (eds.)
Scholarly Pathways
530 pages. 2020. ISBN 978-3-0343-3860-8

Vol. 265 Ruth Breeze, Ana M. Fernández Vallejo (eds.)
Politics and populism across modes and media
350 pages. 2020. ISBN 978-3-0343-3707-6

Vol. 266 Jean Marguerite Jimenez
Understanding the Effects of Immediate Electronic Corrective Feedback on Second Language Development
252 pages. 2020. ISBN 978-3-0343-3815-8

Vol. 267 Sergio Rodríguez-Tapia, Adela González-Fernández (eds)
Lenguas y turismo: estudios en torno al discurso, la didáctica y la divulgación
380 pages. 2020. ISBN 978-3-0343-3881-3

Vol. 268 Ana Bocanegra-Valle (ed.)
Applied Linguistics and Knowledge Transfer. Employability, Internationalisation and Social Challenges
344 pages. 2020. ISBN 978-3-0343-3714-4

Vol. 269 Beatrice Garzelli
La traducción audiovisual español-italiano.Películas y cortos entre humor y habla soez
202 pages. 2020. ISBN 978-3-0343-4013-7

Vol. 270 Iván Tamaredo
Complexity, Efficiency, and Language Contact. Pronoun Omission in World Englishes
292 pages. 2020. ISBN 978-3-0343-3902-5

Vol. 271 Silvia Domenica Zollo,
Origine et histoire du vocabulaire des arts de la table. Analyse lexicale et exploitation de corpus textuels
239 pages. 2020. ISBN 978-3-0343-3890-5

Vol. 272 Paola Paissa, Michelangelo Conoscenti, Ruggero Druetta, Martin Solly (eds.)
Metaphor and Conflict / Métaphore et conflit
385 pages. 2021. 978-3-0343-4068-7

Vol. 273 María Martínez-Atienza de Dios,
Entre el léxico y la sintaxis: las fases de los eventos
178 pages. 2021. 978-3-0343-4173-8

Vol. 274 Noelia Castro-Chao,
Argument Structure in Flux. The Development of Impersonal Constructions in Middle and Early Modern English, with Special Reference to Verbs of Desire.
300 pages. 2021. 978-3-0343-4189-9

Vol. 275 Gabriella Carobbio, Cécile Desoutter, Aurora Fragonara (eds.)
Macht, Ratio und Emotion: Diskurse im digitalen Zeitalter / Pouvoir, raison et émotion: les discours à l'ère du numérique
246 pages. 2020. 978-3-0343-4184-4

Vol. 276 Miguel Fuster-Márquez, José Santaemilia, Carmen Gregori-Signes, Paula Rodríguez-Abru-ñeiras (eds.)
Exploring discourse and ideology through corpora
293 pages. 2021. 978-3-0343-3969-8

Vol. 277 Tamara Bouso
Changes in Argument Structure
The Transitivizing Reaction Object Construction
392. 2021. 978-3-0343-4095-3

Vol. 278 Maria Luisa Maggioni, Amanda Murphy (eds.)
Back to the Future. English from Past to Present
250 pages. 2021. 978-3-0343-4273-5

Vol. 279 Luisa Chierichetti
Diálogos de serie. Una aproximación a la construcción discursiva de personajes basada en corpus
246 pages. 2021. 978-3-0343-4274-2

Vol. 280 Cristina Lastres-López
From subordination to insubordination. A functional-pragmatic approach to if/si-constructions in English, French and Spanish spoken discourse
258 pages. 2021. 978-3-0343-4220-9

Vol. 281 Eleonora Federici, Stefania Maci (eds.)
Gender issues. Translating and mediating languages, cultures and societies
500 pages. 2021. 978-3-0343-4022-9

Vol. 282 José Mateo, Francisco Yus (eds.)
Metaphor in Economics and specialised Discourse
354 pages. 2021. 978-3-0343-4048-9

Vol. 283 Nicholas Brownlees (ed.)
The Role of Context in the Production and Reception of Historical News Discourse
376 pages. 2021. 978-3-0343-4181-3

Vol. 284 Catalina Fuentes Rodriguez, María Ester Brenes Peña, Víctor Pérez Béjar (eds.)
Sintaxis discursiva: construcciones y operadores en español
396 pages. 2021. 978-3-0343-4306-0

Vol. 285 Dominic Stewart
Frequency in the dictionary. A corpus-assisted contrastive analysis of English and Italian
176 pages. 2021. 978-3-0343-4368-8

Vol. 286 Carla Bouzada-Jabois
Nonfinite supplements in the recent history of English
320 pages. 2021. 978-3-0343-4226-1

Vol. 287 Sofía Bemposta Rivas
Verb-governed infinitival complementation in the recent history of English
320 pages. 2021. 978-3-0343-4227-8

Vol. 288 Mirella Agorni
Translating Italy for the Nineteenth Century. Translators and an Imagined Nation in the Early Romantic Period 1816–1830s
180 pages. 2021. 978-3-0343-3612-3

Vol. 289 David Hirsh (ed.)
Research Perspectives in Language and Education
276 pages. 2021. 978-3-0343-4219-3

Vol. 290 Federica Vezzani
Terminologie numérique : conception, représentation et gestion
238 pages. 2022. 978-3-0343-4394-7

Vol. 291 Stefania M. Maci
Evidential verbs in the genre of medical posters. A corpus-based analysis
498 pages. 2022. 978-3-0343-4521-7

Vol. 292 Francisco J. Álvarez-Gil
Stance devices in tourism-related research articles: A corpus-based study
170 pages. 2022. 978-3-0343-4555-2

Vol. 293 Annalisa Baicchi / Stefania Biscetti (eds.)
The Language of Fashion. Linguistic, Cognitive, and Cultural Insights
190 pages. 2022. 978-3-0343-4428-9

Vol. 294 Ana Maria Piquer-Píriz
E-learning in EMI. Academic language for university students
200 pages. 2022. 978-3-0343-4589-7

Vol. 295 Geneviève Henrot Sostero (ed.)
Alle radici della fraseologia europea
400 pages. 2023. 978-3-0343-4645-0

Vol. 296 Klara Dankova
Les fibres textiles entre synchronie et diachronie: études terminologiques
300 pages. 2023. 978-3-0343-4587-3

Vol. 297 Marta Carretero, Juana I. Marín-Arrese, Elena Domínguez Romero, Mª Victoria Martín de la Rosa (eds.) Evidentiality and Epistemic Modality. Conceptual and Descriptive issues
350 pages. 2023. 978-3-0343-3993-3

Vol. 298 Kim Grego, Alessandra Vicentini, Virpi Ylänne (eds.)
Age-Specific Issues. Language, Spaces, Technologies
300 pages. 2023. 978-3-0343-4411-1

Vol. 299 Giovanni Garofalo (ed.) Estudios de género asistidos por corpus. Enfoques multidisciplinarios
292 pages. 2022. 978-3-0343-4548-4

Vol. 300 Giuseppe Palumbo, Katia Peruzzo, Gianluca Pontrandolfo (eds.)
What's Special About Specialised Translation? Essays in Honour of Federica Scarpa
296 pages. 2023. 978-3-0343-4411-1

Vol. 301 Raquel P. Romasanta Probabilistic variability in clausal verb complementation in World Englishes.
390 pages. 2023. 978-3-0343-4703-7

Vol. 302 Giulia Adriana Pennisi A linguistic Insight into Legislative Drafting. Tradition and Change in the UK Legislation
330 pages. 2023. 978-3-0343-4700-6

Vol. 303 Javier Fernández-Cruz, Antonio Moreno-Ortiz
Economic terms in the news during the Great Recession. A diachronic sentiment and collocational analysis
193 pages. 2024. 978-3-0343-4778-5

Vol. 304 Stefania Maci, Mark McGlashan
(Critical) Discourse Studies and the (new?) normal. Analysing discourse in times of crisis.
400 pages. 2024. 978-3-0343-4767-9

Vol. 305 Ana Elvira, Ojanguren López
Predications in competition and the rise of serial verb constructions in English. The verbal and nominal complementation of Old English aspectual and manipulative verbs.
330 pages. 2024. 978-3-0343-4644-3

Vol. 306 Stefania Maci, Giovanni Garofalo (eds.)
Investigating Discourse and Text. Corpus-Assisted Analytical Perspectives.
370 pages. 2023. 978-3-0343-4753-2

Vol. 307 Víctor Pérez Béjar
Las construcciones suspendidas en español. Un paradigma en gramática del discurso
494 pages. 2024. 978-3-0343-4799-0

www.ingramcontent.com/pod-product-compliance
Ingram Content Group UK Ltd.
Pitfield, Milton Keynes, MK11 3LW, UK
UKHW041829290926
8980IPUK00002B/148

9 783034 347990